# 철학과 문명의 대전환

# 철학과 문명의 대전환

| | |
|---|---|
| 발행일 | 2020년 10월 5일 |

| | |
|---|---|
| 지은이 | 변상섭 |
| 펴낸이 | 변윤경 |
| 펴낸곳 | 현람출판사 |
| 출판등록 | 2020. 5. 20(제651-2020-000025호) |
| 주소 | 제주특별자치도 제주시 관덕로9길 19 902호 |
| 전화번호 | 064-721-6662 |
| 이메일 | hyeonrampublish@gmail.com |

편집/디자인 (주)북랩 김민하
제작처　　 (주)북랩 www.book.co.kr

ISBN　　 979-11-971713-1-4 03110 (종이책)

# 철학과 문명의 대전환

## 존재의 근원, 묻고 또 묻다

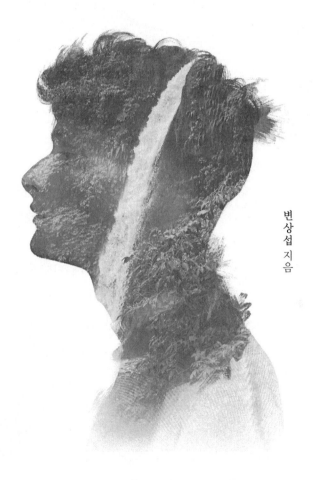

변상섭 지음

현람출판사

# 머리말

자연으로부터 도태냐? 자연과의 합일이냐?

환경 오염으로 인한 기후 변화는 현생 인류가 자연으로부터 도태될 수도 있다고 경고하고 있다. 그러나 불행히도 인류는 자연으로 돌아가는 길마저 까맣게 잊고 말았다.

2,500여 년 전 인류의 위대한 스승들(석가모니 붓다와 노자 그리고 플라톤)은 인류가 자연으로 돌아갈 수 있는 길을 깨우쳐 주었다.

옛 성현들은 외계(우주)란 인간 영혼에 의해 표상되어 현상한 것이라고 깨우쳐 주고 있다. 쉽게 설명하자면 눈앞에 펼쳐진 외계란 곧 우리의 마음[팔식(八識): 영혼; 선천적인 본원적 직관능력]속에서 표상된(그려 낸) 사물의 표상이 드러나 나타난 것이라고 자세하게 논증하고 있다. 즉 인간 영혼이 우주의 유일한 주체적 존재자이며, 우주는 인간 영혼에 의해 현상함으로써 존재하는 현상적 존재자라고 간곡하게 설명하고 있다.

그러나 근대화의 과정에서 객관과학의 학문적 성취에 현혹되어 서양의 관념론자들은 우주란 외계에 객관적으로 실재하는 것이라고 전제하고 있다. 그들은 오로지 개념의 객관적 실재성을 입증하기 위해 인간의 선천적인 인지능력을 철저하게 왜곡하면서 의식만이 인간의 유일한 사유능력이며 절대이성이라고 주장하고 있다.

이제 우리는 인류의 생존을 위해 '있음(존재)'의 근원부터 다시 되물어 가지 않으면 안 된다. 이미 뇌과학은 옛 성현들의 가르침이 인간의 선천적인 두뇌작용과 일치한다는 점을 입증하고 있다. 이미 오래전부터 감각질(Qualia)이론을 통해 우리의 감각 기관에 현상하고 있는 그 감각질이란, 모두 뉴런이 상호 간의 시냅스 연결을 선택함으로써 표상해 낸 것이라고 설명하고 있다.

또한, 분리뇌(Split-Brain) 연구는 과학적 실험을 통해 인간에게 두 가지 언어능력이 존재한다는 점을 입증해 주고 있다. 이러한 점에서 이 실험의 결과가 옛 성현들의 가르침과 정확하게 일치한다는 것을 확인하기로 하자. 이로써 다시 자연으로 돌아가는 길을 터득할 수 있을 것이다.

이뿐만 아니라 양자물리학자들은 의식의 산물인 개념을 통해서는 결코 양자의 본질을 정확하게 이해할 수 없다는 점을 지적하면서 코펜하겐 해석법이라고 하는 직관적 이해의 방식을 제안하고 있다. 그들은 양자를 관찰한다는 것은 관찰자와 양자가 하나가 되는 주객합일의 방식을 통해서만 가능하다는 점을 밝히고 있다. 이러한 통찰은 옛 성현들의 가르침과 정확하게 일치한다.

그러나 우리는 객관적 사고방식으로 인해 양자이론을 쉽게 받아들이지 못하고 있다. 미국의 물리학자 리처드 파인만은 "양자역학을 제대로 이해하는 사람은 아무도 없다"고 실토하고 있다.

만약 우리에게 의식과는 별개로 선천적으로 갖추어진 직관적 언어능력[팔식(八識)의 사(思): 상명(常名): logos]이 존재한다는 점을 정확하게 이해한다면 뇌과학의 연구 결과들과 양자이론이 너무도 당연하고 필연적이라는 점을 쉽게 이해할 수 있을 것이다.

이러한 점에서 이 책을 반세기 전에 신과학운동(New Age Movement)을 주창했던 양자물리학자들에게 바치고자 한다. 새로운 과학적 방법론을 정립함으로써 새로운 문명으로의 대전환을 꿈꾸었던 그들의 놀라운 통찰과 예지에 깊은 감사와 존경의 마음을 전하고 싶다.

특히 프리초프 카프라(Fritjof Capra)에게 동양 철학자의 한 사람으로서 깊은 사과와 함께 경의를 표하고자 한다. 그가 동양 철학에 대해 바르게 이해할 수 있었더라면 필자보다는 더 명쾌하게 객관과학을 고집하는 객관론자들을 설득할 수 있었을 텐데 하는 안타까운 마음을 지울 수 없다. 양자물리학자들이 이 책을 읽는다면, 양자이론의 이해에 있어서 부족한 부분을 좀 더 완벽하게 채워 줄 수 있으리라 기대해 본다.

# 차 례

머리말   4

| 1편 |
## 자연과 인간

### I. 인간만이 자연을 파괴한다   14

1. 관념론적 형이상학이 자연 파괴의 주범이다   17
   1) 자연을 바르게 이해할 수 없는 이유   27
     i. 의식이 생겨나기 전에는 외계를 이해하지 못했을까?   39
     ii. 관념론적 형이상학의 근본적인 왜곡   47
     iii. 옛 성현들의 주체론적 형이상학과 관념론적 형이상학의 차이점   53
     iv. 관념론자들의 근본적인 과오   63
     v. 고전역학은 외계에 실재하는 물체의 움직임을 직접 관찰하고
      분석한 것일까?   80
     vi. 외계(자연)는 객관적으로 실재하는 것일까?   94
     vii. 노자(老子)는 개념을 통해서는 자연을 이해할 수 없다는 점을
      지적하고 있다   111
   2) 인간의 본원적 직관능력[팔식(八識): 영혼]에 대한 바른 이해가 필요하다   117
   3) 사물의 표상이 의식에 직접적으로 현상할 수 있을까?   132
   4) 의식에서 선천적 종합판단이 가능할까?   142
   5) 사물의 본질이 의식에 표상할 수 있을까?   153
   6) 왕양명이 깨우쳐 주는 객관적 합리론의 폐해   161

　　　ⅰ. 과학적 객관주의가 성립할 수 없는 이유　　　　　　　　163

　　　ⅱ. 의식의 관념적 사유가 모든 갈등과 분쟁 그리고 부조리의 근원이다　169

　　　ⅲ. 탐욕과 욕망을 끊기 위해서는 감각적 지각과 의식을 끊어야 한다　174

　2. 후설의 현상학은 의식에 대한 모든 오해와 왜곡의 결정판이다　　184

　　1) 문자 언어에 대한 후설의 그릇된 이해　　　　　　　　187

　　2) 사유는 의미 결정체인 언어를 통해 가능하다　　　　　191

　　3) 감각에 이미 개념적 의미가 드러나 나타난다　　　　　197

　　4) 개념이란 차별적 의미를 비교하여 규정한 언어적 의미규정이다　204

　　5) 수(數)와 관련된 오류와 왜곡　　　　　　　　　　　209

　　6) 판단중지와 형상적 환원은 결코 양립할 수 없다　　　　222


Ⅱ. 외계(자연)는 어떻게 눈앞에 펼쳐지는 것일까?　　　　　234

　1. 꿈속의 나비가 실재하는 나비이다　　　　　　　　　　235

　2. 외계에 대한 바른 이해: 연장(延長)실체냐, 사유실체냐?　　238

　3. 본질적 언어에 근거하여 사물의 표상을 그려 낸다　　　　252

　4. 사유실체에 대한 뇌과학적 이해와 뇌과학 연구의 문제점　　264

　5. 본질이란?　　　　　　　　　　　　　　　　　　　272

　6. 두 가지 언어작용으로 인해 전혀 다른 두 가지 외계가 펼쳐진다　285

　　1) 개념적 의미를 지닌 대상성(有表色)과 본질적 속성의 대상성(無表色)　286

　　2) 두 가지 외계(우주): 자연과 세계　　　　　　　　　290

　　3) 플라톤이 설명하는 두 가지 현상의 외계　　　　　　　296


Ⅲ. 옛 성현들이 깨우쳐 주는 인간의 두 가지 언어작용　　　　306

　1. 의식과 개념적 언어　　　　　　　　　　　　　　　　308

　　1) 『중론(中論)』에서 깨우쳐 주는 의식의 네 가지 지향성　　311

　　2) 노자(老子)와 플라톤도 개념이란 비실재적인 의미규정이라는 점을
　　　강조하고 있다　　　　　　　　　　　　　　　　　323

　　3) 범주(範疇)라는 용어에 있어서의 오류와 왜곡　　　　　331

ⅰ. 아리스토텔레스는 플라톤의 가르침을 악의적으로 왜곡하고 있다    332

ⅱ. 아리스토텔레스는 외계의 물질적 사물 자체를 지각할 수 있다고
　　주장하고 있다    341

ⅲ. 칸트는 범주를 의식의 사유기능으로 둔갑시키고 있다    349

2. 직관적 언어작용과 본질적 언어    353

　1) 신체와 영혼(본원적 직관능력)은 결코 분리할 수 없다    354

　2) 기억과 상기 그리고 종합적 통일    361

　3) 불교의 깨달음이란 직관적 언어능력을 회복하는 것이다    369

　4) 본질적 언어는 신경계를 작동시키는 자연 언어이다    373

　5) 본질적 언어는 형용과 서술이 불가능하다    380


## Ⅳ. 분리뇌 연구는 인간의 두 가지 언어능력을 과학적 실험을
## 통해 증명하고 있다    386

1. 분리뇌 연구의 철학사적 의의    386

2. 뇌량(corpus callosum)에 대한 이해    390

3. 기능성자기공명영상(fMRI) 자료: 의식의 작용특성이 밝혀지다    394

　1) 의식은 문자 언어를 매개로 그 언어적 의미를 사유하는 언어적
　　사유작용이다    397

　2) 의식[육식(六識)]이 외계를 인식하기 위해서는 감각적 지각[오식(五識)]을
　　선행적으로 동반해야 한다    402

4. 가자니가에 의해 실행된 세 가지 실험    408

　1) 코흐스(Kohs) 블록 실험: 직관적 언어작용에 의해 선천적 종합판단이
　　가능하다    409

　2) 손으로 지시하는 실험: 감각과 본원적 직관의 차이점을 확인할 수 있다    414

　3) 질문에 답하는 실험: 의식은 반드시 감각적 지각을 선행적으로
　　동반해야 한다는 점을 입증하고 있다    420

| 2편 |
# 자연과학에 있어서 철학적 문제점들

I. 강한 인공지능 연구가 실패할 수밖에 없는 이유     430

  1. 컴퓨터 시각 연구에 있어서 문제점     434

  2. 인공지능도 두 가지 언어를 입증하고 있다     442

II. 고전역학과 양자역학의 철학적 차이점     449

  1. 양자이론을 이해하지 못하는 이유     450

  2. '객관적 관찰'이란 직관과 개념적 사유를 구분하지 못한 데서 비롯된 오류이다     456

  3. 양자의 본질은 오로지 직관을 통해서만 관찰할 수 있다     460

III. 불확정성 원리는 개념의 비실재성을 입증하고 있다     466

IV. 『중론(中論)』에서도 '시간과 공간이 실재하지 않다'는 점을 논증하고 있다     478

V. 공간과 시간에 대한 칸트의 오해와 왜곡     487

VI. 시계가 느려진다고 시간이 느려지나?     498

VII. 아인슈타인이 끝내 양자이론을 받아들이지 못한 이유     507

## VIII. 양자물리학자들의 깊은 철학적 통찰     518

## IX. 옛 성현들의 가르침과 양자이론의 공통점     524

1. 오로지 빛을 통해서만 양자(외계)를 관찰할 수 있다     525
2. 외계(자연)와 양자의 존재 양상이 동일하다     530
3. 파동함수의 확률해석은 곧 직관을 통한 선천적 종합판단이다     533

## X. 음양오행설은 직관과 종합적 통일을 기초로 정립된 과학적 방법론이다     542

맺는말: 문명의 대전환은 철학이 바뀌어야만 가능하다     551
색인     556

1편

자연과 인간

# Ⅰ.
# 인간만이 자연을 파괴한다

<<<<<<<<<<<<<<<<<<<<<<<<<<<<<<<<<<<<<<<<<<<<<<<

지구 온난화로 인한 이상 기후는 여섯 번째 대멸종을 예고하고 있다. 최근 유럽지구과학연맹의 저널인 지구시스템역학(Earth System Dynamics)에서 발표한 한 연구에서는 지구의 '돌이킬 수 없는' 마지노선을 2035년으로 제시하고 있다. 이때가 되면 돌이킬 수 없는 한계점에 도달한다고 예측하고 있다. 매년 재생 에너지를 5%씩 늘릴 수 있다면 그 시한을 10년쯤은 더 연장할 수 있다고 한다.

이렇듯 지구 온난화로 인한 이상 기후로 생물종들의 대멸종이 매우 심각하게 예견되고 있는 상황이다. 인류에 의한 환경 파괴가 그 근본 원인이라는 점에서 이 여섯 번째 대멸종은 인류 문명에 의해 초래되었다고 할 수 있을 것이다.

그러나 문제는 이러한 절박한 상황에도 불구하고 여전히 그 근본적인 원인조차 정확하게 파악하지 못하고 있다는 점이다. 지금까지 거론되고 있는 유일한 대책은 화석 에너지를 대체할 청정 에너지원의 개발이다. 과연 이러한 지엽적인 해결책으로 인간에 의해 자행되는 자연 파괴를 멈출 수 있을까?

단언컨대 근본적으로 자본주의라고 하는 사회경제체제를 해체시키지 않는 한 자연 파괴는 불가피하다. 계속해서 경제 성장을 외치는 한에는 결코 인간에 의한 자연 파괴는 멈출 수 없다. 경제 성장은 결국 천연자원의 낭비를 의미하기 때문이다.

여기에서 우리는 자본주의라고 하는 사회경제체제가 인간의 탐욕을 정당화하고 있으며, 동시에 그 탐욕을 채우기 위한 수단이라는 점을 깊이 인식해야 한다. 이 점은 경제학의 학문 목표를 살펴보면 쉽게 확인할 수 있다. 경제학이란 제한된 자원으로 무한한 인간의 욕구를 어떻게 효과적으로 충족시킬 수 있느냐 하는 점의 탐구를 목표로 삼고 있다. 즉, 인간의 욕망이 경제학의 학문적 목표와 그 정당성의 근거가 되고 있다.

과연 인간의 탐욕은 충족되어야만 하는 것일까? 그리고 과연 충족될 수 있는 것일까? 우리는 합리주의의 영향으로 인해 인간의 무분별한 탐욕을 생존을 위한 육체적 본능쯤으로 간주하고 있다. 인간의 탐욕이 동물적 본능과 전혀 다르다는 점을 깊이 인식하지 못하고 있는 것 같다.

동물들은 배가 부르면 사냥하지 않는다. 그러나 인간은 이러한 육체적 욕구의 충족으로 만족하지 못한다. 바로 여기에서 인간의 탐욕이 단순히 육체적 욕구와 다르다는 점을 알 수 있다. 그 이유는 인간의 탐욕은 의식을 통해 생겨나기 때문이다. 그러므로 인간의 욕망은 의식을 통해 상상할 수 있는 만큼 무한하다.

이러한 차이점을 인정하지 않고, 인간의 탐욕을 육체적 본능과 혼동하게 된 것은 전적으로 관념론자들의 과오로부터 비롯된 것이다. 관념론자들은 의식의 작용이 순수의식이라는 점을 강변하기 위해 인간의 영혼(정신)과 육체를 분리시키고 있다. 이로써 의식은 심리적 요인이나 육체적인 욕구와는 무관하게 순수이성으로 작동되며, 인간의 욕망은 육체적 본능이라고 간주한 것이다. 결과적으로 인간의 탐욕이 의식의 작용으로 인해서 생겨난다는 점을 이해하지 못하게 된 것이다.

이러한 착각으로 인해 우리는 인간의 탐욕을 생존을 위한 정당한 욕구라고 간주하고, 이를 충족하기 위한 모든 행위를 정당화하고 있다.

이러한 그릇된 인간 이해로 말미암아 무한한 인간의 탐욕을 채우기 위해 우리는 끊임없이 경제 성장을 추구하며, 자연 생태계를 착취하고 파괴하고 있다.

그러나 옛 성현들은 의식의 작용을 끊으면 곧 인간의 탐욕도 제거된다는 점을 깨우쳐 주고 있다. 특히 불교의 선수행자들은 선정(禪定)을 수행해 감으로써 궁극적으로 인간의 탐욕이 사라진다는 점을 실제적으로 체험하고 있다. 선정의 수행을 통해 의식의 사유작용이 끊어지면 곧 인간의 탐욕도 사라진다는 점을 확인할 수 있다.

이와 같이 현대 인류의 문명은 인간에 대한 그릇된 이해의 바탕 위에 쌓아 올린 사상의 누각이라는 점을 깊이 인식해야만 한다. 물론 이러한 그릇된 인간 이해는 전적으로 관념론자들의 책임이라고 해야 마땅할 것이다.

그들은 오로지 개념의 객관적 실재성을 입증하기 위해 의식[육식

(六識)]이 순수의식이며, 인간의 절대이성이라고 강변하고 있다. 그들은 이 점을 입증하기 위해 인간의 선천적인 인지능력(본원적 직관능력[팔식(八識): 영혼])[1]과 인간 본래의 성정(性情)을 철저하게 왜곡하고 있다. 그 결과, 자연(외계)에 대한 바른 이해를 원천적으로 불가능하게 하는 결과를 초래하고 있다. 왜냐하면 자연이란 인간의 선천적인 인지능력(본원적 직관능력)에 의해 드러나(표상하여) 나타난(현상한) 외계(우주)이기 때문이다. 따라서 인간의 선천적인 인지능력에 대해 바르게 이해하지 못한다면 우리는 결코 자연을 바르게 이해할 수 없을 것이다.

이러한 점에서 인류에 의한 자연 파괴는 객관적 합리주의라는 진리관에 입각해서 정립된 관념론적 형이상학이 근본적인 원인이라는 점을 자세히 살펴보기로 하자. 관념론자들의 과오와 궤변을 명확하게 확인한다면 자연스럽게 자연으로 돌아가는 길이 열리게 될 것이다.

## 1. 관념론적 형이상학이 자연 파괴의 주범이다

생태학자 프란츠 브로스위머는 『문명과 대량멸종의 역사(A Short

---

1)　이 '본원적 직관'이란 서양 철학에서 사용하는 '본질 직관'과 구분하기 위한 것이다. 본원적(本源的) 직관능력이란 인간의 선천적인 인지능력으로서 이 본원적 직관능력에 의해 감각[아타나식(阿陀那識); 팔식(八識)]과 의식[육식(六識)] 그리고 감각적 지각[오식(五識)]이 가능하다. 또한, 이 본원적 직관능력에 의해 본원적 직관[사(事): 무위지사(無爲之事)]이 가능하다. 이 구분은 사물의 본질이나 본질적 존재의미가 이미 인간 영혼[본원적 직관능력]에 갖추어진 것이라는 의미를 강조하기 위한 것이다.

History of Mass Extinction of Species)』라는 책에서 인류 문명이 '생태계 살해(Ecocide)'의 원인이라는 점을 지적하고 있다.

그는 인간 종(種)이 인간의 언어를 갖게 되면서 생태계 살해가 일어나기 시작했다는 점을 지적하고 있다. 약 5만 년 전쯤 현생 인류의 언어능력이 발달하면서 의사소통이 원활해짐으로써 조직적인 사냥이 가능해졌고, 이로 인해서 대형 동물들이 멸종하기 시작했다는 것이다.

언어의 발달로 인해서 의식이라는 사유능력이 진화했다는 점에서 결국 의식이 생겨나면서 생태계 살해가 시작되었다고 할 수 있을 것이다. 바로 이 의식의 관념적 사유를 통해서 현대의 인류 문명이 탄생하게 되었다는 점은 주지의 사실이다. 결국 의식의 관념적 사유에 기초한 인류 문명의 탄생은 생태계 살해와 더불어 시작되고 있다.

저자는 언어의 발달로 인해 계몽주의 시대 이후 관념론과 고전 물리학이라는 학문이 대두하면서 자연에 대한 착취와 대량 파괴가 가속화되었다는 점을 강조하고 있다. 매우 솔직하고 정확한 지적이라고 하지 않을 수 없다. 분명한 것은 현대 인류의 문명이 과학적 객관주의와 관념적 합리주의에 기초하여 정립되었다는 점이다.

서양 철학계를 살펴보더라도 데카르트가 관념적 합리주의를 주창한 이래로 지금까지 오로지 의식을 인간의 절대이성으로 간주하고 진리를 논구하고 있다. 관념론자들은 의식의 사유작용을 통해 현존하는(눈앞에 현전하는) 실체(존재자 또는 존재사물)에 대한 직관적인 앎(직관을 통한 선천적 종합판단)이 가능하다고 주장하고 있다.

예를 들어 임마누엘 칸트는 외계(자연)에 실재하는 사물들이 자신만의 고유한 표상을 가지고 존재한다고 전제하고 있으며, 이로써 외계에 실재하는 사물의 표상이 의식에 직접적으로 현상한다고 주장한다. 따라서 이렇듯 실재하는 사물의 표상에 근거하여 정립된 개념은 순수개념(우주론적 이념)이며, 의식의 사유작용은 순수이성으로서 인간의 절대이성이라고 간주하고 있다.

이와 같이 외계에 현존하는 실체가 직접적(직관적)으로 의식에 현상한다고 간주하기 때문에 이 사물의 표상에 근거하여 구성된 개념은 객관적 실재성을 갖는 순수개념이라고 주장하는 것이다. 이러한 관점에서 의식의 사유능력을 통해 우주(자연)의 모든 신비를 파헤쳐서 그 존재 법칙이나 자연필연성(인과 관계의 필연성)을 정확하게 이해할 수 있다고 말한다.

이러한 모든 철학적 담론을 '관념론적 형이상학'이라고 일컫기로 하자. 그 후로 지금까지 서양 철학계에서 거론되는 모든 철학적 사유는 이 관념론적 형이상학의 틀에서 벗어나지 못하고 있다. 에드문트 후설의 현상학이나 마르틴 하이데거의 존재론도 의식의 사유작용에서 현존하는 실체에 대한 직관적인 앎을 논구하고 있다는 점에서 조금도 다르지 않다.

그동안 우리는 의식을 통해 외계(우주)와 직접적으로 관계를 맺을 수 있는가 하는 점에 대해 깊이 돌이켜 보지 않은 채 이러한 관념론적 형이상학의 관점에서 외계를 이해하고 있다.

관념론적 형이상학에 대한 신뢰는 자연과학의 매우 놀라운 성과들에 의해 더욱더 강고해지고 있다. 관념론적 형이상학에 기초한 자연과학이 이러한 환상을 현실적으로 확인시켜 주고 있다고 해도 과언은 아니다. 날마다 전해 오는 자연과학의 매우 놀라운 성과들은 의식을 통해 궁극적인 진리에 도달할 수 있으리라는 믿음을 더욱더 확고하게 만들어 주고 있다.

그러나 정작 자연 생태계는 점점 더 회복이 불가능한 상태로 병들어 가고 있다. 급기야 지구는 자정 능력을 상실하고, 결국 이상 기후라는 몸부림으로 그 고통을 호소하고 있다. 이로 인해 이미 수많은 동식물이 멸종 위기에 처해 있으며, 동시에 이상 고온과 한파 그리고 가뭄과 홍수로 인해 인류의 생존도 크게 위협받고 있는 실정이다.

이러한 현실은 인류 스스로 인정하고 싶지 않겠지만, 인간이 자연 생태계에 적응하는 데 실패하고 있다는 점을 드러낸다. 지구상의 모든 생명체가 자연 생태계에 적응하며 생존해 가고 있는데, 인간만이 자연 생태계에 적응하지 못하고 자연을 파괴하고 있다. 이는 곧 인간이 자연을 바르게 이해하지 못한 결과라고 할 것이다. 최첨단의 과학 기술을 자랑하고 있지만, 현대 인류가 자연을 바르게 이해하지 못하고 있다는 점을 인정하지 않을 수 없다.

이제 관념론적 형이상학으로 인해서 생태계 살해(Ecocide)가 어떻게 이루어지고 있는지 구체적으로 확인해 보기로 하자.

칸트는 의식의 산물인 개념이 곧 객관적 실재성을 갖는 '순수개념'이며, '우주론적 이념'이라고 주장하고 있다. 이러한 주장으로 인해서 우리는 지금도 이 개념을 통해 외계(우주)를 이해하려고 노력하고 있으며, 모든 개개의 물질적 사물을 수많은 개념으로 분석하여 이해하고 있다.

여기에서 잠시 이 개념과 관련해서 칸트 철학의 훌륭한 계승자인 F. W. J. 셸링의 주장을 읽어 보기로 하자.

> 이처럼 유기체의 근거에 놓여 있는 개념은 [물질을 떠나] 그 자체 어떠한 실재성도 갖고 있지 않으며, 또 반대로 규정된 물질은 [개념을 떠난] 물질 자체로서가 아니라 오히려 오직 물질에 내재하는 개념에 의해서만 유기화되는 물질이 된다. 그러므로 규정된 객체는 오직 개념과 동시에 그리고 규정된 개념은 오직 규정된 객체와 동시에 발생할 수 있다.[2]

이 인용문에서 우리는 관념론적 형이상학이 얼마나 무모하고 위험천만한 철학인지 확인할 수 있다. 이와 같이 우리의 눈앞에 현존하고 있는 물질적 사물의 근저에 개념이 실재하고 있다고 주장하고 있다. 바꾸어 말하자면 '개념이 객관적 실재성을 갖는다'고 확신하고 있는 것이다.

"오직 물질에 내재하는 개념에 의해서만 유기화되는 물질이 된다"는 구절에서 개념이 객관적 실재성을 갖는다는 주장이 어떠한 결과를 초래하는지 명확하게 확인시켜 주고 있다. 의식의 관념적 사유작용의 산물인 개념이 급기야 '유기화되는 물질'로 둔갑하고 있다. 쉽게 설명하자면 내가 언어적 의미규정(단어)들을 통해 사유하고 있는 것들이 모두 외계에 실재하는 물질적 사물이 된다는 소리

---

2) F. W. J. 셸링, 한자경 옮김, 『자연철학의 이념』(서울: 서광사, 1999), 67쪽.

이다.

이러한 그릇된 사고방식으로 인해서 우리는 지금도 '새로운 개념의 신물질'을 양산해 내고 있다. 이 '새로운 개념의 신물질'이라는 표현은 소비자를 현혹시키기 위한 광고의 문구이나 구호로 사용되고 있는 실정이다.

우리는 지금까지도 이러한 관념론자들의 주장에 대해 그 필연적 정당성을 조금도 의심하지 않고 있는 것 같다. 여전히 모든 학문과 과학적 탐구 활동은 개념에 기초하여 실행되고 있다. 양자물리학을 제외한 모든 자연과학은 여전히 '개념'을 통해 외계(자연)를 분석하고 이해하려는 데 온 힘을 쏟고 있다. 그리고 이러한 이해를 바탕으로 새로운 개념의 신물질을 양산해 내고 있다. 플라스틱이니 스티로폼이니 수많은 새로운 개념의 신물질들을 생산해 내고 있다.

그렇다면 이러한 새로운 개념의 신물질과 자연 생태계에 실재하는 물질적 사물들이 동일한 생태학적 특성을 갖는 것일까?

관념론자들의 주장대로 "오직 물질에 내재하는 개념에 의해서만 유기화되는 물질이 된다"고 한다면 분명 그 새로운 개념의 신물질도 생태계에 실재하는 물질들과 동일한 생태학적 특성을 갖추고 있어야 할 것이다. 그래야만 앞의 주장이 타당하다고 할 것이다.

여기에서 잠시 자연 생태계의 생태학적 특성을 살펴보기로 하자.

우리 인간과 모든 생물들은 자연의 인터넷을 이루는 한 부분이다. 그러나 우리가 서핑하는 인공의 인터넷과는 달리, 우리의 삶 자체는 자연에 존재하는 이 생물 인터넷을 완전하게 작동해야만 유지될 수 있다. 모든 생물들은 생물지화학적(biogeochemical) 순환이라는 거대한 지구의 재순환 시스템으로 서로 연결되어 있다. '생물지화학적'이라는 단어를 세 부분으로 나누면, 여기에 어떤 것들이 관련되어 있는지 금방 알 수 있다. '바이오(bio)'는 생물을 뜻하고, '지오(geo)'는 토양과 대기같이 생물권에서 생명이 없는 것들을 뜻한다. 그리고 '화학적(chemical)'이라는 말은 생물의 화학, 특히 탄소와 산소, 질소, 인, 황 같은 근본 물질들에 대해 이야기하고 있다는 것을 나타낸다. 생명의 기본 원소인 탄소가 적절한 예이다. 탄소는 또 다른 핵심물질인 물의 움직임과 밀접하게 연결되어 있기 때문이다. …… 많은 생물들은 그들이 살아가는 방식 그 자체로 인간들에게 도움을 준다. 박테리아와 균류 등 분해자들은 자기들 먹이를 마음껏 먹어치우는 과정에서 우리의 식량이 만들어지는 데 필요한 영양소를 만들어낼 뿐만 아니라 인간 생활에 언젠가는 많은 불편을 주게 될 모든 종류의 거추장한 쓰레기들을 분해해 없앤다.[3]

자연 생태계는 이와 같이 하나의 거대한 재순환 시스템이다. 모든 것이 마치 인터넷처럼 지구라고 하는 하나의 공간 속에서 유기적인 순환 관계를 유지하면서 존재한다. 유기화된 물질이란 이렇게 생태학적인 순환 관계가 가능한 물질적 특성을 갖추고 있다.

그러나 새로운 개념의 신물질들은 결코 이러한 순환 관계 속에 함께하지 않는다. 바다 위에 거대한 쓰레기 섬을 이루고 있거나, 자

---

3)  앤드루 비티·폴 에얼릭, 이주영 옮김, 『자연은 알고 있다』(서울: 궁리출판, 2005), 86~96쪽.

연의 힘에 의해 잘게 부서져서 생태계 곳곳을 떠돌고 있다. 근래에 이루어진 조사에 의하면 이제 천일염에서도 미세플라스틱이 검출되고 있다고 한다. 바닷물까지 오염되었다는 의미이다. 이 신물질로 인해서 수많은 생명체가 살해되고 있다.

　이러한 사실은 관념론자들이 주장하는 것과 전혀 부합하지 않는다. 분명 그들은 "오직 물질에 내재하는 개념에 의해서만 유기화되는 물질이 된다"고 주장하고 있지만, 새로운 개념의 신물질은 유기화되는 물질이 아니라는 것을 확인할 수 있다. 이는 결국 관념론자들의 주장이 잘못되었다는 점을 입증하고 있다. 또한, 개념이 객관적 실재성을 갖는다는 주장이 자연 파괴의 주범이라는 점을 확인하게 된다.


　이 책을 통해 관념론 철학자들의 과오를 엄정한 역사의 심판대에 고발하고자 한다. 철학이란 단지 논리적 추론을 통해서만 그 학문적 정당성을 판단할 수밖에 없기 때문에 그동안 그들의 과오를 단죄할 수 없었다. 왜냐하면 그들은 자신들의 주장을 정당화하기 위해 고대 그리스의 철학에서 사용하던 철학의 기초적인 용어들의 개념(의미)마저 철저하게 왜곡해서 사용하고 있기 때문이다. 이러한 이유로 그동안은 논리적 대론(對論)마저 불가능했다.

　예를 들어, 플라톤 철학에서 가장 중요한 용어 가운데 하나인 형상(形相)[eidos]을 그들은 본질과 동의어로 사용하고 있다. 그러나 분명 플라톤은 이 형상을 인간의 선천적 표상능력[nous]에 의해 표상된(그려 낸) '본질적 표상'이라는 의미로 사용하고 있다. 즉, 우리의 눈앞에 펼쳐진 모든 사물의 표상이 외계에 실재하는 것이 아니고,

인간의 본원적 직관능력[영혼]의 선천적 표상능력에 의해 표상된 것이라는 점을 명확하게 설명해 주고 있다.

그리고 본질이란 사물의 고유한 물질적 특성인 네 가지 본질적 요소[stoicheion; 물·불·흙·공기]의 결합을 통해 구성된 사물의 고유한 존재자성[存在自性]이다. 즉, 사물의 고유한 물질적 특성을 조합함으로써 사물의 본질이 형성되며, 이 본질을 소재로 표상된 것이 본질적 표상으로서의 형상이다. 이로써 이 형상을 통해 그 외계의 사물들이 우리의 눈앞에 '있는 그대로(본질적 일치)' 드러나(표상하여) 나타날(현상할) 수 있는 것이다.

이러한 철학적 이치를 이해하지 못하기 때문에 그들은 이 선천적 표상능력[nous]을 '지성'이라고 하는 관념론적 의미로 해석하고 있다. 그러나 플라톤은 인간의 영혼에 두 가지 사유능력이 갖추어져 있다는 점을 설명하면서 '로고스(logos)'와 '누우스(nous)'에 대해 매우 자세하게 말하고 있다. 특히 『필레보스』에서는 로고스에 대해서는 "기록자(grammateus)"라고 표현하고 있으며, 누우스에 대해서는 "화가(zōgraphos)"라고 표현하고 있다.[4] 기록한다는 것은 언어로 그 의미를 적는 것이므로 이 로고스는 언어를 통해 의미를 사유하는 '언어적 사유능력'을 의미한다. 반면에 화가란 그림을 그리는 사람이므로 누우스는 사물의 표상(그림)을 그려 내는 '선천적 표상능력'을 뜻한다.

---

4)  플라톤, 박종현 역주, 『필레보스』(서울: 서광사, 2004), 165~166쪽, 39a-39b. 뒤에 이 부분을 자세히 읽어 볼 기회를 갖기로 하자.

그런데도 그들은 형상이 이 선천적 표상능력에 의해 그려 낸(표상된) 본질적 표상이라는 점을 이해하지 못하고 있으며, 동시에 누우스를 '지성'이라는 관념론적 용어로 번역하고 있다.

이러한 이해의 차이로 인해서 그동안은 서로 논리적 대론이 불가능했다. 그러나 이제 뇌과학의 발달로 인해서 여러 가지 과학적 실험을 통해 인간의 선천적인 두뇌작용(인지능력)을 실증적으로 확인할 수 있다. 조금 구체적으로 설명하자면 감각 기관을 통한 감각작용에 대해서는 이미 '감각질(qualia)이론'과 '뉴런집단선택설(Theory of neuronal group selection)'이 정립되어 있다. 이러한 이론들은 감각 기관을 통한 감각작용이란 사물의 표상을 그려 내는 능동적 표상작용이라는 점을 밝혀 주고 있다. 결코 사물의 표상이 외계에 실재하는 것이 아니라는 점을 입증하고 있다.

그리고 의식[육식(六識): genesis]과 인간의 본원적 직관능력[팔식(八識): 영혼]에 대해서는 '분리뇌(split-brain) 연구'를 통해 명확하게 확인할 수 있게 되었다. 이 실험적 연구를 통해 좌반구 언어 영역(의식)은 문자 언어를 매개로 그 언어적(개념적) 의미를 사유하는 언어적 사유작용이라는 점을 확인할 수 있다. 그리고 우반구 언어 영역이 본원적 직관[사(事): 무위지사(無爲之事); 의식의 끊어진 뒤에 발현되는 직관]을 가능하게 하는 직관적 언어능력이라는 점을 입증해 주고 있다.

따라서 이제 과학적인 실험 결과를 바탕으로 그들의 학문적 과오를 매우 분명하게 평가하고 비판할 수 있게 되었다. 이제라도 우리는 객관적 합리론을 폐기하고 새로운 진리관을 정립해야만 한다.

이미 2,500년 전에 위대한 인류의 스승들(석가모니 붓다와 노자 그리고 플라톤)은 자연으로 되돌아갈 수 있는 길을 제시해 주었다. 다만 그동안은 객관적 합리론의 영향으로 성현들의 가르침을 바르게 이해하지 못했을 따름이다.

## 1) 자연을 바르게 이해할 수 없는 이유

앞에서 관념론적 형이상학이 자연을 파괴하는 주범이라는 점을 살펴보았다. 사실 현재의 모든 지식 체계가 관념론적 형이상학을 근거로 정립되었다는 점은 부인할 수 없다. 하지만 그에 따라서 현재 우리가 겪고 있는 재앙적 현실이 관념론적 형이상학으로 인해서 야기되었다는 것도 너무도 명백하다.

관념론적 형이상학이 자연을 파괴하는 결과를 초래할 수밖에 없는 근본적인 이유를 단적으로 지적하자면, 그것은 의식이라고 하는 사유능력에 대한 그릇된 이해에서 비롯된다. 의식이 언어를 매개로 그 언어적 의미를 사유하는 언어적 사유작용이라는 점을 깊이 이해하지 못한 데서 비롯된다고 단언할 수 있다. 즉, 의식은 오로지 문자 언어(언어음과 기호 문자)를 읽고, 쓰고, 말하는 언어작용일 뿐이다. 따라서 의식은 결코 외계와 직접적으로 관계를 맺을(직관할) 수 없다. 외계는 결단코 문자 언어로 구성되어 있지 않다. 따라서 의식은 외계에 대해 직접적으로 지각하거나 인식할 수 없다.

그런데도 관념론자들은 의식을 통해 외계를 직관할 수 있고, 외계에 대한 선천적(또는 선험적) 종합판단이 가능하다고 주장하고 있다.

필자의 이러한 비판이 관념론에 익숙한 독자들에게 매우 엉뚱하고 생소하게 느껴질 것으로 짐작된다. 이는 우리가 그만큼 관념론적 사고에 익숙해져 있다는 것을 의미한다. 우리는 그동안 관념론자들이 주장한 바와 같이 의식은 순수의식이자 인간의 절대이성이며, 이 의식의 산물인 개념은 객관적 실재성을 갖는다고 굳게 믿어왔다. 관념론자들이 자신들의 주장을 정당화하기 위해 인간의 생래적인 인지능력을 철저하게 왜곡하고 있다는 점을 꿈에도 생각하지 못하고 있다.

적어도 뇌과학이나 동물생태학 등에서 밝혀진 과학적 사실들만 정확하게 이해할 수 있었다면 우리는 그들이 인간의 선천적인 인지능력을 매우 심각하게 왜곡하고 있다는 점을 쉽게 확인했을 것이다. 그런데 불행히도 우리는 관념론의 영향으로 그 과학적 실험의 결과들이 갖는 철학적 의미마저도 제대로 해석하지 못하고 있다.

예를 들어 뇌과학의 분리뇌 연구는 두뇌의 양쪽에 전혀 다른 작용 특성을 가진 두 가지 언어능력이 존재한다는 점을 밝혀 주고 있다. 그런데도 우리는 이 두 가지 언어능력의 차이점에 대해 전혀 아는 바가 없다.

이 두 가지 언어능력 가운데 좌반구 언어 영역(브로카 영역과 베르니케 영역)은 문자 언어를 매개로 그 언어적 의미를 사유하는 언어적 사유능력이며, 이것이 곧 의식이라는 점을 명확하게 이해하지 못하고 있다. 그리고 우반구 언어 영역은 감각 기관을 통해 작동하는 직관적 언어작용이며, 이 직관적 언어능력으로 인해서 감각 기관을 통해서 존재사물의 본질적 존재의미를 직관적으로 알(이해할)

수 있다는 점을 상상조차 하지 못하고 있다.

뒤에 다시 나올 분리뇌 연구의 기능성자기공명영상(fMRI) 자료를 먼저 살펴보자.

일반인에게 책을 읽어 줄 때 그 사람의 뇌에서는 좌반구 언어 영역(브로카 영역과 베르니케 영역)만이 활성화된다. 그런데 반면에 청각 장애인에게 같은 책을 수화(ASL)로 읽어 줄 경우에는 우반구 언어 영역과 청각 영역(상측두이랑, superior temporal gyrus)이 동시에 활성화된다는 점을 확인할 수 있다.(395쪽 참조)

청각이 정상적으로 작동하는 일반인은 책을 읽어 주는 소리(언어음)를 듣고도 우반구 언어 영역과 청각 영역은 활성화되지 않고, 오로지 의식이 작동하는 영역인 좌반구 언어 영역만이 활성화된다. 반대로 소리를 들을 수 없는 청각 장애인은 수화자의 손짓을 보고서 우반구 언어 영역과 청각 영역이 동시에 활성화된다. 이러한 실험 결과를 어떻게 해석해야 할까?

관념론이나 경험론에 근거하여 정립된 인식 이론으로는 도무지 이해할 수 없는, 매우 당혹스러운 실험 결과라고 하지 않을 수 없다. 실제로 뇌과학자들도 이 실험 결과를 정확하게 해명하지 못하고 있다. 다만 양쪽 뇌에 전혀 다른 작용 특성을 가진 언어 영역이 존재한다고 설명하고 있을 뿐이다.

이 영상 자료를 옛 성현들의 가르침에 따라 해석한다면 우선적으로 다음의 세 가지를 읽어 낼 수 있다.

첫째, 좌반구 언어 영역은 문자 언어(언어음)을 듣고 직접적으로 그 문자 언어를 이해할 수 있다. 이 영상 자료에서 청각 영역이 작동하지 않고 오로지 좌반구 언어 영역만이 활성화된다는 점에 주목해야 한다. 이러한 현상은 그 언어음을 듣고 감각작용은 일어나지 않으며, 좌반구 언어 영역(의식)이 그 문자 언어를 직접적으로 이해한다고 해석된다.

이와 같이 좌반구 언어 영역이 문자 언어(언어음)를 듣고 직접적으로 그 언어에 내포된 의미를 이해한다는 점에서 의식은 문자 언어를 매개로 그 언어적 의미를 사유하는 언어적 사유작용이라는 것을 알 수 있다. 이 점은 인류의 운명을 결정지을 수 있는 매우 중요한 논제이므로 뒤에 '침팬지와의 숫자 게임'의 예를 통해서 다시 확인하기로 하자. 그리고 마이클 S. 가자니가에 의해 실행된 여러 가지 실험을 통해서도 명백하게 확인이 가능하다. 이와 같이 여러 가지 과학적 실험을 통해서 의식이 문자 언어를 매개로 그 언어적 의미를 사유하는 언어적 사유작용이라는 사실을 확인할 수 있다.

둘째, 감각 기관을 통해서 외계로부터의 자극을 해석함으로써 그 사물의 본질적 존재의미를 이해하는 직관적 언어작용이 작동한다. 이 자료를 보면 소리를 들을 수 없는 청각 장애인의 두뇌에서는 수화 문장(손짓과 몸짓)을 보면서 청각 영역과 우반구 언어 영역이 활성화되고 있다. 청각 영역이 활성화된다는 점에서 분명 감각작용이 일어나고 있다는 것을 추정할 수 있다. 이때, 우반구 언어 영역이 함께 작동한다는 것은 곧 감각작용에서 언어적 사유작용이 일어나고 있다는 것이다. 그런데 여기에서 우리는 매우 이해하기 힘든 사실을 발견한다. 분명 귀를 통해 소리를 들을 수 없는데도 불구하고 청각 영역과 우반구 언어 영역이 함께 작동한다는 점이다. 이러한 현상은 분명 청각작용이 일어나고 있다는 것을 의미한다. 분명 소리를 들을 수 없는데, 어떻게 청각작용이 일어날 수 있는 것일까? 지금으로서는 이 점을 이해하기 쉽지 않다.

어떻게 청각 장애인에게서 청각작용이 일어날 수 있는가 하는 점에 대해서는 뒤에 불교의 『수능엄경』을 살펴보면서 명확하게 이해하기로 하자. 놀랍게도 불교에서는 이미 오래전에 시각 장애인은 다만 눈을 통해서 빛을 받아들이지 못할 뿐, 시각능력을 상실한 것은 아니라는 점을 설명하고 있다.[5] 여기에서는 다만 청각 영역이 작동한다는 점에서 청각 장애인도 청각작용이 일어난다는 점만을 기억하기로 하자. 그리고 이 감각작용에서 우반구 언어 영역에 의해 직관적 언어능력이 작동하고 있다는 사실도 깊이 새겨 두자.

셋째, 의식(좌반구 언어 영역)이 외계를 인식할 경우에는 감각적 지각을 동반해야 한다. 이렇게 해석해야 하는 이유를 명확하게 이해해 보기로 하자. 이 자료의 청각 장애인은 분명 눈으로 수화(손짓과 몸짓)를 보고 있는데, 왜 청각작용이 일어나는 것일까?

정당성을 인정받을 수 있는 추론은 오직 한 가지 경우일 것이다. 손짓과 몸짓을 문자 언어(언어음)로 전환하기 위한 것이라고 해석된다. 즉, 청각 영역과 우반구 언어 영역이 동시에 활성화되는 것은 감각적 지각[오식(五識)]이 일어나는 것이며, 이 감각적 지각을 통해

---

5)  뒤에 '오로지 빛을 통해서만 양자(외계)를 관찰할 수 있다'라는 절(節)에서 인용하고 있다.

서 그 손짓과 몸짓을 문자 언어의 언어음으로 변환시키고 있다고 추정할 수 있다.

그래야만 의식은 그 수화로 전해 주는 언어적 의미를 이해할 수 있기 때문이다. 그 결과 이 청각 장애인은 그 수화자의 손짓과 몸짓을 통해서 그 책의 내용을 모두 이해할 수 있는 것이다.

물론 이러한 해석은 불교에서 설명하는 연기설(緣起說)에 입각해서 이해한 것이다. 연기설에서는 의식[육식(六識)]은 문자 언어를 매개로 그 언어적 의미를 사유하는 언어적 사유작용이기 때문에 감각적 지각[오식(五識)]을 선행적으로 동반해야 하며, 이로써 의식과 감각적 지각이 서로 긴밀한 지향적 의존 관계를 갖는다는 점을 자세히 설명하고 있다. 이에 대해서는 앞으로 자세히 논의해 가기로 하자.

우선적으로 여기에서는 두 가지 점을 기억하기로 하자. 의식은 문자 언어를 매개로 그 언어적 의미를 이해하는 언어적 사유작용이기 때문에 외계로부터 주어지는 자극(손짓과 몸짓)을 직접적으로 인식할 수 없다는 것이다. 따라서 의식이 외계로부터의 자극을 인식(이해)하기 위해서는 감각적 지각을 선행적으로 동반해야 한다는 점을 이해해야 한다. 왜냐하면 외계는 문자 언어로 이루어져 있지 않기 때문이다. 외계는 분명 물질적 사물들이 가진 고유한 물질적 특성으로 이루어져 있다. 따라서 청각 장애인이 수화자의 몸짓과 손짓을 감각적 지각을 통해서 문자 언어로 전환하듯이 이처럼 정상인들도 외계를 인식할 때 감각적 지각을 통해 문자 언어로 해석해 주어야만 의식은 그 대상 사물에 대한 개념적 의미를 인식할 수 있다.

앞으로 진행될 모든 논의가 논리적 필연이라는 것을 확인할 수 있는 근거는 의식이 문자 언어를 매개로 사유하는 언어적 사유작용이라는 점에 있다. 따라서 이 점을 매우 엄밀하고 명확하게 이해할 필요가 있다. 그동안 서양의 관념론 철학에서 이 점을 도외시함으로써 인류가 오늘날과 같은 위기 상황에 처하게 되었다는 점에서 더더욱 이러한 작업이 절실하게 요구된다.

이제 우리가 침팬지와의 숫자 게임에서 결코 이길 수 없다는 사실을 확인해 보자. 이러한 실험에서 우리는 의식이 문자 언어를 매개로 그 언어적 의미를 사유하는 언어적 사유작용이라는 점을 보다 명확하게 이해할 수 있을 것이다.

일본 교토대학교의 영장류 연구소에서 태어난 '아유무(Ayumu)'라는 침팬지는 인간보다도 더 빠르게 1부터 9까지의 숫자를 순서대로 식별해 낸다.[6] 이러한 실험 결과를 지금껏 침팬지도 훈련을 통해서 숫자의 순서를 기억할 수 있다는 정도로 해석하고 있는 것 같다.

우리 모두는 관념론의 영향으로 동물들은 사유능력을 갖추고 있지 못하며, 오로지 육체적 본능에 따라 행동한다고 간주하고 있다. 따라서 이 침팬지도 육체적 본능에 따라 주어지는 반대급부를 얻기 위해 열심히 훈련에 동참했으며, 거듭된 훈련의 결과로 습관적으로 숫자의 순서를 기억할 뿐이라고 여기고 있는 것이다.

---

6)  이 실험 결과는 이 연구소 홈페이지(www.pri.kyoto-u.jp)에서 확인할 수 있다. 'Working Memory of Numerals December 2007'이라는 자료 화면을 직접 찾아보길 바란다.

그러나 우리는 이 숫자 게임에서 결코 아유무를 이길 수 없다는 점을 간과하고 있다.

아유무는 모니터에 여기저기 무질서하게 흩어져 있는 숫자들을 한눈에(순식간에) 그 위치를 식별하고, 다시 그 숫자들이 지워진 화면에서 종전에 그것들이 위치했던 자리를 차례대로 지시할 수 있다. 이 숫자 게임에서 인간은 결코 아유무를 이길 수 없다.

어떻게 침팬지는 인간보다 더 빠르게 숫자가 위치했던 곳들을 식별하고 이를 정확하게 지시할 수 있을까? 왜 인간은 이 침팬지처럼 한순간에 숫자가 위치한 곳을 식별해 내지 못하고, 많은 시간이 소요될까? 이러한 차이점은 인간의 생래적인 인지능력을 이해하는 데 있어서 매우 중요한 의미를 갖는다. 따라서 엄밀하게 이 차이점에 대해 고찰해 보기로 하자.

바로 이 차이점을 통해 우리가 그동안 의식을 통해 인식하는 것과 감각 기관을 통해 직관적으로 아는 것의 차이를 구분하지 못하고 있었다는 사실을 알 수 있다. 인간은 그 숫자들을 문자 언어로 인식하기 때문에 의식을 통해서 숫자들의 위치를 파악하게 된다. 이러한 이유로 인간은 그 숫자들의 위치를 파악하는 데 많은 시간을 소요한다.

왜냐하면 의식을 통해 문자 언어에 내포된 언어적 의미를 이해할 때는 한순간에 오로지 하나의 단어만을 사유할 수 있기 때문이다. 만약 두 개 이상의 단어를 한꺼번에(동시에) 사유한다면 무슨 의미인지 인식할 수 없을 것이다. 이 점은 지금 당장 실험을 통해 확인이 가능하다. 동시에 두 개의 숫자나 두 개의 단어를 사유할 수 있는지 실험해 보기 바란다. 결코 불가능하다는 것을 쉽게 확인할 수 있다.

이러한 이유로 인간은 의식을 통해서 그 숫자들을 한 자, 한 자 순서대로 찾아내야만 위치를 식별할 수 있기 때문에 매우 많은 시간이 소요된다. 아무리 반복해서 연습해도 이 아홉 개 숫자의 위치를 정확하게 식별해 내지 못한다. 여러 차례 반복하면 겨우 세 개 또는 네 개의 위치만 지시할 수 있을 뿐이다. 직접 실험해 보기 바란다.

이를 통해 의식은 오로지 문자 언어를 매개로 작동한다는 점을 확인할 수 있다. 바로 이 점을 명확하게 이해하는 것이 우리의 선천적 인지능력을 바르게 이해하는 데 있어서 관건이라고 판단된다. 서양의 관념론 철학에 있어서 모든 오류와 왜곡은 의식의 이러한 작용 특성을 바르게 이해하지 못한 데서 비롯되고 있다. 옛 성현들은 의식의 이러한 작용 특성을 매우 자세히 설명해 주고 있다. 차츰 확인해 가기로 하자.

반면에 침팬지는 감각 기관을 통해서 그것을 직관하기 때문에 한순간에 많은 숫자를 동시에 파악(직관)할 수 있다. 침팬지는 의식이라는 언어적 사유능력이 없으므로 당연히 감각 기관을 통해서 이 숫자들이 가진 의미(순서)를 이해했을 것이다.

물론 당연히 인간도 감각 기관을 통해서 한순간에 많은 것을 식별할 수 있다. 우리의 감각에는 수많은 사물이 한꺼번에 현상하고 있다. 분명 우리의 눈앞에는 산은 산이라는 의미로, 구름은 구름이라는 의미로, 나무는 나무라는 의미로 한꺼번에 펼쳐져 있다. 이와 같이 우리는 감각을 통해 많은 것을 동시에 식별할 수 있다.

그뿐만 아니라, 절대음감을 가진 사람은 한순간에 7개의 음을 식별해 낸다. 동시에 7개의 피아노 건반을 쳤을 때, 놀랍게도 그 7개의 음을 정확하게 구분할 수 있다.

여기에서는 우선 침팬지가 감각 기관을 통해서 그 숫자를 직관적으로 식별할 수 있다는 점만을 이해해 보기로 하자. 숫자의 순서를 구분한다는 점에서 침팬지도 사물의 표상이 가진 '본질적 존재의미'를 이해하는 사유능력을 가지고 있다는 점을 알 수 있다. 분명 침팬지는 의식이라고 하는 언어적 사유능력을 가지고 있지 않다. 이러한 점에서 침팬지의 이러한 직관적인 앎은 감각 기관을 통한 감각작용에서 이루어진다는 점을 인정하지 않을 수 없다. 앞에서 거론한 영상 자료에서 확인한 바와 같이 감각작용에서 직관적 언어작용(우반구 언어 영역)이 함께 작동함으로써 외계의 사물들에 대한 본질적 존재의미를 직관적으로 알 수 있는 것이다.

마찬가지로 인간도 이렇듯 감각 기관을 통해서 선천적 종합판단이 가능하다는 점을 확인할 수 있다. 뇌과학자 가자니가는 우측 뇌의 언어 영역이 놀라운 직관능력을 가지고 있다는 점을 입증해 주고 있다.

그는 뇌량(corpus callosum)을 절제한 중증 간질환자들에게 코흐스(Kohs) 블록을 배열하게 하는 실험을 실시했다. 코흐스 블록은 지능 지수를 테스트하기 위해 사용되며, 여섯 면에 각기 다른 색상이 칠해진 블록 4개로 구성되어 있다. 이 4개의 블록을 임의로 배치한 사진을 보여 주면서 이와 동일하게 배치하는 데 걸리는 시간을 검사함으로써 지능 지수를 측정한다.

그런데 놀랍게도 우측 뇌의 지배를 받는 왼손은 매우 재빠르게 이 4개의 블록들을 제시하는 사진과 똑같이 배열할 수 있었지만, 좌측 뇌의 지배를 받는 오른손은 그 블록들을 제대로 배열할 수 없었다.

이 실험의 결과는 우측의 언어 영역은 감각 기관을 통해 작동함으로써 외계 사물들의 본질적 존재의미를 직관할 수 있다는 점을 입증하고 있다. 동시에 의식은 외계를 정확하게 지각할 수 없다는 점도 알 수 있다.

이와 같이 침팬지도 감각 기관을 통해 이러한 직관적 언어능력이 작동하고 있다.

옛 성현들은 바로 이러한 인간의 본원적 직관능력을 깨우쳐 주고 있다. 불교의 성기설(性起說)은 감각 기관에서 이러한 직관적 언어작용[팔식(八識)의 사(思)]이 작동하며, 이를 통해 사물의 본질적 존재의미[진여(眞如)]를 직관할 수 있다는 점을 설명하는 정신 이론이다.

결론적으로 관념론자들이 의식을 순수의식이라고 주장하면서 의식에서 직관을 거론하는 것은 성립할 수 없는 궤변이다. 의식은 다만 문자 언어에 내포된 언어적(개념적) 의미를 사유하는 언어작용일 뿐이다. 따라서 의식은 결코 외계와 직접적으로 관계를 맺을 수 없다. 이러한 점에서 의식이 외계를 인식하고 이해하기 위해서는 감각적 지각을 선행적으로 동반해야 한다. 즉, 의식은 인식하고자 하는 그 대상과 직접적으로 관계를 맺을 수 없기 때문에 감각적 지각을 통해 대상 사물을 구체적으로 지각한 뒤에 이 감각적 대상[오진(五塵)]을 재표상함으로써 인식한다. 바로 이 점을 이해하지 못하기 때문에 관념론자들이 의식에서 직관이 가능하다고 주장하는 것이다.

이러한 점에서 의식에서 '대자(對自)적'이라는 표현은 불가능하다. 의식을 통해 인식된 객관은 전적으로 '대타(對他)적'이다. 의식은 오로지 감각적 지각을 통해서 정립된 감각적 대상만을 재표상(대상화)하여 인식하기 때문이다.

그리고 이 감각적 대상은 지각의 과정에서 그 대상에 대한 주관의 가치 판단과 감정 그리고 심리적 요인들에 의한 개념적 의미가 부가되어 정립된 것이다.

관념론자들은 이미 주관에 의해 왜곡되고 굴절된 감각적 대상이 의식에 재표상된다는 점을 이해하지 못하기 때문에 의식에서 '즉자대자(卽自對自)'를 주장하거나 또는 본질직관을 거론하는 것이다.

이러한 점에서 의식(또는 개념)을 통해서는 결코 외계를 '있는 그대로' 바르게 이해할 수 없다는 점을 깊이 인식해야 한다. 의식을 통해 인식된 대상은 이미 주관의 가치 판단과 감정 그리고 욕망에 의해 굴절되고 왜곡된 감각적 대상이라는 점을 알아야 한다.

우리는 지금 의식에 재표상된 감각적 대상을 외계(자연)라고 착각하고 있는 것이다. 의식에 대한 이러한 그릇된 이해가 결국 자연 생태계를 파괴하는 근본 원인이다.

## i. 의식이 생겨나기 전에는 외계를 이해하지 못했을까?

이미 오래전부터 뇌과학에서는 의식이 문자 언어가 생겨난 뒤에 진화된 사유능력이라는 점을 밝히고 있다. 신경과학자 제럴드 에델만은 『신경과학과 마음의 세계(Bright air, Brilliant fire)』라는 책에서 이 점을 매우 자세히 설명해 주고 있다.

불행히도 이 신경과학자도 관념론의 영향으로 인간의 모든 사유작용을 '의식'이라고 표현하고 있다. 그러나 분명한 것은 그가 두 가지 언어적 사유작용을 구분하고 있다는 점이다. 따라서 그가 설명하고자 하는 '1차적 의식'이란, 감각 기관을 통해 작동하는 직관적 언어작용을 의미한다고 해석해야 할 것이다. 왜냐하면 그는 문자 언어를 매개로 사유하는 언어적 사유작용을 '고차원적 의식'이라고 표현하고 있기 때문이다. 즉, 그는 좌측 뇌의 언어 영역인 브로카 영역과 베르니케 영역에서 작동하는 언어적 사유작용을 '고차원적 의식'이라고 표현하고 있다. 그리고 이 좌측 뇌의 언어 영역은 문자 언어의 발달로 진화되었다는 점을 신경과학적 관점에서 명확하게 밝혀 주고 있다. 그렇다면 문자 언어가 생겨나기 이전에 감각 기관을 통해 작동하는 우측 뇌의 언어 영역을 '1차적 의식'이라고 표현한 것으로 해석된다.

그런데도 우리는 여전히 인간에게 두 가지 언어능력이 갖추어져 있어야 한다는 점을 이해하지 못하고 있다. 서양 철학계는 여전히 칸트와 후설의 망령으로부터 벗어나지 못하고 있다.

만약 의식이 인간의 유일한 사유능력이며 절대이성이라고 한다면 의식이 생겨나기 전에는 인류 문명이 존재할 수 없었을 것이다. 그러나 분명 원시 인류도 사물의 본질적 존재의미를 정확하게 이해하고, 그것을 일상의 삶 속에 활용하는 지혜를 가지고 있었다. 이러한 점에서 의식이 생겨나기 이전에도 인간이 사물의 본질적 존재의미를 이해하는 직관적 언어능력을 갖추고 있었다는 점을 쉽게 이해할 수 있다. 뿐만 아니라 직관적 언어능력이 없었다면 원시 인류조차도 탄생하지 못했을 것이다.

이처럼 너무도 명백한 사실을 왜 이해하지 못하는 것일까?

이 두 가지 언어작용에 의해 사유되는 의미내용이 전혀 다르다는 점을 구분하지 못하기 때문이 아닐까 생각된다. 즉, 개념적 언어는 의식의 의미규정작용[增上緣]에 의해 규정된 언어적 의미를 담지하고 있는 반면에, 본질적 언어는 물질적 사물이 가진 고유한 물질적 특성으로 인해서 결정(決定)된 본질적 존재의미를 내포하고 있다. 이러한 점을 엄밀하게 구분하지 못하기 때문에 의식이라는 개념적 언어작용과 감각 기관을 통해 작동하는 직관적 언어작용을 구분하지 못하는 것이 아닐까?

여기에서 필자가 '결정되다'라고 표현한 것은 본질적 언어가 구성되는 방식이 개념적 언어와 다르다는 점을 드러내기 위한 것이다. 즉, 본질적 언어는 감각경험을 통해 얻은 사물의 표상들을 종합하고 통일함[훈습(熏習): 포일(抱一)]으로써 구성된 것이며, 이 사물의 표상은 사물이 가진 고유한 물질적 특성들을 조합한 본질을 소재로 표상된 것이다. 따라서 이 본질적 언어에는 그 사물의 고유한 본질적 존재의미가 내포되어 있다. 반면에 개념적 언어는 의식의 의미규정작용[증상연(增上緣)]을 통해서 인식 대상이 가진 상대적 차별성을 언어적 표현으로 규정한 언어적 의미규정이다. '결정되다'라는 표현은 이러한 차이점을 명확하게 구분하기 위한 것이다.

분명 인간만이 문자 언어를 가지고 있으며, 이 문자 언어로 모든 의사소통이 가능하고, 모든 것을 문자 언어로 표현하고 인식하고 있다. 이때 우리가 사유하는 모든 의미내용은 문자 언어에 담긴 언어적(개념적) 의미이다. 우리는 이 개념적 의미를 통해서 말하고 읽고 쓰는 모든 정신 활동을 영위하고 있다. 그런데 이러한 개념적 언어는 주관의 가치 판단에 따라 인식 대상이 가진 상대적인 차별성을 구분하여 그것의 차별적 의미를 규정한 것이다. 좀 더 쉽게 설명하자면, 인식 대상을 다른 대상 사물과 비교하여 그 차별적 의미를 언어적 표현으로 규정한 것이다. 이러한 차별적 의미내용은 외계의 사물이 가지고 있는 것이 아니고, 주관의 가치 판단에 따라 부가(규정)된 것일 뿐이다. 더욱이 의식의 사유작용은 주관적 의지작용[작의(作意) 또는 공용(功用)]이 함께 작동함으로써 주관적 요인에 의해 그 의미내용이 굴절되고 왜곡된다. 이로써 그 사유의 결과[과보(果報); 인식된 내용]는 전적으로 주관적 요인에 의해 굴절되고 왜곡된 주관적 견해[doxa]일 뿐이다.

반면에 본질적 존재의미는 감각 기관을 통해서 작동하는 직관적 언어작용을 통해서 구성된다. 감각 기관에 현상했던 사물의 표상들이 종자[인(因): sperma]의 형태로 내장되는 과정에서 직관적 언어작용을 통해 종합되고 통일되어 하나의 의미 결정체를 이루게 된다. 바로 이 의미 결정체가 곧 본질적 존재의미[진여(眞如): 이데아]이다. 이와 같이 본질적 존재의미가 구성되는 것은 그 물질적 사물과 관계를 맺을 수 있는 감각 기관을 통해서만 가능하다. 그리고 이러한 종합적 통일은 주관의 의지작용과는 관계없이 이루어지기 때문에 '결정된다'라고 표현한 것이다.

예를 들어 물이나 불이라는 사물이 눈앞에 펼쳐질 때 우리는 이미 그것들이 물이나 불이라는 것을 알고 있다. 그리고 동시에 그 물을 보면서 마실 수 있는 물인지 마실 수 없는 물인지 즉각적으로 알 수 있다. 불을 보면서 그것이 위험한 정도인지 또는 더욱 따뜻하기 위해서 더 세게 지펴야 하는 정도인지 직관적으로 알 수 있다.

이러한 직관적인 앎은 모두 그 사물의 물질적 특성으로 인해서 결정된 의미내용이다. 그리고 사물의 물질적 특성은 오로지 감각 기관을 통해서만 지각이 가능하다. 따라서 이 본질적 존재의미는 오로지 감각 기관을 통해 작동하는 직관적 언어능력(우반구 언어 영역)에 의해서만 직관되며, 구성될 수 있다.


그동안 우리는 이러한 직관적 언어능력에 대해 바르게 이해하지 못하고, 언어란 오로지 문자 언어를 뜻하는 것으로 이해하고 있었다. 즉, 동물들의 몸짓이나 울음소리가 곧 그들의 언어라는 점을 인정하지 않은 것이다.

고래들의 초음파 노래는 곧 고래들의 음성 언어이다. 이 초음파 노래에는 고래의 역사와 문화가 간직되어 있을 것이다. 그리고 이 초음파 노래를 통해 고래들은 서로 간에 의사를 전달하고 새끼들에게 교육을 시키고 있다는 점을 인정하지 않을 수 없다. 인간도 문자 언어가 생겨나기 이전에 노끈의 매듭을 이용해서 의미를 기록하고 전달하는 결승(結繩) 문자를 가지고 있었다. 이 결승 문자는 명백하게 사물의 본질적 존재의미를 표현하는 수단으로 사용되었다.

이러한 점에서 문자 언어의 발달로 의식이라는 언어적 사유능력이 생겨나기 이전에 사물들의 본질적 존재의미를 이해하는 직관적 언어능력이 존재했다는 것을 알 수 있다. 바로 이 직관적 언어작용에 의해 '직관을 통한 선천적 종합판단'이 가능하다. 이러한 선천적 종합판단은 인간만이 가능한 것이 아니고, 다른 동물들도 가능하다는 점에서 동물들도 인간과 동일한 직관적 언어능력을 가지고 있다는 것을 알 수 있다.

예를 들어 아프리카의 영양 누(nou)는 태어나자마자 5초도 지나기 전에 사자의 공격을 직감하고 전력을 다해 도망간다. 어미로부터 교육받거나 나름대로 경험을 쌓을 시간적 여유가 없었다. 그런데도 그 새끼 영양은 사자의 공격을 알아채고 도망가야 한다고 판단한다. 이러한 선천적 종합판단이 가능한 것은 외계를 이해하고 판단하는 직관적 언어능력이 작동하고 있다는 명백한 증거이다. 이 점에 대해서는 뒤에 '본질적 언어는 신경계를 작동시키는 자연 언어이다'라는 항(項)에서 다시 자세히 논의하기로 하자.


사실 모든 포유류가 이러한 직관적 언어능력을 갖추고 있다는 점은 이미 유전 공학을 통해 입증되었다.

유전 공학에서는 포유류는 FOX P2(Forkhead Box P2)라고 하는 언어 유전자를 가지고 있다는 점을 밝혔다. 그런데 처음 이 유전자에 대해 연구한 연구진들은 이 유전자가 두 번의 돌연변이를 거침으로써 현생 인류가 현재와 같은 언어능력을 갖게 되었다고 주장했다.

그러나 뒤이어 다른 연구진들이 더 많은 사례를 연구한 뒤에 인간만이 가지고 있는 언어 유전자는 존재하지 않는다고 밝히고 있다. 이러한 연구 결과는 모든 포유류는 의미를 이해하는 언어능력을 가지고 있으며, 그 언어능력은 근본적으로 큰 차이가 없다는 점을 밝혀 준다. 즉, 의식이라는 언어능력이 없는 동물들도 인간과 동일한 언어 유전자를 가지고 있다는 점에서 그들에게도 인간과 동일한 언어적 사유능력이 작동하고 있다는 점을 알 수 있다. 또한, 이러한 점에서 의식이 생겨나기 이전에 감각 기관을 통해 사물의 본질적 존재의미를 이해하는 언어능력이 작동하고 있다는 것을 알 수 있다.

이에 대한 구체적인 증거도 교토대학교 영장류 연구소의 실험 결과를 통해 확인할 수 있다. 이 연구소의 영상 자료를 보면 침팬지가 색상을 구분하여 그것을 표현하는 한자(漢字)를 정확하게 지시하고 있다. 예를 들어, 한 가지 색을 보여 주면서 靑, 綠, 赤, 黃, 灰 등등의 여러 글자 가운데 지시하도록 한다. 혹은 한 글자를 보여 주면서 여러 가지 색상 가운데 하나를 지시하도록 한다. 두 경우 모두 정확하게 구분하여 지시한다.

물론 침팬지가 이 한자들을 문자 언어로 지각하는 것은 아닐 것이다. 침팬지는 이 글자들을 마치 다른 사물의 표상들과 동일한 표상으로 지각할 것이다. 그런데 그 글자와 색상을 정확하게 구분한다는 것은 표상에 있어서 그 표상이 가진 의미를 구분할 수 있다는 것을 뜻한다. 즉, 글자(漢字)라는 표상과 사물의 표상(색상)이 동일한 의미라는 것을 이해할 수 있는 언어능력이 작동하고 있는 것이다.

이러한 언어능력은 여러 가지 측면에서 실제로 확인되고 있다. 우리는 침팬지가 매우 놀라운 의사소통 능력을 가지고 있다는 것을 잘 알고 있다. 다만 이 침팬지의 의사소통 능력이 바로 언어적 사유능력이라는 점을 간과하고 있는 것이다. 뿐만 아니라 고래들의 초음파 노래도 이러한 언어능력에 의해 가능하다. 비록 문자 언어를 가지고 있지 않지만, 외계에 대한 의미를 나름대로 이해하고, 서로 간에 의사를 전달하는 언어능력을 가지고 있다는 점을 인정하지 않을 수 없다.

인간에게는 이 침팬지보다 훨씬 뛰어난 직관적 언어능력이 감각기관을 통해 작동되고 있을 것이라는 점은 충분히 미루어 짐작할 수 있다.

지금까지 발견된 가장 오래된 문자 언어는 수메르어로, 약 8,000년 전에 사용되었다고 한다. 그러나 그 이전에 인류는 사물의 본질적 존재의미를 이해하고 그것들을 삶 속에서 활용하고 있었다. 인류 문명의 번영은 불(火)을 생활에서 활용함으로써 가능했다고 한다. 이와 같이 인간이 사물의 본질을 정확하게 이해하고 그 본질을 생활 속에 활용함으로써 인류의 문명이 발달하였다. 고대 선사 시대의 유물들은 이러한 인간의 본원적 직관능력을 확인시켜 주고도 남는다.

특히 약 3만 년 전에 그려진 것으로 알려진 프랑스 쇼베(Chauvet) 동굴의 암각화는 인간의 직관적 언어능력을 증명해 주고 있다. 이 암각화는 동물들의 특징을 매우 정교하게 묘사하고 있다. 민첩하고 날렵함, 역동적인 힘 그리고 흉포함 등등 그 동물들이 가진 본질적 특성들을 매우 섬세하게 표현하고 있다. 이렇게 구체적으로 사물들의 본질적 존재의미를 표현하고 있다는 점에서 그러한 의미를 이해하고 식별하는 직관적 언어능력이 작동하고 있다는 것을 확인할 수 있다.

옛 성현들은 이렇듯 감각 기관을 통해서 직관적 언어작용[팔식(八識)의 사(思): 상명(常名): logos]이 작동된다는 점을 깨우쳐 주고 있다. 그런데 불행히도 문자 언어의 발달로 인해 의식의 사유작용이 고도로 활성화됨으로써 결과적으로 이러한 직관적 언어능력은 은폐되어 버리고, 감각적 지각작용으로 변질되어 버렸다는 점도 가르쳐 주고 있다. 이것을 아주 쉽게 표현하자면 인간의 생래적인 인지능력인 직관적 언어능력이 문자 언어의 발달로 인해 의식의 시녀로 전락해 버렸다고 할 수 있을 것이다. 그 결과 우리는 현실적으로 이 직관적 언어능력을 확인할 방법이 없다.

그러나 다행스럽게도 가자니가가 뇌량을 절제한 환자들을 상대로 실행한 코호스 블록 실험을 통해 입증해 주었다. 뇌량을 절제함으로써 양쪽 뇌가 서로 유기적으로 작동하던 연결 고리가 절단되었다. 이로써 우뇌에 자리 잡고 있는 직관적 언어능력이 의식의 영향을 받지 않고 독자적으로 작동할 수 있었던 것이다. 이 실험 결과는 우리에게 우반구 언어 영역이 가진 놀라운 직관적 언어능력을 실증적으로 확인시켜 주고 있다. 뒤에 가자니가가 실행한 다양한 실험에 대해 자세히 살펴보면서 다시 논의하기로 하자.

이상에서 살펴본 바와 같이 의식은 문자 언어를 매개로 그 언어적 의미를 사유하는 언어적 사유작용이다. 바로 이 점으로부터 외계에 실재하는 사물들의 본질적 존재의미를 이해할 수 있는 직관적 언어능력이 별도로 존재해야 한다는 필연적 당위성을 인정하지 않을 수 없다. 왜냐하면 외계는 문자 언어로 이루어져 있지 않으며, 오로지 물질적 사물들의 고유한 물질적 특성으로 구성되어 있기 때문이다.

이와 같이 인간에게는 의미를 사유하는 언어적 사유작용이 두 가지가 존재한다. 따라서 앞으로 옛 성현들의 가르침과 분리뇌 연구의 여러 가지 실험 결과를 비교하여 살펴보면서 이 두 가지 언어능력과 그 차이점에 대해 보다 명확하게 이해해 보기로 하자.

## ii. 관념론적 형이상학의 근본적인 왜곡

관념론이란 궁극적으로 의식이 문자 언어를 매개로 그 언어적 의미를 사유하는 언어적 사유작용이라는 점을 인정하지 않고 정립된 그릇된 인식 이론이다. 관념론자들은 의식이 문자 언어를 매개로 사유하는 언어적 사유작용이라는 점을 철저하게 도외시하고, 의식에서 직관이 가능하다고 주장하고 있다. 이는 관념론의 창시자인 르네 데카르트가 의식에서 직관과 연역이 가능하다고 주장하는 데서 비롯되고 있다. 그 후로 칸트는 의식에서 시공간적 직관을 거론하고 있으며, 후설은 본질직관이 가능하다는 점을 논증하고 있다.

그러면서도 동시에 의식에서 연역이나 논리적 추론을 거론하고 있다. 그들은 연역이나 논리적 추론이 문자 언어를 매개로 가능하다는 점을 애써 외면하고 있는 듯하다. 분명 모든 명제는 문자 언어로 표현된 문장이 아니던가. 그리고 개념이란 곧 문자 언어로 표현되지 않는가?

이러한 사실들은 의식이 문자 언어를 매개로 그 언어적 의미를 사유하는 언어적 사유작용이라는 점을 명백하게 드러내고 있다. 그리고 의식의 산물인 개념은 문자 언어로 표기된 단어들에 내포된 의미내용(개념적 의미)이라는 점을 알 수 있다. 실제로 현상학을 주창한 후설도 "개념은 단어의 의미(Bedeutung)와 같은 것이다"[7]라고 실토했다.

이와 같이 의식이 개념적 언어를 매개로 그 언어적 의미를 사유하는 언어적 사유작용이라는 점을 인정한다면 의식에서는 결코 직관이 불가능하다. 그 이유는 너무도 명백하다. 외계는 결코 문자 언어로 구성되어 있지 않다. 따라서 문자 언어를 통해서 (매개해야만) 사유가 가능한 의식은 외계와 직접적으로 교섭(관계 맺음)할 수 없다.

그런데도 그들은 의식에서 직관이 가능하기 때문에 의식의 산물인 개념이 객관적 실재성을 갖는다고 주장하고 있다. 그리고 의식

---

7) 테오드르 드 보에르, 최경호 옮김, 『후설 사상의 발달』(서울: 경문사, 1986), 73쪽.

에서 직관이 가능하다는 점을 입증하기 위해 외계의 사물들이 그 자체로 자신만의 고유한 표상을 가지고 존재한다고 전제하고 있다. 이를 직접 확인해 보기로 하자.

> 반면에 사상(事象)들 그 자체는 독자적으로 실재하는 것이기는 하지만, ……
>
> 아마도 우리가 그것들을 모르는 한에서의 사상(事象)들 자체로서의 사물들에서 마주칠 수밖에 없다는 것이 드러나면, ……8)

이 두 구절은 『순수이성비판』이라는 책의 머리말에서 인용한 것이다. 분명 "사상들 그 자체는 독자적으로 실재한다"고 표현하고 있으며, "사상들 자체로서의 사물들"이라고 표현하고 있다.

그는 어떠한 이론 근거도 제시하지 않고, 이와 같이 외계의 사물들이 자신의 고유한 표상을 가지고 존재한다고 전제하고 있다. 즉, 우리의 눈앞에 펼쳐진 사물들의 표상이 모두 외계에 실재한다고 주장하고 있는 것이다.

이러한 전제를 바탕으로 그는 의식에서 시공간적 직관이 가능하다고 주장하고 있다. 그리고 개념이란 이렇듯 실재하는 표상을 근거로 구성된 것이기 때문에 객관적 실재성을 갖는다고 주장하고 있다. 이와 같이 칸트의 관념론적 형이상학은 사물의 표상이 외계에 실재한다고 하는 '객관적 실재론'에 근거하여 정립되었다.

---

8)  임마누엘 칸트, 백종현 옮김, 『순수이성비판 1』(서울: 아카넷, 2006), 184~185쪽.

따라서 이 대전제가 성립될 수 없다는 점이 밝혀진다면 그의 모든 주장은 근거 없는 궤변이 될 것이다. 그런데 이러한 터무니없는 주장에 대해 지금까지 엄밀하고 합당한 검토가 이루어지지 않고 있는 것 같다. 지금도 여전히 칸트의 철학을 폐기하지 않고 금과옥조로 여기고 있다는 것은 이러한 전제에 대해 암묵적으로 동조하고 있다는 의미로 해석된다.

과연 외계의 사물들은 모두 자신의 고유한 표상을 가지고 존재하는 것일까?

이미 오래전에 뇌과학에서는 우리의 눈은 오로지 외계의 물질적 사물이 반사하는 빛을 받아들일 뿐이며, 눈에 보이는 그 사물의 표상은 대뇌의 시상과 피질에서 그 빛을 해석하여 그려 낸(표상한) 감각질(qualia)이라고 밝히고 있다. 일명 감각질이론이다.

그리고 뉴런집단선택설(Theory of neuronal group selection)을 통해 이 감각질이 어떻게 표상되는가 하는 점을 명확하게 해명하고 있다. 즉, 눈에서 그 빛을 분석한 결과를 시상으로 보내면 시상은 이것을 다시 감각 뉴런에 보낸다. 감각 뉴런에서는 이렇게 전달된 신경 전달 물질에 따라 뉴런의 시냅스들이 서로 연결을 선택적으로 강화하거나 약화시킴으로써 그 표상을 그려 낸다고 설명하고 있다.[9] 이에 대해서는 뒤에 '외계(자연)는 객관적으로 실재하는 것일까?'라는 목(目)에서 자세히 확인하기로 하자.

---

9)  제럴드 에델만의 『신경과학과 마음의 세계』(서울: 범양사출판부, 2010)와 로돌포 R. 이나스의 『꿈꾸는 기계의 진화』(서울: 북센스, 2007)를 참조할 것.

이와 같이 눈앞에 펼쳐진 외계는 모두 우리의 두뇌(영혼) 속에서 그려 낸 표상이 드러나 나타난 것이다.

옛 성현들도 이렇게 우리의 눈앞에 펼쳐져 있는 외계(자연)는 모두 우리의 영혼 속에서 표상한 본질적 표상[정상(淨相): eidos]들이 현상한(나타난) 것이라고 매우 자세하게 해명해 주고 있다.

우리의 눈앞에 펼쳐진 외계(자연)는 인간의 선천적 표상능력[팔식(八識)의 상(想): 용(容): 누우스(nous)]에 의해 그려져(표상하여) 나타난(현상한) 것이고, 외계에 실재하는 사물을 '있는 그대로' 그려 낼(표상할) 수 있는 것은 그 사물의 본질로 그려 냈기 때문이고, 그 사물의 본질은 사물들의 고유한 물질적 특성[사대(四大): Stoicheion; 물·불·흙·공기]들을 조합함으로써 구성되며, 사물의 고유한 물질적 특성들은 "우주에서 빌려와" 우리의 영혼 속에 종자[인(因): sperma]의 형태로 저장되어 있다고 말이다. 또한, 이렇게 우주에서 빌려온 물질적 특성들을 조합하여 그 표상을 그려 냈기 때문에 우리의 영혼[심(心), 팔식(八識)] 속에서 표상한 그 사물의 표상은 본질적 표상[정상(淨相): eidos]이고, 그리고 감각 기관을 통해 작동하는 직관적 언어작용[팔식(八識)의 사(思): 상명(常名): 로고스(logos)]을 통해서 그 사물의 다양한 표상들을 종합하고 통일하여 하나의 의미 결정체를 구성하며, 이 의미 결정체가 곧 사물의 본질적 존재의미[진여(眞如): 이데아]라고 한다. 그리고 이 본질적 존재의미는 본질적 표상이 눈앞에 현상할 때 동시에 감각 기관을 통해서 직관되며, 그래서 "하나(본질적 존재의미)는 곧 여럿(본질적 표상)이며, 여럿은 곧 하나(一卽多 多卽一)"이고, 외계는 이렇게 '스스로 그러한 모습(自然)'으로 우리의 눈앞에 펼쳐져

(現前하고) 있다고 한다.

옛 성현들은 이와 같이 눈앞에 펼쳐진 모든 존재사물은 인간의 선천적이고 본원적인 직관능력에 의해 표상되어 '나타나 존재(顯存)'하는 현상적 존재자들이며, 오직 인간만이 우주의 유일한 주체적 존재자라고 깨우쳐 주고 있다. 이러한 점에서 옛 성현들의 가르침을 '주체론적 형이상학'이라고 일컫기로 하자.

그러나 우리는 관념론적 형이상학의 영향으로 이러한 가르침을 어느 것 하나도 바르게 이해하지 못하고 있다.

바로 이러한 몰이해로 인해서 우리는 철학과 자연과학 등 모든 학문과 우리의 일상적인 사유에 있어서 결정적인 오류와 문제점을 발견하게 된다. 인간이 외계에 대해 무엇을 알 수 있느냐 하는 점이다. 인간은 결코 외계의 물질적 사물과 직접적으로 관계를 맺을 수 없다. 즉, 우리의 눈앞에 현전하는 모든 사물의 표상은 외계에 실재하는 것이 아니다.

우리의 눈에는 다만 외계의 사물이 반사하는 빛만이 주어진다. 우리의 눈에 보이는 그 사물의 표상은 인간의 선천적 표상능력[팔식(八識)의 상(想): nous]에 의해 표상된 것이다. 따라서 우리는 외계에 실재하는 물질적 사물을 직접적으로 지각하거나 직관할 수 없다.

천만다행으로 외계의 물질적 사물을 '있는 그대로' 직관할 수 있는 것은 선천적 표상능력이 그 사물의 고유한 물질적 특성으로 이루어진 본질을 소재로 그 사물의 본질적 표상을 표상해 낼 수 있기 때문이다. 이 점에 대해서는 뒤의 '본질이란?'이라는 절(節)에서 플라톤의 가르침을 살펴보면서 자세히 이해하기로 하자.

인간은 자신의 영혼 속에서 표상된 본질적 표상을 통해서만 외계를 이해할 수 있다. 모든 외계에 대한 앎은 오로지 이 본질적 표상에 근거하여 가능하다. 더욱이 사물의 본질은 우리의 영혼 속에서 그 사물의 고유한 물질적 특성을 조합하여 구성된다는 점을 잊어서는 안 된다.

우리는 그동안 객관적 실재론으로 인해서 이 점을 망각하고 있었다. 외계에 대한 모든 앎은 오로지 선천적 표상능력에 의해 표상된 본질적 표상과 이 본질적 표상을 그려 내는 소재인 본질을 통해서만 가능하다.

이러한 점에서 인간의 본원적 직관능력[팔식(八識): 영혼]과 사물의 본질에 대한 바른 이해가 절대적으로 요구된다 할 것이다.

### iii. 옛 성현들의 주체론적 형이상학과 관념론적 형이상학의 차이점

외계(자연)에는 수많은 사물이 저마다 고유한 물질적 특성들을 가지고 존재하고 있다. 또한, 그 사물들이 가진 고유한 물질적 특성으로 인해서 서로 유기적인 상호 관계를 유지하며 공존하고 있다.

그런데 놀랍게도 인간은 그 사물들이 가지고 있는 고유한 물질적 특성으로 인한 본질적 존재의미와 유기적인 상호작용을 가능하게 하는 인과 관계의 필연성(자연필연성)을 직관적으로 알 수 있다. 바로 이러한 직관적인 앎이 어떻게 가능한가 하는 의문이 철학(형이상학)이라는 학문을 낳게 된 것으로 보인다.

노자(老子)는 이러한 직관적인 앎에 대해 『도덕경』에서 다음과 같이 설명하고 있다.

> 그릇처럼 움푹한 것(曲)은 곧 무언가를 담아 온전하게 보전할(全) 수 있다(는 선천적 종합판단이 직관적으로 가능하다). 구부러진 것(枉)을 보면 곧 곧게 펴야 한다(直)(는 선천적 종합판단이 직관적으로 가능하다). 웅덩이(窪)는 곧 흙으로 채워 메꿔야 한다(盈)(는 선천적 종합판단이 직관적으로 가능하다). 낡고 깨진 것(敝)은 곧 새롭게 해야 한다(新)(는 선천적 종합판단이 직관적으로 가능하다). 적으면(少) 곧 더 주워 모아야 한다(得)(는 선천적 종합판단이 직관적으로 가능하다). 많은 것(多)은 곧 현혹되어 혼란스럽다(惑)(는 점도 직관적으로 알 수 있다). 이러한 점에서 성인은 '하나'로 종합하고 통일하여(抱一) 자연의 법칙(天下式)으로 삼는다 (曲則全 枉則直 窪則盈 敝則新 少則得 多則惑 是以聖人抱一天下式).[10) (『도덕경』 22장)

우리는 분명 '그릇처럼 움푹한 것'을 보면 곧 음식이나 물건을 담아 보전할 수 있다는 것을 직관적으로 알 수 있다. 여기에서 '그릇처럼 움푹한 것'이라는 표현에 주목해야 한다.

이 '곡(曲)' 자는 일반적으로 '굽다' 또는 '휘어짐'이라는 의미로 사용된다. 시중에 유통되고 있는 거의 모든 해설서들이 이러한 의미로 번역하고 있다. 그래서 심지어 '굽은 나무는 온전할 수 있다'라

---

10) "···를 보면 곧 ···는 선천적 종합판단이 직관적으로 가능하다"라는 부분은 보다 의미가 분명하게 드러날 수 있도록 필자가 부언한 것이다. 이러한 의미로 해석해야만 노자의 가르침을 체계적이고 논리적으로 이해할 수 있다.

는 의미로 이 구절을 해석하기도 한다.

　그러나 여기에서 주의해야 할 점은 이 글은 2,500년 전에 쓰인 것이라는 점이다. 즉, 모든 글자를 해석할 때 2,500년 전에 사용했던 의미로 이해해야 한다. 이 점은 다만 『도덕경』만의 문제가 아니고, 불교나 플라톤의 가르침을 해석할 때도 주의해야 할 점이다. 언어란 시대에 따라 그 의미가 다르게 사용된다는 점을 잊어서는 안 된다.

　인도의 세친(世親, 316~396년)은 『섭대승론석』에서 바로 이 점을 지적하고 있다. 세친은 불교에서 사용되는 여러 단어를 예로 들면서 이 단어들이 석가모니 붓다의 시대와는 다른 의미로 사용되고 있으므로 본래의 의미로 이해해야만 붓다의 가르침을 바르게 이해할 수 있다는 점을 매우 자세하게 설명하고 있다.[11] 불과 800년이 지난 시점에서도 이렇게 단어들의 의미가 변했다는 것을 알 수 있다. 그런데 무려 2,500년이 지난 시점에서 현재 통용되는 사전적 의미로 고전들을 읽으니 무슨 의미인지 전혀 이해할 수 없는 것이다.

　이 '곡(曲)'이라는 글자도 본래 물건을 담는 '곡기(曲器)'를 상형하여 만든 글자이다. 따라서 본래는 '그릇처럼 움푹하다'라는 의미이다. 이것이 뒤에 '굽다' 또는 '휘어짐'이라는 의미로 사용하게 된 것이다.[12]

---

11)　世親(Vasubandhū), 眞諦譯, 『攝大乘論釋』(大正藏 31권), 193c~194a. 졸역(拙譯) 『한글대장경 섭대승론석 외』(서울: 동국역경원, 1998) 266~268쪽에서 쉽게 이해할 수 있도록 번역하였으니 참고하기 바란다.
12)　이돈주, 『漢字學總論』(서울: 박영사, 1979), 120쪽 참조.

여기에서 주목해야 할 점은 우리의 눈에 사물의 본질적 표상이 현상할 때 '그릇처럼 움푹한'이라는 본질적 존재의미가 함께 직관된다는 점이다. 분명 그것을 볼 때, 의식을 통해 그 사물이 '그릇처럼 움푹하다'라는 판단을 하지 않았다. 그런데 그 사물의 본질적 표상이 감각 기관에 드러나 나타날 때, 그러한 본질적 존재의미가 함께 드러나 나타난다. 그리고 동시에 '무언가를 담아 보전할 수 있다'라고 하는 선천적 종합판단이 직관적으로 가능하다. 이러한 직관적인 앎이 어떻게 가능할까?

노자는 '종합적 통일[抱一]'을 통해 가능하며, 이 종합적 통일로 인해서 자연의 법칙(天下式)을 직관적으로 알 수 있다고 그 해답을 설명하고 있다. 옛 성현들의 가르침은 모두 이와 동일하다. 인간은 외계에 대해 이러한 선천적 종합판단이 직관적으로 가능하다는 점을 밝히고, 이를 매우 자세하게 설명해 주고 있다. 결론적으로 마음[팔식(八識): 영혼]의 본원적 직관작용에 의해 이러한 '직관을 통한 선천적 종합판단'이 가능하다는 점을 깨우쳐 주고 있다.

마찬가지로 칸트도 형이상학을 '직관을 통한 선천적 종합판단'이 어떻게 가능한지 밝히는[구명(究明)하는] 학문으로 규정하고 있다. 이러한 점에서 칸트가 추구하고 있는 형이상학의 학문적 목표는 옛 성현들이 깨우쳐 주는 형이상학과 다르지 않다. 옛 성현들의 가르침도 '직관을 통한 선천적 종합판단'이 어떻게 가능한가 하는 점을 깨우쳐 주고 있다는 점에서 형이상학이라고 하는 학문이 목표하는 바는 동일하다.

그러나 옛 성현들의 가르침과 칸트의 주장은 정반대이다. 칸트는 의식의 사유작용에서 직관과 종합적 통일이 가능하다고 주장하고 있다. 물론 후설의 현상학에서도 의식의 작용에서 본질직관을 거론하고 있으며, 현상학적 환원을 통해서 이러한 직관이 가능하며, 형상적 환원을 통해 종합적 통일이 가능하다고 설명하고 있다.

반면에 옛 성현들은 의식은 다만 문자 언어를 매개로 그 언어적 의미를 사유하는 언어적 사유작용일 뿐이며, 본원적 직관능력[팔식(八識): 영혼]에 의해서 이러한 직관을 통한 선천적 종합판단이 가능하다고 깨우쳐 주고 있다. 특히 불교의 유식(唯識) 학파에서는 의식에서는 직관도 불가능하며, 종합적 통일[훈습(熏習)]도 불가능하다는 점을 매우 자세히 논증하고 있다.

이러한 차이점은 전적으로 의식에 대한 이해의 차이에서 발생하고 있다.

옛 성현들은 의식의 사유작용[유위(有爲)]이 개념적 의미가 담긴 문자 언어를 매개로 그 언어적 의미를 사유하는 언어작용(또는 언어적 사유작용)이라는 점을 명확하게 알고 있었다. 따라서 의식은 외계와 무매개적으로 관계를 맺을(직관할) 수 없다는 점도 쉽게 이해할 수 있다. 왜냐하면 눈앞에 펼쳐진 외계는 문자 언어로 구성되어 있지 않기 때문이다. 외계란 우리의 눈앞에 사물의 본질로 표상된 본질적 표상이 드러나(표상하여) 나타난(현상한) 것이다. 그리고 이 사물의 본질은 사물이 가진 고유한 물질적 특성을 조합하여 구성된 것이다.

반면에 문자 언어는 인간이 의사 표현의 수단으로 만들어 낸 언어적 표현일 뿐이다. 이러한 점에서 문자 언어는 사물의 고유한 물질적 특성과는 전혀 관련이 없다. 따라서 의식은 오로지 문자 언어를 매개로 해서만 사유할 수 있기 때문에 감각 기관에 현상하고 있는 본질적 표상을 인식할 수 없다. 즉, 외계와 직접적인 교섭이 불가능하다.

이러한 이유로 의식은 감각 기관을 통해 작동하는 감각적 지각[오식(五識)]을 선행적으로 동반해야만 외계의 사물을 인식할 수 있다. 좀 더 자세히 설명하자면, 감각적 지각을 통해 지각된 감각적 대상[오진(五塵)]을 지향하여[연연(緣緣)] 그것을 재표상(대상화)함으로써 그 감각적 대상을 인식하는 것이다. 이때 의식은 감각적 대상에 내포된 개념적 의미를 문자 언어를 통해 구체적으로 규정함으로써 그 대상을 인식(이해)하게 된다.

이와 같이 의식을 통해 인식(사유)된 의미내용은 모두 감각적 지각을 통해 지각된 개념적 의미에 근거한 것이기 때문에 결코 어떠한 실재성이나 사실성도 갖지 못한다. 따라서 의식의 사유작용을 끊어서 멸절한 뒤에 인간 영혼[心]의 선천적인 본원적 직관능력을 회복해야 한다고 가르쳐 주고 있다.

노자의 『도덕경』에서 자주 등장하는 '희언(希言)' 또는 '무명(無名)'이라는 표현들은 모두 의식의 사유작용이 끊어져서 멸절했다는 의미이다. 다시 설명하자면 '명(名)'이라는 표현은 '언어(言語)' 또는 '언어적 사유작용'이라는 의미로 사용된다. 예를 들어 '다언(多言)' 또는 '가명(可名)'이라는 표현은 문자 언어로 표현되는 개념적 언어를 의미하며, 동시에 이 개념적 언어를 매개로 사유하는 의식의 작용을 의미하기도 한다. 이렇듯 문자 언어를 매개로 사유하는 의식의 작용이 끊어졌다는 의미에서 '희언(希言)' 또는 '무명(無名)'이라고 표현한다.

마찬가지로 불교의 '무위(無爲)'라는 표현은 곧 의식의 사유작용[유위(有爲)]을 끊어서 멸절했다는 의미이다. 그렇다고 인간의 모든 생래적인 인지능력이 없어졌다는 의미는 아니고, 선천적인 본원적 직관능력을 회복했다는 의미로 사용된다. 즉, '무위(無爲)'는 곧 '무위지사(無爲之事)'라는 의미로 사용된다. 물론 앞에서 말한 희언(希言)이나 무명(無名)이라는 표현도 이와 같은 의미로 사용되고 있다.

이와 같이 의식의 사유작용에 대한 이해가 전적으로 다르다. 관념론적 형이상학에서는 의식의 사유작용에서 직관을 통한 선천적 종합판단이 가능하다고 주장하고, 모든 이론 체계는 이 점을 입증하기 위한 논의이다. 반면에 옛 성현들은 의식이란 다만 문자 언어를 매개로 그 언어적 의미를 사유하는 언어적 사유작용이기 때문에 이러한 의식[육식(六識): genesis(생성)]의 작용을 끊어서 멸절해야만 사물의 본질적 존재의미를 직관할 수 있는 본원적 직관능력[팔식(八識): 영혼]을 회복할 수 있다고 설명하고 있다.

이러한 이해의 차이로 인해서 자연과학을 비롯한 여타의 학문에 대해서도 전적으로 상반된 견해를 드러내고 있다. 이러한 견해의 차이는 너무도 당연하다. 여타의 학문은 모두 문자 언어를 통해서만 가능하다. 즉, 모든 여타의 학문은 문자 언어로 표현된 개념을 통해서 추론하고 연역함으로써 가능하다. 따라서 이러한 학문은 개념이라고 하는 언어적 의미규정을 토대로 쌓아 올린 의미론적 논리 체계라고 할 수 있다.

　그러나 칸트는 이러한 점을 도외시하고, 『순수이성비판』의 머리말에서 "이성에 의한 모든 이론학에는 선천적 종합판단이 원리적으로 포함되어 있다"고 선언하고 있다. 이러한 관점에서 그는 의식에서 직관을 통한 선천적 종합판단이 가능하기 때문에 수학과 기하학의 명제를 이해할 수 있으며, 동시에 이러한 명제들이 논리적 필연성을 갖는다고 주장하고 있다.

　반면에 노자는 "학문을 끊어야만 근심이 없다(絶學無憂)"고 선언하고 있다. 도학(道學)을 제외한 여타의 학문들은 모두 의식의 작용을 통해서 가능하다. 그런데 인간의 모든 근심과 걱정 또는 갈등과 고뇌가 모두 의식의 작용에 인해서 일어난다. 즉, 의식에 의해 판단된 개념적 의미로 인해서 모든 근심과 갈등이 생겨난다. 따라서 의식의 작용을 끊어야만 이러한 근심과 걱정 그리고 갈등과 고뇌로부터 자유로울 수 있다. 이러한 점에서 "학문을 끊어야만 근심이 없다"는 표현은 곧 의식을 끊어야 한다는 의미를 내포하고 있다.

　마찬가지로 공자(孔子)도 『주역(周易)』에 대한 해설서인 『계사전(繫辭傳)』에서 "형이상학은 도학(道學)을 말하며, 형이하학은 곧 여타의 학문(器)을 말한다(形而上 謂之道 形而下 謂之器)"고 설명하고 있다. 오직 의식의 작용을 끊어 버리고 직관을 통한 선천적 종합판단을 추구하는 도학만이 형이상학이고, 여타의 학문들은 형이하학이라고 평가절하하고 있다.

여기에서 공자가 여타의 학문들을 '그릇(器)'이라고 표현하고 있다는 점에 주목해야 한다. 그릇은 담고자 하는 물건에 따라 전혀 다른 모양을 가진다는 점을 비유한 것이다. 예를 들어, 큰 고형물을 담기 위한 그릇은 넓고 평편한 모양으로 만들어 사용한다. 그리고 물이나 기름을 넣는 그릇은 주둥이가 좁고 배가 불룩한 호리병 모양으로 만들어 사용한다.

이와 같이 여타의 학문은 그 학문 목표에 따라 각기 다른 논리 체계를 갖추고 있다는 점을 표현한 것이다. 예를 들어, 물(水)이라는 존재사물에 대해 물리학에서는 '유체역학'이라는 관점에서 이해할 것이며, 화학에서는 'H₂O'라는 화학적 성분으로 분해하여 이해할 것이다. 이와 같이 모든 이론학이란 인위적(의도적)으로 설정한 목표에 따라 이론 체계를 세우고, 그 이론 체계의 논리적 필연성을 확보하기 위해 필요한 개념들을 정립한다. 이러한 점에서 '그릇'이라고 평가한 것이다.

이렇게 지향하는 바에 따라 논리 체계를 세우고 그 논리 체계가 논리적 필연성을 갖출 수 있도록 개념들을 정립한 것이다. 그리고 이렇게 정립된 개념들이 상호 간에 논리적 필연성을 갖느냐 하는 점을 논구하기 위해 논리학이라는 학문을 활용하고 있다. 논리학이란 '개념을 통해 추론하는 것이 의미론적인 측면에서 정당성을 갖느냐?'는 것을 따지는 학문이다. 이렇듯 논리학적 관점에서 논리적 필연성을 갖도록 개념(의미내용)을 규정하기 때문에 당연히 모든 학문들은 논리적 필연성을 갖추게 된다.

그러나 자연(自然)이 가진 자연필연성(인과 관계의 필연성)은 이러한 논리적 필연성과는 전혀 다르다.[13] 논리적 필연성은 문자 언어에 내포된 의미규정들이 상호 간에 필연적인 인과 관계를 형성하는 것이다.

반면에 자연필연성은 사물이 가진 고유한 물질적 특성으로 인해 사물들 상호 간에 형성되는 인과 관계의 필연성이다. 분명 자연 생태계의 모든 물질적 사물들은 각자 고유한 물질적 특성을 가지고 존재하고 있으며, 동시에 상호 간에 유기적인 순환적 상호 관계를 유지하고 있다. 이렇듯 자연 생태계가 일정한 유기적인 순환 체계를 유지하고 있는 것은 곧 그 구성원인 개개의 사물들이 가진 고유한 물질적 특성들이 상호 간에 일정한 인과 관계의 필연성을 갖고 있다는 것을 의미한다. 이러한 점에서 자연필연성은 전적으로 사물들이 가진 고유한 물질적 특성으로 인한 것이다.

그런데도 서양의 관념론자들은 이러한 차이점을 간과한 채, 의식을 통해 자연필연성을 이해할 수 있다고 주장하고 있다. 이러한 주장은 의식을 통해 인식(이해)된 그 의미내용이 다만 문자 언어(단어)에 내포된 의미규정일 뿐이라는 점을 이해하지 못한 데서 비롯된 오류이다. 다시 설명하자면, 의식의 사유작용을 통해 얻게 되는 논리적 필연성이란 다만 문자 언어로 표현된 명제(문장)들이 의미론적 관점에서 논리적으로 타당하다는 것을 의미할 뿐이다.

---

13) 여기에서 '자연'이라고 표현하고 있다는 점에 주의해야 한다. 결코 사물 자체가 이러한 자연필연성을 가지고 있는 것이 아니다. 자연은 인간의 감각 기관에 본질적 표상이 드러나 나타난 것을 의미한다. 물질적 사물 자체와 자연을 엄밀하게 구분하여야 한다.

이상에서 살펴본 바와 같이 형이상학이란 선천적 종합판단이 어떻게 직관적으로 가능한가 하는 점을 입증하는 학문이고, 자연과학을 비롯한 여타의 학문들은 문자 언어에 담긴 개념을 토대로 쌓아 올린 논리적 이론 체계라는 점을 엄밀하게 구분해야 한다. 이러한 점을 그동안 명확하게 구분하지 못한 것은 의식이 오로지 문자 언어를 매개로 해서 사유하는 언어적 사유작용이라는 점과 이와는 별개로 감각 기관을 통해서 사물의 본질적 존재의미를 직관하는 직관적 언어작용이 작동되고 있다는 점을 이해하지 못한 결과이다.

### iv. 관념론자들의 근본적인 과오

앞에서 옛 성현들의 주체론적 형이상학과 칸트가 주장하는 관념론적 형이상학의 차이점을 살펴보았다. 그리고 왜 이러한 차이점이 발생할 수밖에 없는지 그 근본적인 원인을 살펴보았다.

칸트가 의식의 사유작용에서 직관을 통한 선천적 종합판단이 가능하다고 주장하는 것은 인간에게 두 가지 언어적 사유작용이 갖추어져 있다는 점을 이해하지 못한 데서 비롯된다. 즉 관념론적 형이상학에 있어서 모든 오류와 왜곡의 근본적인 원인은 의식에서는 개념적 언어를 매개로 그 언어적 의미를 사유하는 개념적 언어작용이 일어나며, 감각 기관을 통해서 사물의 존재의미를 직관하는 직관적 언어작용이 작동한다는 점을 이해하지 못한 데 있다.

이 두 가지 언어적 사유작용의 차이점을 정확하게 이해하지 못하기 때문에 의식에서 직관을 통한 선천적 종합판단이 가능하며, 모든 이론학은 이러한 선천적 종합판단을 포함하고 있다고 주장하는 것이다. 이제 그의 주장을 구체적으로 살펴보면서 이 두 가지 언어 작용을 구분하지 못함으로써 어떠한 오류와 왜곡이 불가피한지 명확하게 확인하기로 하자.

『순수이성비판』의 B판 서론에서 칸트는 '7+5=12'라는 수학 명제와 '직선은 두 점 사이의 가장 짧은 선이다'라는 기하학의 명제를 예로 들면서 의식에서 '직관을 통한 선천적 종합판단'이 가능하다는 점을 논증하고 있다.

물론 우리는 이러한 명제들에 대해 의식을 통해 즉각적으로(감각적 지각을 거치지 않고) 이해할 수 있다. 이 명제들은 모두 기호문자로 이루어졌으며, 우리는 의식을 통해 이 문장을 즉각적으로 이해할 수 있다. 이 점은 앞에서 분리뇌 연구의 기능성자기공명영상 자료와 침팬지와의 숫자 게임을 통해서 확인하였다.

그렇다고 이렇게 문자 언어로 표현된 명제를 의식이 즉각적으로 이해하는 것이 '직관을 통한 선천적 종합판단'일까? 과연 문자 언어로 표현된 명제들을 읽고 그 문장에 담긴 의미를 이해하는 것과 외계에 실재하는 사물들의 본질적 존재의미를 직관적으로 아는 것이 동일한 사유작용일까?

그가 무엇을 착각하고 있는지 명확하게 확인해 보기로 하자.

### ● '7+5=12'라는 수학 명제와 관련된 오류

먼저 '7+5=12'라는 수학 명제를 이해하는 것에 관한 그의 설명을 읽어 보기로 하자.

그러나 좀 더 자세히 고찰하면 '7'과 '5'의 합이라는 개념은 두 수를 하나의 수로 통일하는 것 이외에는 아무것도 포함하고 있지 않으며, 이로부터 그 두 수를 포괄하는 하나의 수가 무엇인가는 전혀 생각하지 않음을 알게 될 것이다. '십이'라는 개념은 내가 순전히 칠과 오의 저 통일을 생각하는 것으로써만 이미 생각되는 것이 결코 아니다. 나는 그러한 가능한 합이라는 나의 개념을 한동안 분해할 수는 있지만, 그렇다 해서 거기서 '십이'와 마주치지는 못한다. 그러므로 두 수 중의 하나에 대응하는 직관을 보조로 취해, 예컨대 다섯 손가락이나 또는 (세그너가 그의 산술학에서 했던 것처럼) 다섯 개의 점을, 그렇게 해서 하나씩 직관에 주어지는 다섯의 단위들을 일곱의 개념에 덧붙임으로써 사람들은 이 개념들을 넘어갈 수밖에 없다〈이러한 개념 밖으로 나가지 않으면 안 된다〉.[14]

매우 자세히 이 인용문을 곱씹어 보기 전에는 이 설명들이 무슨 의미인지 쉽게 이해되지 않는다. 사실 칸트의 모든 철학적 담론은 이렇게 명확한 이론 근거를 제시하지 못한 채, 억지 논리로 얼버무리고 있다고 해도 과언은 아니다. 이러한 이유로 서양 철학이 매우 난해하고 어렵게 느껴진다.

이 인용문을 쉽게 간추리면 '7+5=12'라는 수학 명제 자체에는 어떠한 의미론적(또는 개념적) 근거가 없기 때문에 이 문장(명제)을 '읽

---

14)　임마누엘 칸트, 앞의 책, 226쪽. 〈 〉 부분은 다른 번역서(이명성 역)의 표현이 좀 더 이해하기 쉬운 것 같아서 독자들의 편의를 위해서 필자가 덧붙인 것이다. 백종현 교수에게 양해를 구하는 바이다.

는' 것만으로는 이해가 불가능하고, 직관의 도움을 받아야만 이 명제가 성립된다(참이다)는 점을 이해할 수 있다는 것이다.

좀 더 자세히 설명하자면 '7+5=12'라는 명제를 보면서(읽으면서) 이 문장 자체로는 우리가 다섯에 일곱을 더하면 열둘이 된다는 점을 알 수 없으며, 손가락을 세어 가면서 그것들의 합이 손가락 열두 개가 되기 때문에 합이 '12'라는 점을 알 수 있다는 설명이다.

즉 우리는 어떤 물건 다섯 개에 일곱 개를 더하면 열두 개가 된다는 것을 직관적으로 알 수 있는데, 이러한 직관의 도움을 받아야만 이 수학 명제를 이해할 수 있다는 것이다. 칸트는 이 구절에 이어 좀 더 자세하게 이러한 설명을 덧붙이고 있지만, 지면 관계상 생략하였다.

이러한 그의 설명에서 그가 기호 문자로 표기된 문장을 읽고 이해하는 것과 감각 기관을 통해 외계를 직관하는 것을 엄밀하게 구분하지 못하고 있다는 점을 지적하지 않을 수 없다.

먼저 우리는 어떤 물건 다섯 개에 일곱 개를 함께 모아 두면 곧 열두 개가 된다는 것을 직관적으로 알 수 있다. 이러한 직관적 체험은 의식을 통해 그것을 하나씩 헤아려(세어) 보지 않아도 눈으로 그것을 보는 순간 알 수 있다. 사실 이렇게 큰 수보다는 두 개에 세 개를 더하면 다섯 개가 된다는 예시가 훨씬 설득력 있게 느껴질 것 같다. 이 정도의 수는 어린아이들도 직관적으로 알 수 있다. 그러나 훨씬 많은 개수의 물건은 이렇게 직관적으로 알 수 없기 때문에 낱낱이 세어 보아야 알 수 있다. 이렇게 수를 세어서 아는 것은 의식을 통해 인식하는 것이다. 이러한 점에서 직관적으로 알 수 있는 작은 수의 경우를 상정하기로 하자.

이러한 직관적인 체험은 감각 기관(눈)을 통해서 직접적으로 그 사물들을 볼(직관할) 때만 가능하다. 노자의 설명처럼 "그릇처럼 움푹한 것을 보면 곧 무언가 물건을 담아 보전할 수 있다는 점을 직관적으로 알 수 있듯이" 그 사물을 볼 때 그것의 개수(본질적 존재의 미)를 직관적으로 알 수 있다.

여기에서 분명하게 구분해 두어야 할 점은 직관한다는 것은 곧 감각 기관에 그 사물의 본질적 표상(그 여러 개의 물건)이 드러나 나타난(현상하는) 상태를 말한다. 칸트도 직관에 대해 "대상과 직접적이고 무매개적으로 관계를 맺는 것"이라고 설명하고 있다. 이렇게 사물의 본질적 표상이 우리의 감각 기관에 '무매개적으로' 현전하고 있는 사태(事態; 불교에서는 경계(境界)라고 표현한다)에서만 이러한 직관적인 앎이 가능하다. 그런데 여기에서 바로 이 점을 간과하고 있다.

이 수학 명제를 읽을 때 결코 열두 개의 사물을 직관할 수 없다. 의식을 통해 그 수학 명제를 읽을 때는 오로지 우리의 눈은 그 '7+5=12'라는 문장(또는 수식)만을 지향한다. 결코 동시에 외계의 사물을 직관할 수 없다. 이 수식을 볼 때 우리의 눈은 이 수식만을 보고 있을 뿐이다. 이 명제를 읽는 순간에 의식은 결코 다른 것을 지향할 수 없다. 다른 것을 지향하여 보는 것은 이 명제를 읽는 의식이 사라지고, 다시 새로운 의식이 생성되면서 다른 물체를 지향함으로써 가능하다. 이렇게 의식이 생성과 소멸을 반복하면서 하나의 흐름을 유지하는 것을 불교에서는 '계속적으로 이어지는 지향성[차제연(次第緣)]'이라고 한다. 앞에서 침팬지와의 숫자 게임에서 의식이 이처럼 생성과 소멸을 반복할 수밖에 없다는 점에 대해 살펴보았다. 따라서 이 명제를 보면서 동시에 열두 개의 물건을 볼 수 없다. 이러한 점에서 이 명제를 읽으면서 직관의 도움을 받을 수 없다.

반면에 '7+5=12'라는 명제는 '7', '+', '5', '=' 그리고 '12'라는 단어로 구성된 문장[수식(數式)]이다. 이러한 문장을 보면서 이해하는 것을 우리는 '읽는다'라고 표현한다. 이렇듯 '본다'고 표현하지 않고 '읽는다'라고 표현하는 이유는 이 문장을 읽는 행위가 감각 기관을 통해서 지각(또는 직관)하는 것이 아니고, 의식을 통해 직접적으로 이해(인식)하기 때문이다.

예를 들어, 의식을 통해 외계의 사물들을 인식할 때는 먼저 감각 기관의 감각작용을 통해 그것을 지각한 다음에 이렇게 지각된 감각적 대상[오진(五塵)]을 의식이 재표상함(대상화)으로써 그 대상 사물을 인식할 수 있다. 그러나 기호 문자는 감각 기관을 통한 감각적 지각[오식(五識)]을 거치지 않고, 의식[육식(六識)]이 직접적으로 그 기호 문자들의 의미를 이해하고 사유할 수 있다.

이렇듯 의식이 직접적으로 기호 문자들을 인식할 수 있다는 것은 곧 의식이 문자 언어를 매개로 그 언어적 의미를 사유하는 언어적 사유작용이기 때문에 가능하다.

의식이 이처럼 감각적 지각을 거치지 않고 문자 언어를 직접적으로 이해하고 인식할 수 있다는 점에 대해서는 앞에서 충분히 확인하였다.

그리고 기호 문자로 표기된 단어들은 모두 확고하고 구체적인 의미를 담지하고 있다. 즉, 문자 언어란 언어적 의미를 담지하고 있는 의미 결정체이다. 이로 인해 이 문자 언어를 통해 표현(전달)되는 의미내용을 사유할 수 있는 사유능력이 발달하였다. 이러한 언어적 사유능력이 곧 의식이다.

예를 들어, '1'은 분명 '하나'라는 의미를 담고 있다. 결코 둘이 될 수 없다. 그리고 '2'는 결단코 '둘'이라는 의미를 가지고 있다. 아무도 이 점을 부정할 수 없다. 그 이유는 우리가 하나 또는 둘이라는 이러한 의미들을 '1'과 '2'라는 기호 문자로 표기하기로 약속한 것이다. 그래서 우리는 어려서부터 이 숫자들을 순서대로 외우기 위해 많은 노력을 기울였다. 그 결과 그 숫자들이 그러한 의미로 사용된다는 점을 모두 명확하게 알고 있다.

그리고 '+'는 '더하다'라는 의미를 표시하기 위해 만든 기호 문자이며, '='라는 기호는 '같다 또는 동등하다'라는 의미로 사용된다. 우리는 어려서부터 계산하는 법(算術)을 배우면서 이러한 기호들은 이러한 의미로 사용된다는 점을 익혀 왔으며, 그러한 훈련의 결과로 기호 문자들의 개념적 의미를 즉각적으로 이해할 수 있게 되었다. 이렇듯 문자 언어가 가진 개념적 의미를 근거로 우리는 문장(명제)을 이해할 수 있는 것이다.

칸트의 주장처럼 문장 자체로는 아무것도 알 수 없는 것이 결코 아니다. 우리는 어려서부터 많은 노력을 기울여서 산술 공부를 해 왔으며, 그 결과로 이러한 지식을 공유하고 있다. 모든 학문은 이렇듯 배워서 익힘으로써 가능할 뿐, 결코 직관적으로 알 수 있는 것이 아니다.

학문을 한다는 것은 이와 같이 학술 용어들(문자 언어)의 개념을 정확하게 파악하고, 이를 토대로 그 학문의 논리적 이론 체계를 이해하는 것이다. 따라서 모든 이론학은 오로지 문자 언어에 담긴 개념적 의미를 통해서 가능한 것이다. 그리고 개념적 언어(문자 언어)는 배워서 익히지 않으면 이해하지 못한다. 반면에 본질적 언어는 배우지 않아도 본원적 직관능력에 의해 저절로(선천적으로) 구성된다.

이상에서 살펴본 바와 같이 사물의 개수를 직관적으로 알 수 있는 것과 '7+5=12'라는 명제를 이해하는 것은 전혀 다른 유형의 사유능력을 통해서 가능하다. 즉, 사물의 개수를 직관적으로 알 수 있는 것은 감각 기관을 통해 작동하는 본원적 직관능력[팔식(八識)]의 직관적 언어작용[팔식(八識)의 사(思)]을 통해서 가능하며, '7+5=12'라는 명제(문장)를 이해하는 것은 의식[육식(六識)의 사(思)]을 통해 그 글자(기호 문자)에 담긴 언어적(개념적) 의미를 이해하는 것이다. 여기에서 우리는 감각 기관을 통해서 외계의 사물을 직관하는 것과 글자를 읽고 그 의미를 이해하는 것을 구분해야 한다는 점을 알 수 있다.

이로써 이 수학 명제를 읽으면서 직관의 도움을 받는다는 주장은 성립될 수 없는 궤변이라는 점을 명확하게 알 수 있다. 분명 이 두 가지 사건은 전혀 다른 사유작용이다. 문장을 '읽고 이해하는' 사유작용은 그 글자들이 가진 의미를 이해할 수 있는 의식의 작용에서만 가능하며, 외계의 사물들의 개수를 '직관적으로 알 수 있는' 사유작용은 오로지 감각 기관을 통해서 그것을 직접적으로 볼 때만 가능하다.

또한, 손가락을 접으면서 수를 세는 것은 결코 직관이 아니다. 이 점을 구분하지 못하는 것도 감각 기관을 통해 직관하는 것과 의식을 통해 문자 언어의 개념적 의미에 근거하여 숫자를 세는 것을 구분하지 못하기 때문에 발생하는 오류이다. 수를 세는 것은 곧 문자 언어로서의 숫자를 순서대로 세는 것이다. 즉, 의식의 사유작용을 통해서 숫자들을 순서대로 하나하나 세면서 사물의 개수를 파악하는 것을 말한다. 직관은 결코 의식을 통해 숫자를 헤아려서 아는 것이 아니다. 보자마자 즉각적으로 그것이 몇 개인지 아는 것을 말한다. 이렇게 직관적으로 아는 것을 동양 철학에서는 "단지 알 뿐이다(但知而已)"라고 표현한다. '다만 알 뿐'이라는 표현에는 의식의 사유작용을 통해 헤아려서 아는 것이 아니라는 의미를 담고 있다.

이와 같이 수(數)와 관련해서 이것이 직관되는 경우와 의식을 통해 '세는' 경우를 구분해야 한다. 이에 대해서는 뒤에 '수(數)와 관련된 오류와 왜곡'라는 항(項)에서 보다 자세하게 논의하기로 하자.

결론하여 이 인용문에서 그가 의식이 문자 언어로 표기된 그 단어들과 문장의 의미를 이해하는 언어적 사유작용이라는 점을 이해하지 못하기 때문에 이 두 가지 언어적 사유작용(의식을 통한 인식과 감각 기관을 통한 직관)을 구분하지 못한다는 점을 지적하지 않을 수 없다.

우리는 의식을 통해서 문자 언어를 읽을 수 있으며, 음성 언어로 말할 수 있으며, 또한 그 음성 언어를 듣고 이해할 수 있다. 이러한 의식의 사유작용은 모두 문자 언어(기호 문자와 언어음)를 통해서만 가능하다. 이러한 사유능력은 오로지 인간만이 가능하다. 인간만이 문자 언어를 가지고 있기 때문이다.

반면에 외계의 사물들은 문자 언어가 아니다. 모든 사물은 자신만의 고유한 물질적 특성으로 구성되어 있으며, 이러한 사물들의 물질적 특성은 결코 의식을 통해서 지각할 수 없다. 오로지 감각 기관을 통해서만 지각하거나 직관할 수 있다. 예를 들어 '불(火)'이라는 사물을 이해(직관)하는 데 있어서 의식은 결코 필요하지 않다. 무언가를 태우며 활활 타오르는 불꽃은 가시광선을 통해서 눈으로 볼 수 있으며, 뜨거운 열기(熱氣)는 적외선을 받는 피부를 통해서 느낄 수 있다. 이렇듯 감각 기관을 통한 감각경험(눈에 비친 불꽃과 피부를 통한 열감)을 종합하고 통일함으로써 불의 본질적 존재의미를 직관할 수 있다.

이러한 직관적인 앎은 의식을 통해서는 결코 가능하지 않으며, 의식이 필요하지도 않다. 그가 의식의 사유작용에서 '직관'을 거론하는 것은 그 불꽃과 열기가 문자 언어와 같은 것이라는 논리가 되고 만다.

이와 같이 의식에서 직관을 통한 선천적 종합판단이 가능하며 모든 이론학이 선천적 종합판단을 포함하고 있다고 주장하는 것은 의식과 감각 기관의 사유능력을 구분하지 못하기 때문에 야기되는 오류이다.

● '직선은 두 점 사이의 가장 짧은 선이다'라는 기하학 명제와 관련된 오류

이러한 오해와 왜곡은 '직선은 두 점 사이의 가장 짧은 선이다'라는 기하학의 명제를 이해하는 것도 선천적 종합판단이라고 주장하는 데서 보다 명확하게 확인할 수 있다.

그의 설명을 자세히 분석해 보기로 하자.

> 마찬가지로 순수 기하학의 어떠한 원칙도 분석적이지 않다. '직선은 두 점 사이의 가장 짧은 선이다'는 종합명제이다. 왜냐하면 나의 개념 직(直)은 크기[量]에 관해서는 아무것도 포함하고 있지 않고, 오로지 질[質]만을 포함하고 있기 때문이다. 그러므로 '가장 짧은'이라는 개념은 여기에 전적으로 덧붙여진 것이므로, 어떠한 분해에 의해서도 직선이라는 개념에서 이끌어내어질 수 있는 것이 아니다. 그러므로 직관이 보조로 취해져야만 하며, 그것을 매개로 해서 종합은 가능하다. (중략) 여기에서 그 술어가 저 개념에 필연적으로, 그러나 개념 자체 안에서 생각된 것으로서가 아니라, 그 개념에 덧붙여져야 할 직관을 매개로 해서 따라다님이 드러난다.[15]

여기에서도 앞에 인용한 설명처럼 참으로 애매모호한 표현을 동원하여 '직선이 두 점 사이의 가장 짧은 선이다'라는 명제를 이해하는 것이 직관의 도움을 받아야만 가능하다고 설명하고 있다. 앞에서 사물의 개수를 직관하는 것과 기호 문자로 표기된 명제를 이해

---

15)  임마누엘 칸트, 앞의 책, 226~227쪽.

하는 것을 구분하지 못하듯이 이 설명에서도 동일한 과오를 범하고 있다.

'직선은 두 점 사이의 가장 짧은 선이다'라는 명제를 읽을 때 이 문장을 구성하는 단어들이 가지고 있는 개념적 의미를 통해서 충분히 이 명제를 이해할 수 있다. 이 문장을 구성하고 있는 '두', '점', '사이', '가장', '짧은' 그리고 '선'이라는 단어는 모두 각기 명확한 개념적(언어적) 의미를 가지고 있다. 그리고 의식은 이 단어들에 담긴 언어적 의미를 이해하는 언어적 사유작용이다. 이로 인해서 이 단어들에 내포된 개념적 의미를 연결하여 이 문장을 명확하게 이해할 수 있다.

그렇지만 직선이라는 단어는 이 명제가 서술하고 있는 의미내용을 결코 가지고 있지 않다. 즉, 술어 부분에서 서술하고 있는 내용은 전적으로 기하학적 관점에서 직선에 대한 개념을 서술한 것이다.

분명 직선이라는 단어에서 '직(直)'이라는 표현은 '구부러지지 않고 곧다'라는 의미이다. 즉, 우리는 구부러지지 않고 곧게 그려진 선분(이것은 그림으로서 표상이다)을 직선이라는 단어로 표현한 것이다. 따라서 이 직선이라는 단어에는 다만 '구부러지지 않고 곧다'라는 본질적 존재의미만이 내포되어 있다. '두 점 사이의 가장 짧은 선이다'라고 하는 술어 부분은 기하학적 관점에서 직선이라는 단어의 의미를 규정한 개념적 의미이다.

앞에서 공자(孔子)가 도학을 제외한 여타의 학문들을 '그릇(器)'에 비유한 이유를 자세히 살펴보았다. 바로 이 명제를 통해서 우리는 공자가 여타의 개별 학문들을 그릇에 비유한 것이 매우 정당하고 적절하다는 것을 확인할 수 있다. 분명 직선이라는 단어에는 '두 점 사이의 가장 짧은 선이다'라는 개념적 의미는 내포되어 있지 않다. 이러한 개념적 의미는 기하학에서 기하학의 학문적 목표와 이론 체계에 부합하도록 직선이라는 단어의 개념을 정립함으로써 생겨난 언어적 의미규정이다. 바로 여기에서 개념은 결코 객관적 실재성을 갖추고 있지 않다는 점을 확인할 수 있다.

그런데도 그는 "직선이라는 개념에서 이끌어내어질 수 있는 것이 아니다. 그러므로 직관이 보조로 취해져야만 하며"라고 설명하고 있다. "직선이라는 개념에서 이끌어내어질 수 있는 것이 아니다"라는 설명은 너무도 당연한 것이다. 기하학에서만 이러한 개념적 의미를 부가하여 설명하는 것이지, 일반적으로 직선이라는 단어는 이러한 의미로 사용되지 않는다. 그렇지만 이러한 사실이 직관의 도움을 받아야만 이 문장을 이해할 수 있는 이유가 될 수는 없다. 우리는 직관의 도움이 없어도 이 명제를 읽으면서 충분히 이러한 기하학적 설명을 이해할 수 있다.

그리고 이 명제를 읽으면서 결코 직관이 일어나지 않는다. 따라서 "직관이 보조로 취해"질 수 없다. 이 명제를 읽을 때 의식을 통해 이 문장을 읽을 뿐, 결코 곧게 그려진 표상으로서의 직선을 함께 직관하고 있는 것은 아니다. 직관은 사물의 표상이 감각 기관에 현상하고 있는 것을 말한다. 다시 표현하자면 직관이란 선천적 표상능력에 의해 사물의 본질적 표상이 감각 기관에 현상하고 있는 것을 의미한다. 이 문장을 읽을 때 우리의 눈에는 이 글자들이 현상할 뿐, 결코 직선의 표상이 현상하지 않는다. 따라서 직관을 보조로 취할 수 없다. 그는 모든 이론학이 '직관을 통한 선천적 종합판단'을 포함하고 있다고 주장하기 위해 이러한 억지 주장을 펴는 것이다.

또한, 그는 "그 개념에 덧붙여져야 할 직관을 매개로 해서 따라다님이 드러난다"고 설명하고 있다. 바로 이러한 표현에서 그가 개념과 표상을 구분하지 못할 뿐만 아니라, 표상을 직관하는 것과 의식을 통해 개념(문자 언어에 내포된 언어적 의미내용)을 이해하는 것을 구분하지 못하고 있다는 점을 확인할 수 있다.[16]

"개념에 덧붙여져야 할 직관"이라는 표현 자체가 성립될 수 없다. 개념이 감성적 직관을 근거로 구성된다고 주장하기 때문에 이렇게 설명하는 것 같다. 그러나 의식은 문자 언어를 매개로 그 언어적 의미를 사유하는 언어작용이기 때문에 의식에서는 결코 어떠한 형태의 직관도 불가능하다.

그리고 직선을 직관한다는 것은 직선이라는 개념을 직관하는 것이 아니고, '곧게(—) 그려진 표상으로서의 선분'을 직관하는 것이다. 어떤 선이 '구부러지지 않고 곧게 뻗어 있다'라는 본질적 존재의미는 이 표상으로서의 선분을 볼 때 직관된다. 그래서 우리는 이러한 선분을 '직선'이라고 표현하는 것이다.

---

16) 왜 이러한 착각과 과오가 발생할 수밖에 없는가 하는 점은 뒤에 '사물의 본질이 의식에 표상할 수 있을까?'라는 항(項)에서 확인할 수 있다. 그들은 의식에 사물의 본질이 표상할 수 있다고 주장하기 때문에 발생하는 오류이다.

반면에 개념이란 직선이라는 단어를 읽을 때 인식되는 언어적 의미규정이다. 즉 단어에 내포된 언어적 의미규정이다. 따라서 개념은 직선이라는 단어를 읽으면서 의식을 통해 인식된다. 이러한 점에서 직선이라는 단어를 보는 것은 직관이 아니라 '읽는다'라고 표현한다. 즉, '읽는다'라는 표현은 단어들에 내포된 개념적 의미를 이해하는 것을 의미한다. 결단코 직선이라는 단어를 보는 것은 읽는 것이지, '직관'이 아니다.

이러한 점에서 "개념에 덧붙여져야 할 직관"이라는 표현은 성립될 수 없다.

칸트가 모든 설명에서 이렇듯 개념과 표상을 엄밀하게 구분하지 못하고 있다는 점을 발견하게 된다. 개념은 문자 언어로 표현된 단어들에 내포된 의미내용(언어적 의미규정)이다. 반면에 직관되는 표상은 그림과 영상 같은 것이다. 언어적 의미규정에 직관이 덧붙여진다는 것은 곧 그 단어를 읽으면서 그 언어적 의미내용을 인식할 때 동시에 직선의 표상이 직관된다는 의미이다. 이러한 일은 결코 있을 수 없다. 그 단어를 읽을 때는 오로지 그 단어만이 눈에 들어오지 동시에 직선의 표상이 함께 눈에 들어오지는 않는다. 설령 그것이 함께 한 문장에 표현되어 있더라도 순차적으로 의식을 통해 문장을 먼저 읽고, 다음 순간에 그 표상을 감각 기관을 통해 직관하게 되는 것이다. 물론 역순으로 표기되어 있을 경우에는 그 순서대로 직관이 먼저 일어나고, 다음 순간에 의식을 통해 글자를 인식하게 될 것이다.

의식은 결코 두 개의 대상을 동시에 인식할 수 없다. 따라서 개념에 직관이 "덧붙여질" 수 없다. 실제로 불교뿐만 아니라 플라톤의 가르침에서도 표상을 그림이나 영상에 비유하고 있다. 우리의 눈앞에 나타나 존재하는 외계가 마치 영화의 한 장면처럼 펼쳐져 있지 않은가.

그런데 그는 개념과 표상을 엄밀하게 구분하지 못하기 때문에 이렇게 표현하고 있는 것이다. 비단 이 구절에서만 이러한 오류가 발견되는 것이 아니고, 그의 주장 거의 대부분에서 이런 오류가 수없이 많이 발견된다. 이러한 주장들은 의식이 문자 언어를 매개로 그것에 내포된 언어적 의미를 사유하는 언어적 사유작용이라는 점을 이해하지 못한 데서 비롯된 오류이다.

이러한 점에서 이 문장에서도 '직선'이라는 표상을 직관하는 것과 '직선은 두 점 사이의 가장 짧은 선이다'라는 문장을 읽고 이해하는 사유작용을 엄밀하게 구분하지 못하고 있다는 점을 확인할 수 있다.

표상으로서의 직선을 볼(직관할) 때, 우리의 눈에 분명 그 직선의 표상이 현상해 있어야만 한다. 즉, 직관한다는 것은 그 사물의 본질적 표상이 눈에 드러나서 나타나(현상해) 있는 상태를 말한다. 따라서 우리는 동시에 '직선은 두 점 사이의 가장 짧은 선이다'는 문장을 읽을 수 없다. 이러한 점에서 결코 이 문장을 읽으면서 직관의 도움을 받을 수 없는 것이다.

그리고 직선을 직관하면서 이러한 의미내용(두 점 사이의 가장 짧은 선이다)을 알 수도 없다. 직선을 직관할 때의 앎의 내용과 '직선은 두 점 사이의 가장 짧은 선이다'라는 문장을 읽을 때 알 수 있는 의미내용은 전적으로 다르다. 다시 설명하자면, '표상으로서의 직선'을 직관할 때의 앎의 내용(곧다)은 그 직선의 본질적 존재의미이며,

명제를 읽을 때 인식되는 의미내용(두 점 사이의 가장 짧은 선이다)은 그 명제를 구성하고 있는 단어들에 내포된 개념적 의미이다.

물론 이 문장(명제)을 읽으면서 '곧게 그려진 직선의 표상'을 상상할 수는 있다. 예를 들어 우리는 문학 작품을 읽을 때 그 상황이나 사태를 상상을 통해 그려 볼 수 있다. 이렇듯 상상하면서 그 문학 작품을 읽기 때문에 그 상황이 현실적으로 느껴지며, 동시에 감동을 느낀다. 이렇게 상상하면서 글을 읽을 수는 있지만, 직관은 동시에 일어날 수 없다.

직관은 감각 기관에 그 사물의 표상이 직접적으로 현상(현전)하고 있는 것(상태)을 의미한다. 그래서 그 사물의 표상이 뚜렷하고 명확하게 드러나 나타난다.

반면에 상상한다는 것은 그 사물의 표상이 감각 기관에 직접적으로 현상하는 것이 아니고, 의식에 재표상된(떠올려진) 것을 의미한다. 즉, 눈앞에 현전하지 않는 사물의 표상을 의식에 떠올리는 것을 말한다. 따라서 상상하는 것은 직접적으로 눈에 그 사물의 표상이 현상하는 것이 아니므로 선명하게 지각되지 않는다. 이것은 쉽게 확인이 가능하다. 바나나를 상상해 보든지, 아니면 사랑하는 사람의 얼굴을 떠올려 보면 알 수 있다. 상상이란 눈앞에 현전하는 사물을 보는 것이 아니고, 실재하지 않는 것을 의식을 통해 떠올리는 것을 의미한다.

칸트는 이러한 차이점을 구분하지 못하고, 상상작용과 직관작용을 동일시하고 있다. 상상력에 대한 칸트의 그릇된 이해에 대해서는 뒤에 '사물의 표상이 의식에 직접적으로 현상할 수 있을까?'라는 항(項)에서 다시 자세히 논의하기로 하자.

이러한 점에서 의식은 오로지 문자 언어를 매개로 그 언어적 의미를 사유하는 언어적 사유작용이라는 점을 확고하게 이해하는 것이 매우 시급하고 중차대한 과제라고 하지 않을 수 없다.

이 점을 명확하게 확인하지 않고는 결코 직관을 통한 선천적 종합판단이 어떻게 가능한가 하는 점을 바르게 논구할 수 없다.

그리고 이 점을 바르게 이해해야만 우리는 자연을 바르게 이해할 수 있는 방법을 찾을 수 있으며, 자연과학의 학문적 방법론을 바르게 정립할 수 있다.

## v. 고전역학은 외계에 실재하는 물체의 움직임을 직접 관찰하고 분석한 것일까?

앞에서 칸트가 문자 언어로 표현된 명제를 읽으면서 그 문장의 의미를 이해하는 것과 사물의 표상(외계)을 직관하는 것을 구분하지 못하고 있다는 점을 자세히 살펴보았다. 이러한 과오는 근본적으로 의식의 사유작용이 문자 언어를 매개로 그 언어적 의미를 사유하는 언어작용이라는 점을 이해하지 못한 데서 비롯된 오류이다.

이와 같이 관념론자들이 개념이 객관적 실재성을 갖는다고 주장하는 것은 전적으로 인간의 생래적인 인지능력을 바르게 이해하지 못한 데서 비롯된 오류이다. 그들은 인간의 선천적인 본원적 직관능력이 감각 기관을 통해 작동되며, 이 본원적 직관능력에 의해 외계 사물에 대한 본질적 존재의미를 직관할 수 있다는 점을 꿈에도 상상하지 못하고 있다.

이로써 그들은 기하학이나 수학 또는 고전물리학과 학문들이 논리적 필연성을 갖는다는 점에서 이러한 학문을 가능하게 하는 의식의 사유작용을 인간의 유일한 사유능력이며 절대이성이라고 착각한 것이다. 그 결과, 의식에 의해 사유(산출)되는 개념들이 객관적 실재성을 갖는다고 주장하고 있다. 그래야만 인간이 외계를 바르게 이해할 수 있다는 점을 입증할 수 있기 때문이다.

그런데 이러한 주장들을 읽으면서 매우 의도적으로 감각 기관을 통한 감각작용과 의식의 언어적 사유능력을 철저하게 왜곡하고 있다는 느낌을 지울 수 없다. 왜 그는 이렇게 인간의 선천적인 인지능력을 억지스럽게 왜곡하면서까지 개념의 객관적 실재성을 입증하려고 안간힘을 쓴 것일까?

분명 개념이라고 하는 것이 문자 언어로 표기된 단어들이 가진 언어적 의미규정이라는 점은 결코 부정할 수 없다. 모든 학문은 문자 언어로 표현되는 개념을 통해서만 가능하다. 즉, 모든 학문의 이론 체계는 개념을 통해서 정립된다. 따라서 학문을 한다는 것은 그 학문의 주요 개념들의 의미를 정확하게 이해함으로써 가능하다. 이러한 점에서 '개념'이 문자 언어로 표현된 단어들이 가진 언어적 의미규정이라는 점은 너무도 명백하다.

칸트는 이렇듯 너무도 명백한 사실들조차 도외시한 채, 오로지 개념이 객관적 실재성을 갖는다는 점을 입증하기 위해 의식의 사유작용과 감각 기관을 통한 감각작용을 철저하게 왜곡하고 있다.

왜 그는 이러한 과오를 범하게 된 것일까? 그가 개념이 객관적 실재성을 갖는다고 확신하는 이유는 무엇일까?

이에 대한 해답은 그가 고전물리학에 심취해 있었고, 고전물리학의 학문적 정당성을 입증하고자 노력했다는 사실에서 찾을 수 있다. 그는 고전물리학에서 시간과 위치(공간) 그리고 운동량 등등의 개념을 사용하여 물체의 운동을 객관적으로 해명할 수 있다는 점에 매우 고무됐던 것 같다. 분명 고전물리학은 이러한 개념들을 통해서 물체의 움직임과 상태의 변화를 매우 객관적으로 해명해 주고 있다.

이렇게 개념을 통해서 외계(물체의 운동)를 객관적으로 이해할 수 있다는 점에서 그는 개념이 객관적 실재성을 갖는다고 판단한 것 같다. 바로 여기에서 그가 무엇을 잘못 이해하고, 왜 개념이 객관적 실재성을 갖는다고 착각한 것인지 그 근본적인 원인을 발견하게 된다. 그의 근본적인 과오는 형이상학과 고전물리학이 각기 구명하고자 하는 관심 영역과 학문적 방법론이 전적으로 다르다는 점을 간과한 데서 비롯된다.

근본적으로 두 학문이 추구하는 학문 목표가 다르기 때문에 당연하게 그 학문적 방법론이 다를 수밖에 없다. 그런데 그는 인간의 본원적 직관능력에 대한 이해의 부족으로 인해서 고전물리학의 학문적 방법론을 직관을 통한 선천적 종합판단으로 간주한 것이다.

먼저, 형이상학이란 '직관을 통한 선천적 종합판단'이 어떻게 가능한가 하는 점을 논구하는 학문이다. 이에 대한 해답으로 동양에서는 '형이상학이란 곧 도(道)'라고 결론짓고 있다. 즉, 도를 통해 인간의 본원적 직관능력을 회복함으로써 외계의 물질적 사물들이 '스스로 그러한 모습(自然)'으로 우리의 눈앞에 현전할 수 있다고 깨우쳐 주고 있다.

여기에서 '자연'이란 곧 그 사물의 고유한 물질적 특성으로 이루어진 본질로 표상된 본질적 표상[정상(淨相): 용(容): eidos]이 현상한 것을 의미한다. 플라톤도 『필레보스』에서 우리가 일상적으로 '외계에 실재한다(있다)'라고 말하는 것들은 본질적 표상[여럿, eidos]과 본질적 존재 의미[하나, 이데아]로 이루어진 것이라고 설명하고 있다.[17]

바로 여기에서 '실재한다(존재)'라고 하는 것은 사물의 본질적 표상이 우리의 감각 기관에 현상하고 있는 것을 의미한다는 점을 알 수 있다. 즉, 우리의 눈에 주어진 빛을 해석해서 우리의 선천적 표상능력에 의해 표상된 본질적 표상이 눈에 나타난 것만이 '존재하는' 것이다.

이와 같이 형이상학의 학문 목표는 감각 기관을 통해서 본질적 표상과 본질적 존재의미를 어떻게 직관할 수 있느냐 하는 점을 논구하는 것이다. 이러한 점에서 형이상학이란 외계에 대한 직관적 이해의 방식이라는 것을 알 수 있다.

---

17) 플라톤, 앞의 책, 90쪽: "'…이다'(있다: einai)라고 일상 말하게 되는 것들은 하나(hen)와 여럿(polla)으로 이루어져 있으며, 또한 이것들은 한정(한도, 한정자: peras)과 한정되지(한도 지어지지) 않은 상태(apeiria)를 자기들 안에 본디 함께 지니고 있다는 전설일세. 따라서 이것들이 이와 같이 질서지어져 있으므로, 우리는 늘 그때그때 모든 것과 관련해서 '하나의 이데아(mia idea)'를 상정하고서, [이걸] 찾아야만 한다는 게야." 이 번역자는 'einai'를 '…이다'라고 번역하고 있으며, 이와 같이 계사적 의미로 해석해야 한다고 주석하고 있다. 그러나 이러한 해석은 '하나'가 곧 본질적 존재의미를 뜻하며, '여럿'이 본질적 표상이라는 점을 이해하지 못한 탓이다.

반면에 고전물리학은 실재하지 않는 대상을 객관화(대상화)하여 개념을 통해 이해하는 객관적 이해의 방식이다. 고전물리학은 실재하는 사물을 직접적으로 관찰하고 있지 않다. 분명 탐구의 대상으로 삼고 있는 그 물체는 외계에 실제로 움직이고 있는 물체가 아니다. 다만 의식 속에서 사유하고 있는 인식 대상일 뿐이다. 좀 더 자세히 설명하자면 고전역학에서 관찰한다고 하는 물체의 운동은 외계에 실재하는 물체가 실제로 움직이는 것이 아니고, 좌표계 내에서의 움직임이다. 이것은 곧 실재하는 사물이 실제로 움직이는 것을 관찰하는 것이 아니고, 의식을 통해 좌표계 내에서 가상의 물체가 움직인다고 사유하고 있는 것이다. 관념론자들은 바로 이 점을 정확하게 구분하여 이해하지 못하고, 물체의 움직임을 객관적으로 관찰한다고 간주하고 있다.

바로 여기에서 앞에서 살펴본 바와 같이 관념론적 형이상학의 근본적인 문제점을 다시 확인하게 된다. 즉 감각 기관을 통해 직관하는 것과 의식의 개념적 언어작용을 통해서 사유하는 것을 구분하지 못한다는 점이다. 직관한다는 것은 감각 기관을 통해 사물의 본질적 표상이 현상하는 것을 말한다. 따라서 관찰이란 실제로 움직이는 사물의 표상이 감각 기관을 통해 현상해야 한다. 그런데 고전역학에서 해명하고 있는 물체의 운동은 결코 감각 기관을 통해 직접적으로 관찰하는 것이 아니다. 분명 그 물체는 종이 위에 그려진 좌표계에서 하나의 점으로 표시되고 있으며, 그 움직임은 좌표계 내에서 선분으로 표시된다. 이렇게 기호와 문자를 이용해서 표기된 것은 모두 의식의 인식 대상이지 결코 실재하는 것을 직관하는 것이 아니라는 점을 그들은 이해하지 못한 것이다. 분명 의식의 사유작용에서 개념을 통해 그러한 움직임을 사유하고 있는 것이지, 실재하는 사물의 움직임이 감각 기관에 현상하고 있는 것이 아니다.

따라서 '객관적 관찰'이라는 표현은 결코 성립될 수 없다.

다시 이러한 차이점을 양자역학과 고전역학을 비교하면서 이해해 보기로 하자.

첫째, 고전물리학에서 탐구의 대상으로 삼고 있는 그 '움직이는 물체'가 외계에 실재하느냐 하는 점이다.

먼저, 양자물리학은 실재하는 양자를 직접적으로 관찰하여 그 양자의 본질적인 움직임을 이해하고자 하는 물리이론이다. 다만 양자를 육안으로 관찰할 수 없기 때문에 빛을 쪼여서(조사(照射)하여) 튀어나온 빛을 통해서 관찰한다. 비록 이 관찰 방법이 육안으로 직접 보는 것은 아니라고 할지라도, 분명 외계에 실재하는 물질적 사물을 직접적으로 관찰하고 있다.

반면에 고전역학에서 '관찰'이라는 표현을 사용하는 것은 탐구하고자 하는 그 대상이 외계에 실재한다고 전제하고 있는 것이다. 이것이 객관적 실재론이다. 그들은 의식에서 사유되고 있는 것이 모두 외계에 실재한다고 간주하고 있는 것이다. 앞에서 살펴본 바와 같이 외계에 실재하는 사물의 표상이 의식에 현상한다고 주장하는 것과 동일한 과오이자 오류이다. 고전역학은 외계에 실재하는 물체(물질적 사물)가 실제로 움직이고 있는 것을 직접 관찰하면서 그것을 분석하고 있는 것이 결코 아니다.

분명 그 움직이는 물체는 외계에 실재하지 않고, 좌표계 내에 존재하고 있다. 즉, 좌표계 내에 하나의 점으로 표시된 대상이다. 고전역학에 있어서 모든 운동은 이 좌표계 내에서의 움직임이다. 그리고 그 물체라고 하는 것도 이 좌표계 내에 존재한다.

또한, 이 좌표계는 다양한 개념으로 설정이 가능한 수학적(또는 기하학적) 분석 기법이다. 이 좌표계는 데카르트가 만들어 냈다고 알려져 있다. 그전에는 이러한 분석 기법이 존재하지 않았다. 그리고 이 좌표계의 x축과 y축에 어떠한 개념을 설정하느냐에 따라 그 좌표계의 의미가 달라진다. 이러한 사실은 좌표계가 의식의 사유작용을 통해 사유하고 있는 가상의 공간이라는 점을 알려 준다. 따라서 그 분석 대상 또한 가상의 공간 속에 존재하는 가상의 물체라는 점도 명백하게 알 수 있다.

관념론자들은 이렇게 좌표계를 통해 인식된 것들을 모두 외계에 객관적으로 실재한다고 착각하고 있는 것이다. 즉 객관적 실재론에 입각해서 그들은 외계에 실재하는 물체가 움직이는 것을 관찰한다고 착각한 것이다.

이와 같이 고전물리학에서 해명하고 있는 그 운동은 실제로 외계에서 움직이고 있는 것이 아니고, 의식의 사유작용을 통해 가상의 공간 속에서 '움직이고 있다'고 사유(간주)되고 있을 뿐이다. 결코 그 순간에 외계에서 실제로 움직이는 것을 직접적으로 보고 있는(관찰하는) 것이 아니다. 이러한 점에서 고전물리학에서는 '관찰'이라는 단어를 사용할 수 없다. 분명 개념을 통해 분석하고 있는 모든 물리 현상은 모두 외계에서 실제로 발생하고 있는 것이 아니고, 다만 의식의 관념적 사유를 통해서 사유되고 있을 뿐이다.

이와 같이 의식의 개념적 언어작용이란 개념들을 통해서 그 운동과 관련된 모든 상황을 사유하는 언어적 사유작용이라는 점을 인정하지 않을 수 없다. 이것은 곧 의식은 개념(개념적 언어)을 매개로 사유하는 언어적 사유작용이라는 점을 의미한다.

둘째, 고전물리학에서 규명하고자 하는 운동의 법칙은 사물의 본질과는 전혀 관련이 없다는 점이다. 즉 그 물체에 가해지는 힘도 그 물체의 본질과는 관련이 없이 외부에서 주어진 것이며, 그 물체가 움직이는 영역도 그 물체의 본질과는 전혀 관련이 없는 외부 공간이다.

이와 같이 고전물리학은 외부에서 가해지는 힘에 의해 그 물체가 외부의 공간에서 어떻게 변화(운동)하느냐 하는 점을 객관화하여 계량하고 분석하는 학문이다. 따라서 고전물리학은 사물의 본질과는 전혀 관련이 없는 학문이다. 이러한 점에서 고전역학에서 개념을 통해 분석하고 계량하고 있는 그 물리량들은 사물의 본질과 전혀 관련이 없다. 즉 시간, 공간, 위치, 운동량, 속도, 그리고 가속도 등등의 개념들로 규정된 물리량은 결코 사물이 가지고 있는 본질적인 물리량이 아니다. 본질적이지 않은 것은 결코 외계에 실재한다고 할 수 없다. 우리는 오로지 사물의 본질을 통해서만 외계를 지각하거나 직관할 수 있다. 따라서 본질적인 것만이 외계에 실재한다고 말할 수 있다.

반면에 양자의 운동은 양자가 가진 물질적 특성(파동성)에 의해 발생하는 본질적인 운동이다. 그리고 그 양자가 움직이는 영역도 양자가 존재하는 본질적인 영역이다. 따라서 양자이론은 이렇게 양자의 물질적 특성으로 인한 양자의 본질을 이해하기 위한 이론이다. 이러한 점에서 양자이론은 양자의 본질을 직관할 수 있는 직관적 이해의 방법을 채택하고 있다. 왜냐하면 양자는 파동성으로 인해서 항상 파동의 상태로 존재하기 때문이다. 이 파동의 상태는 말 그대로 '출렁거림'의 상태이다. 바로 이 출렁거림이 양자의 본질적 표상이라고 할 수 있다. 이렇게 출렁거림의 상태에 있는 입자를 위치니 운동량이니 하는 개념으로 규정한다는 것은 불가능하다. 사물의 본질적 표상을 개념으로 규정할 수 없는 것과 똑 같다는 점을 알 수 있다.

이러한 개념들은 의식을 통해 좌표계 내에서 그 움직임을 객관화함으로써 이해된 개념이기 때문에 이러한 개념으로 규정한다는 것은 양자라는 입자를 좌표계의 틀 속으로 끌어들여 관념적으로 인식하는 것이다. 결코 그 양자의 본질적 표상인 '출렁거림(파동)' 그 자체를 직관(관찰)하는 것이 아니다.

달리 표현하자면 위치나 운동량 같은 개념으로 양자를 인식한다는 것은 곧 양자라는 입자를 의식을 통해 사유하는 것이다. 이로써 그 입자는 의식에서 사유되는 좌표계 내에 존재하게 된다. 즉 양자의 입자성만이 개념을 통해 사유되고 있을 뿐 양자의 파동(본질적 표상)은 직관하고 있지 않다. 이는 파동성이라는 본질은 도외시되고, 파괴되고 있다는 점을 의미한다. 달리 표현하자면 양자가 파동의 상태로 존재하는 것이 아니라, 오로지 입자만이 좌표계 내에서 인식되고 있는 것이다.

따라서 개념이라고 하는 언어적 의미규정을 통해서는 양자의 움직임(본질)을 직관(관찰)할 수 없다. 이러한 이유로 양자물리학에서는 '파동함수의 확률해석'이라는 직관적 해석법을 강구한 것이다. 즉 '파동함수'를 확률적으로 해석함으로써 양자의 파동성을 직관하면서 동시에 입자로서의 양자의 위치를 이해할 수 있다는 점을 깨닫게 된 것이다.

이러한 차이점에서 양자의 본질을 이해할 수 있는 직관적 이해의 방식과 외계를 객관화하여 이해하는 개념적 이해의 방식의 차이를 확인할 수 있다.

그런데 칸트가 개념이 객관적 실재성을 갖는다고 주장하는 것은 이 두 가지 차이점을 엄밀하게 구분하여 이해하지 못한 것이다. 즉 객관적 이해의 방식은 실재하는 사물을 직접적으로 관찰하는 것이 아니고 의식 속에서 개념을 통해 사유하고 있는 것일 뿐이라는 점과 개념으로 규정한 물리량은 실재하는 사물이 가진 본질적인 물리량이 아니라는 점이다.

이와 같이 관념론자들은 고전역학에서 분석하고 있는 물리량들이 모두 외계에 실재하는 사물들의 본질과 전혀 관련이 없다는 점을 명확하게 이해하지 못한 것이다.

위치니 거리니 운동량이니 속도니 하는 개념들은 모두 외계에 실재하는 존재사물이 가지고 있는 본질적 존재의미가 아니다. 사물의 본질은 그 사물이 가진 고유한 물질적 특성으로 구성된 것이다. 그러나 이러한 개념들은 결코 사물의 물질적 특성과는 관련이 없다. 이 개념들은 일시적으로 가해지는 힘에 의해 발생한 변화(운동)를 인간이 객관화하여 이해하기 위해 설정한 의미규정일 뿐이다.

만약 그 물체에 외부에서 가해지는 힘이 주어지지 않는다면 이러한 변화는 일어나지 않는다. 이러한 점에서 개념적 언어로 표현된 물리량은 외계의 존재사물이 가지고 있는 본질이 아니라는 점을 알 수 있다. 즉, 그 사물의 고유한 물질적 특성으로 인해서 일어나는 변화가 아니다.

따라서 위치, 거리, 운동량, 속도 같은 개념은 사물의 본질과는 전혀 관련이 없다. 다만 우리가 그 물체를 객관화하여 시간과 공간이라는 개념을 바탕으로 그것의 외적 변화나 상대적 차별성을 이해하기 위해 만든 언어적 의미규정일 뿐이다. 그리고 이 단어들은 오로지 시간과 공간이라는 개념에 의해서만 이해될 수 있다. 즉, 시간과 공간이라는 개념과 관련된 모든 물리량은 시간과 공간이라는 개념을 토대로 파생된 파생 개념일 뿐이다.

이러한 점에서 개념이란 전적으로 의식의 의미규정작용[增上緣]을 통해 연역하고 추론하여 창출해 낸 언어적 의미규정이라는 점을 알 수 있다. 따라서 개념이란 결코 실재성이나 본질 보편성을 가질 수 없다.

여기에서 우리는 외계의 존재사물들은 모두 본질을 소재로 선천적 표상능력에 의해 표상됨으로써 '나타나 존재(顯存)'한다는 점에 주목해야 한다. 다시 설명하자면, 눈은 오로지 외계에 사물들이 반사하는 빛만을 받아들인다. 그리고 눈앞에 펼쳐진 그 존재사물들은 모두 영혼(본원적 주관성) 속에서 본질을 소재로 표상하여 현상한 본질적 표상[정상(淨相): eidos]이다. 이런 본질적 표상을 통해서만 인간은 외계에 실재하는 것과 관계를 맺을 수 있다. 즉, 본원적 직관능력을 통해 본질을 소재로 표상하지 않은 것은 결코 우리의 감각 기관에 현상할 수 없다. 이는 곧 인간에게 지각되거나 직관되지 않는다는 것을 의미하며, 이는 곧 외계에 실재하지 않는다는 의미이다.

이 점을 명확하게 이해하는 것이 절대적으로 중요하다. 그래야만 우리는 세계관과 진리관을 바르게 정립할 수 있기 때문이다. 이에 대해서는 다음 목(目)에서 뇌과학의 연구 결과와 옛 성현들의 가르침을 통해 좀 더 자세하고 명확하게 확인하기로 하자.

따라서 본질적인 것, 즉 본질을 통해 직관된 것들만이 외계에 실재한다고 말할 수 있다. 본질과 관련이 없는 것은 결코 실재하지 않는다. 본질을 소재로 표상된 것만이 인간에게 '나타나 존재하는(顯存)' 것이다. 이 외에는 인간이 '그것이 외계에 존재한다'라는 것을 알 수 있는 방법이 없다. 이러한 점에서 개념적 언어로 규정된 물리량은 결코 외계에 실재하는 물리량이 아니라는 점을 인정하지 않을 수 없다.


예를 들어 보기로 하자. '거리'라고 하는 개념에 대해 살펴보자. 거리란 서로 떨어져 있는 두 사물(물체) 사이의 간격(공간적으로 떨어져 있는 정도)을 말한다. 이 두 사물은 본질을 소재로 선천적 표상능력에 의해 표상된 본질적 표상이 드러나 나타난 것이다. 이와 같이 우리의 눈앞에 펼쳐진 모든 존재사물은 본질적 표상이 드러나 나타난 것이다. 그러나 이 두 사물 사이의 간격은 어떠한 사물의 표상도 존재하지 않는 텅 빈 허공이다.

이렇게 아무런 표상도 없이 텅 빈 '두 사물 사이의 간격'을 우리는 '거리'라는 개념으로 인식한 것이다. 따라서 이 거리라는 개념은 사물이 가진 본질적인 특성이 아니며, 따라서 결코 외계에 실재하고 있는 것이 아니다. 다만 우리의 의식 속에서 개념적 언어로 사유될 뿐이다.

그런데도 우리는 거리라는 개념이 외계에 실재한다고 착각하고 있다. 아마도 지구에서 달까지 거리를 정확하게 측정하여 우주선이 달의 표면에 도달하는 것을 보면서 착각한 것은 아닐까? 거리라는 공간 개념이 외계에 실재하기 때문에 그것을 정확하게 측정하여 달에 도착할 수 있다고 착각하기 쉽다. 이러한 이유로 개념이 객관적 실재성을 갖는다고 확신하는 것이 아닐까?

그러나 분명 지구와 달 사이의 거리는 텅 비어 있을 뿐이다. 다만 '거리'라는 개념적 언어를 통해 지구와 달 사이의 간격을 인식(이해) 하고 있을 뿐이다.

이러한 점을 이해하지 못하고 우리는 개념이 객관적 실재성을 갖는다고 간주하고 있다. 이로 인해서 문자 언어로 표기된 단어들이 본질적 존재의미를 담지하고 있는 본질적 언어로 사용되는지 아니면 다만 의식의 의미규정작용을 통해 규정된 개념적 의미로 사용되는지 구분하지 못하고 있다.

예를 들어 보자. 전자기장을 이해하기 위해 전자(電子)나 전하(電荷), 또는 전류(電流)라고 하는 용어를 만들어 사용하고 있다. 물리학자들은 분명 전기가 전자와 전하 그리고 전류라고 하는 물질적 특성을 가지고 있다는 점을 발견하고, 전기의 고유한 물질적 특성을 이해하기 위해 이러한 본질적 언어를 만들어 사용한 것이다.

그러나 위치니 거리니 운동량이니 속도니 하는 개념들은 결코 물질적 사물이 가진 본질이 아니다. 이것은 그 물체의 외적 변화나 상대적 차별성을 이해하기 위해 관찰자가 설정한 의미규정일 뿐이다. 외계의 사물들은 결코 이런 개념적 의미들을 가지고 존재하지 않는다.

　다시 질량과 운동량이라는 단어를 비교해 보기로 하자. 질량이라는 단어는 그 물체가 가지고 있는 본질적인 존재의미이다. 외계의 물질적 사물이 질량을 가지고 존재한다는 것은 결코 부정할 수 없는 사실이다. 이러한 점에서 본질적 존재의미는 사실성 또는 실재성을 갖는다. 이와 같이 질량이란 본질적 존재의미를 지시하는 본질적 언어이다.

　그러나 운동량이란 그 물체가 가진 본질적 존재의미가 아니다. 그 물체는 결코 운동량이라는 물리량을 가지고 존재하지 않는다. 다만 그 물체에 힘을 가해 움직일 때 일시적으로 그 물체의 질량과 움직이는 속도에 의해 생겨난 우유적인 성질의 것이다. 그 물체에 가해지는 힘이 중단될 경우에는 당연히 소멸하고 존재하지 않는다. 이러한 점에서 운동량은 결코 사물의 본질과는 관련이 없다.

　우리는 이러한 우유적인 물리량을 이해하기 위해 운동량이라는 개념을 만들어 사용한 것이다. 즉, 어떤 물체에 힘을 가하여 움직일 때 그 물체가 갖는 움직임의 양을 이해하기 위해 설정한 개념이라는 것을 알 수 있다. 이와 같이 의식의 산물인 개념이란 사물의 본질과는 관련이 없이 그 사물의 외적 변화나 차이점을 비교하면서 그것을 구분하여 이해하기 위해 설정한 개념적 언어이다.

　따라서 물리량을 표현하는 단어들을 두 가지로 엄밀하게 구분해야 한다. 즉, 사물의 본질적 존재의미를 지시하는 본질적 언어가 존재하는 반면에, 주관의 가치 판단에 따라 사물의 변화를 이해하기 위해 규정된 개념적 의미를 담고 있는 개념적 언어도 존재한다는 점을 이해해야 한다.

물론 외계에 대한 객관적 이해의 방식으로 인해서 우리는 외계(우주)를 정복할 수 있었다. 우주에 인류의 척후병을 보내서 우주를 정복할 준비도 마쳤다고 할 수 있다. 그러나 그것이 사물의 본질을 정확하게 이해하는 것과는 전혀 다르다는 점을 이해해야 한다. 외계의 변화를 객관화하여 이해함으로써 이러한 놀라운 성과를 얻을 수 있었지만, 한편으로는 사물의 본질을 파괴하는 결과를 초래하고 있다는 점에 주목해야 한다.

지금 우리가 겪고 있는 환경 파괴로 인한 자연재해는 바로 이 점을 증명하고 있다. 예를 들어 객관적 이해의 방식에 의한 과학 기술은 거대한 댐을 만들 수 있는 토목 공사를 가능하게 한다. 그러나 결과적으로 이 거대한 댐이 자연을 파괴한다는 점을 간과해서는 안 된다.

이러한 점에서 사물의 본질을 바르게 이해할 수 있는 직관적 이해의 방식에 주목해야 한다. 양자이론에 대한 정확한 철학적 이해가 절실하게 요구되는 이유도 바로 여기에 있다.

## vi. 외계(자연)는 객관적으로 실재하는 것일까?

외계의 사물은 자신만의 고유한 물질적 특성을 가진 채 독립적으로 존재한다. 마찬가지로 인간도 그 사물들과는 관련이 없이 독립적으로 존재한다. 이와 같이 외계의 물질적 사물과 인간은 서로 즉자(卽自)적으로 존재한다. 그런데 어떻게 외계의 물질적 사물이 우리의 눈에 '있는 그대로' 드러나 나타날 수 있을까? 그리고 우리는 그것의 본질과 본질적 존재의미를 어떻게 직관할 수 있을까?

분명 우리는 감각 기관을 통해 그 물질적 사물이 가진 고유한 물질적 특성들을 직접적으로 체험할(느낄) 수 있다. 그리고 그 사물들이 우리의 눈에 드러나 나타날 때 그것의 본질적 존재의미도 함께 직관된다. 하늘은 분명 하늘이라는 본질적 존재의미와 함께 드러나 나타나며, 구름은 구름이라는 본질적 존재의미로 직관된다. 어떻게 이러한 일이 가능할까?

이러한 인간의 본원적 직관작용을 불교에서는 '상즉상입(相卽相入)'이라고 표현한다. 좀 더 자세히 설명하자면, 인간 주체나 외계의 사물은 서로 즉자(卽自)적으로 존재할 따름이다. 그런데 선천적인 본원적 직관능력[팔식(八識), 아말라식: 영혼]을 통해서 즉자적인 두 존재자가 서로에게 상입(相入)할 수 있다고 설명하고 있다. 즉, 사물이 가진 고유한 물질적 특성과 본질적 존재의미가 본원적 직관능력에 의해 우리의 마음(본원적 주체성)에 내재되어 있으며, 이로써 외계의 물질적 사물은 인간의 본원적 직관능력에 의해 현상함으로써 '나타나 존재[현존(顯存)]'할 수 있다. 다시 쉽게 설명하자면 인간 영혼은 외계의 물질적 사물이 가진 고유한 물질적 특성으로 이루어졌으며, 외계의 존재사물은 인간 영혼에 의해 표상됨으로써 '나타나 존재'한다. 이것을 곧 '물아일여(物我一如)'라고 한다. 즉, '상즉상입'이기 때문에 외계의 물질적 사물과 인간 주체가 하나인 것이다. 이에 대해서는 뒤에 '본질이란?'이라는 절(節)에서 다시 자세히 논의하기로 하자.

이러한 점에서 우리의 눈앞에 현전하고 있는 모든 것은 결코 '객관'이라고 할 수 없다. 결코 외계(자연)는 객관으로서 존재하지 않는다.

그런데도 칸트는 개념의 객관적 실재성을 입증하기 위해 인간의 선천적인 표상능력을 철저하게 왜곡하고 있다.

앞에서 읽어 보았지만 너무나 중요한 문제점이기 때문에 다시 자세히 검토하기로 하자.

> "반면에 사상(事象)들 그 자체는 독자적으로 실재하는 것이기는 하지만, ……"
>
> "아마도 우리가 그것들을 모르는 한에서의 사상(事象)들 자체로서의 사물들에서 마주칠 수밖에 없다는 것이 드러나면, ……"

이러한 표현들이 2판의 머리말에 나오기 때문에 많은 학자가 이 부분에 주의를 기울이지 않은 것 같다. 아니면 모두 이러한 주장이 너무도 당연한 것으로 인정하고 있는지도 모르겠다. 이러한 표현들을 깊이 돌이켜 보았더라면 칸트의 궤변에 속지 않았을 텐데, 안타깝게도 어느 누구도 이 점을 지적하지 않고 있다.

그는 어떠한 이론적 근거도 없이 이와 같이 외계의 사물들이 자신의 고유한 표상을 가지고 존재한다고 전제하고 있다. 즉, 우리의 눈앞에 펼쳐진 사물들의 표상이 외계에 "독자적으로 실재한다"고 주장하고 있다. 그리고 우리가 외계를 체험하는 것을 그 물질적 사물이 가진 "사상(事象)들 자체"와 마주치는 것이라고 주장하고 있다.

이로써 감각 기관의 감각작용이란 결국 이 외계에 실재하는 표상으로부터 감각소여 또는 질료(hyle)를 받아들이는 기능으로 이해될 수밖에 없다. 이러한 감각 기관의 기능을 의식의 '감성'이라고 주장하고 있다. 그리고 그는 이 감성에 의해 시공간적 직관이 가능하며, 이 시공간적 직관을 통해 사물의 표상이 의식에 시공간적으로 질서정연하게 현상할 수 있다고 주장한다. 이것이 그가 주장하는 초월론적(선험적) 감성론의 개요이다.

그리고 지난 300년 동안 우리는 이러한 주장을 부정하지 못하고, 모든 철학적 담론의 근저에는 이러한 사고방식이 깊이 자리 잡고 있다.

과연 칸트의 주장처럼 외계의 사물들이 자신만의 고유한 표상을 가지고 존재하는 것일까? 그리고 이 실재하는 사물의 표상이 의식에 직접적으로 현상하는 것일까?

외계(우주)가 어떠한 존재 형식[18]을 갖느냐 하는 점은 비단 철학에 있어서만 중요한 것이 아니고, 자연과학의 학문적 방법론을 정립하는 데 있어서도 가장 근본적인 논제라고 할 수 있다. 그동안 우리는 이 문제에 대해 너무도 소홀했다. 왜냐하면 외계가 객관적으로 실재한다고 너무도 당연하게 여겨 왔기 때문이다.

하이데거의 존재론에서 '존재이해'의 문제만을 주된 철학적 논제

---

[18] 외계는 인간과의 관계 맺음에 의해서 존재할 수 있다. 이러한 점에서 '존재 형식'이란 곧 인간과의 관계 맺음의 방식이라고 할 것이다.

로 삼고 있는 것도 바로 객관적 실재론에서 벗어나지 못하고 있다는 점을 드러낸다. 이러한 점에서 하이데거의 존재론은 옛 성현들의 주체적 존재론과 근본적으로 다르다는 것을 알 수 있다. 진실로 참다운 존재이해에 도달하기 위해서는 먼저 외계가 어떠한 형식으로 존재하느냐 하는 문제부터 논구해 가야 할 것이다.

외계(우주)는 어떻게 우리의 눈앞에 '나타나 존재하는' 것일까?

우선적으로 명백한 것은 인간뿐만 아니라 모든 동물이 외계와 관계를 맺을 수 있는 것은 감각 기관을 통해서만 가능하다는 점이다. 따라서 외계에 대한 모든 앎(이해)의 근원적 원천이자 출발점은 감각이다. 이 점에 대해서는 이론의 여지가 없다.

예를 들어 우리가 불(火)이라고 하는 사물을 직관하는 경우를 살펴보기로 하자.

눈앞에 무언가를 태우면서 타오르는 불꽃을 볼 수 있는 것은 그 불이 발산하는 빛 가운데 가시광선을 눈을 통해 받아들임으로써 가능하다. 그리고 그 열기(熱氣)는 적외선을 통해서 피부로 전달되어 열감(熱感)으로 체험된다. 이로써 우리는 외계에 실재하는 불을 '있는 그대로(본질적으로)' 직관할 수 있다. 이렇게 눈과 피부를 통해서 무언가를 태우고 있는 불꽃을 보면서 동시에 그 열기를 느낀다. 이러한 실제적인 체험을 통해서 '불'이 모든 것을 태울 수 있다는 점을 직관적으로 알 수 있다. 또한, 그 불꽃만 보아도 그 열기가 어느 정도인지 알 수 있고, 더 가까이 접근하면 옷이 탈 수도 있다는 점을 직관적으로 알 수 있다.

이와 같이 인간이 외계와 관계를 맺을 수 있는 것은 다섯 가지 감각 기관을 통한 공감각(共感覺)적 감각작용을 통해서 가능하다.[19] 그리고 눈과 피부 같은 감각 기관을 통해서 선천적 종합판단이 직관적으로 이루어지고 있다는 점도 확인할 수 있다.

그런데 이 감각 기관의 표상능력은 동물마다 다르다. 예를 들어 뱀의 눈은 적외선을 받아들인다. 즉, 뱀의 눈에 펼쳐진 외계는 적외선을 해석해서 그려 낸 표상이다. 인간은 이 적외선을 피부를 통해 열감으로 느끼지만, 뱀은 눈을 통해 볼 수 있다. 박쥐의 눈은 아무것도 볼 수 없지만, 초음파를 통해 그 반향을 귀로 감지함으로써 먹잇감을 찾는다.

이와 같이 모든 동물은 감각 기관을 통한 표상능력을 통해 자신만의 고유한 방식으로 외계와 관계를 맺고 있다. 이러한 과학적 지식을 통해 외계와 관계를 맺는 것(직관하는 것)이 감각 기관의 표상능력을 통해서 가능하다는 점을 확인할 수 있다.

인간이 어떠한 형식으로 외계와 관계를 맺으며 생존해 가는가 하는 점을 정확하게 이해하기 위해서는 감각 기관을 통한 선천적 표상능력에 대해 이해하는 것으로부터 출발해야 할 것이다.

이미 오래전에 뇌과학계에서는 우리의 눈앞에 펼쳐진 사물들의

19)    근래에 공감각(共感覺)에 관해 새롭게 관심을 갖는 경향이 있다. 이것은 그동안 감각[아타나식(阿陀那識); 八識]과 감각적 지각[오식(五識)]을 구분하지 못했기 때문이다. 본래 감각은 오감(五感)이 함께 작동하는 공감각이었다. 그러나 감각적 지각은 의식이 지향하는 것만을 지각하기 때문에 오감 가운데 한 가지만 지각된다. 즉, 맛을 보고자 하면 맛만 지각되고, 향기를 맡고자 하면 향기만이 지각된다. 그러나 감각에는 맛과 향기 그리고 모양과 색깔 등등 모든 것이 함께 드러나 나타난다. 뒤에 감각과 감각적 지각을 엄밀하게 구분하여 이해해 보기로 하자.

표상이 대뇌의 피질에 내재된 뉴런의 작용에 의해 그려진(표상한) 것이라는 점을 밝혀 주고 있다. 좀 더 구체적으로 설명하자면 눈이라는 감각 기관은 다만 빛을 받아들이며, 간상(막대)세포와 원추(원뿔)세포를 통해 이 빛을 분류할 뿐이다. 눈에 보이는 그 사물의 표상은 뉴런이 상호 간의 시냅스 연결을 집단적으로 선택함으로써 그려 낸 그림(표상)이다. 즉, 외계의 사물이라고 지각하고 있는 것들은 모두 눈을 통해 받아들인 빛을 해석해서 그에 상응하는 표상을 그려 냄(표상함)으로써 현상하는 것이라고 설명하고 있다.

그리고 이러한 사물의 표상을 그려 냄과 동시에 그 대상의 개념적 의미도 함께 파악된다는 점에서 의미를 이해하는 언어적 사유 작용이 함께 작동한다는 점도 밝혀 주고 있다.[20] 이렇게 뉴런이 상호 간의 시냅스 연결을 집단적으로 선택함으로써 구성해 낸 표상과 개념을 감각질(qualia)이라고 한다.

이와 같이 뇌과학계에서는 감각질이론과 뉴런집단선택설(Theory of neuronal group selection)을 통해 감각 기관을 통해 일어나는 감각작용에 대해 매우 자세하게 해명해 주고 있다. 즉, 우리의 눈에 보이는 사물의 표상이 대뇌의 피질에 존재하는 뉴런과 시상의 작용에 의해 그려 낸(표상한) 것이라는 점을 증명하고 있다.

노벨상 수상자인 제럴드 에델만은 이 감각질에 대해 다음과 같이 설명하고 있다.

---

20)   제럴드 에델만의 『신경과학과 마음의 세계』 '9장 신경 다윈주의'부터 '11장 의식: 기억된 현재'에서 매우 자세히 설명하고 있다.

감각질은 자각에 수반되는 개인적인 혹은 주관적 경험이나 감정, 감각의 집합으로 이뤄져 있다. 감각질은 현상적 상태인데, 즉 인간으로서의 '우리에게 대상이 어떻게 보이는가' 하는 것을 의미한다. 예를 들어 붉은 물체의 '붉음'이 감각질이다. 감각질은 전반적인 통일성을 가지고 있는 정신적 장면 중 식별 가능한 부분을 일컫는다. 그것은 강도와 선명도에 있어서 '생경한 느낌'에서부터 고도로 정교한 감별까지 그 종류가 다양하기 이를 데 없다.[21]

이 인용문에서 감각질이란 감각 기관에 현상하고 있는 사물의 표상이라고 설명하고 있다는 점을 확인할 수 있다. "감각질은 현상적 상태"라는 표현에서 이 감각질은 곧 감각에 현상하고 있는 사물의 표상이라는 점을 알 수 있다. 그리고 "전반적인 통일성을 가지고 있는 정신적 장면 중 식별 가능한 부분"이라는 설명에서 이 표상을 통해서 우리는 외계에 대한 앎(지각 또는 직관)이 가능하다는 점도 읽을 수 있다. 간추려 표현하자면 감각 기관을 통해 지각되거나 직관되는 모든 표상이 이 감각질이라는 것이다.

이와 같이 감각 기관에 현상하고 있는 모든 표상은 뉴런이 상호 간의 시냅스 연결을 집단적으로 선택함으로써 그려 낸 것이다. "붉은 물체의 붉음"은 결코 그 '붉은 물체'가 가지고 있는 것이 아니다.

그리고 동시에 이 감각질에는 '개인적인 혹은 주관적인 경험이나 감정'과 같은 개념적 의미까지 포함되어 있다는 점에 주목해야 한

---

21)    제럴드 에델만, 앞의 책, 171쪽.

다. 이 점은 옛 성현들이 감각 기관을 통해 선천적 표상능력과 함께 직관적 언어능력이 작동하고 있다는 설명과 일치한다.

좀 더 구체적으로 설명하자면 감각 기관을 통해 체험(또는 경험)된 과거의 모든 실제적 체험이나 감각경험을 간직하고 저장하는 것은 직관적 언어작용을 통해서 가능하다. 이 직관적 언어작용을 통해 감각 기관에 현상했던 감각적 표상들이 종합되고 통일되어 하나의 의미 결정체를 구성하게 된다. 이로써 의미 결정체에 그 대상 사물에 대해 이해한 모든 의미내용이 저장되어 있다. 그리고 다시 그 사물의 표상이 현상할 때 그 의미내용들이 감각표상과 함께 드러나 나타난다는 점에서 직관적 언어작용이 함께 작동해야 한다는 점을 알 수 있다.

이와 같이 눈앞에 펼쳐진 외계란 대뇌의 뉴런에서 그려 낸 표상들이 드러나 나타난 것이라는 점을 알 수 있다. 결코 외계의 사물이 자신의 표상을 가지고 존재하는 것이 아니다.

만약 칸트의 주장처럼 외계의 사물이 자신만의 고유한 표상을 가지고 존재한다면, 인간의 눈에 보이는 사물의 표상과 뱀의 눈에 보이는 표상이 동일해야 할 것이다. 그렇다면 동물들도 인간과 똑같이 사물의 본질적 존재의미를 이해할 수 있는 본원적 직관능력을 갖추고 있어야 할 것이다. 왜냐하면 외계는 오로지 표상을 통해서만 지각되기 때문이다. 앞에 인용한 에델만의 설명에서도 감각질이란 "정신적 장면 중 식별가능한 부분"이라고 설명하고 있다. 이는 곧 사물의 표상이 현상할 때 이미 그것을 통해서 다양한 의미내용을 지각한다는 것을 의미한다. 그런데 사물의 표상이 외계에 실재한다면 동물들에게도 동일한 표상이 현상한다는 의미이며, 이는 곧 동일한 의미로 그것을 지각한다는 의미이다. 따라서 동물들도 인간과 똑같이 그 사물들의 표상을 지각한다는 것은 인간과 동일하게 이해하고 있다는 것을 의미한다.

그러나 이러한 일은 결코 있을 수 없다는 점을 우리는 너무도 잘 알고 있다. 분명 뱀의 눈에 드러나서 나타난 표상은 적외선을 해석해서 그려 낸 표상이다. 그러나 인간의 눈에는 가시광선을 해석해서 그려 낸 표상이 현상한다. 결코 동일한 표상이 감각 기관에 현상하지 않는다.

이와 관련해서 플라톤은 『테아이테토스』에서 다음과 같이 설명하고 있다.

> 그렇게 하면 우리에게는, 검은색이나 흰색 그리고 그 밖의 어떤 색이든, 눈에 그에 상응하는 운동에 가하는 충돌을 통해 생겨난 것으로 나타날 것이며, <u>우리가 색이라고 부르는 각각의 것은 충돌을 가하는 쪽도 아니고 충돌을 당하는 쪽도 아니며, 그 둘 사이에서 각자에게 고유한 것</u>으로 생겨난 어떤 것이 될 것이네. 아니면 자네는 각각의 색이 자네에게 나타나는 그대로 개에게도 그 어떤 동물에게도 나타날 것이라고 강하게 주장하겠는가?[22]

이 설명에서 플라톤은 우리가 외계와 어떻게 관계를 맺을 수 있

---

22) 플라톤, 정준영 옮김, 『테아이테토스』(서울: 이제이북스, 2013), 95쪽 154a.

는지 매우 자세하게 설명하고 있다. 우리의 감각 기관에 현상하고 있는 '검은색'이나 '흰색'과 같은 사물의 표상이 외계로부터 주어진 것(충돌을 가하는 쪽)이 아니라고 설명하고 있다. 이 짧은 구절에서 분명하게 객관적 실재론을 부정하고 있다.

그렇다고 그것이 온전히 '충돌을 당하는 쪽(인간의 영혼)'이 제멋대로 표상해 낸 것도 아니라는 점을 강조하고 있다. 우리의 감각 기관에 현상하고 있는 그 사물의 표상들은 "그 둘 사이에서 각자에게 고유한 것으로 생겨난 어떤 것"이라고 설명하고 있다. '각자에게 고유한 것'이란 인간에게 있어서는 인간만이 가진 선천적인 표상능력 [nous]을 의미하는 것으로 해석된다. 뒤에 '개나 다른 동물들에게는 이러한 색들이 나타나지 않는다'고 강조하고 있는 것은 이러한 선천적인 표상능력을 인간만이 갖추고 있음을 깨우쳐 주고 있는 것이다. "개에게도 그 어떤 동물에게도 나타날 것이라고 강하게 주장하겠는가?"라고 반문하는 것은 이렇듯 사물들의 본질적 표상을 표상해 내는 생래적인 본원적 직관능력을 인간만이 가지고 있다는 점을 강조한 것이다.


그리고 '충돌을 가하는 쪽에 있어서 고유한 것'이란 외계의 사물이 가진 고유한 존재자성 또는 본질[archē]을 의미한다고 이해해야 할 것이다. 그래야만 인간의 선천적인 표상능력에 의해 표상한 그 사물의 표상이 외계에 실재하는 사물을 '있는 그대로' 드러내어 나타낼 수 있을 것이다.

다시 설명하자면 외계(우주)의 모든 존재사물이 '스스로 그러한 모습(自然)'으로 우리에게 드러나서(표상하여) 나타나고(현상하고) 있다는 것은 곧 감각 기관에 현상한 그 사물의 표상이 사물의 고유한 물질적 특성으로 구성된 본질로 이루어져야만 가능할 것이다.

이러한 점에서 플라톤은 사물의 본질적 표상이란 그 사물이 가지고 있는 고유한 물질적 특성[stoicheion; 물·불·흙·공기]들을 조합하여 이루어진 본질을 소재로 표상한 것이라고 설명하고 있다. 물론 불교에서도 정확하게 이와 똑같이 설명하고 있다.

결론적으로, 자연이란 사물의 고유한 물질적 특성들을 소재로 인간의 선천적인 표상능력에 의해 표상된 본질적 표상이 드러나 나타난 것이라고 깨우쳐 주고 있다. 자연은 결코 외계에 실재하는 것이 아니다. 우리의 눈앞에 펼쳐진[현전(現前)하는] 모든 것은 우리의 영혼(두뇌) 속에서 그려 낸 것이다.

뇌과학계에서도 인간의 선천적인 표상능력에 대해 플라톤의 설명과 정확하게 일치된 견해를 밝히고 있다. 뇌과학자 로돌포 R. 이나스는 감각질이론에 대해 다음과 같이 쉽게 설명해 주고 있다.

그러나 파랑이라는 개념은 외부 세계에 존재하지 않는다는 점을 명심하라. 파랑이라는 개념은 특정한 파장(420nm)영역에 대한 뇌의 해석일 뿐이다. 진동수가 '파랑'이라는 이 빛의 광자를 흡수하고(멈추고) 있는 것은 나의 눈이다. 이것은 뉴런이 광수용체(photprecepter)라는 광자를 흡수함으로 이루어진 것이다. 광수용체에서는 아주 오래된 단백질의 일족인 옵신(opsin)이 발견되는데 이것은 시각 색소의 한 성분이다. 옵신은 제2의 분자인 발색단(chomophore; 실제적인 광자 사냥꾼)과 긴밀하게 상호작용하면서 빛의 자극에 따라 수용체 세포를 활성화시킨다. 파란 책의 경우, 높은 비율의 파란 광자가 나를 향해 반사되면서 파란 광자를 붙잡는 광수용체가 큰 비율로 활성화된 것이다.[23]

우리의 눈에 보이는 빨간색이니 파란색이니 하는 표상들은 외계에 실재하지 않으며, 모두 뉴런의 전기화학적 작용에 의해서 표상된 것이라는 점을 밝혀 주고 있다. 빛의 파장에 따라 광수용체의 시각 색소 성분들이 활성화됨으로써 다양한 색상(色相)들을 표상해 낸다는 것을 알 수 있다. 플라톤이 "그 둘 사이에서 각자에게 고유한 것으로 생겨난 어떤 것"이라고 설명한 것과 동일하다는 점을 확인할 수 있다.

이와 같이 외계에서 주어진 다양한 파장의 빛을 해석하여 인간의 선천적인 표상능력을 통해 그 파장의 빛에 상응하는 표상을 그려 낸다. 이로써 우리는 다양한 색상의 꽃이며, 책, 하늘과 구름을 표상해 냄으로써 그것들을 지각하거나 직관할 수 있다.

다시 설명하자면 우리의 눈에 보이는 모든 사물의 표상은 '빛에 대한 뇌의 해석'을 통해 그려 낸(표상한) 것이다. 바로 여기에서 우리가 외계와 관계를 맺는 것이 이러한 인간의 선천적인 표상능력을 통해 표상함으로써 가능하다는 점을 이해할 수 있다.

이상에서 살펴본 바와 같이 옛 성현들은 외계(우주)란 인간의 선

---

23) 로돌포 R. 이나스, 김미선 옮김, 『꿈꾸는 기계의 진화』(서울: 북센스, 2007) 152쪽. 빛의 파장에 있어서 다른 과학책과 다소간에 차이가 있지만, 이러한 차이는 무시하기로 하자.

천적인 표상능력에 의해 표상함으로써 '나타나 존재한다'는 점을 매우 자세하게 깨우쳐 주고 있다. 무슨 말인지 전혀 이해할 수 없는 그 가르침들이 모두 동일하게 이러한 내용을 담고 있다. 그동안 우리는 외계의 모든 사물이 객관적으로 실재한다고 간주해 왔기 때문에 그 가르침의 의미를 정확하게 이해하지 못하고 있었다.

예를 들어 보기로 하자. 장자(莊子)는 '나비 꿈(胡蝶夢)'의 비유를 통해 '눈에 보이는 모든 사물이 우리의 영혼(마음) 속에서 표상하여 현상한 것'이라는 점을 매우 쉽게 설명해 주고 있다. 그런데도 우리는 이 비유에 담긴 철학적 의미를 전혀 이해하지 못하고 있는 실정인 것이다.

간추려 설명하자면, 꿈속에서 너무도 선명하게 나비가 훨훨 날아다니는 것을 볼 수 있듯이 깨어 있을 때 눈에 보이는 나비도 인간의 선천적 표상능력에 의해 표상된 것이라고 깨우쳐 주고 있는 것이다. 분명 장자는 눈을 감고 깊은 잠을 자고 있다. 당연히 꿈속에 보이는 그 나비의 표상은 외계로부터 주어진 것이 아니다. 전적으로 인간의 선천적인 표상능력에 의해 표상된 것이라는 점을 알 수 있다. 마찬가지로 깨어 있을 때 눈에 보이는 그 나비도 꿈에서 그려 낸 것과 똑같이 인간의 선천적인 표상능력에 의해 표상된 것이라는 점을 매우 쉽게 가르쳐 주고 있다.

이와 같이 눈에 보이는 모든 사물이 결코 실재하는 것이 아니라고 깨우쳐 주고 있다. 이에 대해서는 뒤에 '꿈속의 나비가 실재하는 나비이다'는 절(節)에서 자세히 살펴보기로 하자.

플라톤은 『티마이오스』에서 인간의 선천적인 본원적 직관능력[영혼; 누우스와 로고스]에 대한 논의를 마치면서 최종적으로 "우주(kos-mos)는 인간의 선천적인 표상능력[nous]에 의해 그려 낸(표상된) 모상(模相)[eikōn]"이라고 결론짓고 있다.

> 이 우주(kosmos)는 눈에 보이는 생명체들을 에워싸고 있는 눈에
> 보이는 살아 있는 것이며, 지성에 의해서[라야] 알 수 있는 것의 모상
> (eikōn)이요. 지각될 수 있는 신이고 가장 위대하고 최선의 것이며, 가
> 장 아름답고 가장 완벽한 것으로 탄생된 것이 이 유일한 종류의 것인
> 하나의 천구(ouranos)입니다.[24]

이 인용문의 'nous'를 서양 철학계에서는 일반적으로 '지성'이라는 관념론적인 용어로 번역하고 있는데, 이러한 해석은 플라톤의 가르침을 바르게 이해하지 못한 결과이다. 이 '누우스'에 의해 그려 낸 모상을 'eikōn'이라고 표현하고 있다는 점에 주목해야 한다.

플라톤은 『필레보스』에서 이 'eikōn'을 그려 내는 영혼의 선천적 표상능력[nous]을 화가(畫家)라고 설명하고 있다.

> 그 진술(언표)들의 그림(像: eikōn)들을 혼(마음) 안에다 그리는 화가
> (zōgraphos)를 말일세.[25]

---

**24)** 플라톤, 박종현·김영균 역주, 『티마이오스』(경기: 서광사, 2008), 256쪽.
**25)** 뒤에 '인간의 본원적 직관능력[팔식(八識): 영혼.]에 대한 바른 이해가 필요하다'라는 절(節)에서 전체적으로 인용하여 설명하고 있으니, 그 부분을 참고하기 바란다.

플라톤은 인간의 영혼[본원적 직관능력]에 대해 자세히 설명하면서 '로고스'를 기록자(記錄者; 직관적 언어작용)라고 표현하고 있으며, 이 'nous'에 대해서는 그림을 그려 내는 화가에 비유하고 있다.

이 구절에서 '그림'이라고 번역하고 있는 단어가 앞에 인용한 문장에서 '모상'이라고 번역한 단어와 똑같다는 점을 확인할 수 있다. 바로 이 점으로부터 이 'nous'가 선천적 표상능력을 의미한다는 점을 확인할 수 있다. '화가'가 영혼 속에 그려 낸 그림이란 곧 사물들의 표상을 의미하기 때문이다. 이러한 점에서 누우스는 사물의 표상을 그려 내는 선천적 표상능력을 의미한다고 해석해야 한다.

그리고 "눈에 보이는 생명체들을 에워싸고 있는 눈에 보이는 살아 있는 것이며"라는 설명은 곧 종자(種子)설을 표현한 것이다. 즉, 생명체 또는 '살아 있는 것'이란 영혼 속에 내재된 종자(sperma)가 스스로 자신을 드러낼 수 있는 능력을 가지고 있다는 의미를 드러낸 것이다. 플라톤은 이렇게 영혼 속에 내재된 종자들이 자신을 드러냄으로써 모든 표상을 그려 낼 수 있다는 점에서 영혼의 본원적 직관작용을 "스스로 자신을 운동케 하는 운동"이라고 표현하고 있다. 다시 설명하자면 이렇게 '스스로 자신을 운동케 하는 운동능력'을 갖추고 있기 때문에 이 종자들을 '살아 있는 것(zōon)'이라고 표현한 것이다.

이러한 설명은 앞에 로돌포 R. 이나스가 "옵신은 제2의 분자인 발색단(chomophore; 실제적인 광자 사냥꾼)과 긴밀하게 상호작용하면서 빛의 자극에 따라 수용체 세포를 활성화시킨다"고 설명한 것과 같은 의미로 해석된다. 이와 같이 대뇌의 피질에서 빛을 해석해서 그에 상응하는 사물의 표상을 그려 내는 선천적 표상능력을 가지고 있다는 점을 확인할 수 있다. 따라서 영혼의 본원적 직관능력은 이렇게 외계의 자극을 해석해서 그에 상응하는 사물의 표상을 그려 내는(표상하는) '스스로 자신을 운동케 하는 운동'이라는 점을 이해할 수 있다.

결론적으로 '우주는 영혼 속에 내재된 종자들이 스스로 자신을 드러냄으로써 그려진 모상이다'고 말할 수 있다. 이렇게 표상한 외계가 가장 최선이며 곧 신(神)적인 것으로서의 천구(우주)라고 설명하고 있다.

이와 같이 플라톤뿐만 아니라 옛 성현들은 공통적으로 눈앞에 펼쳐진 외계는 모두 인간의 선천적인 표상능력에 의해 표상함으로써 눈앞에 나타난(현상한) 것이라고 설명하고 있다. 그리고 뇌과학계의 연구 결과도 이러한 가르침과 정확하게 일치한다는 점을 확인하였다.

이러한 점에서 이제 객관적 실재론에 근거한 모든 지식 체계를 폐기해야 한다. 지금 우리는 인간의 생래적인 인지능력과 전혀 부합하지 않는 세계관과 진리관에 입각해서 모든 진리를 논구하고 있다. 이제 외계(자연)란 우리의 본원적 직관능력에 의해 표상된 본질적 표상이 드러나 나타난 것이라는 점을 깊이 인식하고, 객관적 합리론이라는 진리관을 폐기해야만 한다. 그래야만 우리는 자연으로 되돌아갈 수 있다.

## vii. 노자(老子)는 개념을 통해서는 자연을 이해할 수 없다는 점을 지적하고 있다

옛 성현들이 모두 공통적으로 인간의 두 가지 언어적 사유능력에 대해 자세히 설명하고 있지만, 그 가운데 노자가 가장 극명하게 비교하여 설명하기 때문에 자연과 관념적 사유의 세계를 보다 쉽게 구분하여 이해할 수 있다. 노자는『도덕경』1장부터 이 두 가지 언어적 사유작용에 대해 설명하기 시작하여, 마지막 장에서도 언어의 문제를 거론하면서 마무리 짓고 있다. 특히 80장에서는 다시 '노끈의 매듭으로 표시하는 언어[결승문자(結繩文字)]'를 사용하도록 해야 한다는 점을 강조하고 있다. 이러한 충고는 실제로 문자 언어를 버리고 결승 문자를 사용하자는 의미로 해석하기보다는 개념적 언어로 사유하지 말고, 본질적 언어를 사용해야 한다는 충고로 이해하는 것이 옳을 것이다. 즉 의식의 사유작용을 끊어서 멸절하고, 직관적 언어능력을 다시 활성화시켜야 한다는 의미이다.

그는 철학 용어들이 정립되지 않은 그 시대에, 일상적인 언어로 의식의 사유작용이 개념적 언어를 매개로 사유하는 언어적 사유작용이라는 점과 감각적 지각과의 지향적 의존 관계에 대해 매우 자세하게 설명해 주고 있다. 그러나 그 일상적인 언어에 담긴 철학적 의미를 정확하게 읽어 내지 못하기 때문에 지금까지도『도덕경』의 전체적인 논리 체계를 전혀 이해하지 못하고 있는 실정이다.

이러한 점에서 불교의 한역본(漢譯本) 경전이나 논서들은『도덕경』에서 사용하는 중요한 용어들의 철학적 의미를 읽어 내는 데 큰 도움이 되고 있다. 예를 들어 '명(名)'은 언어 또는 언어적 사유작용이라는 의미이며, '사(事)'는 본원적 직관작용이라는 의미이며, '무위(無爲)'는 '의식의 사유작용을 끊어서 멸절한 상태'를 의미한다는 점을 읽어 낼 수 있다. 물론 많은 주석가의 주석을 통해서도 이러한 용어들이 불교에서 사용되는 의미와 정확하게 일치한다는 점을 확인할 수 있다.

사실 이러한 점들에 대해 자세하게 살펴본 뒤에 우리의 논의가 가능하지만, 다행스럽게도 왕필(王弼)이 매우 간명하게 노자의 가르침을 해설해 주고 있다. 왕필(王弼)은 자연과 두 가지 언어에 대해 다음과 같이 설명하고 있다.

> 자연(自然)이란 일컬을 언어가 없지만, 그러나 궁극적인 언어(본질적 언어)이다(自然者 無稱之言 窮極之辭).[26]

이 간명한 설명에서 우리는 두 가지 언어를 마주하게 된다. 하나는 '일컬을 수 있는 언어'이고, 다른 하나는 '궁극적인 언어'이다. 모든 옛 성현들의 가르침은 이와 같이 인간에게 두 가지 언어적 사유작용과 이에 따른 두 가지 언어가 존재한다는 점을 강조하고 있다.

노자는 『도덕경』 1장에서 이 두 가지 언어를 엄격하게 구분하고 있다.

> 언어란 개념적 의미로 사유한다면 항상한(본질적) 언어가 아니다(名可名非常名).

---

26) 焦竑, 『老子翼』(東京; 富山房, 昭和59) 2권, 17쪽.

여기에서 '가명(可名)'이란 의식[육식(六識)]에 의한 개념적 사유작용을 의미하며, 동시에 이를 개념적 언어라는 뜻으로 사용하고 있다. '상명(常名)'이란 인간의 생래적인 본원적 직관능력[팔식(八識): 영혼]에 의한 직관적 언어작용[팔식(八識)의 사(思): logos] 또는 본질적 언어[과명(果名): logos]라는 뜻으로 사용하고 있다.

물론 불교에서도 의식의 사유작용을 가능하게 하는 개념적 언어를 '장애가 되는 언어[障名]'라고 표현하고 있다. 즉, 주관에 의해 왜곡되고 굴절된 의미내용[煩惱]을 담지하고 있는 언어라고 설명하고 있다. 그리고 감각 기관을 통해 작동하는 직관적 언어작용에 의해 사유되는 언어를 '본질적 언어[果名]'라고 표현하고 있다. 이 본질적 언어는 사물의 본질적 존재의미[최상의 지혜(無上菩提)]를 담고 있다고 설명하고 있다.[27]

그러나 우리는 그동안 관념론의 영향으로 이 두 가지 언어가 가진 의미론적 특성이나 차이점에 대해 전혀 이해하지 못하고 있다. 우리는 의식만을 인간의 유일한 사유능력으로 간주해 왔기 때문에 의식이라는 사유능력이 생겨나기 이전에 사물의 본질적 존재의미를 이해하는 본원적 직관능력이 존재했다는 사실조차도 이해하지 못했다. 그 결과, 언어도 오로지 개념적 의미를 담지하고 있는 개념적 언어로만 이해해 왔다.

---

27) 세친, 『섭대승론석』, 206쪽 a: "果名攝 謂無上菩提 障名攝 謂三煩惱" 무상보리는 의식의 사유작용이 끊어진 뒤에 직관되는 지혜[본질적 존재의미를 직관하는 것]를 의미한다. 이러한 점에서 과명은 직관적 언어작용 또는 본질적 언어라는 뜻으로 해석된다.

앞의 인용문에서 '일컫다(稱)'라는 표현은 서술하고 형용한다는 의미이다. 어떤 대상을 우리는 일반적으로 '크다' 또는 '작다', '높다' 또는 '낮다', '길다' 또는 '짧다' 등등의 개념적 의미로 인식한다. 동시에 그러한 개념적 언어로 그것을 서술하고 표현한다. 이러한 언어적 표현들은 인식된 대상들 사이의 상대적 차별성을 구분하여 표현하고 있다는 점에 주목해야 한다. 즉, 개념이란 인식의 대상이 가진 상대적 차별성을 주관의 가치 기준에 따라 비교하고 구분하여 규정한 언어적 의미규정이다.

이러한 점에서 장자(莊子)는 의식의 사유작용을 '상인상미(相刃相靡)'라고 표현하고 있다. 즉, '서로 자르다(相刃)'라는 의미는 상대적 차별성을 구분하는 것을 의미하며, '서로 비비다'라는 표현은 그 인식의 대상을 서로 비교한다는 의미이다. 이렇게 의식의 사유작용은 사물들의 상대적 차별성을 구분하여 한정함으로써 그 상대적 차별성을 인식하는 개념적 사유작용이다.

그러나 그 상대적 차별성은 사물 자체가 가지고 존재하거나 스스로 드러내고 있는 것이 결코 아니다. 다만 그 사물은 '스스로 그러한 모습(自然)'으로 존재할 따름이다. 그런데 인간이 그것들을 비교하면서 그 차이점을 개념이라고 하는 언어적 의미규정으로 구분하여 표현한 것이다.


이와 같이 의식의 산물인 개념은 주관적 가치 판단에 따른 상대적 차별성을 규정한 것이며, 개념적 언어란 이러한 개념적 의미를 담지하고 있는 언어이다.

노자는 『도덕경』 2장에서 이러한 개념적 언어는 비실재적이고 비본질적인 의미내용을 담지하고 있는 언어라고 자세하게 설명하고 있다. 그뿐만 아니라 불교의 『중론(中論)』에서도 '여덟 가지 개념의 부정[八不]'를 통해 개념이라고 하는 언어적 의미가 비실재적이고 비본질적이라는 점을 매우 자세하게 논구하고 있다.

따라서 이 개념적 언어로는 사물의 본질적 존재의미를 이해할 수 없다. 이러한 점에서 왕필은 "자연은 일컬을 수 있는 언어가 없다"라고 표현한 것이다.

반면에 왕필은 자연이란 궁극적인(본질적) 언어라고 설명하고 있다.

분명 우리는 물(水)이나 불(火)이 가진 본질적 존재의미나 물질적 특성에 대해 이러한 개념적 언어로 표현하여 서술할 수 없다. 사과의 시고 달콤한 맛과 오렌지의 시고 달콤한 맛의 차이를 개념적 언어로 구분하여 표현할 수 있을까? 우리는 그 맛의 차이를 문자 언어로 표현할 수 없기 때문에 다만 그 이름(그 사물을 지시하는 본질적 언어)을 빌어서 '사과 맛' 또는 '오렌지 맛'이라고 표현할 수 있을 따름이다. 그러나 직접 먹어 보면 그 맛의 차이를 직관적으로 알 수 있다.

이와 같이 우리는 감각 기관을 통해 외계의 물질적 사물에 대한 본질적 존재의미를 이해하고 있다. 산(山)은 분명 산이라는 본질적 존재의미를 가지고 우리의 눈앞에 드러나 나타나 있다. 물(水)도 또한 물이라는 본질적 존재의미를 드러내며 우리의 눈앞에 현전하고 있다.

자연은 이렇게 본질적 존재의미를 드러내며 우리의 눈앞에 현전하고 있다. 분명 의식을 작동하지 않아도 눈만 뜨면 모든 것이 이렇게 본질적 존재의미를 드러내며 현상하고 있다.

그리고 노자의 설명처럼 '그릇처럼 움푹한 것(曲)'을 보면 직관적으로 '담아서 보전할 수 있다(全)'라는 선천적 종합판단이 가능하다.

이와 같이 모든 존재사물이 스스로 본질적 존재의미를 드러내며 우리의 눈앞에 현전할 수 있는 것은 곧 선천적 표상능력[팔식(八識)의 상(想): nous]에 의해 그 사물의 표상을 그려 낼 때 동시에 직관적 언어작용[팔식(八識)의 사(思): logos]이 함께 작동하면서 그 본질적 존재의미가 스스로 드러나 직관되기 때문에 가능하다. 정신질환자가 아니라면 우리 모두에게는 이러한 생래적인 본원적 직관능력이 작동하고 있다.

이러한 의미에서 왕필은 자연이란 궁극적인 언어라고 설명하고 있다. 바로 이 본질적 언어로 인해서 외계의 사물들이 스스로 자신의 본질적 존재의미를 드러내며 '스스로 그러한 모습(自然)'으로 우리의 눈앞에 현전하고 있다.

이상에서 살펴본 바와 같이 자연이란 인간의 본원적 직관능력에 의해 표상한 본질적 표상이 드러나 나타난 것이며, 동시에 본질적 언어를 통해서 그것들의 본질적 존재의미를 직관하고 있다는 점을 이해할 수 있다. 그런데 문제는 문자 언어가 발달하면서 점차 본질적 언어를 문자 언어로 표현하게 되었다는 점이다. 이로써 본질적 언어와 개념적 언어를 구분하지 않고 사용하게 된 것이다. 그 결과, 우리는 문자 언어가 본질적 존재의미를 담지하고 있는 본질적 언어로 사용되는지 아니면 의식에 의해 규정된 개념적 의미로 사용되는지 구분하지 못하고 있다.

아마도 관념론자들도 이러한 인간의 본원적 직관능력과 본질적 언어에 대해 전혀 이해하지 못하기 때문에 개념적 의미와 본질적 존재의미를 구분하지 못하고, 결과적으로 개념이 객관적 실재성을 갖는다고 착각한 것이 아닐까 추측해 본다. 명백한 것은, 개념이 의식의 산물이라는 점에서 개념이란 의식의 가치 판단에 따라 상대적 차별성을 구분한 언어적 의미규정일 뿐이라는 점이다.

## 2) 인간의 본원적 직관능력[八識: 영혼]에 대한 바른 이해가 필요하다

우리가 자연을 바르게 이해하지 못하는 것은 눈앞에 펼쳐진 모든 사물의 표상이 모두 인간의 선천적인 본원적 직관능력에 의해 표상된 것이라는 점을 이해하지 못하기 때문이라고 생각된다. 우리는 칸트가 주장하듯이 눈앞에 현전하는 모든 것을 외계에 실재하는 것으로 간주하고 있다.

지금 우리가 겪고 있는 인류 문명의 위기는 바로 이 점에서 비롯되고 있다. 간명하게 지적하자면 현대 인류 문명은 우리 자신으로부터 외계에 이르기까지 전적으로 그릇된 이해(지식)를 바탕으로 쌓아 올린 사상의 누각이다.

물론 외계에 존재하는 모든 것이 실재하지 않는 것은 아니다. 분명 그 산이며, 바다며, 강이며, 나무들이 모두 실재한다. 그런데 그모든 것을 우리는 직접적으로 볼 수도, 들을 수도 없다. 인간과 외계 사물들과의 관계 맺음은 빛과 소리를 통해서 간접적으로 이루어진다. 즉, 눈에 보이는 사물의 표상은 그 사물들이 반사하고 있는 빛을 해석해서 우리의 영혼 속에서 그려 낸 것이다. 따라서 감각 기관을 통해서 그 사물의 표상이 현상함과 동시에 그것의 존재에 대해 알 수 있고, 그것의 본질적 존재의미를 이해할 수 있다.

바로 이렇게 그 사물의 표상을 그려 내는 것이나 그 사물의 본질적 존재의미를 이해할 수 있는 것도 모두 감각 기관을 통해서 가능하다. 그런데 우리는 오로지 의식의 사유능력만을 인간의 생래적인 인지능력이자 절대이성으로 간주하고 있다.

이와 같이 현대 인류 문명의 위기는 근본적으로 인간의 선천적인 본원적 직관능력[팔식(八識): 영혼]에 대한 바른 이해가 결여된 데서 비롯되고 있다.

이제라도 옛 성현들의 가르침을 통해 바르게 이해해 보기로 하자.

플라톤은 이미 2,500년 전에 일반적으로 사람들이 인간의 본원적 직관능력에 대해 전혀 이해하지 못하고 있다는 점을 지적하면서 인간의 영혼[본원적 주체성]이 가진 본원적 직관능력에 대해 바르게 이해해야 한다는 점을 강조했다.

> 친구시여, 혼을 거의 모두가 모르고 있는 것 같습니다. 그게 어떤 것이며 그게 무슨 힘(능력: dynamic)을 지니고 있는지, 그리고 혼과 관련된 그 밖의 것들 중에서도 특히 그 생성에 대해서, 곧 그게 첫째 것들에 포함되며, 모든 몸들 또는 물체들보다도 앞서 생긴 것이고, 또한 이것들의 변화(metabolē) 및 모든 것의 일체 조건 또는 상태의 변화 (metakosmēsis)도 지배한다는 것을 말입니다.[28]

---

28) 플라톤, 박종현 역주, 『법률』(경기: 서광사 2012), 701~702쪽 892a.

아마도 지금과 마찬가지로 그 당시에도 일반적으로 인간의 본원적 직관능력에 대해 거의 알지 못하고 있었던 모양이다. "친구시여, 혼을 거의 모두가 모르고 있는 것 같습니다"라고 질타하고 있다. 그리고는 이 본원적 주체성이 가진 본원적 직관능력의 작용 특성에 대해 매우 자세히 설명하고 있다.

먼저, 인간의 영혼과 관련해서 가장 주목해야 할 점은 이 영혼이 우주에 있어서 "첫째 것에 포함된다"라고 설명하고 있다는 점이다. 이 점을 명확하게 이해해야만 플라톤의 가르침을 바르게 이해할 수 있다.

이 표현은 뒤이어 "물체들보다도 앞서 생긴 것이고"라는 설명과 연결하여 이해해야 한다. 이 두 구절을 연결하여 이해하자면 외계에 존재하는 모든 사물은 인간 영혼에 의해 생겨난 것이라는 의미를 드러내고 있다. 즉, 영혼이 '물체들보다도 앞서 생겨난' 것이기 때문에 '첫째 것'이라고 표현한 것이다. 이러한 설명에서 곧 우주(외계)는 인간의 본원적 직관능력에 의해 생겨난(표상하여 현상한) 것이라는 점을 이해할 수 있다.

이 인용문에 뒤이어 플라톤은 다음과 같이 설명하고 있다.

그들이 '자연'이라고 말하고자 하는 것은 처음 것들(ta prōta)과 관련된 생성입니다. 그러나 만일에 혼이 먼저인 것으로 밝혀진다면, 불도 공기도 아니고, 혼이 처음 것들에 속하는 것으로 생긴 것이라면, 각별히 자연적이라고 말하는 게 아마도 지당할 것입니다. 이게 이러하다는 건, 누군가가 혼이 몸보다도 더 연장인 것임을 증명할 경우에 그럴 것이니, 그러지 못한다면, 결코 그렇지 않을 것입니다.[29]

　바로 '자연'이라고 하는 것이 이 '첫째 것'으로부터 생겨난 것이라고 설명하고 있다. 그리고 이 '첫째 것'이란 인간의 영혼이라는 점을 읽을 수 있다. 다시 자세히 이해하자면, 인간의 영혼을 '최초(처음)의 것'이라고 표현한 이유는 우주(자연)가 이 영혼에 의해 생성되기 때문이라고 설명하고 있다. 이 인용문에서 "불도 공기도 아니라"고 표현한 대목을 정확하게 이해하는 것이 매우 중요하다. 여기에서 '불'과 '공기'는 네 가지 물질적 요소[stoicheion]를 의미하는 것이 아니고, 외계에 실재하는 물질적 사물 그 자체를 표현(지시)한 것이다. 따라서 이 구절은 우리가 외계에 실재한다고 알고 있는 것들은 실재하는 물질적 사물 그 자체가 아니고, 인간 영혼(첫째 것)에 의해 생겨난 것이라는 의미이다.

　그리고 이러한 점은 "혼이 몸보다도 더 연장인 것임을 증명할 경우"에 입증이 가능하다고 밝히고 있다. 이러한 설명은 곧 몸(다섯 가지 감각 기관)에 의해 표상된 모든 감각표상[30]들이 영혼에 의해 생겨난 것이라는 점을 입증해야 한다는 의미이다.

　따라서 전체적인 요지는 자연(외계)이란 감각 기관에 본질적 표상이 드러나 나타난 것이며, 이 사물의 표상을 그려 내는 감각작용은

---

29)　플라톤, 앞의 책, 702쪽 892c.
30)　감각표상은 감각 기관을 통해 현상하는 모든 표상을 의미한다. 즉 감각에 의한 감각적 표상[染相]과 본원적 직관작용에 의한 본질적 표상[淨相]을 포함하는 개념이다.

영혼에 의해서 가능하다는 점을 이해해야 한다는 것이다.

그렇다면 플라톤은 이 영혼이 '최초의 것'이며, 동시에 육체[감각기관을 통한 감각작용]보다도 '앞서 존재한다'는 점을 어떻게 입증하고 있을까?

그는 이 영혼의 작용을 "스스로 (자신을) 운동케 할 수 있는 운동 (hē dynamenē autē hautēn kinein kinēsis)"이라고 표현하고 있다. 이렇게 인간의 영혼은 스스로 자신을 운동케 할 수 있는 능력을 갖추고 있기 때문에 모든 것보다 우선하여 존재할 수 있으며, 동시에 모든 것을 생성해 낼 수 있는 능력을 갖추고 있다는 설명이다.

반면에 의식의 작용에 대해서는 "다른 것들을 운동케(움직이게) 할 수는 있되, 저 자신을 그럴 수는 없는 운동"이라고 표현하고 있다.[31] 이 설명에서 의식은 감각적 지각을 선행적으로 동반해야 한다는 점을 읽을 수 있다. '저 자신을 그럴 수는 없는 운동'이라는 설명에서는 의식은 감각적 지각을 통해 지각된 의미내용을 사유하는 언어적 사유작용이라는 점을 드러내고 있다.

여기에서 인간의 영혼이 '스스로 자신을 운동케 할 수 있는 능력'을 가지고 있다는 점을 정확하게 이해하기 위해서는 '사유-실체[존재근거[법계(法界): 중보(衆甫): ousia]]'라고 하는 개념을 이해해야 한다. 따라서 플라톤도 인간의 영혼이란 이렇듯 스스로 자신을 운동케 할 수 있는 능력을 가지고 있다는 점을 설명한 뒤에 곧바로 이 존재근

---

31)  플라톤, 앞의 책, 707쪽 894c~895e.

거에 대해 설명하고 있다.

간추려 설명하자면, 이 존재근거가 모든 실제적 체험과 감각경험을 통해 얻어진 사물의 표상들을 종합하고 통일하여 간직하고 있기 때문에 스스로(자체적으로) 모든 사물의 표상을 그려 낼(표상할) 수 있는 능력을 갖추고 있다는 설명이다.

이렇게 자연이란 본원적 주체성[영혼]에 종자의 형태로 내재된 존재근거[ousia]가 간직하고 있는 사물의 표상을 드러냄(표상함)으로써 우리의 눈앞에 펼쳐진 외계를 의미한다. 이에 대해서는 뒤에 '본질적 언어에 근거하여 사물의 표상을 그려 낸다'라는 절과 '사유실체에 대한 뇌과학적 이해와 뇌과학 연구의 문제점'이라는 절(節)에서 보다 정확하게 이해하기로 하자.

이러한 점에서 인간 영혼을 우주(자연)보다도 '최초의 것'이라고 설명한 것이다.

다시 앞의 인용문을 바르게 이해하기 위해서는 '생성(genesis)'과 '모든 몸들'이라는 표현에 대해 정확하게 이해하는 것이 필요할 것 같다. 불교나 노자의 가르침뿐만 아니라 플라톤의 철학을 바르게 이해하지 못하는 이유는 이러한 기초적인 용어들의 철학적 의미를 정확하게 파악하지 못하기 때문이 아닌가 생각된다.

먼저, '몸들'이란 표현은 '다섯 가지 감각 기관을 통한 감각작용' 또는 '감각적 지각[오식(五識)]'을 의미하는 것으로 해석된다. 영혼에 딸린 몸은 분명 하나인데, 이것을 '몸들'이라고 표현한 것은 '다섯 가지 감각 기관'을 의미하는 것이며, 이것이 영혼의 작용과 관련된다는 점에서 감각 기관을 통한 감각적 지각을 의미한다고 해석하는 것이 타당할 것이다.

다음으로 '생성'이란 의식[육식(六識)]의 작용을 의미한다. 그 이유는『티마이오스』에서 이 생성이 감각적 지각과 함께 동반하여 작동하며, 생성과 소멸을 반복한다고 설명하고 있기 때문이다.[32] 이러한 설명은 의식의 작용 특성을 밝히고 있다는 점에서 매우 중요한 부분이다. 바로 이러한 부분들에 담긴 철학적 의미를 정확하게 이해하지 못하기 때문에 지금까지도 '생성'이 곧 '의식'을 의미한다는 점을 전혀 이해하지 못하고 있는 것이다.

이 간략한 설명에서 의식이 문자 언어를 매개로 그 언어적 의미를 사유하는 언어적 사유작용이라는 점을 명확하게 드러내고 있다는 점을 읽어 내야 한다. 생성을 의식의 작용으로 이해해야 하는 이유를 정확하게 이해해 보기로 하자.

먼저 의식은 문자 언어를 매개로 사유하는 언어적 사유작용이기 때문에 외계와 직접적으로 관계를 맺을 수 없다. 왜냐하면 외계는 결코 문자 언어로 구성되어 있지 않기 때문이다. 즉 사물의 고유한 물질적 특성들을 조합한 본질을 소재로 표상한 것이기 때문이다. 따라서 그 본질적 표상에 대한 의미를 개념적 언어로 해석해 주는 감각적 지각을 선행적으로 동반해야만 외계를 인식할 수 있다. 이러한 점에서 의식이 감각적 지각과 동반하여 작동한다는 설명은

---

32) 『티마이오스』 28a와 52a를 참고할 것. 이 두 부분에서 반복해서 설명하고 있다. 이것은 곧 플라톤이 의식의 작용 특성에 대해 강조하고 있다는 점을 의미한다. 뒤에 '플라톤이 설명하는 두 가지 현상의 외계'라는 항(項)에 인용되어 있다.

곧 의식은 문자 언어를 통해서만 사유할 수 있기 때문에 외계와 직접적으로 관계를 맺을 수 없다는 의미를 드러내는 것이다.

또한, 의식이 생성과 동시에 곧 소멸하는 작용 특성을 갖는다는 점을 이해하는 것이 중요하다. 그 이유는 문자 언어의 의미를 정확하게 인식하기 위해서는 한순간에 하나의 단어만을 대상화하여 사유할 수 있기 때문이다. 만약 두 개 이상의 단어를 동시에 생각한다면 그것들이 무슨 의미인지 알 수 없을 것이다. 이러한 점에서 의식은 생성하자마자 곧 소멸하는 작용특성을 가지고 있다. 그래야만 계속적으로 다른 단어들을 사유할 수 있기 때문이다. 만약 생성한 뒤에 소멸하지 않는다면 의식은 계속해서 하나의 단어만을 사유해야 할 것이다. 이러한 점에서 의식은 생성과 동시에 소멸하고 다시 생성되었다가 소멸되는 것을 반복하면서 하나의 흐름[意識流]을 형성한다. 이로써 우리는 한 권의 책을 계속해서 읽어 갈 수 있다. 따라서 이러한 작용특성 때문에 의식을 '생성'이라고 표현한 것이다. 마찬가지로 불교에서도 이러한 작용 특성 때문에 의식을 '생멸(生滅)' 또는 '생사(生死)'라고 표현한다. 따라서 이 '생성'이라는 용어는 의식이 문자 언어를 매개로 사유하는 언어적 사유작용이기 때문에 필연적으로 갖게 되는 작용 특성을 표현한 것이다. 이렇듯 의식의 작용 특성을 표현하는 단어로 '의식'을 표현(지칭)하고 있다는 점을 명확하게 이해해야 한다. 그래야만 전체적인 이론 체계를 바르게 이해할 수 있다.

그런데 의식과 감각적 지각이 모두 영혼에 의해 작동될 수 있다고 설명하고 있다. '생성이 영혼(첫째 것)에 포함된다' 또는 '몸들(감각적 지각)보다 앞서 생긴 것'이라는 표현에서 이러한 정신작용들이 영혼에 의해 가능하다는 점을 드러내고 있다. 이는 영혼이 인간의 생래적인 인지능력이며, 의식과 감각적 지각은 문자 언어의 발달로 인해 후천적으로 진화한 사유능력이라는 점을 드러낸다. 즉, 의식의 사유작용이 영혼의 직관적 언어작용에 의해서 진화되었다는 점과 의식이 발달하면서 감각 기관을 통해 작동하는 직관적 언어능력이 감각적 지각작용으로 전환되었다는 점을 알 수 있다.

이에 대해서는 불교의 『해심밀경』에서 그 단서를 찾을 수 있다. 감각[아타나식(阿陀那識), 팔식(八識)]이 본원적 직관능력에 의해 일어난다는 점에서 이를 '폭포수'에 비유하고 있으며,33) 동시에 의식과 감각적 지각[오식(五識)]은 '물결(波浪)'에 비유하고 있다. 즉, 폭포수는 끊어지지 않고 계속 쏟아져 내려온다는 점에서 '불생불멸(不生不滅)'을 비유하고 있으며, '물결'은 일시적으로 바람이나 장애물에 부딪혔을 때 생겨났다 곧 사라진다는 점에서 '생멸(生滅)'을 비유한 것이다.

이와 같이 '불생불멸'은 인간의 본원적 직관능력을 비유하고 있으며, '생멸'은 의식과 감각적 지각의 작용 특성을 비유한 것이다. 이 점도 고대 그리스의 철학에서 공통적으로 발견된다.

이러한 설명에서 문자 언어의 발달로 인해서 의식이 생겨남으로써 본원적 직관작용이 감각작용으로 전환되었으며, 이 감각작용이

---

33) '아타나식'을 '감각'으로 번역하고, '오식(五識)'을 '감각적 지각'으로 번역해야 하는 이유를 정확하게 이해하는 것이 중요하다. 아타나식은 지각되지 않으면서 모든 외계의 사물들을 드러내(표상하여) 나타낸다(현상한다)고 설명하고 있다. "不可覺知 堅住器識生 謂阿陀那識(지각할 수는 없지만, 세간에 대한 앎이 생하여 견고하게 머물기 때문에 아타나식이라고 한다)."[大正藏 16권, 702쪽 c.] 즉, 감각은 지각되지 않는 상태이고, 감각적 지각은 지각된 상태이다. 이 점을 구분하는 것이 중요하다. 뒤에 구체적인 사례를 들면서 이해하는 기회를 갖기로 하자.

의식의 지향작용에 의해 감각적 지각을 일으키게 된다는 점을 이해할 수 있다. 또한, 이러한 점에서 옛 성현들은 의식과 감각적 지각을 끊어서 멸절해야만 본래의 본원적 직관능력을 회복할 수 있다고 가르쳐 주고 있다.

그리고 여기에서 주목해야 할 점은 "물체들보다도 앞서 생긴 것이고, 또한 이것들의 변화(metabolē) 및 모든 것의 일체 조건 또는 상태의 변화(metakosmēsis)도 지배한다"는 설명이 아닐 수 없다.

이 구절은 우리를 매우 당혹스럽게 만들고 있다. 어떻게 인간 영혼이 외계의 물질적 사물들의 일체 조건 또는 상태의 변화들까지 지배할 수 있을까? 매우 혼란스러운 대목이다.

잠시 돌이켜 보면 이는 왕양명이 "마음 밖에 존재하는 사물은 없다(心外無物)"고 설명한 것과 정확하게 일치하고 있다는 점을 발견하게 된다. 물론 불교에서도 "모든 것은 오로지 마음이 만들어 낸 것이다(一切唯心造)"고 설명하고 있다. 이와 같이 옛 성현들은 공통적으로 인간의 영혼이 외계의 물질적 사물들을 지배하고 있다는 점을 강조하고 있다.

이러한 설명들은 모두 '자연(외계)이란 본원적 직관능력[팔식(八識)]의 선천적 표상작용[팔식(八識)의 상(想)]에 의해 표상한 본질적 표상[정상(淨相): eidos]이 드러나 나타난 것이다'는 의미를 담고 있다. 즉, 눈앞에 현전하는 모든 것은 오로지 본원적 직관능력에 의해 그려 낸 것들이라는 설명이다. 이렇게 외계 사물의 일체 조건이나 상태의 변화들이 모두 영혼의 작용에 의해 표상한 것이기 때문에 '영혼이 지배한다'고 표현한 것이다.

그렇다면 어떻게 영혼은 모든 존재사물들의 일체 조건과 상태의 변화까지도 정확하게 그려 낼 수 있을까?

다시 플라톤의 가르침을 받아 보기로 하자.

감각적 지각들과 합치하는 기억 그리고 이것들과 관련되어 있는 저 느낌들(겪음들: pathēmata)은 우리의 혼들에 흡사 어느 땐가 진술들(언표들: logoi)을 기록하는 것처럼 내게는 보인다는 걸세. (중략) 그러면 그때에 우리의 혼(마음: psychē)에 생기는 다른 장인(제작자: dēmiourgos)이 또한 있다는 것을 받아들이게. (중략) 그 기록자 다음으로, 그 진술(언표)들의 그림(像: eikōn)들을 혼(마음) 안에다 그리는 화가(zōgraphos)를 말일세.[34]

이 인용문에서 두 가지 점에 주목해야 한다. 첫째는 인간 영혼에 두 가지 사유능력이 존재한다는 점이고 둘째는 이 두 가지 사유능력이 유기적으로 함께 작동한다는 점이다.

먼저, 모든 감각경험을 통해 얻어진 정보(표상과 의미내용)를 영혼 속에 기록하는 직관적 언어작용[팔식(八識)의 사(思): logos]을 '기록자'라고 표현하고 있다. 여기에서 이 기록자에 의해 기록된 의미내용[진술들]을 'logoi'라고 표기한다는 점에 주목해야 한다. 이 점은 곧 '로고스'라는 단어가 본질적 언어 또는 직관적 언어작용이라는 의미로 사용되고 있다는 점을 드러낸다. 플라톤은 문자 언어를 매개로 사유하는 의식의 작용과 이 직관적 언어작용을 엄밀하게 구분

---

34) 플라톤, 앞의 책, 165~166쪽 39a-39b.

하고 있다.

『티마이오스』에서 의식의 사유작용에 대해서는 '직관적 언어작용이 존재하지 않는다(alogon)'고 설명하고 있다.[35] 이러한 설명은 의식은 기록자로서의 기능을 가지고 있지 않다는 설명이다.[36] 즉, 의식의 개념적 언어작용[육식(六識)의 사(思)]은 기록자로서 사물의 표상을 종합하고 통일하는 능력을 가지고 있지 않다는 점을 지적하고 있는 것이다. 의식은 '물결(波浪)'처럼 순간 생겨났다가 곧 소멸하는 작용 특성을 가지고 있기 때문에 감각경험들을 기록하거나 저장할 수 있는 능력이 없다.

이러한 차이점으로 인해서 로고스는 반드시 영혼[본원적 직관능력]이 가지고 있는 직관적 언어작용으로 이해해야 한다. 다시 설명하자면, 의식의 개념적 언어작용과 영혼의 직관적 언어작용을 엄밀하게 구분하고 있다는 점을 확고하게 이해해야 한다. 비록 영혼의 본원적 직관능력이 은폐되어 작동하지 않는다고 하지만, 여전히 이 직관적 언어작용을 통해서 모든 감각경험을 종합하고 통일할 수 있다는 점을 깊이 이해해야 한다.

---

35) 『티마이오스』 51d~52b에서 의식에 의한 주관적 판단[doxa]와 선천적인 표상능력에 의한 직관[nous]의 차이점을 자세하게 설명하고 있다. 여기에서 의식[genesis]에 의한 주관적 판단에는 'alogon'이라고 설명하고 있다. 이러한 점에서 로고스는 영혼에서 작동하는 직관적 언어작용이라는 점을 알 수 있다.

36) 여기에서 기억(記憶)과 종합적 통일[훈습(熏習)]을 구분해야 한다. 기억한다는 것은 의식을 통해 인식된 내용을 간직하는 것을 의미하며, 종합적 통일은 의식과는 관련이 없이 감각표상이나 본질적 표상을 종합하고 통일하는 것을 의미한다. 이러한 차이점에 대해서는 뒤에 '기억과 상기 그리고 종합적 통일'이라는 항(項)에서 자세히 구분하여 설명하고 있다.

여기에서 의식이 작용할 때는 본원적 직관능력이 감각작용으로 변질된다고 했는데, 어떻게 직관적 언어작용을 통해 다양한 사물의 표상을 종합하고 통일할 수 있는 것일까? 이 점을 해명할 수 있는 정신현상이 바로 렘수면 상태이다. 불교에서는 깊은 잠에 들었을 때와 혼절(기절)했을 때 의식의 작용이 일시적으로 끊어진다고 설명하고 있다. 이렇게 깊은 잠에 들었을 때, 잠시 의식이 끊어지기 때문에 이때 직관적 언어능력이 작동할 수 있게 되고, 이 직관적 언어작용을 통해서 종합적 통일이 이루어진다고 추정할 수 있다. 다시 설명하자면 단기적으로는 다양한 감각경험들이 감각 영역에 저장되어 있다가 렘수면 상태에서 직관적 언어작용을 통해 하나의 종자의 형태로 저장된다고 이해할 수 있다.[37]

그리고 영혼의 사유능력에 사물의 표상을 그려 내는(표상하는) 선천적 표상능력[nous: 팔식(八識)의 상(想)]이 존재한다는 점을 밝히고 있다. 이 점은 우리의 눈에 보이는 모든 사물의 표상이 우리의 영혼 속에서 그려 낸(표상한) 것이라는 점을 드러내고 있다.

우리는 이 점을 명확하게 이해해야 한다. 칸트가 바로 이 점을 명확하게 이해했더라면 외계의 사물들이 스스로 자신의 고유한 표상을 가지고 존재한다고 하는 궤변을 늘어놓지는 않았을 것이다.

또한, 여기에서 가장 주목해야 할 점은 "그 진술(언표)들의 그림

---

[37] 이에 대해서는 뒤에 '사유실체에 대한 뇌과학적 이해와 뇌과학 연구의 문제점'이라는 절(節)에서 단기 기억과 장기 기억에 대해 설명하는 부분을 참고하기 바란다. 그리고 '손으로 지시하는 실험: 감각과 본원적 직관의 차이점을 확인할 수 있다'라는 항에서 렘수면 상태에서 종합적 통일이 일어난다는 점을 자세히 설명하고 있다.

(像, [eikōn])들을"이라는 부분이다. 선천적 표상능력에 의해 사물의 표상을 그려 낼 때 마구잡이로 그려 내는 것이 아니고, 직관적 언어작용[기록자]에 의해 구성된 의미 결정체[진술들]에 근거하여(밑그림으로) 그에 상응하는 그림[표상]을 그려 낸다는 의미로 읽을 수 있다.

이 점에 대해서는 플라톤의 설명이 조금 미흡하므로 불교에서 설명하는 것을 참고하여 좀 더 자세하게 이해해 보기로 하자.

감각경험을 통해 경험된 다양한 감각표상들은 감각작용이 일어남과 동시에 직관적 언어작용[팔식(八識)의 사(思)]을 통해서 영혼 속에 종자[인(因): sperma]의 형태로 내장(內藏)된다. 이렇게 직관적 언어작용에 의해 다양한 감각표상을 저장하는 과정에서 종합적 통일[훈습(熏習)]이 이루어져서 하나의 의미 결정체를 구성하게 되는데, 이 의미 결정체를 본질적 언어[과명(果名): 상명(常名): logos]라고 한다. 그리고 다시 감각 기관을 통해 외부로부터 동일한 자극이 주어지면 이 본질적 언어를 밑그림 삼아 그 사물의 표상을 즉각적으로 그려 낼 수 있다는 설명이다. 즉, 이 본질적 언어에 그 사물의 일체의 조건과 다양한 변화들이 모두 종합되고 통일되어 저장되어 있기 때문에 그것을 근거로 사물의 다양한 변화들을 '있는 그대로' 표상해 낼 수 있다.

이와 같이 이 본질적 언어에 근거하여 모든 사물의 표상이 눈앞에 나타남으로써 그 사물이 우리에게 '나타나 존재할' 수 있는 것이다. 이러한 점에서 이 본질적 언어를 '존재근거[법계(法界): 중보(衆甫): ousia]'라고 한다. 이 점에 관해서는 뒤에 '사유실체에 대한 뇌과학적 이해와 뇌과학 연구의 문제점'이라는 절(節)에서 쉽게 이해해 보기로 하자.

바로 이러한 의미에서 왕필은 자연이 곧 궁극적 언어(본질적 언어)라고 설명한 것이다. 즉, 눈앞에 펼쳐진 외계(자연)가 모두 이 본질적 언어에 근거하여 표상한 것이라는 설명이다.

이와 같이 감각 기관을 통한 감각작용에서 선천적 표상능력[팔식(八識)의 상(想): nous]과 직관적 언어작용[팔식(八識)의 사(思): logos]이 함께 작동하고 있다. 이것이 인간의 본원적 직관능력이다.

이러한 점에서 플라톤은 『필레보스』에서 "하나가 곧 여럿이요, 여럿이 곧 하나이다(一卽多 多卽一)"고 설명하고 있다. 여기에서 하나는 곧 본질적 존재의미인 이데아를 의미하며, 여럿은 다양한 본질적 표상을 의미한다.

예를 들어 설명하자면, '꽃'이라는 사물은 수없이 다양한 모양과 색상을 가지고 있다. 이렇게 다양한 모양과 색상으로 드러나 나타난 그 '꽃'의 표상을 '여럿'이라고 표현한 것이다. 서양 철학 용어로 바꾸어 표현하자면 '표상의 다양'을 의미한다. 그리고 '하나'라고 하는 것은 의미 통일체로서의 본질적 존재의미를 의미한다. 즉, 다양한 표상들이 직관적 언어작용을 통해서 영혼 속에 저장되면서 종합적 통일이 이루어져서 하나의 의미 통일체를 형성하게 되는데, 이렇게 구성된 의미 통일체가 곧 본질적 존재의미[진여(眞如): 이데아]이며, 이것이 곧 본질적 언어이다. 이로써 수많은 모양과 색상의 꽃을 보면서 우리는 그것들이 모두 '꽃'이라는 것을 직관적으로 알 수 있다.

이와 같이 다양한 본질적 표상과 본질적 존재의미가 함께 혼화

(混和)하여 동시에 직관되기 때문에 '하나가 곧 여럿이요, 여럿이 곧 하나'라고 표현한 것이다. 물론 이것들이 동시에 직관될 수 있는 것은 선천적 표상능력과 직관적 언어작용이 동시에 함께 작동하기 때문이다.

그리고 이러한 표현은 불교에서도 동일하게 나타나고 있다. 이 표현은 화엄학(華嚴學)에 가장 자주 등장하는 구절이라고 할 수 있다. 물론 그 의미도 정확하게 일치하고 있다. 이러한 점에서 불교와 플라톤의 가르침이 정확하게 일치한다는 점을 확인할 수 있다.

## 3) 사물의 표상이 의식에 직접적으로 현상할 수 있을까?

이제 의식의 사유작용에 대해 관념론 철학자들이 어떠한 점을 바르게 이해하지 못했는지 확인해 보기로 하자. 이러한 고찰은 의식의 작용 특성에 대해 좀 더 명확하게 이해할 수 있는 기회가 될 것이다.

근대 이후의 관념론 철학에 있어서 공통점은 의식에서 직관을 거론하고 있다는 점이다. 칸트는 의식에서 시공간적 직관을 거론하고 있고, 후설은 본질직관을 주장하고 있다.

앞에서 확인한 바와 같이 칸트는 외계에 실재하는 사물의 표상이 인간의 선천적인 표상능력에 의해 의식에 현상한다고 주장한다. 바로 이때 시공간적 직관에 의해 그 사물의 표상이 시간과 공간이라는 질서를 가지고 의식에 현상한다는 것이다. 이러한 점에서 그는 시간과 공간이라는 개념을 '직관의 형식'이라고 주장한다. 그리고 이 현상으로부터 감성을 통해 사유의 소재인 질료를 받아들인다는 것이다.

지금까지도 서양의 모든 철학적 담론은 이 초월론적 감성론을 근간으로 삼고 있다고 해도 과언은 아니다.

여기에서 가장 먼저 제기되는 문제점은 과연 의식에 사물의 표상이 직접적으로 현상할 수 있느냐 하는 점이다. 결론부터 말하자면 이러한 주장은 의식이 문자 언어를 매개로 그 언어적 의미를 사유하는 언어적 사유작용이라는 점에서 결코 성립될 수 없는 궤변이다. 필자는 관념론자들이 이 점을 인식하고 있으면서도 의도적으로 도외시하고 논리를 전개해 가고 있지 않은가 하는 의구심을 떨칠 수 없다.

칸트는 개념의 근거가 되는 범주(範疇)들을 '언표(言表)' 또는 '술어(述語)'라는 의미로 'Prädikamente'라고 표현하고 있다. '술어'란 문자 언어로 이루어진 문장의 구조를 설명하는 용어이다. 즉, 주어의 상태나 성질 등을 서술하여 설명하는 부분을 일컫는다. 이러한 점에서 범주라고 하는 것이 언어적 의미규정이라는 점이 너무나 명백하다. 따라서 이 범주를 기초로 정립(구성)되는 개념은 당연히 언어적 의미규정이며, 동시에 이러한 개념을 산출하는 의식의 작용 또한 언어를 매개로 사유하는 언어작용이다.

이뿐만 아니라, 개념(초월적 이념)을 구성하는 종합적 통일에 대해 설명하면서 이러한 의식의 작용이 언어적 사유작용이라고 표현하고 있다. 분명 그는 종합적 통일이 정언(定言)적 이성추리와 가언(假言)적 이성추리 그리고 선언(選言)적 이성추리를 통해 이루어진다고 주장하고 있다. 이 '정언'과 '가언' 그리고 '선언'이라는 표현에서 언어라는 공통된 표현이 사용되고 있다.

마찬가지로 후설도 "개념은 '단어의 의미(Bedeutung)'와 같은 것"이라고 설명하고 있다. 분명 단어란 문자 언어를 의미하며, 이 단어의 의미와 같다는 점에서 개념이란 언어로 표현된(언어에 내포된) 언어적 의미내용이라는 점을 드러내고 있다.

이와 같이 의식의 사유작용이 문자 언어를 매개로 그 언어적 의미를 사유한다는 점을 필요할 때마다 인정하면서도 정작 의식이 언어적 사유작용이라는 점과 개념이 언어적 의미규정이라는 점을 애써 외면하고 있다고 판단된다. 그 이유는 의식의 작용이 언어를 매개로 가능하다는 점을 인정한다면 의식에서 직관을 결단코 거론할 수 없기 때문이다.

이렇게 굳이 그들이 의식에서 직관을 거론하는 이유는 감각[아타나식(阿陀那識), 팔식(八識)]이나 감각적 지각[오식(五識)]에 대해 설명할 만한 지식(인간의 선천적인 인지능력에 대한 이해)을 갖추고 있지 못했기 때문으로 판단된다.

이쯤에서 인도의 세친(世親; Vasubandhū)이 『섭대승론석』에서 의식의 사유작용에 대해 설명하는 것을 읽어 보면서 의식의 작용 특성을 정확하게 이해해 보기로 하자.

의식은 포괄적으로 의미를 규정하기도 하고 미세하게 의미를 규정하며 사유한다. 단지 언어를 지향하여 분별(차별적 의미를 인식)할 따름이며, 별도로 지향할 수 있는 존재사물(또는 존재자로서의 존재자)이란 존재하지 않는다. 또한 반드시 언어를 의지하여 모든 현상을 분별하기 때문에 '관념적(개념적) 분별(意言分別)'이라고 이름한다(意識覺觀思惟 但緣言分別 無別有義可緣 又必依名分別諸法故 言意言分別).[38]

이 인용문에서 '각(覺)'은 현장(玄奘)의 번역본에서는 심(尋)이라고 번역하고 있는데, 그 의미는 개괄적인 개념적 사유작용을 말한다. 즉, 감각적 지각에 의해 지각된 의미내용을 포괄적으로 구분하여 인식하는 사유작용이다. 또한 '관(觀)'은 현장역에서는 사(伺)라고 번역하고 있는데, 이것은 구체적으로 세분화하여 그 의미내용을 이해하는 개념적 사유작용을 의미한다.[39]

바로 이러한 설명은 이미 어떤 의미가 존재한다는 점을 전제하고 있다. 분명 어떤 의미가 존재해야만 그것을 개괄적으로 분석하여 포괄적인 개념으로 규정하거나 보다 세부적으로 구분하고 분석하여 미세한 개념으로 규정할 수도 있을 것이다.

이는 곧 이미 감각적 지각을 선행적으로 동반하고 있다는 점을 드러낸다. 즉, 감각적 지각을 통해 외계의 사물에 대한 개념적 의미를 이미 파악하고 있다는 의미이다. 의식이란 이렇게 감각적 지각에 의해 지각된 의미내용을 문자 언어를 통해 포괄적 개념이나 미

---

38) 세친, 앞의 책, 199쪽 b. 여기에서 '의언(意言)'이란 범어(梵語)로 'mano-jalpa'를 번역한 것이다. 의(意), 의근(意根); 의식(意識)을 가능하게 하는 근거식를 통한 언어적 사유작용이라는 의미로 해석된다. 즉, 개념을 통한 관념적 사유작용이라는 의미로 해석할 수 있다.

39) 『유가사지론』에서 심(尋)에 대해서는 '포괄적인 언어적 의미규정성(麤意言性)'이라고 표현하고, 사(伺)에 대해서는 '미세한 언어적 의미규정성(細意言性)'이라고 설명하고 있다.

세한 개념으로 한정하여 이해하고 인식하는 언어작용이라는 점을 알 수 있다.

이렇게 이해해야 하는 이유는 "단지 언어를 지향하여 분별(차별적 의미를 인식)할 따름이며"라는 표현에 있다. 이 설명에서 의식은 오로지 문자 언어를 매개로 사유가 가능하다는 의미를 읽을 수 있다. "언어를 지향하여(緣言)"라는 표현은 뒤의 "언어에 의지하여(依名)"라는 표현과 같은 의미이다. 그리고 "분별(分別)"이라는 표현은 곧 상대적인 차별성을 구분하여 이해한다는 의미이다. 따라서 의식은 단어에 담긴 언어적 의미를 통해서 대상에 대한 상대적 차별성을 이해(또는 인식)하는 언어적 사유작용이라는 점을 알 수 있다.

특히 뒤에 "반드시 언어를 의지하여 모든 현상을 분별하기 때문에"라는 표현에서 의식에 현상한 모든 인식현상에 대하여 문자 언어를 매개로 그것(사물의 표상)의 상대적 차별성을 인식한다는 점을 확인할 수 있다. 그리고 여기에서 '모든 현상'이란 감각적 지각에 의해 지각된 감각적 표상을 재표상한 것을 의미한다는 점을 이해하는 것이 중요하다. 재표상되었다고 하는 것은 사물의 표상이 의식에 직접적으로 현상하는 것이 아니고, 감각에 현상하고 있는 감각적 표상을 의식이 대상화하여 인식한다는 의미이다.

예를 들어 『중론(中論)』에서도 '시간과 공간이 실재하지 않다'는 점을 논증하고 있다'라는 장(章)에서 인용한 구절 가운데 '가는 현상(去法)'이라는 표현이 나타난다. 바로 이렇게 '가는'이라는 개념적 의미가 내포된 현상이 의식에 재표상된다. 이와 같이 의식에는 감각적 지각을 통해 지각된 감각적 표상[염상(染相)]이 현상한다. 이 감각적 표상에는 '간다'는 개념적 의미가 내포되어 있기 때문에 감각적 표상이라고 한다. 이 감각적 표상을 의식이 대상화함으로써 재표상되어 현상한 것을 '인식현상(유위법)'이라고 한다.

바로 이러한 점은 "별도로 지향할 수 있는 존재사물(또는 존재자로서의 존재자)이란 존재하지 않는다"라는 구절에서 확인할 수 있다.

이 설명은 곧 의식은 결코 외계와 직접적으로 관계를 맺을 수 없다는 점을 밝히고 있다. 여기에서 '의(義)'는 감각적 대상[오진(五塵); 다섯 가지 감각 기관을 통해 지각된 감각적 대상]과 엄격히 구분하여 사용하고 있다는 점에 주목해야 한다.

감각적 대상[진(塵)]은 산스크리트어로 'artha'라고 표기하지만, 이 '의(義)'는 'tattva-artha'라고 표기한다. 현장(玄奘)은 이 '의(義)'를 '진실의(眞實義)'라고 번역하고 있다. 이러한 점에서 이 '의(義)'는 '실체' 또는 '존재자로서의 존재자(존재사물)'라는 의미로 사용하고 있다고 해석해야 할 것이다. 이 존재사물은 대상화되지 않고, 다만 직관된다.

따라서 이 구절은 의식에는 이러한 존재사물이 현상하지 않는다는 설명이다. 이는 곧 의식은 직접적으로 외계와 교섭하여 그것을 대상화할 수 없다는 점을 드러내고 있다. 즉, 의식에서는 직관이 불가능하다는 의미이다.

이와 같이 의식은 외계와 직접적인 관계 맺음이 불가능하기 때문에 감각적 지각[오식(五識)]을 선행적으로 동반해야 하며, 이 감각적 지각을 통해서 지각된 감각적 대상[오진(五塵)]을 재표상함으로써 그것을 인식한다. 즉, 의식에 대상화된 그 대상이란 곧 감각적 지각에 의해 지각된 감각적 대상이다.

이러한 점에서 의식은 언어적 사유작용이기 때문에 외계와 직접적으로 관계를 맺을 수 없다는 점을 명확하게 이해해야만 한다. 이로써 의식에는 결코 외계에 실재하는 사물의 표상이 현상할 수 없다는 점을 이해할 수 있다.

좀 더 구체적으로 설명하자면 사물의 표상은 본원적 주관성[팔식(八識)]의 선천적 표상능력에 의해 표상되어 감각 기관을 통해 현상한다. 이렇게 감각 기관에 사물들의 표상이 현상한 것을 감각[아타나식(阿陀那識)]이라고 한다. 물론 의식이 작동하는 관념적인 정신세계에서는 의식에 의해 규정된 개념적 의미가 부가된 감각적 표상[염상(染相)]이 현상한다는 점에서 본원적 직관과 구분해서 감각이라고 표현한 것이다. 본원적 직관과 감각의 차이를 쉽게 구분하자면, 본원적 직관에서는 본질적 표상과 함께 본질적 존재의미가 드러나 나타난다. 반면에 감각에 현상하는 감각적 표상에는 개념적 의미가 내포되어 있다. 그리고 이 감각에는 수많은 대상 사물이 한꺼번에 현상한다는 점도 이해해야 한다. 눈만 뜨면 외계의 모든 존재사물이 드러나 나타난다.

이렇게 감각에 현상한 그 수많은 사물의 표상들을 의식은 직접적으로 인식할 수 없기 때문에 감각적 지각을 선행적으로 동반해야 하며, 이 감각적 지각을 통해 지각된 그 감각적 표상이 의식에 재표상되는 것이다. 이때 이 감각적 표상과 함께 개념적 의미가 함께 지각되며, 이 개념적 의미를 의식은 문자 언어로 규정함으로써 그 대상에 대한 의미를 인식(또는 사유)할 수 있는 것이다.

바로 이러한 점이 서양의 관념론 철학과의 근본적인 차이점이다. 관념론 철학에서는 사물의 표상이 의식에 직접적으로 현상한다고 주장함으로써 감각 기관을 통한 감각작용과 의식의 작용을 구분하지 못하는 결과를 초래하고 있다. 이로써 표상과 개념을 엄격하게 구분하지 못하게 되고, 의식에서 본질을 직관할 수 있다고 간주하는 등 모든 오류와 왜곡의 근본 원인이 되고 있다.

이와 같이 의식이 감각적 대상을 지향하여 대상화하는 지향작용을 불교에서는 '대상을 지향하는 지향성[연연(緣緣)]'이라고 설명하고 있다. 이 '연연'이라고 하는 지향작용을 통해서 감각 기관을 통해 지각된 감각적 대상을 재표상하여 대상화할 수 있는 것이다. 이에 대해서는 뒤에 '의식의 네 가지 지향작용'이라는 절(節)에서 자세히 논의하기로 하자.

바로 여기에서 우리는 의식의 표상적 사유능력[육식(六識)의 상(想)]은 선천적인 표상능력[팔식(八識)의 상(想)]과는 달리 직접적으로 사물의 표상을 표상하는 것이 아니고, 재표상하는 능력이라는 점을 이해할 수 있다. 즉, 직관한다는 것은 선천적 표상능력을 통해 그 사물의 표상을 표상해 냄으로써 감각 기관에 그 사물의 표상이 직접적으로 현상하는 것을 의미하며, 의식은 이렇게 감각 기관에 현상한 그 사물의 표상을 재표상하는 기능만을 가지고 있다. 이러한 의식의 재표상 기능을 우리는 상상(想像)작용을 통해서 쉽게 확인할 수 있다.


이쯤에서 직관과 상상의 차이점을 명확하게 이해해 보기로 하자. 칸트는 의식의 이 상상작용을 직관이라고 주장하고 있기 때문에 이 차이점을 명확하게 이해하는 것이 매우 중요하다. 그래야만 의식에서 직관이 불가능하다는 점을 보다 명확하게 이해할 수 있을 것이다.

이 차이점은 아주 쉽게 구분할 수 있다.

먼저 눈을 감고 바나나를 상상해 보자. 언뜻 전혀 보이지 않지만, 정신을 매우 집중해서 본다면 흐릿하게나마 바나나의 모양을 인식할 수 있다. 분명 직접적으로 바나나를 볼 때와는 매우 다르다는 점을 알 수 있다. 눈으로 실재하는 바나나를 볼(직관할) 때는 매우 선명하게 드러나 나타난다. 반면에 상상할 때는 눈을 감고 상상하였으므로 외계에 실재하는 사물이 반사하는 빛을 받아들여 그것의 표상을 그려 낸 것이 아니다. 직관이란 이렇게 직접적으로 사물이 반사하는 빛을 받아들여 그 사물의 표상을 그려 내는 선천적 표상작용에 의해 가능하다.

반면에 상상을 통해 어렴풋이 인식되는 그 바나나의 표상은 본원적 주관성[팔식(八識), 아리야식(阿梨耶識)]에 종자[인(因)]의 형태로 내장된 바나나의 표상을 '종자를 지향하는 지향성[인연(因緣)]'을 통해서 의식에 이끌어 옴으로써 재표상되어 현상한 것이다. 그래서 이 바나나의 표상은 매우 흐릿하여 쉽게 인식할 수 없다.

그런데도 칸트는 의식의 상상력을 직관이라고 설명하고 있다.

"상상력이란 대상의 현전 없이도 그것을 직관에 표상하는 능력이다."[40]

의식의 상상력을 통해 재표상한 것과 감각 기관을 통해 직관하는 것을 전혀 구분하지 못하고 있다. 직관은 결코 "대상의 현전 없

---

40)   임마누엘 칸트, 앞의 책 1권, 360쪽.

이" 이루어질 수 없다. 존재사물들이 눈앞에 현전하는 것이 직관이다. 대상의 현전 없이 표상한 것은 모두 상상력을 통해 본원적 주관성[팔식(八識)]에 간직된 과거의 표상을 재표상한 것일 뿐이다.

이와 같이 그는 의식의 작용인 상상력과 감각 기관을 통한 직관을 전혀 구분하지 못하고 있다. 그가 의식에서 직관을 거론하는 것은 모두 이러한 착각과 오해에서 비롯된 것이라는 점을 알 수 있다.

여기에서 우리는 선천적 표상능력과 의식의 재표상능력의 차이점을 엄밀하게 구분하여 이해해야 한다. 직관이란 감각 기관을 통한 선천적 표상능력에 의해 사물의 표상을 직접적으로 표상하는 것을 의미하며, 의식의 표상적 사유작용은 직접적으로 사물의 표상을 그려 낼 수 없으며 감각적 표상을 재표상하는 작용이다. 즉, 의식은 감각적 지각에 의해 지각된 감각적 대상을 재표상하거나 또는 상상 작용과 같이 본원적 주관성에 종자의 형태로 저장된 과거의 표상을 재표상할 수 있다. 여기서 언어적 표현과 함께 그것과 관련된 표상이 재표상된다는 점에 주목해야 한다. 상상할 때, 아무거나 무조건적으로 표상하는 것이 아니다. 의식을 통해 그 이름(표상을 지시하는)을 사유해야만 그것의 표상을 떠올릴 수 있다.

또한 의식의 재표상작용은 의식의 두 가지 지향성에 의해 두 가지 유형으로 이루어진다는 점을 이해하는 것이 중요하다. 즉, 감각적 대상을 지향하여 재표상하는 것은 '대상을 지향하는 지향성[연연(緣緣)]'에 의해 가능하며, 종자의 형태로 내재된 사물의 표상을 재표상하는 것은 '종자를 지향하는 지향성[인연(因緣)]'에 의해 가능하다.

좀 더 구체적으로 설명하자면 감각적 지각에 의해 지각된 감각적 표상이 의식에 현상할 수 있는 것은 의식의 '대상을 지향하는 지향성'에 의해 가능하다. 그리고 상상작용은 종자의 형태로 내재된 사물의 표상을 '종자를 지향하는 지향성'을 통해 의식에 현상하게 하는 의식의 사유작용이다.

이러한 점을 구분하여 이해하지 못하기 때문에 관념론자들은 의식에서 직관이 가능하며, 의식의 상상력이 곧 직관작용이라고 억지 주장을 하는 것이다.

### 4) 의식에서 선천적 종합판단이 가능할까?

앞에서 옛 성현들은 모두 본원적 주체성[아말라식: 영혼]의 본원적 직관능력에 의해서 '직관을 통한 선천적 종합판단'이 가능하다고 깨우쳐 주고 있다는 점을 자세히 살펴보았다. 반면에 칸트는 의식의 사유작용을 통해서 직관을 통한 선천적 종합판단이 가능하다고 주장한다는 점도 살펴보았다. 이러한 차이점과 관련해서 의식에서는 직관이 불가능하다는 점을 앞에서 면밀하게 검토하였다. 이제 의식에서 선천적 종합판단이 불가능하다는 점에 대해 살펴보기로 하자.

먼저 서양 철학에서 일반적으로 사용하고 있는 '선천적(또는 선험적)'이라는 표현은 '아프리오리(a priori)'라는 용어를 번역한 것이다. 이 용어에 대해 서양 철학계에서 '경험에 선행하여 그것과 독립적이다' 또는 '감성적 소여에 선행하여 주어진다'라는 의미로 해석하고 있다.

이러한 '선천적'인 의미내용이 의식에서 인식된다고 주장하는 것은 곧 의식을 통해 인식된 것들이 모두 감각경험과 관계없이 주어진다는 점을 표현하는 것이다. 이러한 규정에 입각해서 엄밀하게 설명하자면 의식에서는 직관이 불가능하기 때문에 '아프리오리'한 의미내용을 사유(인식)할 수 없다. 다시 설명하자면 의식에 있어서 모든 인식은 감각적 지각을 선행적으로 동반하기 때문에 '아프리오리'란 성립될 수 없다. 관념론자들은 모두 의식이 문자 언어를 매개로 그 언어적 의미를 사유하는 언어적 사유작용이라는 점을 인식하지 못하고 의식에서 직관이 가능하다고 주장하기 때문에 그 연장선상에서 이러한 표현을 사용하는 것이다.

'아프리오리'는 직관을 통해서만 가능하다는 점에서 결코 의식의 사유작용에서는 불가능하다. 즉, 의식은 문자 언어를 매개해야만 사유할 수 있기에 감각적 지각을 선행적으로 동반해야만 외계를 인식할 수 있다. 이 점을 인정하지 않기 때문에 의식에서 직관을 거론하며, 동시에 '선천적인(a priori)' 종합판단이 가능하다고 주장하는 것이다.

후설은 의식에서 직관을 통한 선천적인 종합판단이 가능하다는 점을 입증하기 위해 '현상학적 환원'과 '형상적 환원'을 주장하고 있다. 이 두 가지 환원이 함께 작용함으로써 본질직관이 가능하다는 설명이다. 그러나 이 두 가지 환원은 결코 함께 작동할 수 없다. 이러한 점에서 의식의 사유작용에서 본질직관이 가능하다는 그의 주장은 결코 성립될 수 없다. 의식에서 현상학적 환원과 형상적 환원이 동시에 실현될 수 없는 이유에 대해서는 뒤의 '판단중지와 형상적 환원은 결코 양립할 수 없다(의식의 작용 특성에 대한 몰이해)'라는 항(項)에서 자세히 살펴보기로 하자. 이와 같이 관념론자들은 의식에서 직관을 통한 '아프리오리'한 종합판단이 가능하다는 점을 입증하려고 안간힘을 쓰지만, 이러한 모든 시도는 실패로 끝나고 있다.

이제 '의식에서는 왜 선천적인(a priori) 종합판단이 불가능한가?'라는 점을 자세히 살펴보기로 하자.

먼저 선천적 종합판단이 가능하기 위해서는 두 가지 요건이 갖추어져야만 한다. 첫째로 모든 전후의 상황과 인과 관계를 종합적으로 이해하고 있어야만 가능하다. 이러한 조건을 충족하기 위해서는 우리의 영혼 속에 이러한 종합적 판단의 근거가 내재되어 있어야 한다.

둘째로는 주변의 모든 상황을 두루 동시에 살필 수 있어야 한다. 예를 들어 한 가지 사건에만 주의를 집중하게 된다면 주변의 모든 상황을 종합적으로 판단할 수 없을 것이다. 이러한 점에서 주변의 모든 정황을 동시에 두루 꿰뚫어 살필(통찰(通察)) 수 있어야 한다. 그래야만 그 판단이 모든 주변의 정황과 어긋나지 않는 합당한 것이 된다.

이제 이 두 가지 조건이 모두 의식을 통해서는 충족될 수 없다는 점을 명확하게 확인해 보기로 하자.

먼저 첫 번째 조건과 관련해서 의식을 통해 선천적 종합판단이 가능하다는 것을 입증하기 위해 관념론자들은 의식에서 종합적 통일이 가능하다고 주장하고 있다. 칸트는 의식의 통각작용을 통해서 이러한 종합적 통일이 가능하다고 주장하고 있으며, 후설은 형상적 환원을 통해 이러한 종합적 통일이 가능하다고 주장하고 있다.

그러나 어떠한 형식으로든 의식을 통해서는 결코 종합적 통일이 불가능하다는 점을 확인할 수 있다. 후설의 주장에 대해서는 뒤의 '현상학적 환원과 형상적 환원은 결코 양립할 수 없다(의식의 작용 특성에 대한 몰이해)'라는 항(項)에서 자세하게 그의 주장이 성립될 수 없다는 점을 확인하기로 하자.

여기에서는 칸트가 의식의 통각작용을 통해서 종합적 통일이 가능하다는 주장을 중심으로 살펴보기로 하자.

> 내가 한 표상에 다른 표상을 덧붙이고, 그것들의 종합을 의식함으로써 비로소 생기는 것이다. 그러므로 내가 주어진 표상들의 잡다를 한 의식에서 결합할 수 있음으로써만 내가 그 표상들에서 의식의 동일성을 스스로 표상하는 것이 가능하다.[41]

그는 이와 같이 의식의 통각작용을 통해서 감각경험에 의해 얻게 된 다양한 표상들을 종합하고 통일할 수 있다고 주장하고 있다.

그런데 종합적 통일이 "한 표상에 다른 표상을 덧붙이"는 과정을 통해 이루어지는 것일까? 그리고 한 표상에 다른 표상을 덧붙이면 어떻게 될까?

아주 쉬운 예를 들어 보자. 영화의 한 장면에 다른 여러 장면을

---

41)  임마누엘 칸트, 앞의 책, 347쪽.

덧붙이거나 하나의 그림에 여러 가지 그림을 중첩해서 덧붙였다고
하자. 그 결과, 그 결합된 표상이 무엇을 의미하는지 알아볼 수 있
을까? 모든 것이 뒤섞여서 무엇인지 전혀 식별이 불가능하다.

　이러한 설명에서 그가 표상이라고 하는 것이 영상(影像) 또는 그
림과 같은 것이라는 점을 인식하지 못하고 있다는 점을 알 수 있다.
종합적 통일은 표상과 표상을 '덧붙이는' 것이 아니고, 다양한 감각
표상들을 직관적 언어작용을 통해서 하나의 의미 통일체를 구성하
는 과정을 통해 이루어진다. 즉, 다양한 표상이 하나의 의미 통일체
를 구성함으로써 우리는 그것이 '동일체'라는 것을 알 수 있다. 결코
표상을 그대로 '덧붙여서' 종합적 통일이 일어나는 것이 아니다. 수
없이 다양한 표상을 종합하고 통일함으로써 하나의 의미 통일체를
이루는 것이다. 바로 이 의미 통일체가 곧 본질적 언어이다.

　여기에서 우리는 언어가 어떻게 생겨났는가 하는 점을 이해할 수
있다. 이렇게 다양한 감각표상을 종합하고 통일함으로써 '언어'가
생겨났다는 점에 주목해야 한다. 이 점은 언어의 기원을 밝히는 데
있어서 매우 중요한 논제이기 때문에 뒤에 '사유실체에 대한 뇌과학
적 이해와 뇌과학 연구의 문제점'이라는 절(節)과 '본질적 언어는 신
경계를 작동시키는 자연 언어이다'라는 항(項)에서 뇌과학을 살펴보
면서 자세히 논의하기로 하자.

　이와 같이 종합적 통일은 감각표상을 종합하고 통일한다는 점에
서 이 표상들이 직접적으로 현상하는 감각 기관을 통해서만 가능
하다. 즉, 감각 기관을 통해서 선천적 표상능력[팔식(八識)의 상(想):
nous]과 함께 작동하는 직관적 언어작용[팔식(八識)의 사(思): logos]을

통해서 가능하다.

이에 대해서는 뒤에 '기억과 상기 그리고 종합적 통일'이라는 항에서 다시 자세히 거론하기로 하자.


또한, "주어진 표상들의 잡다를 한 의식에서 결합할 수 있다"고 설명하고 있으나, 의식에서는 이러한 결합이 불가능하다. 왜냐하면 의식은 오로지 한순간에 하나의 대상만을 인식할 수 있기 때문이다. 만약 두 개 이상의 대상을 동시에 한꺼번에 인식한다면 결코 그 대상이 무슨 의미인지 알 수 없다. 이러한 이유로 의식에서는 오직 그 순간에 하나의 감각적 대상만을 지향하여 재표상할 수 있다. 즉, 그 '한 의식'에는 오직 하나의 인식현상이 현상할 뿐, 여러 가지 다양한 표상들이 한꺼번에 현상할 수 없다. 그런데 어떻게 다양한 표상을 결합할 수 있겠는가? 이에 대해서는 앞에서 충분히 확인하였다.

그리고 이러한 결합이 가능하기 위해서는 과거의 잡다한 표상들을 잊지 않고 간직할 수 있어야 한다. 그러나 의식은 생성하자마자 곧 소멸하는 작용 특성을 가지고 있다. 따라서 과거의 다양한 감각표상들을 간직할 수 없다. 이러한 점에서 불교의 유식 학파에서는 의식[육식(六識)]과는 별개로 본원적 주관성[팔식(八識)]을 시설해야 한다는 점을 매우 자세하게 논증하고 있다.[42] 즉, 의식에서는 감각경험을 통해 얻게 된 모든 사물의 표상을 저장할 수 없다는 점을 논증하면서 이러한 이유로 모든 감각경험들을 저장할 수 있는 창고와 같은 기능을 갖춘 장식[藏識, 아리야식(阿梨耶識)]이 필요하다는

---

[42]    세친은 『섭대승론석』의 1장과 2장에서 이 점을 자세하게 논증하고 있다.

점을 강조하고 있다.

이와 같이 의식에서는 종합적 통일이 불가능하다. 따라서 불교에서는 모든 감각경험이나 실제적 체험들에서 얻어진 다양한 표상이 장식에 종자[인(因) 또는 법계(法界)]로 저장되는 것을 '훈습(熏習)'이라고 표현하고 있다. 이 훈습에 대해 『대승기신론』에서는 "향(香)을 피우면 옷에 그 향의 향기가 배게 된다"라는 비유를 통해 설명하고 있다. 즉, 향을 피우는 것을 감각경험에 비유하고 있으며, 이로써 옷에 향기가 배는 것처럼 그 감각경험이 저장되어 간직된다는 점을 표현한 것이다. 바로 이러한 훈습의 과정에서 종합적 통일이 이루어진다. 이러한 점에서 이 훈습을 '종합적 통일'이라는 의미로 이해하는 것이 타당할 것이다.

이렇게 우리가 의도하거나 인지하지 못하는 사이에 그 향기가 옷에 스며들듯이 모든 감각표상들이 본원적 주관성[팔식(八識), 아라야식]에 종자의 형태로 저장된다고 설명하고 있다. 바로 여기에서 '의도하거나 인지하지 못하는 사이에' 그것들이 종자의 형태로 내장된다는 점에 주목해야 한다. 이것은 결코 의식의 작용을 통해서는 불가능하다는 의미를 드러내고 있다. 의식은 주관적 의지작용[작의(作意)]을 통해서 이루어지며, 대상에 대한 의미를 인식(인지)하는 것을 의미한다. 이러한 점에서 훈습은 의식의 작용에서 일어나지 않는다는 점을 알 수 있다.

이렇듯 본원적 주관성에 모든 감각경험들이 저장되기 때문에 이 본원적 주관성의 언어적 사유작용인 직관적 언어작용[팔식(八識)의 사(思)]을 통해서 종합적 통일이 이루어진다.

이러한 점에서 플라톤은 로고스를 기록자(記錄者)라고 표현하고 있다. 이 직관적 언어작용을 통해서 모든 감각경험과 실제적 체험들을 저장하는 과정에서 종합적 통일이 이루어져서 하나의 의미 통일체[본질적 존재의미[진여(眞如): Idea]]를 구성하게 된다.

그리고 이 의미 통일체로 인해서 사물의 본질적 존재의미가 직관되며, 동시에 선천적 종합판단이 가능하다.

다음으로 또 다른 조건은 종합적 판단을 위해서는 주변의 모든 정황을 동시에 두루 살필 수 있어야 한다는 점이다. 그래야만 그 판단이 종합적이라고 할 수 있을 것이다. 그러나 의식은 주변의 상황들을 모두 동시에 살필 수 없다. 의식은 한순간에 오로지 한 단어의 의미만을 사유할 수 있다. 따라서 의식은 한순간에 오로지 하나의 대상 사물에 대해서만 인식할 수 있다. 즉, 오로지 감각적 지각을 통해 지각된 구체적인 하나의 대상을 지향하여 그것만을 인식할 수 있다.

이 점은 앞에서 명확하게 확인한 바 있다. 앞에서 우리는 침팬지와의 숫자 게임에서 완벽한 패배를 인정했다. 그 실험을 수행했던 침팬지는 한순간(거의 1초 동안)에 여러 개(9개 이상)의 숫자가 위치했던 곳을 식별한 다음, 다시 그 숫자가 지워진 화면에서 그 위치를 정확하게 지시했다.

그러나 인간은 이 숫자들을 문자 언어로 인식하기 때문에 한순간에 하나의 숫자만을 식별할 수 있다. 따라서 그 짧은 시간 동안에 겨우 숫자 '1'이 위치한 곳만을 식별할 수 있었다. 물론 여러 번 같은 화면을 반복해서 연습하면 '3'이나 '4'까지의 숫자들을 찾아서 그 위치를 식별할 수 있다. 분명한 것은 한눈에(동시에) 침팬지처럼 모든 숫자의 위치를 인식하지는 못한다는 점이다.

이러한 차이점은 감각 기관을 통해서 직관하는 것과 의식을 통해서 인식하는 것의 차이를 명확하게 보여 준다.

감각작용에서는 동시에 많은 사물의 표상이 현상하고 동시에 그것의 의미를 파악할 수 있다. 분명 감각에는 수많은 대상 사물이 한꺼번에 현상한다. 우리는 눈만 뜨면 수많은 외계의 사물이 눈앞에 펼쳐진다. 그리고 동시에 그것들은 각기 자신의 고유한 본질적 존재의미를 드러내면서 현상하고 있다. 하늘은 하늘이라는 의미로, 산은 산이라는 의미로 눈앞에 펼쳐져 있다. 물론 감각에는 이러한 본질적 존재의미만이 아니고 개념적 의미도 함께 드러나 나타나지만, 분명한 것은 동시에 수많은 사물이 함께 표상하고 있다는 점이다. 이로써 감각을 통해서 주변의 상황을 종합적으로 판단할 수 있다.

반면에 의식은 한순간에 오로지 하나의 단어만을 인식하고 사유할 수 있다. 따라서 감각적 지각을 선행적으로 동반해야 한다. 이때 감각적 지각은 의식이 지향하는 것만을 대상화하기 때문에 감각적 지각은 오직 하나의 감각 기관을 통해서만 가능하다. 예를 들어 의식이 어떤 사물의 향기를 식별하고자 하면 오로지 코를 통해서만 감각적 지각이 일어나서 그 향기를 지각하게 되고, 의식은 이렇게 지각된 그 향기를 언어적 표현으로 규정하여 인식하게 된다. 반면에 모양을 식별하기 위해 그것을 지향하면 오로지 눈을 통한 감각적 지각이 일어나서 그 모양을 인식할 수 있다.

이러한 이유로 그동안 우리는 감각이 공(共)감각이라는 점을 깊이 인식하지 못하고 있었다. 즉, 감각작용이 다섯 가지 감각 기관을 통해서 동시에 가능하다는 점을 알아채지 못하고 있었다. 최근에야 이 공감각에 대해 자주 거론되고 있는 실정이다.

분명한 점은 우리의 감각 기관은 항상 동시에 함께 작동하고 있다는 점이다. 그리고 바로 그 감각작용에서 그 사물이 갖는 물질적 특성으로 인한 차별적 의미를 종합적으로 동시에 파악(이해)할 수 있다. 이렇게 다섯 가지 기관이 동시에 작동함으로써 사물의 본질을 직관할 수 있다. 따라서 '직관을 통한 선천적 종합판단'은 오로지 감각 기관을 통해서만 가능하다.

반면에 의식이 개입된다면 감각적 지각을 동반하기 때문에 이러한 종합적 판단이 불가능하다.

그런데도 칸트는 의식을 통해 선천적 종합판단이 가능하다고 주장하면서 감각 기관은 어떠한 판단도 불가능하다고 주장하고 있다. 이로써 결과적으로 감각 기관을 통한 직관적 언어작용에 대해 이해할 수 없게 만들어 버리고 있다.

> 그래서 사람들이 '감관들은 착오를 하지 않는다'고 말하는 것은 옳지만, 그것은 감관이 언제나 옳게 판단하기 때문이 아니라, 오히려 전혀 판단하지 않기 때문이다.[43]

---

43)  임마누엘 칸트, 앞의 책 2권, 523쪽.

이 인용문에서 칸트는 감각 기관에서는 어떠한 판단도 이루어지지 않는다고 주장하고 있다. 그 결과, 의식의 사유능력이 없는 동물들은 당연히 지각하고 판단하는 능력이 없으며, 동물들의 모든 행동은 다만 생존을 위한 본능적인 충동에 따른 것으로 이해되고 있다.

과연 동물들에게는 외계에 존재하는 사물들의 본질적 특성이나 그 의미를 지각하고 판단하는 능력이 없는 것일까? 후각이나 청각이 발달한 초식 동물들은 바람결에 전해 오는 냄새나 소리만으로 포식자들의 접근을 눈치채고 미리 도망간다. 만약 그들이 감각 기관을 통해서 이렇게 외계를 식별하고 판단하지 못한다면, 아마도 초식 동물들은 이미 지구상에서 멸종하였을 것이다.

분명 동물들은 인간이 갖지 못한 놀라운 감각기능을 갖추고 있다. 동물들에 따라 후각이나 청각이 인간보다 수십 배 뛰어난 감각기능을 갖추고 있다는 점은 이미 널리 알려져 있다. 이렇듯 특정한 감각기능이 뛰어난 형태로 진화한 것은 그들도 감각기능을 통해서 외계를 지각하고 판단할 수 있기 때문에 자신의 생존에 필요한 감각기능만 진화시킨 결과라는 점을 이해할 수 있다.

이뿐만 아니라, 선천적 종합판단이 의식을 통해 이루어진다면 많은 스포츠 경기가 세상에 존재하지 않았을 것이다. 의식에서 선천적 종합판단이 가능하다면 야구 경기를 할 수 없다. 타자는 투수가 던진 그 빠른 공을 정확하게 칠 수 없다. 의식을 통해 '쳐야 한다'고 판단하기 전에 이미 그 공은 포수의 미트 속에 있을 것이다. 타자들이 그토록 빨리 날아오는 공을 정확하게 칠 수 있는 것은 감각 기관을 통한 반사적 반응을 통해서 가능하다. 바로 이렇게 신경계에서 반사적 반응이 가능하다는 것은 곧 감각 기관을 통해서 선천적 종합판단이 가능하다는 증거이다.

왜냐하면 반사적 반응은 외계의 자극(변화)에 효과적이고 신속하게 대응하기 위해 진화한 것이기 때문이다. 만약 이 반사적 반응이 선천적 종합판단에 의해 이루어지는 것이 아니라면 이러한 반응을 통해 외계의 변화에 효과적으로 적응할 수 없을 것이다. 이는 곧 외부 환경에 적응하지 못하고 도태된다는 것을 의미한다.

마찬가지로 타자들이 투수의 공을 칠 수 있는 것도 감각 기관을 통한 반사적 반응을 통해 가능하다. 이는 곧 선천적 종합판단이 감각 기관을 통해 이루어진다는 의미이다. 야구 선수들이 끊임없이 타격 훈련을 하는 것은 감각을 익히는 것이지 의식을 단련하는 것이 아니지 않은가? 만약 의식을 통해서만 선천적 종합판단이 가능하다면 타격 연습을 하는 것보다 책을 읽어야 할 것이다.

## 5) 사물의 본질이 의식에 표상할 수 있을까?

외계의 물질적 사물들은 저마다 고유한 물질적 특성을 가지고 존재하며, 이로 인해서 자신만의 고유한 존재자성을 갖게 된다. 사물들이 가진 이러한 고유한 존재자성을 '본질'이라고 표현한다. 따라서 외계의 존재사물을 '있는 그대로' 직관한다는 것은 곧 그 사물의 본질을 직관하는 것이다. 이러한 점에서 형이상학에서 가장 중요한 논제는 '사물의 본질을 어떻게 직관할 수 있느냐?'라는 점이다.

그런데 관념론적 형이상학은 의식에 사물의 표상이 직접적으로 현상한다고 전제하고 있다. 이러한 전제로 인해서 관념론적 형이상학은 필연적으로 의식을 통해서 사물의 본질을 직관할 수 있다는 논리를 정립하게 된다. 그 결과 우리는 의식의 사유작용뿐만 아니라 사물의 본질을 이해하는 데 있어서 오류와 왜곡을 피할 수 없게 된다.

사물의 본질에 대한 이해는 형이상학뿐만 아니라 자연과학의 학문적 방법론과 직접적으로 연관된다는 점에서 매우 중요한 철학적 논제라고 하지 않을 수 없다. 지금도 자연과학계에서는 양자이론에 대한 논란이 계속되고 있다. 과학적 객관주의를 신봉하는 학자들이 쉽게 베르너 하이젠베르크의 불확정성 원리를 받아들이지 못하고 있는 것으로 판단된다.

이러한 오해와 혼돈 상황은 모두 사물의 본질에 대한 정확한 이해가 결여된 데서 비롯된 것이라고 단언할 수 있다.

앞에서 거론했듯이 고전물리학에서 해명하고자 하는 운동의 법칙은 사물의 본질과는 전혀 관련이 없다. 그런데도 우리는 고전역학에서 해명하는 운동의 법칙을 자연의 법칙으로 간주하고 있다. 이러한 착각이 바로 우리가 사물의 본질에 대해 바르게 이해하지 못하고 있다는 점을 드러내는 것이다.

이와 같이 우리는 문자 언어에 내포된 개념적 의미와 사물의 본질을 구분하지 못하고 있다. 달리 표현하자면 개념과 사물의 본질을 동일시하고 있다.

관념론자들은 사물의 본질을 의식을 통해서 직관할 수 있다고 주장함으로써 결국 사물의 본질을 이념적(관념적) 존재라고 주장하고 있다.[44] 그러나 사실 이념적 존재라는 것은 존재할 수 없다. 그들은 의식이 문자 언어를 매개로 그것에 내포된 언어적 의미내용을 사유하는 언어작용이라는 점을 이해하지 못하기 때문에 이념적 존재라는 용어를 만들어 사용하고 있는 것이다. 그들이 주장하는 이념적 존재란 다만 문자 언어에 내포된 언어적 의미규정일 뿐이다. 그들은 의식의 작용성을 바르게 이해하지 못하기 때문에 문자 언어에 담긴 개념적 의미내용을 이념적 존재라고 간주하고 있다. 이로써 단어에 내포된 개념적 의미를 마치 사물들이 가지고 있는 본질적 존재의미로 착각하게 된다.

그 결과, 우리는 실제적인 현실과 관념적 사유의 세계를 구분하지 못하는 상황에 놓여 있다. 이는 마치 의식을 통해 인식되는 가상 현실을 실제적인 현실로 착각하는 것과 같은 상태라고 할 것이다. 이와 같이 관념론 철학은 인류 문명을 극단적인 관념의 세계로 이끌고 있다.

그들은 본질에 대해 무엇을 잘못 이해한 것일까? 그들의 과오와 왜곡을 명확하게 확인해 보기로 하자.

이러한 그릇된 이해는 데카르트가 관념이라고 하는 의식의 사유작용에 사물의 본질이 표상한다고 주장한 데서 비롯됐다. 데카르트 연구의 권위자로 평가받는 빅토르 델보스의 해설을 읽어 보기로 하자.

---

44) "그 아프리오리한 學은 이런 理念的 存在, 즉 '본질' 속에 존재하고 있다"(테오드르 드 보에르, 최경호 옮김, 앞의 책, 202쪽).

"왜냐하면 존재론적 논증은 현존에 이르기 위해 단지 명목상으로 의미가 고정된 관념에서 출발하는 것이 아니라 본성 또는 본질을 표상하는 관념에서 출발하기 때문이다."[45]

"물체의 본질을 명석판명하게 표현하는 관념은 하나밖에 없으며 이는 지성에 의해 제공된다."[46]

이 두 인용문에서 관념에 물체의 본질이 "표상(또는 표현)한다"고 설명하고 있다.

여기에서 우선적으로 분명하게 확인해야 할 점은 그들이 주장하는 '관념'이란 무엇을 의미하는가 하는 점이다. 이에 대해 델보스는 "바로 이런 점 때문에 데카르트가 사유에 대해 제시하는 정의들에 따르면 우리 모두의 의식의 상태들이라고 부르는 것이 관념들로서 이해된다"고 해설하고 있다.[47]

이 해설에서 관념이란 '의식의 상태들'이라고 결론짓고 있다. 의식의 상태란 의식의 작용 상태를 의미하는 것으로 해석된다. 우리가 의식이 작용하고 있다는 것을 알 수 있는 것은 곧 의식에서 사유되고 있는 대상(또는 의미내용)을 통해서만 알 수 있다. 달리 표현하자면 내가 지금 무엇을 생각하고 있는지 그 생각의 내용을 통해서만 의식이 작동한다는 것을 알 수 있다. 따라서 '의식의 상태들'이란 의

---

45)  빅토르 델보스, 이근세 옮김, 『데카르트, 이성과 의심의 계보』(서울: 은행나무, 2017), 91쪽.
46)  빅토르 델보스, 앞의 책, 94쪽.
47)  빅토르 델보스, 앞의 책, 88쪽.

식 작용의 상관자로서의 '의미내용' 또는 대상을 뜻하는 것으로 해석된다.

그렇다면 "본질을 표상하는 관념"이라는 표현은 곧 의식에 사물의 본질이 의식의 사유 내용으로 표상한다는 의미이다. 이와 같이 그들은 물질적 사물의 본질이 의식의 사유 작용에 의해 관념의 형태로 표상한다고 주장하고 있다.

그렇다면 이러한 주장의 논리적 근거는 무엇일까?

이 책을 여러 번 살펴보아도 인간의 선천적인 인지능력이나 의식의 작용에 대한 깊은 고찰의 흔적들은 찾아볼 수 없다. 오로지 이러한 주장의 근거는 의식에서 '존재론적 논증'이 가능하기 때문에 사물의 본질이 의식에 표상해야 한다는 것뿐이다. 즉, 의식의 사유 작용에서 존재론적 논증이 가능하기 위해서는 이와 같이 관념에 사물의 본성이나 본질이 표상해야만 한다는 당위론적인 주장밖에 없다.

그들은 이와 같이 의식에서 존재론적 논증이 가능하다는 것을 전제하고 있다. 어떠한 이유에서 의식에서 존재론적 논증이 가능한가 하는 점에 대해서는 전혀 해명하지 못하고 있다.

바로 여기에서 그들은 다만 자신들 주장의 정당성을 입증하기 위해 자의적으로 논리 체계를 세워 가고 있다는 점을 지적하지 않을 수 없다. 이로써 서양의 관념론 철학은 논의가 진행되어 갈수록 점점 더 성립될 수 없는 궤변을 늘어놓게 된다.

먼저, 본질이란 어떤 것(존재자)이 그것 이외에 다른 것일 수 없는 근본적인 요소 또는 그것만이 가진 고유한 성질이라고 이해되고 있다. 이러한 관점에서 사물의 본질이란 그 사물이 가진 고유한 물질적 특성으로 인해서 그 사물이 갖게 되는 고유한 존재자성이라는 점을 알 수 있다. 분명 외계의 물질적 사물은 자신만의 고유한 물질적 특성을 가지고 존재한다. 물은 물만의 고유한 물질적 특성을 가지고 있고, 불은 불만의 고유한 물질적 특성을 가지고 있다. 이 점은 어느 누구도 부정할 수 없다. 그 이유는 우리 모두 이러한 고유한 물질적 특성을 감각 기관을 통해 '있는 그대로' 체험할 수 있기 때문이다.

이러한 실제적인 체험을 통해서 그 사물이 '스스로 그러한 모습(自然)'으로 존재한다는 점을 알(직관할) 수 있다. 따라서 사물의 본질이란 그 사물이 가진 고유한 물질적 특성으로 인해서 그 사물이 갖게 되는 고유한 존재자성이라는 의미로 이해되어야 할 것이다.

이에 따라 의식에서 존재론적 논증이 가능하려면 어떻게 외계의 물질적 사물이 가진 고유한 물질적 특성을 있는 그대로 직관할 수 있느냐 하는 점부터 해명되어야 한다. 그래야만 의식에 그 사물이 '스스로 그러한 모습으로(自然)' 현상할 수 있다는 점을 논증할 수 있다.

그러나 이러한 철학적인 고찰의 흔적을 어디에서도 찾아볼 수 없다. 어떠한 이론적 근거도 없이 오로지 의식에서 존재론적 논증이 가능하다고 주장하면서 이러한 점에서 의식에 사물의 본질이 표상할 수 있어야 한다고 주장하고 있다.

특히, 앞의 인용문에서 "명목상의 의미가 고정된 관념"이란 '언어적 의미로 고정된 개념'을 의미하는 것으로 해석된다. 즉, '명목(名目)'이란 '표면적으로 내세우는 형식적인 근거로서의 이름'을 의미한다. 물론 이 이름은 본질적 언어로서의 이름이 아니고, 개념적 언어로서의 이름이다. 즉 개념적 언어로서의 이름이란 외계 사물에 대해 그것을 구분하여 지칭하기 위해 붙여진 언어적 표현이다. 따라서 '명목상의 의미'란 문자 언어로 규정된 의미, 즉 '언어적 의미규정'으로 이해된다. 그런데 관념이란 이러한 언어적 의미규정이 "아니"라고 부정하고 있다. 즉, 관념에서 '언어적 의미규정'을 애써 배제하고 있는 것이다. 이 점은 거꾸로 의식이 언어를 매개로 사유하는 언어적 사유작용이며, 따라서 의식에서 사유되는 관념이란 언어적 의미내용이나 의미규정이라는 점을 인지하고 있었다는 점을 드러낸다.

그런데 이와 같이 어떠한 이론적 근거도 없이 "명목상의 의미가 고정된 관념"이 아니라고 부정하면서 그 관념이란 "본질을 표상하는 관념"이라고 주장하고 있다. 즉, 관념이 "물체의 본질을 명석판명하게 표현"할 수 있기 위해서는 관념이 언어적 의미내용이 아니라 사물의 본질을 표상할 수 있어야 한다는 논리이다. 이외에는 어떠한 논거도 없다.

앞에서 관념론자들이 의식이 언어적 사유작용이라는 점을 알면서도 의도적으로 이 점을 도외시하고 논리를 전개하고 있다는 의구심을 지울 수 없다고 지적하였다. 바로 여기에서 그 증거를 명확하게 확인할 수 있다.

이와 같이 그들은 의식이 언어를 매개로 그 언어적 의미를 사유하는 언어적 사유작용이라는 점을 알고 있었다. 그러면서도 의식에서 사물의 본질이 표상하므로 직관이 가능하다고 억지스러운 주장을 되풀이하고 있다. 본질은 그 사물의 고유한 물질적 특성으로 이루어져 있다. 따라서 문자 언어를 매개로 그 언어적 의미를 사유하는 의식에는 결코 본질이 드러나 나타날(현상할) 수 없다. 사물의 물질적 특성을 문자 언어로 대체하거나 표현할 수는 없지 않은가? 그런데도 의식에 본질이 표상한다고 주장함으로써 사물의 본질을 이념적 존재로 이해하는 결과를 초래하고 있다.

예를 들어, '불(火)'이라는 사물을 어떻게 체험하는지 자세히 분석해 보자. 무언가를 태우면서 활활 타오르는 그 불꽃은 오로지 눈을 통해 그 불이 반사하는 가시광선을 받아들임으로써 그것을 표상할 수 있다. 그리고 그 불의 열기(熱氣)는 적외선을 통해 피부로 전해져서 피부에서 열감으로 표상한다. 이와 같이 눈과 피부를 통해 표상하는 본질적 표상을 통해서 우리는 불을 직관할 수 있으며, 동시에 불이 모든 것을 태울 수 있는 존재자성(본질)을 가지고 있다는 점을 직관할 수 있다.

바로 이렇게 감각 기관을 통한 선천적 표상능력을 통해 그 사물의 다양한 본질적 표상을 그려 냄으로써 그 물질적 사물이 '있는 그대로' 우리의 감각 기관에 현상한다. 그것도 하나의 감각 기관이 아닌 다섯 가지 감각 기관을 통한 공감각적 감각작용에 의해 현상한다. 이러한 본질적 표상을 통해서 그 사물의 본질을 직관할 수 있다. 결코 의식을 통해서 사물의 본질을 직관할 수 있는 것이 아니다.

이상에서 살펴본 바와 같이 관념론자들은 의식이 문자 언어를 매개로 사유하는 언어적 사유작용이라는 점을 명확하게 이해하지 못하기 때문에 결국 의식의 개념적 사유작용과 감각 기관을 통한 감각작용을 엄밀하게 구분하지 못하게 되고, 그 결과 의식에서 직관이나 본질직관을 거론하게 되었다는 점을 확인할 수 있다.

그런데 여기서 또 다른 의문이 제기된다. 어떻게 인간의 선천적 표상능력은 그 사물의 물질적 특성을 조합하여 사물의 표상을 '있는 그대로' 드러낼(표상할) 수 있는 것일까?

이에 대해서는 뒤의 '본질이란?'이라는 절(節)에서 바르게 이해해 보기로 하자.

## 6) 왕양명이 깨우쳐 주는 객관적 합리론의 폐해

앞에서 우리의 눈앞에 펼쳐진 모든 사물의 표상은 대뇌의 피질에 존재하는 뉴런의 전기화학적 작용을 통해 그려 낸 것이라는 점을 확인하였다. 이로써 그 사물의 표상은 결코 외계에 실재하지 않는다는 점을 알 수 있었다.

그런데도 그동안 우리는 객관적 실재론에 기초하여 모든 앎의 문제를 논구해 왔으며, 현재와 같은 인류 문명을 구축해 왔다. 그 결과, 인류는 자연환경의 파괴와 인간성의 상실 그리고 사회의 부조리한 현상이라는 예기치 못한 병폐와 폐단을 겪고 있다.

이러한 점에서 객관적 실재론에 기초한 객관적 합리론이 인류 문명의 모든 병폐와 부조리 그리고 인간 소외의 근본 원인이라는 것을 명확하게 이해하는 것이 인류 생존의 길을 도모하는 데 있어서 첫걸음이라고 판단된다.

그런데 놀랍게도 이미 5세기 전 중국의 왕양명(王陽明)은 객관적 합리론으로 인한 폐단을 매우 자세하게 지적했다.

후세의 사람들이 지극한 선(至善, 明德으로서의 절대적 가치의 실현)이 나의 마음속에 존재한다는 것을 알지 못하고, 오직 주관적인 차별적 지식(私智)을 활용해서 외계에 존재하는 것(外)들을 헤아리고, 모색하고, 예측해 보고, 재보면서 모든 존재사물들에 각기 결정된 이치가 있다고 생각한다. 이로 인해서 그 옳음과 그릇됨의 법칙에 눈이 멀어 (마음이) 이리저리 찢기고 갈라지고, 인간의 욕망이 제멋대로 극에 달하여, 하늘의 이치(天理)가 다 사라져서 덕을 밝히고 백성을 섬겨야 할 학문이 천하의 대란을 이룬다(後之人惟其不知至善之在吾心 而用其私智 以揣摸測度於其外 以爲事事物物 各有定理也 是以昧其是非之則 支離決裂 人欲肆 而天理亡 明德親民之學 遂大亂於天下). [大學問]<sup>48)</sup>

현자(賢者)의 참으로 놀라운 통찰력에 경탄을 금할 수 없다. 이 짧은 글을 통해 모든 진리의 근거를 외계의 객관적 실체에서 찾고 있는 객관론자들로 인해서 천하에 커다란 혼란이 일어날 것이라는 점을 정확하게 지적해 주고 있다. 이미 500년 전에 현재와 같은 위기 상황이 도래하리라는 것을 예견하고 있었다는 점에 경탄을 금할 길이 없다.

---

48)  왕양명(王陽明)의 『大學問』을 각성(覺性) 스님의 『대도직지(大道直指)』(부산: 統和總書刊行會, 1995)에서 재인용한다.

이 인용문에서 주목해야 할 점을 세 가지로 요약할 수 있다.

첫째, "지극한 선이 나의 마음속에 존재한다"는 점을 알지 못한다는 지적이다. 이는 곧 지극한 선을 실천할 수 있는 참다운 지혜[명덕(明德)]가 내 마음에 갖추어져 있다는 의미이다. 즉, 외계 사물들의 본질적 존재의미나 존재 법칙이 내 마음속에 모두 갖추어져 있다는 설명이다. 그런데도 객관론자들은 자연의 필연적인 인과 관계와 존재 법칙을 외계의 사물이 가지고 있는 것으로 착각하고, 그것을 마음 밖에서 찾고 있다는 점을 지적하고 있다.

둘째, 의식의 관념적 사유작용이 모든 갈등과 분쟁 그리고 부조리의 원천이라고 지적하고 있다. 개념을 통한 관념적 사유작용이 이러한 문제를 야기할 수밖에 없는 이유를 이해하기 위해서는 개념이 가진 의미론적 특성을 바르게 이해할 필요가 있다. 과연 개념은 순수개념일까?

셋째, 의식의 가치 판단에 따른 개념적 의미들로 인해서 인간의 탐욕과 욕망이 끝없이 생겨난다는 지적이다. 감각적 지각[오식(五識)]과 의식[육식(六識)]의 상호작용에 의해 인간의 탐욕과 갈등이 끝없이 일어난다는 점을 이해하지 못하고, 관념론자들은 의식이 순수의식이라고 강변하고 있다는 점을 깨우쳐 주고 있다.

### i. 과학적 객관주의가 성립할 수 없는 이유

먼저 이 인용문을 정확하게 이해하기 위해서는 '지극한 선(至善)'이 무엇을 의미하는지부터 이해해야 할 것 같다. 지극한 선이란 '격물치지(格物致知; 사물과 본질적 일치를 이루는 본원적 직관)'를 통해 얻게 되는 밝은 지혜[명덕(明德)]를 실천함으로써 실현되는 궁극적인 선을 의미한다. 따라서 지극한 선이 마음에 의해 실현될 수 있다는 점을 알지 못한다고 지적한 것은 곧 격물치지를 통해 얻게 되는 사물의 존재법칙이나 인과 관계의 필연성이 이미 자신의 마음속에 갖추어져 있다는 것을 알지 못한다는 의미와 같다.

이렇게 해석해야 하는 이유는 뒤이어 설명하는 부분이 모두 객관적 합리론을 비판하고 있다는 점 때문이다.

"모든 존재사물들에 각기 결정된 이치가 있다고 생각한다"라는 부분에서 과학적 객관주의를 비판하고 있음을 알 수 있다.

자연의 법칙이나 인과 관계의 필연성이 외계에 실재하는 것일까?

객관론자들은 외계의 존재사물들이 자연법칙이나 인과 관계의 필연성을 가지고 존재한다고 간주하고 있다. 그 이유는 칸트가 외계의 물질적 사물이 자신의 고유한 표상을 가지고 존재한다고 전제하였기 때문이다. 우리가 외계에 대해 알 수 있는 것은 오로지 사물의 표상을 통해서만 알 수 있다. 따라서 사물의 변화나 상호 간의 인과 관계도 모두 표상을 통해서만 알 수 있다. 그런데 변하기 전의 표상이든 변화된 뒤의 표상이든 모두 그 사물이 가지고 있으므로 당연히 그 변화의 법칙을 그 사물이 가지고 있다고 간주하는 것이다.

그러나 그 사물들의 표상은 모두 영혼 속에서 표상하여 현상한 것이라는 점을 앞에서 확인하였다. 우리는 결코 외계에 실재하는 것과 직접적으로 관계를 맺을 수 없다. 오로지 빛이나 소리를 통해서만 가능하다. 따라서 우리의 감각 기관에 현상한 그 사물의 표상은 대뇌의 감각 뉴런들이 이 빛이나 소리를 해석해서 그려 낸 것이다. 다시 설명하자면, 우리의 눈앞에 현전하는 그 사물의 표상은 우리의 영혼 속에서 표상한 것이므로 결코 실재하는 것이 아니다. 이러한 사실은 곧 우리가 외계에 실재하는 것에 대해서는 아무것도 알 수 없다는 점을 의미한다.

'존재한다(있다)'라고 하는 것은 선천적인 본원적 직관능력에 의해 표상된 본질적 표상과 본질적 존재의미로 이루어진 것이다. 즉, 존재한다는 것 자체가 객관적으로 실재하는 것이 아니고, 인간의 선천적인 표상능력에 의해 표상된 본질적 표상이다. 이와 같이 자연이라고 하는 것 자체가 외계에 실재하지 않는데, 자연의 법칙이 외계에 실재할 수 있을까?

근본적으로 과학적 객관주의란 성립될 수 없다.


우리가 찾고자 하는 자연의 법칙이나 인과 관계의 필연성(자연필연성)도 외계에 실재하는 것이 아니다. 그 사물의 표상은 그 순간 우리의 감각 기관을 통해 표상할 때만 존재한다. 그리고 변화된 표상도 다시 그 순간에 우리의 감각 기관에 표상한 것이다. 따라서 그 사물의 변화하는 모습을 알 수 있는 것은 우리의 영혼(본원적 주관성)에 내재된 과거의 표상을 현재 의식에 재표상하여 현재의 표상과 비교함으로써 가능하다. 또한, 그 사물의 존재 법칙도 본원적 주관성(또는 주체성)에서 직관적 언어작용을 통해 그 변화한 상태의 모습(표상)들을 종합하고 통일함으로써 구성된다.

앞에서 노자가 '하나로 종합하고 통일함[포일(抱一)]'으로써 자연의 법칙으로 삼는다고 설명하는 것을 살펴보았다. 이렇게 자연의 법칙은 인간의 본원적 직관능력을 통해 종합하고 통일함으로써 구성된 것이다.

예를 들어 보자. 뉴턴은 중력이라는 본질적 존재의미를 사과나무에서 사과가 땅에 떨어지는 것을 보고 깨달았다고 한다. 마찬가지로 우리는 모든 무게(질량)를 가진 물건들은 땅 위로 떨어진다는 것을 체험을 통해 직관적으로 알고 있다. 그래서 높은 곳에 놓아둔 물건이 떨어질 위험이 있다는 것을 알고, 미리 떨어지지 않도록 주의를 기울인다. 이러한 실제적인 체험이나 감각경험들을 영혼의 본원적 직관능력을 통해 종합하고 통일함으로써 이해된 원리(법칙성)가 곧 자연의 법칙이며 자연필연성이다.

그런데도 과학적 객관주의는 그러한 변화의 법칙이 외계에 실재하는 것으로 간주하고, 그러한 외계를 객관적으로 관찰하고 측정하여 개념을 통해 그것을 규정함으로써 '바르게(객관적으로)' 외계를 이해할 수 있다고 주장하고 있다.

그러나 왕양명은 이러한 지식들을 '주관적인 차별적 지식(私智)'이라고 평가하고 있다. 개념을 통한 객관적 이해의 방식에 대해 "주관적인 차별적 지식(私智)을 활용해서 외계에 존재하는 것(物)들을 헤아리고, 모색하고, 예측해 보고, 재 보면서"라고 비판하고 있다. 이와 같이 자연의 법칙이 외계에 실재하는 것으로 착각하고 개념을 통해 그 물리량을 측정하고 분석하고 있다고 비판하고 있다.

여기에서 우리가 주목해야 할 점은 의식을 통해서 외계를 인식하려고 할 때, 감각적 지각을 선행적으로 동반해야 한다는 점이다.

이에 대해서는 앞에서 자세히 확인하였다. 이로써 의식에 현상하고 있는 외계는 오로지 감각적 지각에 의해 지각된 감각적 표상이 재표상된 것이다. 즉, 의식에는 자연으로서의 외계가 결코 현상하지 않는다. 이러한 점에서 인식현상[유위법(有爲法)]과 자연현상[무위법(無爲法)]을 엄밀하게 구분해야 한다. 즉, 의식에 현상하고 있는 외계는 인식현상으로서의 외계이다. 결코 자연현상이 의식에 현상할 수 없다.

예를 들어 보자. 두 개의 사물사이의 간격을 우리는 '거리'라는 개념적 언어로 이해한다. 그러나 자연현상에서는 이 '거리'라는 인식현상이 현상하지 않는다. 다만 두 물체의 본질적 표상이 현상하고 있을 뿐이다. 그런데 인식현상을 통해서는 이 두 물체 사이의 거리가 인식된다. 즉 인식현상에서는 '거리'라고 하는 개념적 의미가 부가되어 인식된다. 이 점에 대해서는 뒤에 『중론(中論)』에서도 '시간과 공간이 실재하지 않다'는 점을 논증하고 있다'라는 절(節)에서 다시 자세히 확인하기로 하자.

따라서 개념을 통해 외계를 이해하는 고전물리학은 결코 자연현상에 대한 물리 법칙이 아니다. 개념을 통해 이해하는 것은 곧 의식을 통해 사유하는 것이고, 이때의 의식에는 감각적 표상이 재표상되어 현상하고 있을 뿐 결코 자연현상이 현상하지 않는다.

그런데도 자연과학자들은 이 인식현상을 분석한 물리 법칙이 자연현상을 해명하고 있다고 간주하고 있는 것이다. 다시 설명하자면, 고전물리학은 모든 운동을 좌표계를 통해 분석한다. 이 좌표계는 실재하는 자연현상으로서의 외계가 아니다. 의식에 현상하고 있는 인식현상이다. 좌표계란 x축과 y축에 어떠한 개념의 물리량을 설정하느냐에 따라 전혀 다른 의미를 갖는다. 이러한 점에서 좌표계란 의식의 사유작용을 통해 관념적으로 사유되는 가상의 공간이다. 결코 외계에 실재하는 공간이 아니다. 좌표계란 이러한 가상의 공간 속에서 어떤 객체의 움직임을 분석하는 기하학적(또는 수학적) 분석 기법이다. 그런데 우리는 이러한 인식현상을 자연현상과 구분하지 못하고 있는 것이다. 이러한 점에서 좌표계를 통해 분석한 물리 법칙은 결코 자연현상을 해명하는 이론이 아니라는 점을 명확하게 이해해야 한다.

이상에서 살펴본 바와 같이 과학적 객관주의란 성립될 수 없다. 결코 외계는 객관적으로 실재하지 않는다. 그리고 자연의 법칙이나 사물들 간의 인과 관계의 필연성은 우리의 영혼 속에서 직관적 언어작용이 자연현상[무위법(無爲法); 본질적 표상이 현상한 것]들을 종합하고 통일함으로써 구성된다.

게다가 개념이라는 언어적 의미규정도 주관의 가치 판단에 따라 한정된(규정된) 의미내용을 담지하고 있을 뿐, 어떠한 실재성이나 본질 보편성도 가지고 있지 않다. 그런데도 우리는 개념을 토대로 외계를 이해하는 물리 법칙을 자연의 법칙으로 착각하고 있다. 개념을 토대로 정립된 물리 법칙은 인간의 언어(개념적 언어)로 관념화된 외계를 이해하는 것이다.

그러나 노자의 가르침에서 확인했듯이 자연이란 결코 개념적 언어로 대체하거나 설명할 수 없다. 우리는 지금 이러한 개념적 언어로 정립된 물리 법칙으로 인해서 자연이 파괴되고 있다는 점을 목격하고 있다. 이러한 점들을 꿰뚫어 보고 왕양명도 외계에 대한 개념적 이해는 다만 '주관적인 차별적 지식'에 지나지 않을 뿐이라고 단언한 것이다.

### ii. 의식의 관념적 사유가 모든 갈등과 분쟁 그리고 부조리의 근원이다

또한, 왕양명은 의식을 통한 관념적 사유가 인간 세계의 모든 갈등과 분쟁 그리고 부조리한 현상들의 근원적인 원천이라는 점을 지적하고 있다. 관념론자들은 개념이 객관적 실재성을 갖는다는 점을 입증하기 위해 의식이 순수의식이며, 이로써 개념은 관념적 필연성을 갖는다고 주장하고 있다. 심지어 후설은 의식을 논구함에 있어서 심리적 요인을 철저히 배제해야 한다는 점을 강조하고 있다. 즉, 심리적 요인에 대한 논의는 심리학의 영역이지, 철학의 영역이 아니라고 주장하고 있는 것이다.

그러나 옛 성현들 모두 의식이 주관적·심리적 요인에 의해 굴절되고 왜곡된다는 점을 자세히 깨우쳐 주고 있다. 특히 불교에서는 의식이 네 가지 근본 무명[我見(자아의식), 我慢(자기우월감), 我愛(자기애) 그리고 根本無明(그릇된 존재이해)]과 함께 작동한다는 점을 강조하고 있다.

이러한 점에서 의식의 사유작용을 통해 판단한(인식된) 의미내용이 사람마다 다를 수밖에 없다. 같은 사건에서도 주관적 관점과 심리적 요인의 차이에 의해 전혀 다른 판단이 이루어진다. 이러한 견해의 차이 때문에 상대방과의 충돌과 갈등이 불가피하다.

왕양명은 이러한 폐단과 병폐를 매우 적나라하게 지적하고 있다. "이로 인해서 그 옳음과 그릇됨의 법칙에 눈이 멀어 (마음이) 이리저리 찢기고 갈라지고"라는 구절에서 주관적 견해인 개념으로 인해서 서로 갈등과 불화가 생겨난다는 점을 지적하고 있다.

우리는 개념이라는 것이 주관의 가치 기준에 따라 규정된 비실재적이고 비본질적인 의미규정이라는 점을 인정하지 않고, 그것이 객관적 실재성과 관념적 필연성을 갖는다고 간주하고 있다.

이로써 각자가 자신이 규정한 개념에 입각해서 판단한 것이 절대적으로 '옳다(是)'고 굳게 믿는다. 그리고 이와 다르게 판단하는 것은 모두 '그릇되다(非)'고 비난한다. 이러한 과오를 "옳고 그릇됨의 법칙에 눈이 멀었다"라고 표현한 것이다.

이렇듯 개념을 통해 사유하는 것은 관점에 따라 서로 상반된 의미내용을 사유하게 된다. 이러한 관점의 차이로 인해서 논란이 커지고, 결국에는 난투극이나 전쟁으로 비화되기도 한다. 이러한 갈등과 분열을 "이리저리 찢기고 갈라지다"라고 표현하고 있다.

이와 같이 개념에 근거한 관념적 사유는 모든 갈등과 분쟁의 근본 원인이 되고 있다. 이러한 경향은 인류가 관념화될수록 더욱더 그 위험성이 커진다고 할 것이다.

이미 우리는 이러한 관념화의 위험성을 체험한 바 있다. 2차 세계 대전 이후 극심한 이념적 갈등을 경험했다. 그뿐만 아니라 종족 간의 갈등과 종파 간의 견해의 차이에 의해 전쟁이 발생하고 있다. 이는 모두 개념이 주관에 의해 자의적으로 부가된 허구적이고 비실제적인 의미규정이라는 점을 깊이 인식하지 못한 과오로부터 비롯된 것이다.

이러한 점에서 개념적 언어의 의미론적 속성을 바르게 이해하는 것이 매우 중요할 것 같다.

이에 대해서는 소자유(蘇子由)의 설명을 읽어 보기로 하자. 소자유는『도덕경』에 대해 주석하면서 개념과 개념적 언어에 대해 다음과 같이 설명하고 있다.

무릇 언어(名; 개념적 언어)라고 하는 것은 모두 이렇게 일컬을(道) 수 있는 것들이다. 개념적 언어가 이미 정립되면 곧 둥글다(圓), 각지다[네모(方)], 굽다(曲) 그리고 곧다(直) 등이 함께할 수 없으며 항상할(常) 수도 없다(凡名皆其可道者也 名其立 則圓方曲直之不同不可常矣). [도덕경 1장에 대한 주석]

세상 사람들은 감각적 표상[形]과 개념적 언어[名]로 '예쁘다' 또는 '추하다'라고 말한다. 그렇게 '예쁘다' 또는 '선하다'라고 말하여진 것들이 어찌 '예쁘다' 또는 '선하다'라고 믿을 수 있겠는가? 그들은 있다 없다, 길다 짧다, 높다 낮다, 조리(條里) 있는 소리와 조리 없는 소리, 그리고 앞과 뒤 등의 개념들이 서로 생성하고 서로 빼앗는 것이어서 이 모든 것이 바르지 않다는 것을 알지 못한다(天下以形名言美惡 其所謂美且善者 豈信美且善哉 彼不知有無長短難易高下聲音前後之相生相奪 皆非其正也). [도덕경 2장에 대한 주석][49]

---

49)  초횡. 앞의 책 1권 상편, 2쪽과 4쪽.

소자유는 개념 또는 개념적 언어의 의미론적 속성을 "함께할 수 없으며 항상할 수도 없다" 그리고 "서로 생성하고 서로 빼앗는 것이어서 모두 바른 것이 아니"라고 설명하고 있다.

조리(條里; 의미론적 체계) 있는 소리(音)와 조리 없는 소리(聲)의 차이점을 살펴보자. 조리 없는 소리란 인간에 의해 의미가 규정되지 않은 자연 상태의 소리를 말한다. 사물들이 서로 부딪히거나 어떤 사물을 두드리면 그 물건에 따라 고유한 소리가 난다. 이러한 소리는 어떠한 체계적인 의미도 가지고 있지 않기 때문에 '조리 없는 소리'라고 한다. 그런데 사람들이 이러한 조리 없는 소리들을 높낮이와 길이에 따라 구분하여 음계니 박자니 음정이니 하는 개념으로 규정한다. 이렇게 개념적 의미를 부여하여 구분한 소리를 '조리 있는 소리(音)'라고 한다. 이 조리 있는 소리(音)를 조합함으로써 음악이라는 예술 장르가 탄생하게 된다.

이와 같이 본래 자연 상태의 소리에는 음계니 박자니 하는 개념이 존재하지 않았다. 분명 자연의 소리에 계명(階名)이 붙여져 있지 않다. 이러한 점에서 개념이란 결코 실재하는 것이 아니고, 인간에 의해 부가된(규정된) 비실재적이고 비본질적인 의미내용이라는 점을 알 수 있다.

마찬가지로 '길다' 또는 '짧다'라는 개념이나 '높다' 또는 '낮다'라는 개념들은 결코 그 사물에 존재하지 않는다. 즉, 본질적 속성의 것이 아니다. 두 개나 그 이상의 사물들을 비교하면서 그 차이점을 구분함으로써 생성된 의미규정이다. 이러한 점에서 "서로 생성"한다고 설명한 것이다. 그런데 이렇게 생성된 개념들은 그 차별적 상대성을 구분하기 위해 규정한 것이기 때문에 서로 함께할 수 없다. '둥글다'라는 의미규정은 결코 '각지다(또는 네모)'라는 의미와 함께할 수 없다. 이렇게 서로를 배척하고 대립한다는 점에서 "서로 빼앗는"다고 표현한 것이다.

　개념의 이러한 의미론적 특성으로 인해서 개념을 통한 관념적 사유는 갈등과 분쟁 그리고 부조리를 유발하게 된다. 그 이유는 서로 배척하고 부정하는 특성으로 인해서 관점에 따른 정반대되는(대립되는) 견해의 차이가 발생하기 때문이다. 이로 인해서 갈등과 다툼이 생겨나며, 급기야 전쟁이 발생하기도 한다. 지구상 곳곳에서 벌어지는 종파 간의 갈등이나 인종 간의 갈등 또는 계층 간의 갈등들이 모두 관념적 논란에서 비롯되고 있다.

　이러한 점에서 종교가 관념화되는 것은 극히 위험하다는 점을 깊이 인식해야 한다. 이미 종교적 갈등이 매우 위험한 수준에 이르러 있다는 점을 우리 모두 인정하지 않을 수 없다. 이러한 갈등 현상은 신앙 행위가 매우 관념적으로 이루어지고 있다는 점을 드러낸다. 성인들의 가르침을 관념적으로 해석해서는 안 된다는 점을 깊이 인식해야 한다.

　뒤의 '노자(老子)와 플라톤도 개념이란 허구적인 의미규정이라는 점을 강조하고 있다'라는 절(節)에서 『도덕경』 2장을 읽으면서 관념(개념)적으로 해석하게 되면 성인의 깊은 사유를 바르게 이해할 수 없다는 점을 확인하기로 하자.

　또한, 개념이란 주관적 관점이나 상황에 따라 임의적으로 규정된 것이기 때문에 결코 항상성을 갖지 못한다. 이로써 어느 순간에 판

단할 때는 그것이 합리적이었으나, 뒤돌아서면 부조리한 결과를 초
래하게 된다. 합리적 판단이라고 간주하고 있는 그 관념적 사유가
본래 조리(條理) 없는 것들에 체계적인 개념적 의미를 부가한 것이
기 때문이다. 이러한 점에서 그 합리성이란 주관의 관점이나 상황
에 따른 판단이지, 결코 '항상한 것(본질적인 것)'이 아니다.

이상에서 살펴본 바와 같이 개념이 가진 의미론적 특성으로 인해
서 개념을 통한 관념적 사유가 필연적으로 갈등과 분쟁 그리고 부
조리를 초래한다는 점을 명확하게 이해할 필요가 있다.

### iii. 탐욕과 욕망을 끊기 위해서는 감각적 지각과 의식을 끊어야 한다

일상적인 삶 속에서 더더욱 중요한 점은 이러한 관념적 사유로
말미암아 "인간의 욕망이 제멋대로 극에 달하게 된다"는 점이다. 우
리는 그동안 관념론자의 주장에 따라 의식은 순수의식이며, 인간의
욕망은 육체적 본능에 의해 생겨난 것이라고 이해해 왔다.

관념론자들은 의식의 사유작용에 의해 산출된 개념이 순수개념
이라는 점을 강변하기 위해 의식이 심리적 요인과 감각적 지각에
의해 매우 심대한 영향을 받는다는 점을 애써 부정하고 있다. 칸트
는 의식이 관념적 필연성을 갖는다고 주장하고 있고, 후설은 의식
의 작용을 논구하는 데 있어서 아예 심리적인 요인을 철저하게 배
제해야 한다고 주장하고 있다.

이러한 주장들은 모두 의식이 순수의식이라는 점을 강조하기 위
한 것이다.

그러나 현대 사회에 이르러 정신질환자가 급증하고 있다는 사실

은 그들의 주장이 매우 잘못된 것임을 입증하고도 남는다. 자본주의 사회체제가 갖는 폐단과 병폐를 정확하게 이해하기 위해서는 의식의 관념적 사유가 인간의 욕망을 제멋대로 부추긴다는 점을 정확하게 이해하는 것이 매우 중요하다. 자본주의라는 사회경제체제는 오로지 인간의 탐욕과 욕망이라는 토대 위에 쌓아 올린 사상의 누각이라는 점을 명확하게 이해해 보자.

불교에서는 의식의 관념적 사유작용을 '번뇌(煩惱)'라고 표현한다. 그 이유는 의식의 사유작용으로 인해서 번민과 갈등 그리고 정신적 또는 심리적 고통이 생겨나기 때문이다. 이러한 정신적인 얽매임과 고통으로부터 벗어나서 절대적인 자유와 평안을 얻기 위해서는 의식의 작용을 끊어서 멸절해야 한다고 깨우쳐 주고 있다. 실제로 이러한 번뇌를 끊고 대자유와 평안을 얻은 수많은 수행자가 의식의 사유작용이 번뇌라는 점을 입증하고 있다.

이와 같이 의식을 통한 관념적 사유가 번뇌일 뿐이라는 것을 입증하기 위해 유식 학파에서는 의식을 일으키는 의근(意根, 칠식(七識))이 두 가지 작용 특성을 가지고 있다고 설명하고 있다. 하나는 '계속적으로 이어지는 지향성[차제연(次第緣)]'이고, 둘째는 '의식의 사유 내용을 오염시키는 작용성[염오의(染汚意)]'이다. 이러한 두 가지 작용 특성 때문에 의식의 사유작용에서는 끊임없이 번뇌를 일으킨다고 한다.

먼저, 의근으로 인해서 의식의 사유작용이 오염되는 이유를 이 의근이 네 가지 근본 무명[자아의식(我見), 자기우월감(我慢), 자기애(我

愛), 그릇된 존재믿음(根本無明)]과 함께 작동하기 때문이라고 설명하고 있다. 이 네 가지 주관적·심리적 요인에 의해 의식은 객관적 사실을 왜곡하고 굴절시켜 인식한다고 한다. 이렇게 극히 주관적인 요인에 의해 굴절되고 왜곡된 의미내용으로 인해서 애착하거나 증오하는 마음이 생겨난다. 바로 탐욕이라고 하는 욕망도 이러한 애착하는 마음으로부터 생겨난 것이다.

그런데 문제는 의식의 '계속적으로 이어지는 지향성[차제연(次第緣)]'에 의해서 이러한 주관적 가치 판단이 확대 재생산된다는 점이다. '계속적으로 이어지는 지향성'이란 앞생각(의식)이 생겨났다가 사라지면서 다시 뒷생각(의식)을 일으키는 지향작용을 말한다. 앞생각이 일어났다 사라지면서 뒷생각을 일으킨다는 점에서 의식을 생성하는 근거식[의근(意根)]과 동의어로 사용되고 있다. 이와 같이 이 '계속적으로 이어지는 지향성'에 의해서 의식은 생성과 소멸을 반복하면서 하나의 흐름을 형성하며 계속적으로 이어지는 작용 특성을 갖는다.[50] 이로 인해서 의식은 무한하게 반복적으로 동일한 대상을 되새기며 사유할 수 있다.

좀 더 구체적으로 설명하자면 앞에 생각했던 의미내용들은 사라지지 않고 종자의 형태로 본원적 주관성에 내장되므로 이 종자를 지향하여[인연(因緣)] 그것을 대상화함으로써 같은 대상에 대해 무한히 반복하여 사유할 수 있다. 이러한 의식의 지향적 작용 특성[사연

---

**50)** 뇌과학에서는 의식이 작동할 때 40Hz의 뇌파가 발생한다고 밝히고 있다. 바로 이 뇌파는 의식이 초당 40회 생성과 소멸을 반복한다는 점을 입증하고 있다. 이와 같이 의식은 순간순간 생성과 소멸을 반복하면서 지속적인 흐름을 형성하고 있다.

(四緣)]에 대해서는 뒤에 『중론(中論)』의 설명을 살펴보면서 자세히 이해하기로 하자.[51)

이로써 주관적 가치 판단에 의해 생겨난 애착하거나 증오하는 마음이 다시 수없이 반복되어 사유됨으로써 그러한 감정이나 욕망이 끝없이 확대 재생산된다. 그 결과, 우리는 자신의 감정이나 욕망을 주체할 수 없게 되고 이로 인해 많은 사건과 사고가 발생하게 된다.

또한, 여기에서 잊지 말아야 할 점은 의식은 감각적 지각을 선행적으로 동반해야 한다는 것이다. 이에 대해서는 앞으로 자세히 거론하였으므로 여기에서는 이 감각적 지각으로 인해서 인간의 탐욕과 욕망이 극에 달하게 된다는 사실을 살펴보기로 하자.

관념론적 인식이론에 있어서 가장 위험천만한 주장은 우리가 지각하는 그 사물의 표상이 외계에 실재한다고 전제하는 것이다. 실제로는 의식을 통해 인식된 그 대상은 감각적 지각을 통해 지각된 감각적 대상이다. 그런데 그것들이 모두 외계에 실재한다고 주장함으로써 우리가 감각적 지각을 통해 지각한 것들이 외계에 실재하는 것으로 착각하게 만든다.

그 결과 우리는 '의식에 의한 주관적 가치 판단'에 의해 규정된 의미내용들을 마치 외계에 실재하는 사물이 가지고 있는 것으로 착

---

51) 불교에서는 의식의 지향성[연(緣)]을 네 가지로 구분하여 설명해 주고 있다. 이 네 가지 지향성은 의식이 문자 언어를 매개로 그 언어적 의미를 사유하는 언어작용이기 때문에 갖게 되는 필연적인 작용 특성이다.

각하게 된다.

이러한 과오는 아리스토텔레스의 주장에서 쉽게 확인할 수 있다. 그는 감각을 통해 지각된 그 개념적 의미들을 모두 외계의 물질적 사물들이 가지고 있다고 주장한다. 즉, 그는 감각적 지각을 통해 지각된 의미내용을 외계의 사물들이 가지고 있는 근본적인 속성이라고 주장하고 있는 것이다. 그것을 이름하여 '범주'라고 표현한다. 그는 의식이 감각적 지각을 선행적으로 동반한다는 점을 이해하지 못하기 때문에 감각적 지각을 통해 지각된 그 의미내용들을 모두 외계의 사물들이 가지고 있는 근본적 규정성으로 착각하고 있다.

즉, 그는 감각을 통해 지각된 그 의미내용에 주관적 가치 판단에 따라 굴절되고 왜곡된 의미가 내포되어 있다는 점을 이해하지 못하고 있는 것이다. 그런데도 칸트는 이러한 범주라는 용어를 그대로 차용하여 개념을 구성(생성)하는 근본 개념이라고 주장하고 있다. 이에 대해서는 뒤의 '범주와 관련된 오류와 왜곡'이라는 절(節)에서 자세히 거론하기로 하자.

이와 같이 감각에 이미 주관적 요인이 작용해 굴절되고 왜곡된 의미내용이 지각되기 때문에 결국 눈앞에 펼쳐지는 것들이 모두 인간의 탐욕과 욕망으로 가득한 세계일 수밖에 없다. 보는 것마다 탐욕과 욕망을 부추기므로 항상 갈등과 욕구 불만 속에서 살아갈 수밖에 없다. 이와 같이 관념적 사유[유위(有爲)]의 세계에서는 눈앞에 펼쳐진 세상이 모두 인간 이성으로는 설명할 수 없는 부조리(不條理)의 상태라고 할 수 있다.

관념적 사유작용이 활발하게 일어날수록 이러한 부조리한 현상은 더욱더 심각해진다고 할 것이다. 이러한 점에서 왕양명은 "인간의 욕망이 제멋대로 극에 달한다"라고 표현하고 있다. 그 결과, 인간의 삶은 욕망으로 인해 피폐해지고, 인간의 영혼은 갈등과 번민으로 갈기갈기 찢기고 있다. 현대에 이르러 정신적 스트레스가 극심해지고 정신질환자가 급증하고 있다는 점만으로도 이 점은 충분히 입증되고 남는다.

노자는 감각적 지각으로 인한 폐해를 『도덕경』 12장에서 매우 자세하게 설명해 주고 있다.

다섯 가지 시각적 대상은 사람의 눈을 멀게 하고, 다섯 가지 청각적 대상은 사람의 귀를 먹게 하고, 다섯 가지 미각적 대상은 사람의 입맛을 잃게 한다. 말을 달려 사냥을 하는 것은 사람의 마음을 광란케 하며, 얻기 힘든 재화는 사람의 행실을 방해한다. 이러한 이유로 성인은 배(본질적 가치)를 위하지 눈(상대적 가치)을 위하지 않으며, 따라서 저것(감각적 대상)을 버리고 이것(본질적 존재의미)을 취한다(五色令人木盲 五音令人耳聾 五味令人口爽 馳騁畋獵 令人心發狂 難得之貨令人行妨 是以聖人爲腹不爲目 故去彼取此).

시각적 대상이 눈을 멀게 하고, 청각적 대상이 귀를 멀게 하고, 미각적 대상이 혀를 통한 입맛을 잃게 한다는 설명에 주목해야 한다. 이는 감각적 지각을 통해 지각되는 감각적 대상이 감각 기관의 고유한 기능인 본원적 직관작용을 방해한다는 설명이다. 왜냐하면 감각적 지각을 통해서 이미 의식에 의해 규정된 개념적 의미들이 지각되기 때문이다. 이와 같이 감각작용을 통해서 이미 주관에 의해 굴절되고 왜곡된 의미내용들이 지각되기 때문에 감각 기관을 통해 가능한 본원적 직관능력이 작동될 수 없다는 점을 지적하고 있다. 즉, 감각 기관을 통한 본원적 직관능력이 은폐되고 감각적 지각으로 변질되어 작동한다는 설명이다.

그리고 감각적 지각을 통해 지각된 대상 사물에는 주관적 가치 판단이 내포되어 있기 때문에 그 주관적 가치 판단으로 인해 의식에서는 그 존재사물을 쾌락과 탐욕의 대상으로 둔갑시켜 버린다.

여기에서 "말을 달려 사냥하는 것은 사람의 마음을 광란케 한다"라는 표현은 외계의 사물을 쾌락의 대상으로 인식하게 되면 이 개념적 의미가 다시 감각적 지각을 통해서 지각되기 때문에 계속적으로 쾌락에 탐닉하게 되어 마음이 광란에 빠진다는 의미이다. 동물들도 생명체로서 인간과 다를 바 없는 생명의 존엄성을 갖는다. 그러나 그 동물들을 이러한 본질적인 존재의미로 보지 못하고, 사냥감으로 간주함으로써 쾌락의 대상으로 지각하게 된다. 그러나 결코 그 동물에 사냥감이라는 개념적 의미는 존재하지 않는다. 인간이 그 대상에 '사냥감'이라는 허구적인 개념적 의미를 부가하여 그 동물을 쾌락의 대상으로 삼은 것이다. 결국 이러한 개념적 의미가 감각작용을 통해 지각되기 때문에 쾌락과 욕망을 부추겨서 마음이 광란에 빠지게 한다는 지적인 것이다.

마찬가지로 "얻기 힘든 재화가 사람의 행실을 방해한다"라는 것은 '구하기 힘든 것'이라는 관념(개념)이 그것을 귀하게 여기게 하여 탐욕을 부추긴다는 것이다. 이로 인해서 인간은 탐욕에 이끌려서 인간으로서의 본분을 망각하게 되고, 도둑질과 강도짓을 자행하게 된다. 이는 모두 감각작용을 통해서 관념적인 가치 판단이 부가된 감각적 대상이 지각됨으로써 야기되는 병폐이다.

바로 여기에서 자본주의 사회에서 과소비와 낭비가 만연하게 되는 이유를 발견하게 된다. 수비자의 욕구를 자극할 수 있는 제품을 개발하여 끊임없이 인간의 탐욕과 욕망을 자극함으로써 상품의 소비를 강요하고 있다. 이로써 천연자원의 낭비와 환경파괴를 유발하고 있다. 오로지 탐욕과 욕망을 채우기 위해서.

이러한 점에서 옛 성현들은 공통적으로 감각적 지각과 의식의 사유작용을 끊어야 한다고 강조하고 있다.

노자는 "의식의 관념적 사유작용이 없는 본원적 주체성[무명지박(無名之樸)]은 역시 탐욕이 없게 되니, 탐욕이 없기 때문에 (마음이) 고요해지고, 천하가 스스로 바로 서게 된다(無名之樸亦將無欲 無欲以靜 天下將自正)"라고 깨우쳐 주고 있다.

여기에서 '무명(無名)'은 의식의 개념적 언어작용이 끊어졌다는 의미이다. 1장에서 "언어적 사유작용은 개념적 언어작용을 일으키면 형상적 언어작용이 아니다(名可名非常名)"라고 설명하고 있는데, 바로 그 '가명(可名)'이 일어나지 않는 것을 의미한다.

이 '무명(無名)'에 대해 육희성(陸希聲)은 "의식의 사유작용이 없음(無爲)"이라고 주석하고 있다. 이와 같이 의식의 사유작용이 끊어진 본원적 주체성[樸]은 "탐욕이 일어나지 않아서 고요하다(無欲以靜)"라고 설명하고 있다. 즉 감각적 지각에 의해 탐욕을 부추기는 개념적 의미가 지각되지 않기 때문에 의식도 일어나지 않는다는 의미이다. 이렇듯 의식의 사유작용이 끊어진 상태를 『선종영가집(禪宗永嘉集)』에서는 "고요한 한 생각(靜一念)"이라고 표현한다. '일념(一念)'이란 거듭 생성과 소멸을 반복하는 의식의 작용이 끊어진 상태를 의미한다.

또한, '박(樸)'의 사전적 의미는 '다듬어지지 않은 원목(原木)'이라는 뜻이다. 이것은 의식에 의해 규정된 개념적 의미들이 모두 소멸되어 '때 묻지 않은' 무구청정식(無垢清淨識)이라는 의미이다. 즉, 불교의 아말라식(阿末羅識)과 같은 의미이다.

여기에서 우리가 꼭 명심해야 할 점은 인간의 탐욕과 욕망을 제거해야만 "천하가 바로 서게 된다"는 충고다. 이 점을 우리는 까마득하게 잊고 있다.


이상에서 살펴본 바와 같이 의식의 사유작용을 끊어야만 탐욕과 욕망을 끊을 수 있다. 그런데 이 의식은 감각적 지각과 함께 동반해서 일어나기 때문에 의식의 작용을 완전히 끊어서 멸절하기 위해서는 감각적 지각마저도 함께 끊어야 한다.

이와 같이 감각적 지각을 끊어 버리면 존재사물의 본질적 존재의미가 있는 그대로 드러나게 되며, 인간은 그 사물의 실제적이며 본질적 가치만을 추구하게 되므로 "성인은 배(服)를 위하지 눈을 위하지 않는다"라고 설명하고 있다. 즉, 성인은 사냥을 하여도 본질적인 가치를 추구하여 다만 배를 불리기 위해 사냥을 한다. 결코 쾌락을 위해 사냥하지 않는다는 점에서 "눈을 위하지 않는다"고 설명한 것이다.

마지막으로 왕양명은 "하늘의 이치(天理)가 다 사라져서 덕을 밝히고 백성을 섬겨야 할 학문이 천하의 대란을 이룬다"고 경책하고 있다. 하늘의 이치란 곧 자연의 이법(理法)을 의미하며, 자연의 이법이 사라진다고 하는 것은 곧 인간의 생래적인 본원적 직관능력이 은폐되거나 소멸되었다는 것을 의미한다.

　왜냐하면 자연의 이법은 곧 인간의 본원적 직관능력에 의한 종합적 통일에 의해 구성되기 때문이다. 그런데 관념론은 오로지 의식의 작용을 인간의 절대이성으로 간주하기 때문에 결국은 객관적 합리론으로 인해서 우리는 영원히 생래적인 본원적 직관능력을 상실하게 된다는 점을 경고하고 있다.

　이러한 점에서 '도(道)'란 인간의 생래적인 본원적 직관능력[본원적 주체성]을 회복하는 것이고, '덕(德)'이란 이러한 본원적 주체성의 현실적 적용을 의미한다. 다시 설명하자면 덕이란 도의 현실적 실천을 통해 궁극적인 진리를 밝히는(드러내는) 것을 말한다.

　이렇듯 '도'의 현실적 적용으로서의 '덕[지혜]'을 밝혀서 백성을 섬겨야 할 학문이 객관적 합리론으로 인해서 그릇된 방향으로 나아감으로써 결국에는 천하의 대란을 일으키게 된다고 경책하고 있다. 현재 인류가 처한 상황이 그릇된 철학으로 인해 발생한 것이라는 점을 정확하게 지적하고 있다.

　철학자들은 현재 인류가 처한 위기 상황이 객관적 합리론으로 인해서 야기되고 있다는 점을 깊이 돌이켜 보아야 할 것이다.

## 2. 후설의 현상학은 의식에 대한 모든 오해와 왜곡의 결정판이다

아마도 서양 철학계에서 의식에 대해 가장 자세하게 분석하고 기술한 철학자는 후설이 아닐까 생각된다. 그의 현상학이 한 시대를 풍미할 수 있었던 것은 의식에 대해 가장 엄밀하고 자세하게 기술했다는 평가 때문이었다. 역설적으로 이 점은 서양의 관념론자들이 의식에 대해 무엇을 잘못 이해하고 있는가 하는 점을 매우 명확하게 파악할 수 있게 해 주고 있다.

게다가 이미 널리 알려진 바와 같이 그의 철학적 사유는 수(數)에 있어서 의미의 기원에 대한 의문에서 출발하고 있다. 그런데 놀랍게도 그는 '수(數)'라는 문자 언어가 어떻게 생겨나게 된 것인지 그 기원에 대해 전혀 잘못 이해하고 있다는 점을 발견하게 된다. 그는 전적으로 인간이 외계를 이해하는 과정에서 본질적 언어를 갖게 되었다는 점조차 이해하지 못하고 있다. 즉 인간에게 개념적 언어가 생겨나기 이전에 사물의 본질적 존재의미를 표시하는 결승(結繩) 문자가 존재했다는 점조차 이해하지 못하고 있다. 뿐만 아니라, 그는 문자 언어에 대해서도 전혀 아무것도 이해하지 못하고 있다. 즉 문자 언어가 기호 문자와 언어음으로 구성되어 있다는 사실조차도 이해하지 못하고 있다.

이러한 점들을 살펴볼 때 그가 인간의 생래적인 인지능력에 대해 전혀 바르게 이해하고 있지 못하다는 점을 알 수 있다. 왜냐하면 사유라고 하는 것은 곧 언어를 통해서만 가능하기 때문이다. 바로 이 점에 대한 확고한 이해가 결여된 상태에서 모든 철학적 논의가 이루어지고 있다는 점에서 현상학의 근본적인 한계와 문제점을 확인할 수 있다.

따라서 그가 수(數)를 비롯해서 문자 언어에 대해 어떠한 점을 잘못 이해하고 있는가 하는 점을 살펴보면서 의식의 작용 특성과 개념적 언어의 의미론적 특성 그리고 개념적 언어와 본질적 언어의 차이점에 대해 좀 더 명확하게 이해할 수 있는 기회를 갖기로 하자.

그의 철학적 사유를 면밀하게 살펴보기로 하자.

> 후설의 '覺知의 방식'의 전적으로 새로운 면은 그것이 새로운 대상을 지각하도록 대상의 나타남의 방식에 영향을 미치고 있다는 점이다. 소리는 하나의 단어가 되고, 唐草무늬는 글자가 된다. 意識은 기호의 역할을 하는 하나의 대상을 통하여 다른 대상에로 향한다. 이것은 완전히 主觀 측면에서의 변화 때문이다. 의미된 대상은 이제까지는 불가사의한 전혀 새로운 방식으로 의식에 '주어지게' 된다. (중략) 후설이 여기에서 발견한 것은 어떤 내용이 (후설이 나중에 표현한 바와 같이 마치 사물이 상자 안에 들어 있듯이) 의식 속에 단순하게 들어 있는 것이 아니라, 그 내용의 의미성이, 의식이 그 내용에 대해 취하는 태도에, 즉 의식이 부여하는 '의미'에 달려 있다는 것이다. 여기에서 우리는 적어도 원리적으로는 상관관계적인 분석을 가능케 하는 '의미부여작용'으로서 이해되는 '構成'개념의 탄생을 만나고 있는 것이다.[52]

아마도 이 인용문은 후설의 현상학에 대한 일반적인 평가를 담

---

52)  테오드르 드 보에르, 앞의 책, 16쪽.

고 있다고 할 수 있다. 이러한 평가에는 지난 20세기에 온 세계가 그에게 열광했던 이유가 고스란히 담겨 있다.

그런데 불행히도 이 인용문은 처음부터 끝까지 한 문장도 그냥 지나칠 수 없을 만큼 궤변의 연속이다. 문자 언어에 대한 이해로부터 의식의 작용에 대한 이해에 이르기까지 온통 오류투성이다.

전체적으로 보면 문자 언어에 대해 바르게 이해하지 못하기 때문에 의식의 작용에 대해서도 바르게 이해하지 못하고 있다고 평가할 수 있다. 이 인용문에 어떠한 오류와 과오가 내포되어 있는지 자세히 분석해 보기로 하자.

첫째는 문자 언어에 대해 전혀 바르게 이해하지 못하고 있다는 점이다. 즉, 문자 언어는 언어음(발음)과 기호 문자로 이루어져 있다. 이로써 의식은 이 언어음과 기호 문자에 내포된 개념적 의미를 직접적으로 이해할 수 있으며, 이 언어음과 문자를 통해 상호 간에 의사 전달이 가능하다는 점을 이해하지 못하고 있다.

둘째는 언어란 자체적으로 의미내용을 내포(규정)하고 있는 의미 결정체라는 점을 이해하지 못하고 있다. 이로써 본질적 언어를 통해서 감각 기관에서 직관적 언어작용이 가능하며, 의식에서는 문자 언어에 내포된 개념적 의미를 통해서 사유하고 대상에 대한 인식이 가능하다는 점을 알지 못하고 있다. 이로써 의식에서 인식 대상에 의미를 부가하거나 구성한다고 주장하는 것이다.

셋째는 의식의 의미부여작용으로 인해서 '의미된 대상'이 구성되는 것이 아니라는 점이다. 이는 근본적으로 감각 기관을 통한 감각작용에 의해 대상 사물의 표상과 의미내용(개념)이 함께 현상한다는 점을 이해하지 못하기 때문에 야기되는 오류이다. 즉, 객관적 합리론이라고 하는 철학이 지닌 근본적인 문제점이라고 할 것이다.

이 점은 두 가지로 구분되어 논의되어야 한다. 의식에는 결코 실체적 대상이든 범주적 대상이든 어떠한 대상도 직접적(직관적)으로 현상하지 않는다는 것과 의식은 감각적 지각에 의해 해석(지각)된 개념적 의미를 근거로 문자 언어를 통해 그 개념적 의미를 사유하고 인식한다는 점으로 나누어 논의하기로 하자.

## 1) 문자 언어에 대한 후설의 그릇된 이해

참으로 놀라운 점은 후설이나 이 책을 쓰는 저자나 모두가 문자 언어가 언어음과 기호 문자로 이루어졌다는 사실조차도 이해하지 못하고 있다는 점이다.

먼저, "소리는 하나의 단어가 되고, 당초무늬는 글자가 된다"는 설명에서 문자 언어란 언어음과 기호 문자로 이루어졌다는 점을 전혀 이해하지 못하고 있음을 확인할 수 있다. 즉, 그는 문자 언어의 언어음을 '의미론적 체계(條理)를 갖추지 못한 소리(聲)'로, 기호 문자들을 전혀 의미 없는 기호나 문양쯤으로 이해하고 있다.

따라서 의식에 의해 이것들에 의미를 부여함으로써 이것들이 어떤 단어가 되거나 특정한 의미내용을 갖게 되는 것으로 이해하고 있다. 그 결과 의식은 이와 같이 전혀 의미 없는 것들을 '의미 있는 대상'으로 나타나게(현상하게) 하는 매우 놀라운 마술적인 능력을 가지고 있다고 주장하고 있다.

그러나 단어가 되는 '소리'는 단순하게 '조리(條理) 없는 소리(聲)'가 아니다. 단어가 되는 소리는 곧 문자 언어의 발음으로, '언어음(speech sounds)'이라고 한다. 즉, 일정한 의미론적 체계(條理) 갖춘 소리(音)이다. 예를 들어 음악(音樂)에 있어서의 '소리'는 단순하게 조리 없는 소리(聲)가 아니다. 이것은 음률의 구성 요소로서의 소리(音)로, 음계(音階)와 박자 등의 의미를 가진 소리이다.

언어학에서도 언어란 소리를 통해 의사를 전달하는 음성 언어로부터 발달하여 마침내 문자라는 형식으로 그 소리와 의미를 표기하게 되었다고 밝혀 주고 있다. 따라서 그 언어음은 처음부터 특정한 의미내용을 담고 있다. 또한 이러한 언어음을 기호 문자로 표현한 것이기 때문에 기호 문자란 단순한 기호나 문양이 아니다. 이미 이 문자에는 특정한 의미를 규정하고 있는 의미내용이 내포되어 있다. 이로써 언어음과 문자를 통해 동일한 의미내용을 이해하고 전달할 수 있다.

이와 같이 그가 문자 언어에 대해 바르게 이해할 수 없었던 이유는 의식이 문자 언어를 매개로 그 언어적 의미를 사유하는 언어적 사유작용이라는 점을 이해하지 못한 데서 비롯된다고 할 수 있다.

앞에서 간략하게나마 분리뇌 연구의 기능성자기공명영상(fMRI) 자료를 통해 의식은 문자 언어에 담긴 언어적 의미를 이해하고 사유하는 언어작용이라는 점을 확인하였다. 다시 간추리자면 정상적인 사람에게 책을 읽어 줄 때는 문자 언어를 관할하는 좌반구 언어 영역만이 활성화되는 것을 확인할 수 있다. 분명 그 책 읽는 소리를 귀를 통해 듣고 있는데, 대뇌 피질의 청각 영역은 작동하지 않고, 좌반구 언어 영역만이 활성화된다.

이는 곧 의식은 문자 언어를 매개로 사유하는 언어적 사유작용이라는 점을 드러내고 있다. 즉 의식은 그 언어음(발음)을 통해서 그 책에 담긴 의미내용을 직접적으로 이해할 수 있다는 점을 알려준다. 다만 소리만을 듣고 그 책의 내용을 이해할 수 있는 것은 그 언어음을 통해서 그 책의 내용을 전달해 주기 때문에 가능한 것이다.

그뿐만 아니라, 청각 장애인은 수화자의 몸짓과 손짓을 문자 언어의 언어음으로 전환하기 위해 우반구 언어 영역과 함께 대뇌 피질의 청각 영역이 활성화되는 것을 확인할 수 있다. 마찬가지로 시각 장애인은 손끝으로 전해지는 점자의 요철(凹凸)을 기호 문자로 전환하기 위해 우반구 언어 영역과 함께 대뇌 피질의 시각 영역이 활성화된다. 이러한 현상에서 문자 언어가 언어음과 기호 문자로 이루어졌으며, 이것들이 상호 간 호환 관계에 있다는 점을 확인할 수 있다. 이로써 발음을 통해서든 문자를 통해서든 같은 의미내용을 전달할 수 있다는 점도 이해할 수 있다.

그리고 일반인이 수화문장을 볼 때는 의식이 전혀 작동하지 않지만, 청각장애인은 그 수화자의 몸짓과 손짓을 언어음으로 전환함으로써 의식이 작동하여 그 책의 내용을 이해할 수 있다는 점도 알 수 있다. 이러한 차이점에서 의식은 문자 언어에 내포된 개념적 의미를 통해서 그 책의 내용을 이해할 수 있다는 점을 명확하게 확인할 수 있다.

이상에서 살펴본 바와 같이 문자 언어란 발음(소리)과 문자(당초무늬)로 구성되어 있으며, 의식은 이러한 문자 언어에 내포된 개념적 의미를 사유하는 언어작용이라는 사실은 결코 부정할 수 없다. 그러나 후설은 이 점을 이해하지 못하고 소리와 당초무늬가 의식에 의해 의미가 부가됨으로써 문자 언어가 된다고 간주하고 있다. 이러한 오해와 착각으로 인해서 외계의 모든 사물도 이와 같이 의식에 의해 "의미된 대상"이 되어 의식에 "주어지게 된다"라고 주장하고 있다.

> 의미된 대상은 이제까지는 불가사의한 전혀 새로운 방식으로 의식에 '주어지게' 된다.

바로 여기에서 그가 의식의 사유작용에서 본질직관을 주장하게 된 배경을 이해할 수 있다.

의식이 전혀 어떠한 의미도 없는 소리와 당초무늬를 의미를 내포하고 있는 문자 언어로 인식하듯이, 무의미한 사물의 표상들이 의식의 의미부여작용에 의해 "의미된 대상"으로 의식에 "주어지게 된다"고 주장하고 있다.

이와 같이 관념론자들은 물질적 사물들의 본질적 존재의미가 의식에 의해 구성됨으로써 그것들을 '의미된 대상'으로 인식하게 된다고 간주하고 있다. 이로써 본질직관이 의식에서 가능하다고 주장하는 것이다.

## 2) 사유는 의미 결정체인 언어를 통해 가능하다

또한, 문자 언어에 대한 이러한 그릇된 이해로 인해서 '사유작용'
이라는 것이 언어를 통해서 가능하다는 점을 이해하지 못하게 되
고, 본질적 언어에 사물의 본질적 존재의미가 내포되어 있다는 점
도 이해할 수 없게 된다. 이로써 결국 사물의 본질적 존재의미를
이해할 수 있는 직관적 언어작용이 감각 기관을 통해 작동된다는
점도 이해할 수 없게 된다. 이러한 점에서 언어라고 하는 것이 의미
결정체라는 점을 바르게 이해해야만 한다.

문자 언어가 구체적이고 확고한 의미내용을 내포하고 있다는 점
은 표의(表意) 문자에서 확인할 수 있다. 수메르 문자나 이집트 문자
그리고 중국의 한자(漢字)가 모두 표의 문자이다. 이 문자들을 상형
(象形)문자라고 하는 이유는 사물이 가진 특징적인 표상을 기호화
했기 때문이다. 이러한 점에서 문자 언어는 매우 구체적인 의미내
용을 담지하고 있다는 점을 알 수 있다. 그 사물의 표상적 특징을
기호화했다는 점에서 이 상형문자는 그 사물의 본질적 존재의미를
표현하고 전달하기 위해 만들어졌다는 점을 알 수 있다. 물론 표
음 문자는 읽고 쓰기 편리하도록 '소리'를 표기하는 방식으로 발달
하게 된 것이다. 그렇지만 이미 이 소리(발음)는 특정한 의미를 전달
하는 음성 언어였다. 따라서 표음 문자로 표기된 단어들에는 음성
언어에 내포된 의미내용이 그대로 담겨 있다.

이러한 사실은 문자 언어가 곧 의미 결정체라는 점을 드러내고
있다. 의식이 의미를 부여함으로써 그 소리나 글자가 의미를 갖는
것이 아니다. 의식은 이 문자 언어에 담긴 의미를 통해서 사유할 수

있고, 인식 대상에 대해 단어에 규정된(내포된) 개념적 의미로 이해하는 언어적 사유작용이다.

이러한 점에서 의식의 사유작용이란 곧 언어를 통해서 그 언어에 내포(규정)된 의미내용을 이해하는 것이라는 점을 명확하게 이해해야 한다.

세친(世親)은 『섭대승론석』에서 '언어[언설(言說)]'로 인해서 의미를 이해하고 사유할 수 있는 의식의 작용과 본원적 직관이 가능하다는 점을 밝히고 있다.

"명(名)에는 두 가지가 있으니, 하나는 말하는 것으로서의 명이고 다른 하나는 사유로서의 명이다(名有二種 言說名 思惟名)"라고 설명하고 있다.[53] 이 구절에서 언어와 사유작용을 동의어로 사용하고 있다는 점에 주목해야 한다. 즉, 언어가 곧 사유작용이라는 의미이다. 언어가 곧 사유작용이라는 의미는 사유작용이 곧 언어를 매개로 가능하다는 점을 의미한다. 즉, 언어란 사유작용의 산물이며, 동시에 사유작용을 가능하게 하는 의미 결정체라는 의미이다.

세친은 뒤이어 이 언어로 인해서 모든 사유작용이 가능하다는 점을 자세히 설명하고 있다. 특히 다음의 인용문에서 언어란 본래 음성 언어였으며, 이 음성 언어를 매개로 의미를 이해하는 사유작용이 일어난다는 점을 자세히 설명하고 있다.

---

53) 世親(Vasubandhū), 앞의 책, 178쪽 b.

먼저 음성으로써 모든 현상을 가리켜 말하는(目) 것은 언어(언설(言說))가 된다. 뒤에 언어를 발설하지 않고, 곧바로 마음으로써 그 앞선 음성을 지향함으로써 '사유로서의 명'이 된다. 이 언어적 사유작용[名]은 차별적 의미를 식별하는 것[分別]을 본래의 본질적 성품[自性]으로 삼는다(先以音聲目一切法爲言 後不發言直以心緣先音聲爲名 此名以分別爲性).54)

이 구절에서 문자 언어란 본래 음성 언어였다는 점을 명확하게 밝히고 있다. 이러한 설명은 언어학에서 주장하는 것과 일치한다. 언어란 이렇게 음성을 통해 '모든 현상'을 가리켜(지시하여) 표현하는 것을 말한다. 이러한 점에서 이미 그 음성 언어에는 그것이 가리키는 현상을 의미내용으로 간직하고 있다. 즉, 언어란 특정한 현상을 한정(특정)하여 그것을 음성으로 표현하는 의미 결정체이다. 이로써 상호 간에 뜻(의미)을 전달할 수 있는 것이다. 또한, 이것을 발설하지 않고 마음속에서 그 의미를 사유함으로써 이 언어는 곧 사유로서의 명이 된다고 설명하고 있다.

이와 같이 언어를 통해 사유가 가능하기 때문에 "언어적 사유작용[名]은 차별적인 의미를 식별하는 것[分別]을 본래의 본질적 성품[自性]으로 삼는다"라고 설명하고 있다. '분별'이란 어떤 대상의 상대적 차별성을 구분하여 이해하는 것을 의미한다. 따라서 언어란 현상을 지시하고 표현하는 의미내용을 담지하고 있으며, 이 의미내용을 근거로 차별적인 의미를 이해하는 사유작용이 가능하다는 점을

---

54) 世親(Vasubandhū), 앞의 책, 180쪽 b.

알 수 있다. 이와 같이 언어를 통해 사물의 상대적 차별성을 구분하여 이해하고 인식할 수 있다는 점에서 언어가 곧 사유작용이라는 것을 이해할 수 있다.

그런데도 후설은 의식이 언어에 내포된 의미규정을 통해서 대상(현상)의 의미를 인식하는 언어적 사유작용이라는 점을 이해하지 못하고, 의식이 의미를 부여한다고 주장하고 있다.

> 어떤 내용이 (후설이 나중에 표현한 바와 같이 마치 사물이 상자 안에 들어 있듯이) 의식 속에 단순하게 들어 있는 것이 아니라, 그 내용의 의미성이, 의식이 그 내용에 대해 취하는 태도에, 즉 의식이 부여하는 '의미'에 달려 있다는 것이다.

이 인용문에서는 그는 의식에서 인식되는 의미내용이 문자 언어에 담겨 있다는 점을 이해하지 못하고 '마치 상자 속에 사물이 들어 있듯이 단순하게 들어 있는 것이 아니다'라고 주장하고 있다. 그리고 의식이 의미를 부여하는 작용이라고 설명하고 있다.

이러한 설명에서 그가 문자 언어가 특정한 의미내용을 규정하고 있는 의미 결정체이며, 의식은 바로 이 문자 언어에 내포된 의미내용을 통해서 사물에 대한 차별적인 의미를 이해(인식)하는 사유작용이라는 점을 전혀 이해하지 못하고 있다는 것을 알 수 있다.

구체적인 예를 들어 보자. 수학이나 기하학에서 사용하는 다양한 기호(÷, ×, + 등등)는 모두 기호 문자이다. 이러한 기호 문자들에는 모두 특정한 의미내용과 사용 용도, 목적이 구체적으로 규정되어 있다. 그래서 어린아이들은 이러한 기호에 따라 계산하는 법과 이해(사유)하는 법을 배운다. 그런 후에 자유자재로 이러한 기호 문자를 사용하여 수학과 기학학을 익히게 된다. 이러한 기호 문자들을 통해서만 우리는 수학적 또는 기하학적 사고가 가능하다. 마찬가지로 철학을 비롯한 모든 학문은 특정한 의미내용(개념)을 규정한 언어적 표현을 통해서만 논리적 사유가 가능하다. 이렇듯 연역하고 추론하는 모든 의식의 사유작용은 문자 언어를 통해서만 가능하다. 그 개념(언어적 의미규정)이 존재하지 않으면 그러한 의식(그 의미내용을 사유하는 의식)은 존재하지 않는다. 이러한 점에서 의식은 곧 문자 언어를 매개로 그 언어적 의미를 사유하는 언어작용(언어적 사유작용)이라는 점을 알 수 있다.

그런데 여기에서 제기되는 의문은 '왜 그는 문자 언어가 의미 결정체라는 극히 상식적인 사실조차 이해하지 못한 것일까?'라는 것이다. 바로 이 점에 대한 구체적인 단서를 앞에 인용한 글에서 찾을 수 있다.

> 意識은 기호의 역할을 하는 하나의 대상을 통하여 다른 대상에로 향한다.

이 구절을 보면 의식의 사유작용에는 "기호의 역할을 하는 하나의 대상"과 "다른 대상", 두 가지 대상이 존재하고 있다. 바로 이 점이다. 당연히 '다른 대상'이라는 것은 감성을 통해 직관된 '무의미한 대상'을 의미할 것이고, "기호의 역할을 하는 하나의 대상"이라는 또 다른 대상이 존재하고 있다.

그러나 기호의 역할을 하는 대상은 존재하지 않는다. 그것은 다만 문자 언어에 내포된 의미내용(개념)이다. 즉, 그는 의식이 문자 언어를 매개로 사유한다는 점을 이해하지 못하기 때문에 문자 언어의 의미내용을 '하나의 대상'으로 간주하고 있는 것이다. 특히 후설은 개념을 단어의 의미로 이해해서는 안 되고, 일반 대상으로 이해해야 한다고 주장하고 있다. 그는 이렇게 문자 언어에 내포된 개념적 의미를 일반화하여 일반 대상[55]으로 간주하고 있다. 이에 대해서는 뒤에 '현상학적 환원과 형상적 환원은 양립할 수 없다(의식의 작용특성에 대한 몰이해)'라는 항(項)에서 다시 확인하기로 하자.

그리고 '다른 대상'이란 실제로는 감각적 지각에 의해 지각된 감각적 대상이지만, 관념론자들은 이것이 직관된 표상으로서의 대상이라고 간주하고 있다. 그리고 다시 이것들을 동일한 대상으로 간주함으로써 문자 언어에 내포된 개념을 이념적 존재라고 주장하는 것이다.

이와 같이 그는 근본적으로 의식이 문자 언어를 매개로 그것에 내포된 언어적 의미를 이해하고 인식하는 사유작용이라는 점을 인식하지 못하기 때문에 모든 철학적 사유가 오류 그 자체이다.

---

55) 이 '일반 대상'이란 곧 추상화작용(일반화작용)을 통해 주관적 의미가 제거되어 본질만으로 표상된 본질적 표상으로 현상하고 있는 대상으로 이해된다.

### 3) 감각에 이미 개념적 의미가 드러나 나타난다

앞의 인용문에서 또다시 지적해야 할 점이 있다. 의식을 통해 인식하고 있는 대상 사물의 개념적 의미는 의식에 의해 부여되는 것이 아니다. 개념적 의미는 이미 감각 기관을 통한 감각에 현상하며, 감각적 지각[오식(五識)]을 통해서 그 개념적 의미를 지각하게 된다.

이 절(節)에서는 문자 언어를 매개로 그 언어적 의미를 사유하는 의식[육식(六識)]과는 별개로, 감각 기관을 통해서 감각[아타나식(阿陀那識), 팔식(八識)]과 감각적 지각[오식(五識)]이 일어난다는 점에 대해 자세히 살펴보기로 하자.

근세 이후의 서양 철학에서는 감각 기관을 통한 감각작용이 모두 의식의 작용에서 일어나는 것으로 착각하고 있다. 다행스럽게도 메를로 퐁티에 의해 의식의 작용과는 별개로 이 감각에 대해 새롭게 인식하는 철학적 담론[몸의 철학]이 제기되고 있지만, 여전히 현상학적 관념론이라는 틀에서 벗어나지 못하고 있다.

퐁티가 '몸(신체)이 곧 우리의 원초적인 지각의 선험적 근거'라고 주장하고 있는데도 불구하고, 여전히 현상학적 관념론의 틀에서 벗어나지 못하는 이유는 의식이라는 개념적 언어작용과 감각 기관을 통해 작동되는 직관적 언어작용을 구분해서 이해하지 못하기 때문이다.

앞에서부터 계속 강조하고 있지만, 의식의 작용에서 작동하는 언어적 사유작용과 감각 기관을 통해 작동하는 언어적 사유작용은 전혀 다른 작용 특성을 가지고 있다. 이 차이점에 대해서는 차츰 자세히 논의해 가기로 하고, 여기에서는 우선적으로 감각[팔식(八識)]

과 감각적 지각[오식(五識)] 그리고 의식의 작용[육식(六識)]을 엄밀하게 구분하여 이해해 보기로 하자.

다시 후설의 주장을 읽어 보자.

> 의미된 대상은 이제까지는 불가사의한 전혀 새로운 방식으로 의식에 '주어지게' 된다.

이 인용문에서 "의미된 대상"이 의식에 주어진다는 점은 분명 명백하다. 그러나 그 의미된 대상이 의식에 의해 의미가 부가되어 구성된 것은 아니다. 왜냐하면 의식은 문자 언어를 매개로 해서만 작동하기 때문이다. 쉽게 설명하자면 의식은 문자 언어를 통해서 그것에 내포된 의미내용을 이해하고, 이 언어들을 통해서 추론하고 연역하는 언어적 사유작용이다. 반면에 외계의 물질적 사물들은 문자 언어로 구성되어 있지 않기 때문에 의식은 문자 언어로 해석된(지각된) 대상이 주어져야만 그 대상에 대해 사유할 수 있다.

따라서 의식은 감각 기관을 통한 감각적 지각을 선행적으로 동반해야만 한다. 그리고 이 감각적 지각을 통해서 개념적 언어로 해석된 대상[감각적 대상]을 정립하게 된다. 그런 연후에 의식은 이 감각적 대상을 지향하여 대상화함으로써 외계를 인식할 수 있다.

그런데 여기에서 의식과 감각적 지각의 지향적 의존 관계를 정확하게 이해하기 위해서는 감각[아타나식(阿陀那識), 팔식(八識)]과 감각적 지각[오식(五識)]을 구분해서 이해해야 한다. 지금까지 이렇게 감각작용을 감각과 감각적 지각을 구분하여 이해하지 못한 이유도 의식이 문자 언어를 매개로 사유한다는 점을 이해하지 못했기 때문이다.

불교의 『해심밀경(解深密經)』에서는 감각을 폭포수에 비유하고, 감각적 지각과 의식은 물결(波浪)에 비유하고 있다. 감각을 폭포수에 비유한 것은 마치 폭포수가 끊어지지 않고 계속해서 쏟아져 내리듯이 항상성[불생불멸(不生不滅)]을 가지고 작동한다는 점을 설명한 것이다. 이러한 설명은 곧 감각[아타나식(阿陀那識)]이 선천적인 본원적 직관능력[팔식(八識)]에 의해 일어난다는 점을 드러내기 위한 것이다. 반면에 물결이란 이렇게 쏟아져 흘러내리는 물이 바람결이나 돌부리에 부딪히면서 일시적으로 생겨났다가 곧 사라진다. 이런 점에서 의식과 감각적 지각을 물결에 비유한 것이다. 이러한 특성은 앞에서 설명했듯이 의식의 작용 특성이다. 의식은 순간 생겨났다가 곧 소멸되는 작용 특성을 갖기에 일시적으로 일어났다가 이내 곧 사라지는 물결에 비유한 것이다. 이와 같이 의식과 감각적 지각이 동일한 작용 특성을 가지고 있다는 점에서 이 둘은 서로 유기적인 지향적 의존 관계를 갖는다는 점을 표현한 것이다.

이러한 어려운 설명을 일상적인 정신현상의 구체적인 사례를 통해 쉽게 이해해 보기로 하자.

지금 나는 급히 해결해야 할 매우 곤란한 문제(사건)로 골똘히 생각에 젖어 길을 걷고 있다. 온통 그 생각에 몰두하여 정신없이 걷고 있다. 이렇게 길을 거니는데, 눈앞에는 사람, 가게, 전봇대, 자동차 등등 수많은 사물이 펼쳐지며 스쳐 지나간다. 그리고 수많은 사람이 내 옆을 스쳐 지나간다. 그러나 그 사람이 어떤 사람인지 전혀 지각되지 않는다. 그냥 스쳐 지나갈 뿐이다. 그런데 이때, 어떤 사람이 이상한 행동을 하는 것이 눈에 띄었다. '어! 저 사람 미친 거 아냐?'라는 생각이 순간 스쳐 지나간다. 분명 이때는 순간적으로 그 복잡한 문제를 잠시 잊었다. 그러나 다음 순간 그 생각은 사라지고, 다시 그 사건을 어떻게 해결할 것인지 골몰하며 계속 길을 걸어간다.

이러한 상황을 우리는 일상적으로 체험한다. 이 일상적인 정신 상황에서 감각과 감각적 지각 그리고 의식을 엄밀하게 구분하여 이해해 보기로 하자.

'매우 곤란한 문제에 골몰한다'라는 것은 곧 의식의 작용이다. 어떻게 그 문제를 해결할 것인지, 이런 생각 또는 저런 생각을 하니 의식에는 온통 그 생각뿐이다. 그런데 이때 동시에 '수많은 사물과 사람이 눈앞에 펼쳐지며, 많은 사람이 옆을 스쳐 지나가'는 것을 보고 있다. 이 모든 것은 감각에 현상한 것이다. 감각은 이렇듯 폭포수처럼 작동하여 외계를 '있는 그대로' 드러내(표상하여) 나타낸다(현상한다). 의식과는 관련이 없이 눈앞에 펼쳐져 있다는 점을 알 수 있다. 그 가운데 어느 누구도, 어느 것도 의식되지 않는다. 그저 스쳐 지나갈 뿐이다. 의식은 온통 그 사건에 대한 생각으로 가득 차 있다.

이렇듯 스쳐 지나가는 수많은 사람은 곧 감각에 현상하고 있다. 여기에서 의식과 감각이 전혀 다른 정신현상이라는 점을 알 수 있다. 이 차이점을 명확하게 구분해야 한다. 감각은 눈이라는 감각 기관을 통해 일어나고 있으며, 의식은 온통 그 어려운 현실적인 문제로 가득 차 있다. 이 두 가지 사건(사유작용)은 전혀 다른 정신현상이다. 그런데도 서양 철학에서는 이 두 가지 사건을 엄밀하게 구분하지 못하고 모두 의식의 작용으로 간주하기 때문에 논리적 혼란과 오류를 범하고 있는 것이다. 모든 오류와 왜곡은 바로 이 점으로부터 시작된다고 해도 과언은 아니다.

그런데 그때, 어떤 사람이 이상한 행동을 하는 것이 눈에 띄었다. 이렇게 의식의 주관적 의지작용[작의(作意)]에 의해 지향된 구체적인 대상을 지각하는 것이 곧 감각적 지각이다.

수많은 사람이 눈앞에 펼쳐진 것과는 달리 유독 그 사람에게 눈길이 가서 멈춘 것이다. 이때 분명 주관적 의지작용[작의(作意), 공용(功用)]이 일어난 것이다. 이러한 주관적 의지작용을 통해 눈길이 그 '이상한 행동을 하는 사람'에게 가서 멈춘다.

이렇게 수많은 사람 가운데 이상한 행동을 하는 그 사람만을 지향하여 지각하는 것이 감각적 지각이다. 즉, 감각적 지각[오식(五識)]이 일어나서 감각에 드러나 나타난 수많은 사람 가운데 오직 '그 이상한 사람'만이 감각적 대상[오진(五塵)]으로 지각된다. 그리고 이 감각적 대상에는 이미 '이상한' 또는 '미친'이라고 하는 개념적 의미가 내포되어 있다. 감각적 지각을 통해 그 사람의 행태를 보면서 '이상한' 또는 '미친'이라는 언어적(개념적) 의미로 그 사람의 행동을 해석하여 지각한 것이다.

그런 연후에 의식은 이 감각적 대상(이상한 사람)을 지향하여 대상화함으로써 인식하게 된다. 이때 의식에서는 잠시 그 사건에 대한 생각이 사라져 버리고, 그 사람에 대해 '미친 사람 아니야?'라고 언어적 의미로 그 사람(감각적 대상)을 인식하게 된다.

그리고 다음 순간, 이 생각은 사라지고 의식은 다시 그 사건에 대한 생각으로 가득 차게 된다. 분명 '미친 사람'에 대한 의식은 사라지고, 다시 그 '곤란한 사건'에 대한 의식으로 바뀌었다. 이와 같이 그 곤란한 문제만을 되풀이해서 대상화할 수 있는 것이 아니고, 감각적 대상도 재표상하여 대상화할 수 있다. 이렇게 의식은 대상을 바꾸어 가면서 끝없이 생성과 소멸을 반복한다는 점도 기억해 두기로 하자. 이렇듯 의식은 생성과 소멸을 반복하기 때문에 생각마다 사유의 대상을 바꾸어 가며 대상화할 수 있다. 이것이 의식의 '반성(反省)적' 작용 특성이다.[56]

이상에서 살펴본 바와 같이 감각과 감각적 지각 그리고 의식의 작용을 엄밀하게 구분해야 한다. 그리고 감각적 지각은 의식의 지향작용과 연계하여 지향적 의존 관계를 갖는다는 점도 이해해야 한다. 이렇듯 의식은 감각적 지각을 선행적으로 동반해서 감각에 드러난 수많은 대상 사물 가운데 오직 자신이 지향하는 대상만을 선택적으로 인식하는 것이다.

또한, 여기에서 감각적 지각 이전에 이미 감각에서도 개념적 의미가 드러나 나타난다는 점을 알 수 있다. 감각에 그 이상한 행동을 하는 사람이 현상하지 않았다면 주관적 의지작용이 일어나서 감각적 지각이 일어나지 않았을 것이다. 분명 감각에서도 '이상한'이라

---

[56]  서양 철학에서 '반성(反省)'이라는 개념은 의식이 사유의 대상을 대상화하는 것을 의미한다. 이러한 점에서 감각적 대상을 재표상하여 대상화하는 것도 반성적 작용 가운데 하나라는 점을 이해해야 한다.

는 개념적 의미가 드러나 나타나기 때문에 그것만을 지향하여 지각하는 감각적 지각이 가능한 것이다.

이러한 점에서 이미 감각에서 사물의 본질적 존재의미나 개념적 의미를 드러내는 언어적 사유작용(직관적 언어작용)이 작동하고 있다는 점을 알 수 있다. 여기에서 주목해야 할 점은 감각과 본원적 직관의 차이점이다. 감각에는 아리야식[팔식(八識)]에 개념적 의미규정[염상종자(染相種子)]들이 내재되어 있기 때문에 개념적 의미들이 그 표상과 함께 드러나 나타난다. 물론 본질적 존재의미가 전혀 현상하지 않는 것은 아니나, 개념적 의미로 인해서 은폐되어 버린다. 이러한 점에서 아리야식을 '염정화합식(染淨和合識)'이라고 표현한다. 본질적 존재의미와 개념적 의미가 함께 혼재되어 있다는 의미이다.

그러나 본원적 직관은 아리야식에 내재된 개념적 의미규정들이 제거됨으로써 아리야식이 아말라식[阿末羅識, 무구청정식(無垢淸淨識)]으로 전환[전의(轉依)]된 뒤에 가능하기 때문에 본원적 직관에서는 개념적 의미가 직관되지는 않는다. 다만 본질적 존재의미만 직관된다.

이제 감각에 사물의 본질적 존재의미나 개념적 의미가 드러나 나타난다는 점에서 감각 기관을 통해 언어적 사유작용이 작동한다는 점을 보다 자세하게 이해해 보기로 하자.

끔찍한 사건을 마주칠 때 우리는 순간 눈이 감기거나 고개를 돌린다. 그런 뒤에 의식을 통해 '어휴! 꿈에 나타날까 무섭다'라고 그 사태에 대해 인식하게 된다. 이와 같이 의식의 작용이 일어나기 이전에 이러한 반사적 반응이 일어난다는 것은 분명 감각에서 '끔찍하다'라는 개념적 의미가 그 표상과 함께 드러나 나타난다는 것을 증명하고 있다.

또 다른 예를 들어 보자. 뜨거운 물건을 만졌을 때는 먼저 손을 떼게 된다. 그런 뒤에 '아이고! 데일 뻔했네'라고 의식을 통해 그것이 뜨겁다는 것을 인식한다. 이렇게 감각 기관을 통해 반사적 반응이 가능한 것은 감각 기관을 통해 그것이 '뜨겁다'는 선천적 종합판단이 일어나고 있는 것이다. 이러한 선천적 종합판단이 직관적으로 일어날 수 있는 것은 바로 감각 기관을 통해 작동하는 직관적 언어작용에 의해 가능하다.

만약 의식을 통해서만 이러한 선천적 종합판단이 가능하다면 번번이 화상을 입게 될 것이다. 의식을 통해 뜨겁다는 것을 판단한 뒤에 손을 떼는 것이 가능하다면 그 손은 이미 심각한 화상을 입은 상태일 것이다.

이러한 점에서 감각 기관을 통한 반사적 반응은 직관을 통한 선천적 종합판단이며, 동시에 감각 기관을 통한 직관적 언어작용에 의해 가능하다는 점을 알 수 있다.

이 점에 대해서는 뒤의 '본질적 언어는 신경계를 작동시키는 자연언어이다'라는 절(節)에서 다시 자세히 거론하기로 하자.

### 4) 개념이란 차별적 의미를 비교하여 규정한 언어적 의미규정이다

이제 개념과 관련된 주장에 내포된 오류와 왜곡을 살펴보자. 개념에 대해 후설이 설명한 것을 두 구절만 뽑아서 비교해 보기로 하자.

모든 개념은 구체적인 직관을 추상화하는 속에서 발생한다. "구체적인 직관 속에 정초를 가지지 않는 개념이란 생각할 수도 없다." (중략) 이리하여 개념의 정초는 비교 속에서 발견된다. 이러한 방식으로 우리는 색깔, 지속적인 연관 등등의 개념을 형성한다.[57)

사실 이러한 설명은 후설만의 주장이 아니고, 칸트와 전혀 다를 바가 없는 주장이다. 다만 칸트는 '통각'이니 '상상력의 초월론적 종합'이니 하는 매우 어려운 논리를 동원해서 설명하고 있다. 그래서 이러한 설명들을 모두 인용하여 비판하기가 좀 어려웠다. 매우 복잡하고 난해한 분석이 필요하기 때문에 많은 지면이 필요하고, 많은 독자들에게는 따분한 내용이 될 것이다.

반면에 후설의 이러한 설명은 매우 단도직입적으로 표현하고 있기 때문에 쉽게 비판할 수 있어서 이 구절들을 선택한 것일 뿐이다.

이 인용문에서 개념이 "구체적인 직관 속에 정초를 갖는다"고 주장하면서 동시에 "개념의 정초는 비교 속에서 발견된다"라고 설명하고 있다. 그는 이러한 주장이 서로 모순이 된다는 점을 이해하지 못하고 있는 것 같다. 비교하기 위해서는 비교하고자 하는 대상을 특정해야만 한다. 즉, 두 개나 그 이상의 구체적인 비교의 대상을 특정해야만 비교할 수 있다. 비교의 대상을 특정한다는 것은 주관이 대상을 정립해야 한다는 의미이다.

반면에 직관은 대상을 특정하여 정립하지 않고, 있는 그대로 보

---

57) 테오드르 드 보에르, 앞의 책, 74~75쪽.

는 것을 의미한다. 이러한 차이점을 구분하지 못하고, 개념이 직관에 정초하여 구성된다고 주장했다가 다시 비교를 통해서 구성된다고 주장하고 있다.

이렇게 비교와 직관을 엄밀하게 구분하지 못하는 것은 의식의 작용 특성을 명확하게 이해하지 못하기 때문이다. 즉, 관념론자들은 의식에서 비교하는 사유작용이 어떻게 가능한지 이해하지 못하기 때문에 이와 같이 모순된 주장을 하는 것으로 판단된다.

이러한 주장이 성립될 수 없는 이유를 쉽게 설명하자면 비교를 위해서는 의식의 재표상작용[육식(六識)의 상(想)]이 필수적이다. 반면에 직관은 감각 기관을 통해 작동하는 선천적 표상능력[팔식(八識)의 상(想)]에 의해 가능하다. 바로 이러한 차이점을 이해하지 못한 것이다.

앞에서 칸트가 상상력을 직관이라고 주장하는 과오를 범하게 된 이유가 상상력은 의식의 재표상작용을 통해서 가능하다는 점을 이해하지 못했기 때문이라는 점을 살펴보았다. 마찬가지로 비교도 의식의 재표상작용을 통해서 가능하다는 점을 이해해 보기로 하자.

비교한다는 것은 두 개 이상의 사물의 표상을 서로 견주어서 그 차이점이나 상대적 차별성을 파악하는 것이다. 따라서 비교는 두 가지 경우로 구분할 수 있다. 하나는 두 개 이상의 대상 사물을 서로 비교하는 경우이고, 또 한 가지는 동일한 사물의 현재 표상과 과거(원시) 표상을 비교하는 것이다.

먼저 두 개의 대상 사물을 비교하는 경우를 검토해 보기로 하자. 이 경우에는 두 개의 구체적인 감각적 대상[진(塵)]이 정립되어야만 가능하다. 좀 더 구체적으로 설명하자면 감각에는 수많은 대상 사물이 한꺼번에 현상하고 있다. 그런데 두 개의 대상을 비교하기 위해서는 이렇게 감각에 현상한 수많은 대상 사물 가운데 두 개의 대상만을 구체적으로 특정해야만 비교가 가능하다.

예를 들어 한 나무에 수많은 꽃이 피어 있는데, 이것은 동시에 한꺼번에 감각에 현상하고 있다. 그런데 그 가운데 유독 눈에 띄는 두 꽃을 비교할 경우에 비교하고자 하는 두 개의 꽃만을 감각적 지각을 통해 감각적 대상으로 정립한다. 그리고 의식은 이 두 개의 감각적 대상을 '대상을 지향하는 지향성[연연(緣緣)]'을 통해 번갈아 지향하여 재표상함으로써 비교할 수 있으며, 이로써 그 상대적인 차별성을 인식하게 된다. 바로 이렇게 감각적 대상으로서의 꽃의 표상을 의식에서 대상화하는 것은 의식의 재표상작용[육식(六識)의 상(想)]을 통해 가능하다. 그런데 이때도 의식은 오로지 한순간에 하나의 대상만을 대상화하여 사유할 수 있기 때문에 동시에 이 두 개의 감각적 대상을 대상화할 수 없다. 그런데 어떻게 두 개의 대상을 비교할 수 있을까? 이 또한 의식이 순간순간 생성과 소멸을 반복하기 때문에 가능하다. 즉, 40분의 1초의 간격을 두고 두 개의 감각적 대상을 번갈아 가면서 재표상함으로써 그것들을 비교할 수 있는 것이다.

마찬가지로 같은 사물이 변화했다는 점은 과거의 표상과 현재의 표상을 비교함으로써 알 수 있다. 그런데 그 사물의 현재 표상은 지금 이 순간에 감각적 지각을 통해 지각된 감각적 표상을 '대상을 지향하는 지향성[연연(緣緣)]'을 통해 재표상함으로써 현재의 의식에서 인식할 수 있다.

반면에 과거의 표상은 본원적 주관성에 종자의 형태로 내장되어 있다. 따라서 그것은 '종자를 지향하는 지향성[인연(因緣)]'을 통해 의식에 재표상된다.

이렇게 두 가지 표상이 '계속 이어지는 지향성[차제연(次第緣)]'을 통해 거의 40분의 1초의 간격으로 의식에 재표상됨으로써 두 표상의 차이점을 비교할 수 있다. 이와 같이 의식에서 비교가 가능한 것은 의식이 순간순간 생성과 소멸을 반복하기 때문이다. 그리고 의식이 이렇게 순간순간 생성과 소멸을 반복할 수밖에 없는 이유는 의식이 문자 언어를 매개로 그 언어적 의미를 사유하는 언어작용이기 때문이다.

따라서 이러한 비교는 의식을 통해서만 가능하다. 그리고 개념이란 이러한 비교를 통해 그 비교의 대상이 가진 상대적 차별성을 구분하여 언어적 표현(문자 언어)으로 규정한 것이다.

반면에 직관하는 것은 그 순간에 사물의 표상이 우리의 감각 기관에 현상하는 것을 말한다. 좀 더 구체적으로 설명하자면 선천적 표상능력[팔식(八識)의 상(想): nous]에 의해 표상된 사물의 표상이 감각 기관에 현상하는 것이 직관이다. 이렇듯 사물의 표상을 표상할 수 있는 선천적 표상능력은 오로지 감각 기관을 통해서만 작동된다. 그리고 이러한 직관은 구체적인 하나의 대상을 표상하는 것이 아니고, 눈에 보이는 모든 것이 한꺼번에 표상하여 현상한다. 따라서 직관에서는 결코 비교가 불가능하다. 또한, 직관에서는 비교하지 않아도 본질적 표상을 통해 그것들의 차별성이 직관된다. 그 상대적 차별성이 본질적 표상을 통해서 나타나기 때문이다.

반면에 의식은 문자 언어를 통해서만 그 대상의 상대적 차별성을 인식할 수 있다. 구체적인 대상을 정립한 뒤 그것들을 비교하여 그 차이점을 언어적 표현(개념)으로 규정해야만 그 상대적 차별성을 인식할 수 있는 것이다. 따라서 개념은 비교를 통해서 정립될 따름이다. 결코 개념은 직관에 정초할 수 없다. 의식에서는 선천적 표상작용이 작동될 수 없기 때문에 직관이 불가능하다.

## 5) 수(數)와 관련된 오류와 왜곡

앞에서 살펴본 바와 같이 의식이라는 사유작용은 감각적 지각에 의해 지각된 개념적 의미를 문자 언어로 규정하여 인식하는 개념적 언어작용이다. 이를 알지 못하기 때문에 결국 감각 기관을 통해 직관적 언어작용이 작동해야만 한다는 점도 이해할 수 없게 된다. 이로써 개념적 언어와 본질적 언어를 구분해서 이해할 수 없게 된다. 그 구체적인 증거를 '수(數)'라고 하는 문자 언어에 대한 이해에서 확인할 수 있다.

후설의 현상학이 수(數)의 개념에 대한 탐구로부터 시작되었다는 점은 이미 널리 알려진 사실이다. 이렇게 그가 수(數)라고 하는 기호 문자에 특별한 관심을 기울인 것은 이 수(數)라는 문자 언어가 다른 기호 문자와 달리 전혀 다른 의미론적 특성을 가지고 있다고 느꼈기 때문일 것이다.

이미 플라톤은 『필레보스』에서 숫자와 도량형(척도)들은 다른 개념적 언어들과는 달리 본질적 존재의미를 지시하는 본질적 언어라고 구분해 주고 있다. 그런데도 그는 이 숫자라는 문자 언어가 사물의 본질적 존재의미를 담지하고 있는 본질적 언어라는 점을 전혀 이해하지 못하고 있다. 그 결과 그의 모든 철학적 사유는 근본적으로 전혀 잘못된 방향으로 전개될 수밖에 없다.

사실 문자 언어의 발달로 인해서 사물의 본질적 존재의미를 담지하고 있는 본질적 언어마저도 문자 언어로 표현되고 있기 때문에 개념적 언어와 본질적 언어를 구분하지 않고 사용하고 있다. 그리고 의식의 작용이 고도로 발달해 감에 따라 인간의 본원적 직관능력은 은폐되고, 의식의 작용만이 인간의 유일한 사유능력으로 여겨지고 있다. 그 결과 본질적 언어의 존재에 대해 상상조차 하지 못하고 있는 실정이다.

아마도 문자 언어 가운데 본질적 언어라는 존재를 가장 쉽게 이해할 수 있는 단어는 숫자가 아닐까 생각한다. 후설 이전의 사상가들도 숫자의 이러한 특수성 때문에 숫자의 기원에 대해 깊은 관심을 가지고 있었던 것으로 보인다. 후설은 이 철학자들이 수(數)가 물리적 속성을 가지고 있다고 이해하는 것에 대해 극단적인 경험론자들이라고 비난하였다고 한다.[58]

그러나 그 사상가들이 수가 물리적 속성을 가지고 있다고 이해한 것은 매우 정확한 것이었다. 조금 표현상에 문제가 있기는 하지만, 수에는 다른 개념적 언어들과는 달리 결코 부정할 수 없는 본질적 존재의미가 담겨 있다는 점을 이해하고 있었던 것이다. 그런데도 후설은 이들을 극단적인 경험론자들이라고 비난하면서 수에

---

58)  테오드르 드 보에르, 앞의 책, 28쪽.

대해 철저하게 관념론적인 관점에서 분석하고 있다. 그는 숫자가 본래 본질적 언어였다는 점을 전적으로 이해하지 못했던 것이다.

이로 인해서 수(數)에 대해서 뿐만 아니라 모든 개념에 대한 그의 논의는 매우 그릇된 방향으로 전개될 수밖에 없었다.

먼저 그의 주장을 읽어 보기로 하자.

> 數들이 대상에 속성으로서 붙어 있는 것이 아니고, 그리고 이러한 한도 내에서 대상이 數들의 담지자가 아니라는 것은 옳다. 그러나 대상들은 그럼에도 불구하고 다른 의미에서 그리고 보다 정확한 의미에서 數들의 담지자이다. 數는 세어지는 대상과의 연관을 수립하려는 그리고 그런 의미에서 대상에 의해서 '태어나는' 심리적 과정에 그 자신의 기원을 두고 있다.[59]

이 인용문에서는 그가 수(數)들이 본질적 언어로 사용되는 동시에 개념적 언어로 사용될 수도 있다는 점을 이해하지 못하고 있다는 것을 확인할 수 있다. 우리는 이 숫자로 인해서 사물을 볼 때 직관적으로 그 사물의 개수를 알 수 있다. 이때는 이 숫자가 본질적 언어로서 감각 기관을 통해 작동되고 있다. 반면에 의식을 통해 숫자를 셀 수도 있다. 이때는 의식을 통해 사유된다는 점에서 개념적 언어이다. 그는 이러한 차이점을 구분하지 못하고 있다.

---

59) 테오드르 드 보에르, 앞의 책, 30쪽.

먼저, 그는 이 숫자라고 하는 것이 본래 사물의 개수를 표시하기 위해 생겨났다는 점조차도 인정하지 않고 있다. "數들이 대상에 속성으로서 붙어 있는 것이 아니고, 그리고 이러한 한도 내에서 대상이 數들의 담지자가 아니라는 것은 옳다"라는 대목에서 그는 숫자가 사물의 개수를 표시하기 위해 생겨났다는 점과 사물의 개수란 그 사물이 가지고 있는 본질적 존재의미라는 점을 이해하지 못하고 있다는 점을 읽을 수 있다.

분명 그 사물이 몇 개로 구성되어 있는가 하는 점은 그 사물이 가진 본질적 특성이다. 따라서 이 사물이 가진 본질적 존재의미를 지시하는 '몇'이라고 하는 수는 명백하게 본질적 언어이다. 즉, 이 숫자에 그 사물의 본질적 존재의미가 내포되어 있다. 그리고 이 본질적 언어로 인해서 우리는 외계의 사물을 보면서 그것이 몇 개인지 직관적으로 알 수 있다. 이러한 점에서 숫자라는 언어는 사물의 개수를 이해하고 그것을 표현하기 위해 생겨난 본질적 언어라는 것을 알 수 있다.

그리고 이 숫자는 본래 점 또는 조약돌, 막대 모양 등으로 표현하였다. 이것을 우리는 결승(結繩) 문자라고 한다. 이렇게 결승 문자에는 사물의 본질적 존재의미가 담겨 있다. 이러한 점에서 노자는 『도덕경』 80장에서 "사람들로 하여금 다시 결승 문자를 사용하게 해야 한다(使民復結繩而用之)"라고 충고하고 있다. 이는 개념적 언어를 버리고 본질적 언어를 사용해야 한다는 의미이다. 이렇듯 결승 문자의 형태로 존재했던 숫자가 나중에 아라비아 숫자라는 기호 문자로 정착된 것이다.

그런데 그는 이러한 사실을 전혀 이해하지 못하고, "수들이 대상에 속성으로서 붙어 있는 것이 아니"라고 주장하고 있다.

반면에 '수를 센다'는 것은 의식을 통해 개념적 언어로서의 숫자를 세는 것이다. 우리는 어떠한 대상도 없이 그냥 '수를 세는 것'이 가능하다. 대상과 상관없이 우리는 얼마든지 수를 셀 수 있다. 이는 전적으로 문자 언어인 숫자로 인해서 가능하다. 이럴 경우에는 이 숫자에는 어떠한 본질적 존재의미도 존재하지 않는다. 분명 어떠한 사물과도 연관되어 있지 않기 때문에 사물의 본질적 존재의미를 지시하는 것이 아니다. 다만, 그 문자 언어에 내포된 언어적 의미로 그 숫자를 세는 것이다. 즉, '2'는 '1'보다 크고, '3'은 '2'보다 크다고 하는 개념적 의미로 그 숫자를 이해하고 세는 것이다. 바로 여기에서 의식의 작용을 통해 숫자를 세는 것은 다만 이 문자 언어에 담긴 개념적 의미에 근거해서 그것을 순서대로 센다는 것을 알 수 있다.

의식을 통해 숫자를 세는 경우, 이 숫자에는 어떠한 본질적 존재의미도 담겨 있지 않다. 그는 이 점을 이해하지 못하고 이렇게 수를 셀 때의 숫자가 "數는 세어지는 대상과의 연관을 수립하려는 그리고 그런 의미에서 대상에 의해서 '태어나는' 심리적 과정에 그 자신의 기원을 두고 있다"라고 주장하고 있다. 어떤 사물에 대해 그것을 '하나, 둘, 셋…'이라고 세는 것은 그냥 수를 셀 때와 마찬가지로 개념적 언어로서의 숫자를 통해서 그것의 개수를 파악하는 의식의 사유작용이다.

따라서 이렇게 의식을 통해 그 대상 사물의 개수를 셀 경우에 그 수는 개념적 언어로서의 숫자이다. 이러한 개념적 언어의 숫자는

"대상에 의해서 태어날" 수 없다. 그리고 그 숫자는 심리적 과정에서 생겨나는 것도 아니다. 이미 문자 언어로서 확고하게 그 개념적 의미가 규정되어 있다. 우리는 어렸을 때, '하나, 둘, 셋…'이라고 수 없이 반복하면서 숫자의 순서를 외웠다. 이 숫자에는 '2'는 '1'보다 크고, '3'은 '2'보다 크다는 개념적 의미가 내포되어 있기 때문에 이 차이점을 구분하기 위해 숫자들을 순서대로 외운 것이다. 이렇게 이미 확고하게 그 의미가 규정된 문자 언어로서의 숫자를 익혀서 수를 세는 것이지, 숫자가 심리적 과정에서 생겨나는 것은 결코 아니다. 다른 문자 언어(단어)들을 배워서 익히는 것처럼 숫자도 똑같이 외워서 그 개념적 의미를 구분하여 사용하는 개념적 언어이다.

이와 같이 그는 인간에게 본질적 언어와 개념적 언어가 존재한다는 점을 이해하지 못하기 때문에 이 숫자라는 문자 언어가 두 가지 의미의 언어로 사용되고 있다는 점을 알지 못한 것이다. 분명 우리는 수(數)를 통해 사물들이 몇 개인지 직관적으로 알 수 있다. 이 경우에는 의식을 통하지 않고 감각 기관을 통해 그 사물들의 본질적 존재의미를 직관적으로 아는 것이다. 이러한 점에서 수(數)는 본질적 존재의미를 담지하고 있는 본질적 언어이다.

그러면서도 동시에 우리는 의식을 통해 숫자들을 셀 수 있다. 이것은 의식을 통해 개념적 언어로서의 숫자를 세는 것이다. 이러한 차이점을 구분해야만 한다.

이러한 점에서 본질적 언어와 개념적 언어의 차이점을 조금 더 명확하게 이해해 보기로 하자.

문자 언어의 발달로 인해서 결승 문자로 사물의 본질적 존재의미를 표시하던 것들을 모두 문자 언어로 표기하게 되었다. 이로써 문자 언어가 생겨난 초기에는 이 문자 언어는 본질적 존재의미가 내포되어 있었을 것이다. 다시 표현하자면 거의 모든 문자 언어가 본질적 존재의미로 사용되었을 것이다. 그런데 이 문자 언어로 인해서 의식이 고도로 발달하게 됨으로써 개념적 의미를 담은 개념적 언어들, 즉 파생 개념들이 생겨나게 된 것이다. 그 결과 본질적 언어와 개념적 언어를 구분하기가 쉽지 않다.

이러한 점에서 개념적 의미로 사용되는 경우와 본질적 의미로 사용되는 경우를 구분해서 이해해 보기로 하자. 중국의 청원 유신(靑原 惟信) 선사는 선(禪)수행을 통해 얻은 깨달음의 경지를 다음과 같이 설명하고 있다.

산은 다만 산이요, 물은 다만 물이로다(山祇是山 水祇是水).

감각적 지각과 의식의 작용을 완전히 끊어서 멸절한 뒤에 이루어지는 본원적 직관의 사태(눈앞에 펼쳐진 경계)를 이렇게 표현하고 있다.

이 인용문에서 주목해야 할 점은 "다만"이라는 표현이다. 이 수식어를 통해 이 "산"이라는 단어가 개념적 의미가 아니고 본질적 존재의미라는 점을 드러내고 있다.

우리는 일상적으로 '높은 산' 또는 '낮은 산'이라는 표현을 사용한다. 이러한 언어적 표현에 '높다' 또는 '낮다'라고 하는 개념적 의미를 수식어로 사용하고 있다. 따라서 이 경우에는 '산'이라는 단어는 개념적 의미가 부가(한정)된 개념적 언어로 사용되고 있다는 점을 알 수 있다. 이러한 개념적 언어를 세친(世親)은 『섭대승론석』에서 '장애가 되는 언어[장명(障名)]'라고 표현하고 있다. 그리고 이러한 개념적 언어에는 의식의 관념적 사유작용을 통해 규정되는 비실재적이고 비본질적인 의미내용[번뇌(煩惱)]들을 담지하고 있다고 설명하고 있다. 바로 '높다' 또는 '낮다'고 하는 개념적 의미[번뇌(煩惱)]들을 담고 있는 언어라는 설명이다.

그러나 선정(禪定)을 수행하여 의식의 작용을 완전히 끊어서 멸절함으로써 주관에 의해 규정된 개념적 의미가 완전히 제거되었다는 점을 표현하기 위해 '다만'이라는 수식어를 사용한 것이다. 따라서 '산은 다만 산이요'라고 할 때의 '산'은 산이 가지고 있는 본질적 존재의미를 표시(지시)하는 본질적 언어이다. 즉, 주어로서의 산은 눈앞에 표상하고 있는 본질적 표상을 지시하기 위해 사용하는 본질적 언어이며, 술어로서의 산은 본질적 존재의미를 드러내고 있다.

이러한 언어를 '본질적 언어[과명(果名)]'라고 표현하고 있다. 그리고 이 본질적 언어에는 '최상의 지혜[무상보리(無上菩提)]'가 담겨 있다고 설명하고 있다.

분명 옛 선조들에 의해 '산'이라는 본질적 언어가 생겨났을 때, 이것은 다만 산이 가진 본질적 존재의미를 지시하기 위한 수단이었다. 그런데 의식의 발달로 인해 개념적 언어작용이 활발해지면서 이를 개념적 언어로 사용하게 된 것이다.

이러한 점에서 플라톤은 『필레보스』에서 '수(數; arithmos)'나 '척도(도량형; metron)'와 같은 기호 문자를 본질적 언어로 구분하고 있다.

반면에 '같음(to ison)'과 '동등(isotēs)' 그리고 '두 배(to diplasion)'와 같은 단어들은 개념적 언어로 구분하여 설명하고 있다.[60]

물론 이 책에서는 이렇게 두 가지 언어를 구분하여 나열하고 있지만, 그 차이점에 대해서는 명확하게 설명하고 있지 않다. 그러나 플라톤은 『파이돈』에서 '크다' 또는 '작다'라고 하는 개념이 두 사람의 키를 비교하는 가운데 생겨난 개념이라는 점을 매우 자세하게 설명하고 있다.

이 대목에서 플라톤은 시미아스라는 사람이 소크라테스보다 '크다'고 표현하는 것이 '진실'을 드러내는 것이 아니라고 깨우쳐 주고 있다. 즉, 이러한 개념은 소크라테스와 비교하는 가운데 우연하게 생겨난 상대적 차별성을 표현하는 것일 뿐이지, 이러한 개념이 시미아스가 근본적으로 가지고 있는 본성이나 본질적 존재의미는 아니라고 설명하고 있다.[61]

마찬가지로 여기에서 '같음'과 '동등', '두 배'라는 단어들은 공통적으로 그것들이 두 개 이상의 사물들을 비교하여 그 상대적 차별성을 규정하고 있다. 이러한 점에서 이 개념들은 두 개의 사물을 서로 비교하는 가운데 생성된 것들이라는 점을 쉽게 이해할 수 있다. 따라서 '같음', '동등', '두 배' 같은 단어는 모두 개념적 언어로 구분된다는 점을 읽어 내야만 플라톤의 가르침을 바르게 이해할 수 있다.

반면에 '수(數)'라든지 '도량형(度量衡)'은 결코 부정할 수 없는 본질

---

60)  플라톤, 『필레보스』, 120쪽.
61)  플라톤, 박종현 옮김, 『에우티프론 소크라테스의 변론 크리톤 파이돈(플라톤의 네 대화편)』 (경기: 서광사, 2003), 416쪽 102b-102c.

적인 의미를 가지고 있다. '1'은 결단코 '하나'를 의미하며, '1m'는 결단코 '100cm'이다. 이것은 어느 누구도 부정할 수 없다. 그리고 오로지 이러한 의미로만 사용될 뿐, 결코 주관적 가치 판단에 의해 변하거나 굴절되지 않는다. 그렇기에 이 단어들은 비록 문자 언어로서 의식에 의해 사유되지만, 결코 그 본질적 존재의미를 상실하지 않는다. 이러한 점에서 플라톤은 본질적 언어를 개념적 언어와 엄밀하게 구분한 것이다.

이 두 가지 언어의 차이점을 보다 명확하게 이해하기 위해 우리나라의 전강(田岡) 영신(永信) 선사(1898~1974)[62]의 오도송(悟道頌)을 읽어 보기로 하자. 전강 선사는 의식이 끊어진 본원적 직관의 사태[경계]를 다음과 같이 표현하고 있다.

　　어젯밤 달이 누각(樓閣)에 가득하더니, 창밖은 갈대꽃 가을이구나!(昨夜月滿樓 窓外蘆花秋)

아름답고 서정적인 시를 통해 본원적 직관의 사태를 표현하고 있다. 이 두 구절의 시구는 노자가 "개념적 언어가 없으니, 천지가 개

---

62)　인천 남구 주안동에 소재한 용화선원에서 주석하였다. 사실 필자는 이 용화선원에 출가하여 3년간 선정을 수행한 바 있다. 불행히도 전강 선사께서 입적한 뒤여서 직접 뵙지는 못했다. 필자는 전강 선사의 오도송을 석가모니 이후 가장 뛰어난 오도송으로 평가한다. "昨夜月滿樓 窓外蘆花秋 佛祖喪身命 流水過橋來" 이 짧은 20자로 불교의 대의를 너무도 명확하게 설명해 주고 있다. 뒤의 두 구절에 대한 해석은 생략하기로 하자. 스스로 수행을 통해 그 의미를 터득하는 것이 중요하기 때문이다. 앞의 두 구절은 두 가지 언어의 차이점을 설명하기 위해 부득이 해설을 붙인 것이다.

벽하는구나! 본질적 언어가 있으니, 만물의 어미로구나!(無名天地之始 有名萬物之母)"라고 설명한 것과 정확하게 일치한다.

이와 같이 인간의 생래적인 본원적 직관능력에 의한 본원적 직관이 2,500년의 시차를 두고 서로 정확하게 일치한다는 점을 확인할 수 있다. 또한, 옛 성현들의 가르침을 동일한 관점에서 이해하는 필자의 시각이 매우 올바른 것이라는 점을 재차 확인할 수 있다.


사실 "어젯밤 달이 누각(樓閣)에 가득하다"라는 구절을 접하면서 우리는 매우 당혹스러움을 감출 수 없다. 도무지 무슨 소리인지 알 수 없다. 바로 이렇게 도무지 무슨 소리인지 알 수 없는 것은 이 글을 가장 정확하게 이해한 것이다.

결코 어젯밤 달은 오늘 밤에 뜰 수가 없다. 이미 하루 전에 사라지고 없다. 분명 오늘은 어제보다 더 보름달에 가깝게 커졌거나 아니면 거꾸로 조금 반달 모양으로 작아졌을 것이다. 그런데 왜 어젯밤 달이 지금 누각에 가득하다고 했을까?

바로 개념적 언어를 부정한 것이다. 어젯밤 달이 현재, 이 순간에 존재할 수 없다는 점을 통해 개념적 언어가 비실재적이고 비본질적인 의미내용을 담고 있는 언어라는 것을 드러낸 것이다. 다시 설명하자면, '어젯밤 달'이니 '오늘 밤 달'이니 하는 개념적 의미의 달은 실재하지 않는다는 의미를 드러낸 것이다.

따라서 "어젯밤 달이 누각에 가득하더니"라고 표현한 것은 곧 의식의 개념적 언어작용이 끊어진 상태를 표현하고자 한 것이다.

우리는 달을 보면서 일상적으로 "참 달도 밝고 아름답다!"라고 표현한다. 이러한 표현은 철저하게 개념적 언어들로 이루어져 있다.

'밝다' 또는 '아름답다'라고 하는 개념적 의미로 그 달을 묘사(수식)하고 있다. 이 점이 개념적 언어의 특징이다.

그런데 같은 달을 보면서 "어젯밤 달이 누각에 가득하다"라고 하는 것은 곧 의식에 의한 모든 개념적 의미들을 멸절한 순수직관[寂]의 상태를 표현한 것이다. 그러니 당혹스럽게 느껴지는 것은 너무도 당연하다. 우리는 이 구절을 개념적 언어로 읽기 때문에 무슨 말인지 이해하기 힘든 것이다.

따라서 이 구절은 노자가 "개념적 언어가 없으니, 천지가 개벽하는구나!"라고 설명한 것과 동일한 의미이다. 매우 아름다운 서정적인 시구로 깊은 철학적 이치를 표현해 주고 있다.

같은 달을 보고 있지만, 전혀 다른 사태가 눈앞에 펼쳐지고 있다. 어떠한 개념적 의미도 부가되지 않는 '있는 그대로'의 달이 눈앞에 펼쳐져 있다. 이로써 자연으로서의 천지가 개벽한 것이다. 개념적 의미를 제거해야만 눈앞에 '있는 그대로'의 자연이 현전하게 된다.

그러면서 다시 "창밖은 갈대꽃 가을이구나!"라고 읊고 있다. 이것은 눈앞에 펼쳐진 존재사물들의 본질적 존재의미를 직관적으로 아는 것, 즉 본원적 직관[불공(不空)]을 표현한 것이다. 여기에서 갈대꽃이니 가을이니 하는 단어는 모두 본질적 언어이다. 이 본질적 언어를 통해 외계(자연)를 '있는 그대로' 표현(지시)한 것이다. 즉, 늦가을 들녘에 갈대꽃이 만발한 것을 직관하면서 가을임을 직관적으로 아는 것을 표현한 것이다. 달리 표현하자면 의식이 끊어진 뒤에 감각 기관을 통해 직관적으로 선천적 종합판단이 일어난다[不空]는 점을 밝히고 있다.

바로 이 본질적 언어에 근거하여 하늘은 하늘이라는 본질적 존재의미를 드러내며 우리의 눈앞에 현전하고, 산은 산이라는 본질적 존재의미를 드러내며 눈앞에 나타나 존재하게 된다. 이러한 점에서 노자는 "본질적 언어가 존재하니, 모든 사물들의 어미로구나!"라고 표현한 것이다.

이상에서 살펴본 바와 같이 인간의 모든 앎은 언어를 통해 이루어진다. 직관을 통한 선천적 종합판단은 본질적 언어를 통해 가능하다. 반면에 의식을 통한 대상 인식은 문자 언어인 개념적 언어를 통해 그 사물의 개념적 의미를 인식하는 것이다.

이러한 점에서 본질적 언어와 개념적 언어를 엄밀하게 구분해야 한다. 바꾸어 말하자면 본질적 언어는 감각 기관을 통해서 작동한다는 점에서 의식에서는 결코 직관을 거론할 수 없다.

관념론자들은 본질적 언어와 개념적 언어를 구분하지 않기 때문에 의식의 사유작용에서 직관을 거론하고 있다. 이로써 모든 철학적 담론이 성립될 수 없는 궤변이 되고 있다. 이러한 그릇된 철학적 사유는 계속해서 또 다른 오류와 왜곡을 낳고 있다. 결국 후설은 의식의 작용에서 본질직관이 가능하다는 점을 입증하기 위해 '현상학적 환원과 형상적 환원'이라는 또 다른 오류와 왜곡을 자행하고 있다.

이 점에 대해서는 절을 바꾸어 자세히 살펴보기로 하자.

6) 판단중지와 형상적 환원은 결코 양립할 수 없다(의식의 작용 특성에 대한 몰이해)

앞에서 살펴본 바와 같이 후설은 의식의 작용 특성에 대해 전적으로 바르게 이해하지 못하고, 의식에서 본질직관이 가능하다고 주장하고 있다. 그리고 이러한 본질직관이 의식에서 가능하다는 점을 입증하고 위해 현상학적 환원과 형상적 환원을 주장하고 있다.

이러한 점에서 두 가지 환원이 왜 동시에 양립할 수 없는지 살펴보기 전에 먼저 그가 본질에 대해 어떻게 왜곡하고 있는지 살펴볼 필요가 있다.

다음의 두 인용문을 읽어 보기로 하자.

> 개념 아래서 우리는 단어의 의미가 아니라 그 形相을 이해하지 않으면 안 된다. 그것은 一般對象이며 본질이다.[63]

> 抽象化作用만이 유일하게 一般化作用을 산출한다.[64]

앞에서 서양 철학계가 고대 그리스 철학의 기초적인 용어들의 개념조차도 바르게 이해하지 못하고 있다는 점을 지적한 바 있다. 바로 이 첫 번째 인용문에서 후설이 형상(形相)과 본질에 대해 전혀 바르게 이해하지 못하고 있다는 점을 확인할 수 있다. 개념은 의식

---

63)  테오드르 드 보에르, 앞의 책, 230쪽.
64)  테오드르 드 보에르, 앞의 책, 235쪽.

의 산물이라는 점에서 명백하게 문자 언어에 내포된 언어적 의미규정이다. 그런데 이 개념을 '단어의 의미'로 이해해서는 안 되고, '형상(形相)'으로 이해하지 않으면 안 된다고 주장한다. 그리고 이 형상이 곧 일반 대상이며 본질이라고 주장하고 있다.

분명 플라톤은 이 형상[eidos]이 선천적 표상작용[nous]을 통해 표상된 본질적 표상이라고 설명하고 있고, 본질[archē]은 네 가지 물질적 요소[stoicheion; 물·불·흙·공기]의 조합으로 구성된다고 설명하고 있다. 앞에서도 부분적으로 확인했지만, 뒤에 '본질이란?'이라는 절과 '플라톤이 설명하는 두 가지 현상의 외계'라는 항(項)에서 다시 자세히 확인하기로 하자.

여기서 간추려 설명하자면, 본질은 외계의 물질적 사물이 가지고 있는 고유한 물질적 특성을 조합하여 구성된 사물의 고유한 존재자성을 말한다. 그리고 형상이란 이 본질을 소재로 선천적 표상작용을 통해 표상한 본질적 표상이다. 반면에 개념은 문자 언어에 내포된 언어적 의미내용이다.

그런데 그는 개념적 언어에 내포된 개념을 형상으로 이해하지 않으면 안 되고, 이 형상은 곧 본질이라고 주장하고 있다. 전적으로 철학의 기초적인 용어들의 개념조차 바르게 이해하지 못하고, 제멋대로 왜곡하고 있다.

더욱이 이렇게 개념을 형상이나 본질로 이해할 수 있는 방법은 곧 추상화작용을 통해서 개념을 일반화함으로써 가능하다고 주장하고 있다. 본질이란 물질적 사물이 가진 고유한 물질적 특성으로 인해서 그 사물이 갖게 되는 고유한 존재자성이다. 그런데 어떻게 문자 언어로 표현된 언어적 의미규정을 추상화함으로써 사물의 고유한 물질적 특성들을 도출해 낼 수 있겠는가?

사물의 본질은 결코 이념적 존재일 수 없다. 그것은 사물의 고유한 물질적 특성(또는 형질)으로 구성된 그 사물의 고유한 존재자성이다. 그래야만 우리의 감각 기관에 현상하는 모든 사물의 표상이 그 물질적 사물을 '있는 그대로' 드러낼 수 있는 것이다. 하이데거의 표현을 빌자면 본질은 '인간 존재의 현사실성'의 근거라고 할 수 있다. 즉, 이 본질로 인해서 우리의 눈앞에 현전하는 외계가 곧 '현실(現實)'일 수 있는 것이다. 이러한 점에서 본질을 이념적 존재로 이해하는 것은 곧 현실을 관념(이념)의 세계로 변질시켜 버리는 결과를 초래하고 있다.

이러한 오류와 왜곡은 또 다른 오류와 왜곡을 불러일으킬 수밖에 없다. 결국 그는 의식에서 본질직관이 가능하다는 점을 입증하기 위해 결코 양립될 수 없는 현상학적 환원과 형상적 환원을 주장하고 있다.

그러나 역시 마찬가지로 이러한 주장은 성립될 수 없는 궤변이다. 그가 주장하는 이 두 가지 환원은 의식의 사유작용에서 결코 함께 실행될 수 없다. 이러한 주장은 의식의 작용 특성을 정확하게 이해하지 못한 데서 비롯된 오류이다.

즉, '자연적 태도에서의 일반 정립을 괄호 치는(배제하는) 판단중지(epochē)'와 '자유 변경을 통해 본질직관을 가능하게 하는 형상적 환원(形相的 還元)'이 서로 모순 관계를 이루고 있다. 이러한 모순된 주장을 하게 된 근본 원인은 바로 의식이 문자 언어를 매개로 그 언어적 의미를 사유하는 언어적 사유작용이라는 점을 인정하지 않고 의식에서 본질직관을 주장하기 때문이다.

다시 말해, 의식이 언어적 사유작용이기에 필연적으로 갖게 되는 작용 특성을 바르게 이해하지 못했기 때문에 이러한 모순된 논리를 전개한 것이다. 쉽게 설명하자면 '자연적 태도에서의 일반 정립'도 의식의 지향작용[연연(緣緣)]으로 인해서 발생하고, '자유 변경'도 의식의 '계속적으로 이어지는 지향성[차제연(次第緣)]'에 의해서 가능하다. 모두 의식이 언어적 사유작용이기 때문에 갖게 되는 작용특성이라고 할 수 있다.

따라서 '자연적 태도에서의 일반 정립을 배제하는 판단중지'를 실천하려면 의식의 작용을 끊어야만 한다. 그렇다면 의식이 계속적으로 생성과 소멸을 거듭해야만 하는 '자유 변경'이 불가능해진다. 반대로 '자유 변경'을 성실히 수행하려면 의식의 작용을 활발하게 작동시켜야만 가능하다. 그렇다면 '판단중지'가 불가능해진다.

요점은 의식이 대상을 정립해야 하는 이유와 자유 변경이 가능한 이유가 동일하다는 점이다. 바로 이러한 의식의 작용 특성을 명확하게 이해하는 것이 중요하다.

먼저, 의식이 구체적인 대상을 정립해야 하는 이유는 앞에서 언급하였듯이 감각과 감각적 지각을 구분해야 하는 이유와 동일하다.

외계는 감각 기관을 통한 선천적 표상능력에 의해 표상되어 눈앞에 펼쳐진다. 이것이 감각이다. 그런데 이때 의식은 한순간에 하나의 단어만을 사유할 수 있으므로 감각에 현상하고 있는 수많은 대상 사물 가운데 구체적인 하나의 대상을 특정해야만 그것의 개념적 의미를 사유하고 인식할 수 있다. 반대로 구체적인 하나의 대상이 정립되지 않았다는 것은 의식이 어떠한 것도 지향하지 않았다는 것을 의미한다. 이렇게 의식이 지향하지 않은 것들은 대상화되지 않고, 감각 상태 그대로 눈앞에 펼쳐져 있을 따름이다.

이러한 의미에서 플라톤은 주관의 대상정립작용을 '타자성의 회전(운동)'[65]이라고 표현하고, 본원적 직관작용은 '동일성의 회전'이라고 표현하고 있다. 불교의 유식학에서도 의식의 대상정립적 사유작용을 의타성(依他性) 또는 의타기성(依他起性)이라고 표현하고, 본원적 직관작용[사(事)]에 대해서는 생무자성(生無自性)[66]이라고 표현한다. 바로 여기에서 '타(他)' 또는 '타자(他者)'라고 하는 표현들은 모두 주관(의식)에 의해 정립된 '대상'을 의미한다.

이렇게 주관에 의해 정립된 대상들을 '타자(他者)'라고 표현한 것은 그것들이 본원적 직관능력에 의해 스스로 '나타나 존재(顯存)'하는 것이 아니고, 주관에 의해 정립된 대상이라는 의미이다. 이와 같이 의식이 외계의 어떤 사물에 대해 인식하기 위해서는 그것을 대상화하여 구체적인 대상으로 정립함으로써 그 대상에 대한 인식이 가능하다.

따라서 자연적 태도에서의 일반 정립을 완전히 배제하는 것은 곧

---

65)  플라톤은 『티마이오스』에서 인간의 정신작용을 '동일성의 회전(운동)'과 '타자성의 회전(운동)'으로 구분하여 설명하고 있다. 즉, 동일성의 회전은 곧 누우스(nous)에 의한 본질적 직관작용을 의미하고, 타자성의 회전은 생성(genesis; 의식)에 의한 대상정립적 인식작용을 의미한다. 『티마이오스』 37b~c에서 이 두 가지 운동의 차이점을 엄밀하게 구분하여 설명하고 있다.
66)  생함이 없는 작용 특성이란 곧 의식의 대상정립적 사유작용이 끊어져서 소멸했다는 의미이며, 이는 곧 선천적인 본질직관작용[事]이 작동한다는 의미이다.

의식의 지향작용이 끊어져서 다시 일어나지 않아야만 가능하다. 앞에서 설명한 바와 같이 의식의 지향성으로 인해서 감각적 대상을 정립하기 때문에 대상정립작용을 완전히 멸절시키기 위해서는 의식의 사유작용이 완전히 끊어져야 한다. 이렇게 의식이 완전히 멸절된 상태를 '무위(無爲)'라고 한다. 옛 성현들은 공통적으로 의식의 사유작용이 끊어지면 그때 자연스럽게 생래적인 본원적 직관능력이 회복된다고 깨우쳐 주고 있다. 결코 의식의 작용에 있어서 순수의식이라는 별도의 사유작용은 존재하지 않는다.

반면에 '자유 변경'은 의식의 작용이 활발하게 작동되어야만 가능하다. 이 자유 변경에 대해서는 서울대학교에서 강의하셨던 고(故) 한전숙 교수님의 논문을 참고하기로 하자.

Husserl은 그 과정을 셋으로 나누고 있다. 먼저 1) 어떤 대상에서 출발하여 자유로운 상상에 의해서 무한히 많은 모상을 만들어 가면(자유변경), 2) 이 모상의 다양 전체에 긍해서 서로 겹치고 합치하는 것이 종합 통일되어, 3) 여기에서 이 변경전체를 통하여 영향을 받지 않는 불변적인 일반성, 즉 본질을 가려내서 이것을 직관에 의해서 능동적으로 포착한다.[67]

67)  한전숙, 『현상학의 이해』(서울: 민음사, 1989) 63쪽. 삼가 고 한전숙 교수님의 명복을 빈다. 생전에 많은 점에서 미흡했던 필자의 원고(이 책이 아닌 다른 책)를 성심껏 읽어 주시고, 논란이 될 만한 부분을 지적하며 토론해 주셨다. 그 높은 학덕에 항상 존경과 흠모의 마음을 가진 것을 잊을 수 없다.

이 인용문을 통해서 우리는 형상적 환원에 대해 쉽고 명확하게 이해할 수 있다. 이러한 점에서 서양 철학계에서도 이 논문에 대해 대체로 높이 평가하고 있는 것 같다.[68]

그러나 역설적으로 이 설명을 통해서 후설의 과오와 착각을 너무도 명백하게 확인할 수 있다. 이 세 단계의 과정을 면밀하게 분석해 보기로 하자.

먼저 1번에서 이 자유 변경이 의식의 작용에서 가능하다고 설명하고 있다. 이를 통해 관념론 철학에서의 의식과 불교나 옛 성현들의 가르침에서의 의식이 동일한 사유작용이라는 것을 확인할 수 있다.

이렇게 무수히 많은 모상을 만들어 내기 위해서는 의식이 수없이 생성과 소멸을 반복해야만 가능하다. 앞에서 의식의 '상상력'에 대해 자세하게 살펴보았다. 바로 이 상상력에 의해 "무수히 많은 모상을 만들어" 낼 수 있다. 다시 간략하게 살펴보자면 직관은 존재사물이 눈앞에 현전할 때만 가능하다. 그러나 의식의 상상력은 대상이 현전하지 않아도 본원적 주관성에 간직된 과거의 표상을 재표상함으로써 자유자재로 그것을 상상할 수 있다. 이렇게 상상을 통해서만 무수히 많은 모상을 만들어 낼 수 있다. 다행스럽게도 의식은

68) 『의식의 85가지 얼굴(조광제 저)』이라는 책에서도 이 인용문을 그대로 인용하여 형상적 환원에 대해 설명하고 있다. 특히 저자는 이 형상적 환원에 대해 다음과 같이 평가하고 있다. "후설이 제안한 이 본질 직관의 과정은 실제로 우리가 본질을 구하기 위해 사유를 전개해 나갈 때 대부분 활용하고 있는 것이다. 후설이 이를 정확하게 명시한 것이다."(157쪽) 그러나 이러한 형상적 환원이라는 정신현상은 결코 일어날 수 없다. 지나치게 현상학을 절대화하고 있다는 점을 지적하지 않을 수 없다.

순간순간 생성과 소멸을 반복하기 때문에 이러한 자유 변경이 가능하다.

바로 여기에서 한 가지 사실에 주목해야 한다. 후설이 이렇듯 의식을 통해 자유 변경이 가능하다고 주장하고 있다는 점이다. 이는 곧 그가 말하는 의식이 문자 언어를 매개로 그 언어적 의미를 사유하는 언어작용을 의미한다는 점을 드러낸다. 의식은 문자 언어를 매개로 사유하는 언어작용이기 때문에 생성과 소멸을 반복하는 작용 특성을 갖는다. 그러나 그는 의식에서 자유 변경을 주장하면서도 왜 의식에서 자유 변경이 가능한지 그 이유를 이해하지 못했던 것이다.

불교에서는 의식이 수없이 생성과 소멸을 반복할 수 있는 것은 의식의 '계속적으로 이어지는 지향성[次第緣]'에 의해서 가능하다고 설명하고 있다. 의식이 이러한 작용 특성을 갖는 것은 의식이 문자 언어를 매개로 사유하기 때문이다. 그런데도 후설은 의식에서 자유 변경이 가능하다고 말하면서 의식이 문자 언어를 매개로 사유하는 언어작용이라는 점을 이해하지 못한 것이다.

이렇게 의식은 순간순간 생성과 소멸을 반복하기 때문에 '자유로운 상상'이 가능하다. 그리고 이러한 자유로운 상상을 통해서만 무수히 많은 모상을 만들어 낼 수 있다.

따라서 앞에서 살펴본 판단중지와 이 형상적 환원은 서로 모순이 되어서 동시에 실천할 수 없다.

그러나 무엇보다도 중요한 점은 이러한 형상적 환원이라는 정신 현상은 실제로는 일어나지 않는다는 것이다. 사물의 본질은 이러한 환원의 과정이 필요 없이 그것이 감각 기관을 통해 체험되는 순간, 즉시 직관된다. 이미 본원적 주관성에 종자의 형태로 내장되어 있기 때문이다.

만약 이렇듯 상상을 통한 자유 변경이 실제로 우리의 사유에서 일어난다고 한다면 사물들을 볼 때마다 그것의 본질을 직관하기 위해서는 많은 시간이 소요될 것이다. 왜냐하면 의식은 한순간에 하나의 표상만을 상상할 수 있기 때문이다. 다른 많은 것을 생각하기도 바쁜데, 누가 본질을 직관하기 위해 한가롭게 무한한 표상을 만들어 내고 앉아 있겠는가?

또한, 2번에서 '이러한 상상을 통해서 종합적 통일이 가능하다'라고 주장하는 것은 칸트가 '통각'을 통해서 종합적 통일이 가능하다고 주장한 것과 동일하다. 이러한 점에서 후설은 칸트 철학의 충실한 계승자라는 점을 확인할 수 있다.

그러나 상상을 통해서는 종합적 통일이 불가능하다. 상상에 의해 만들어 낸 '무수히 많은 모상'은 그 순간이 지나면 곧 사라져 버린다. 상상은 의식의 사유작용이기 때문에 순간순간 생성과 소멸을 반복한다. 따라서 한순간에 상상하던 의식이 사라지면서 모두 사라지는 것이다. 그래야만 다시 다른 모상을 상상할 수 있다. 만약 그것이 사라지지 않는다면 항상 동일한 모상만을 상상할 수 있으므로 '무수히 많은 모상'을 상상할 수 없다.

분명 후설이 '자유 변경'이라고 표현하듯이 자유롭게 그 모상을 바꾸어 가며 상상할 수 있으려면 앞서 상상한 모상이 사라져야만 다른 표상을 상상할 수 있다. 이렇게 상상을 통해 표상한 모상들은 그 의식이 사라지면서 함께 사라진다.

의식과 함께 사라지면서 이것들은 모두 본원적 주관성[팔식(八識), 아리야식(阿梨耶識)]에 종자의 형태로 저장된다. 이렇게 그것들이 종자의 형태로 저장되는 과정에서 종합적 통일이 이루어질 수 있는 것이다. 그리고 다시 이와 동일한 모상을 상상하고자 할 때는 이 종자의 형태로 내장된 그 표상을 재표상함으로써 재생시킬 수 있다. 논리적으로는 이렇게 설명할 수 있지만, 실제로는 렘수면 상태에서 종합하고 통일하는 과정이 일어난다고 판단된다. 인간은 렘수면 상태에서 꿈을 꾼다고 하는데, 이 꿈이 종합적 통일의 과정에서 불필요한 표상들을 폐기하는 것이 아닐까 추정해 볼 수 있다. 아마도 상상한 것들에 대해서는 렘수면 상태에서 폐기되지 않을까? 전혀 불필요한 정보라면 말이다. 렘수면 상태에 대해서는 뒤에 자세히 논의할 기회를 갖기로 하자.

결코 의식에서 종합적 통일이 이루어지는 것이 아니다. 본원적 주관성에서 직관적 언어작용을 통해 언어의 형태로 저장되는 과정에서 이러한 종합적 통일이 가능하다. 앞에서 플라톤이 로고스를 기록자라고 표현하고, 의식에 대해서는 이러한 기록이 불가능해서 '아로고스(alogos)'라고 표현하고 있다는 점을 돌이켜 보면 쉽게 이해할 수 있다.

마지막으로 3번의 "불변적인 일반성, 즉 본질"이라는 표현에서 사물의 본질에 대한 이해가 잘못되었다는 점을 확인할 수 있다. 앞에서 개념을 추상화작용을 통해 일반화함으로써 개념에서 본질이 도출된다고 주장하는 것을 살펴보았다. 이와 같이 관념론자들은 사물의 본질과 문자 언어에 내포된 본질적 존재의미를 혼동하고 있는 것 같다.

사물의 본질은 그 사물이 가진 고유한 물질적 특성으로 이루어진 것이다. 그리고 사물의 고유한 물질적 특성[네 가지 요소; 물·불·흙·공기]들은 플라톤의 설명처럼 '우주에서 빌려온' 것이다. 이러한 설명은 본질이란 외계의 물질적 사물이 가지고 있는 고유한 물질적 특성으로 이루어졌다는 점을 깨우쳐 주고 있다. 그리고 동시에 이 물질적 특성들이 우리의 영혼 속에 종자의 형태로 내재되어 있다는 점을 설명해 주고 있다. 이에 대해서는 뒤에 '본질이란?'이라는 절(節)에서 자세히 확인하기로 하자. 따라서 본질은 오로지 영혼의 본원적 직관능력에 의해서만 직관된다.

이 본질은 결코 의식의 사유를 통해 도출될 수 있는 성질의 것이 아니다. 의식은 오로지 언어적 의미규정[개념]을 산출할 수 있다. 그가 말하는 불변적인 일반성이란 아마도 문자 언어에 내포된 불변하는 의미내용을 말하는 것으로 이해된다. 모든 문자 언어는 이렇게 고정된(불변하는) 확고한 의미규정을 담지하고 있다.

예를 들어 보자. 우리가 불(火)의 본질을 직관할 수 있는 것은 실제로 불이 모든 것을 태우는 것을 현실에서 봄으로써 가능하다. 다시 설명하자면, 실제로 불이 활활 타오르면서 모든 것을 태우는 것을 실제로 체험함으로써 불의 본질을 직관할 수 있는 것이다. 이와 같이 '모든 것을 태울 수 있다'라는 것이 불이 가진 고유한 존재자성(본질)이다.

따라서 우리는 불이라는 문자 언어에 이러한 본질적 존재의미를 담아서 사용한다. 즉, 불이라는 단어에 '모든 것을 태울 수 있다'라는 본질적 존재의미가 내포되어 있다. 이로써 불이라는 단어를 통해 의식에서 '모든 것을 태울 수 있다'라는 본질적 존재의미를 이해할 수 있는 것이다. 아마도 후설은 이렇게 문자 언어에 내포된 본질적 존재의미를 사물의 본질이라고 착각한 것 같다. 이러한 점에서 후설이 본질을 '불변적인 일반성'이라고 표현하는 것은 문자 언어에 담긴 본질적 존재의미를 가리키는 것으로 해석해야 타당할 것이다. '불변하는 일반성'이라는 표현에서 이것이 개념적 의미가 아니라는 것만은 분명하다. 여기에서 그가 단어에 담긴 사물의 본질적 존재의미와 사물의 본질적 표상의 소재인 본질의 차이점을 구분하지못하고 있다는 점을 알 수 있다. 앞에서 칸트가 개념과 표상을 구분하지 못한다는 점을 지적했듯이 후설도 동일한 과오를 범하고 있다. 그 이유는 그들은 의식이 언어에 내포된 의미내용을 통해서 그 언어적 의미를 사유하는 언어적 사유작용이라는 점을 인정하지 않고, 의식에 본질이 표상한다고 간주하기 때문에 야기되는 오류이다.

이상에서 살펴본 바와 같이 '판단중지'와 '형상적 환원'은 상호 간에 모순되기 때문에 그가 주장하는 본질직관이란 결코 성립될 수 없다. 완벽하게 판단중지를 실행한다면 결코 다시 의식이 생성되지 않기 때문에 자유 변경이 불가능하다. 반대로 형상적 환원을 철저하게 실천한다면 의식이 끊임없이 일어나야 하므로 결코 판단중지를 성공적으로 수행할 수 없다.

그가 이러한 궤변을 늘어놓게 된 근본 원인은 본질에 대한 이해로부터 의식의 작용 특성에 대한 이해에 이르기까지 모든 오류와 왜곡에서 야기된 것이라고 할 수 있다.

# II.
# 외계(자연)는 어떻게 눈앞에 펼쳐지는 것일까?

◇◇◇◇◇◇◇◇◇◇◇◇◇◇◇◇◇◇◇◇◇◇◇◇◇◇◇◇◇◇◇◇◇◇◇◇◇◇◇◇◇◇◇◇◇◇◇◇◇◇◇◇◇

아마도 우리가 쉽게 객관적 실재론에 설득되는 이유는 감각 기관을 통해 지각한 것이 외계에 실재하는 것과 너무도 일치하기 때문이 아닐까 생각된다. 분명 외계의 사물들은 자신의 고유한 물질적 특성을 가지고 존재한다. 그런데 우리는 그것을 눈으로 보고 손으로 만지면서 그 사물들이 가진 물질적 특성들을 감각적으로 느낄 수 있다. 이러한 감각경험으로 인해서 그 사물이 외계에 실재하는 것으로 이해하게 된다. 그래서 경험론이라는 지각이론이 탄생한 것이 아닐까 생각된다.

그런데 옛 성현들은 모두 감각 기관을 통해 지각되는 것들이 외계에 실재하는 것이 아니고, 우리의 마음속에서 표상함으로써 지각되는 것이라고 깨우쳐 주고 있다. 그러나 우리의 감각을 통해 느껴지는 것들이 너무도 실제적이어서 이러한 가르침을 쉽게 받아들이지 못하는 것 같다. 그 결과, 지금까지도 불교뿐만 아니라 노자와 플라톤의 가르침을 정확하게 번역조차 하지 못하고 있다.

이 장에서는 어떻게 해서 우리의 감각 기관에 외계의 물질적 사물들이 '있는 그대로' 드러나 나타날 수 있는가 하는 점을 정확하게 이해해 보기로 하자. 이로써 옛 성현들의 가르침이 모두 주체론적 형이상학이었다는 점을 이해할 수 있을 것이다. 옛 성현들의 가르침을 주체론적 형이상학이라고 규정한 이유는 인간에 의해서 우주의 만물이 '나타나 존재'할 수 있기 때문이다. 따라서 외계의 모든 존재사물은 주체적 존재자인 인간에 의해 표상되어 현상함으로써 존재하는 현상적 존재라고 할 것이다.

옛 성현들의 가르침을 살펴보면서 어떻게 인간의 영혼 속에서 표상한 그 사물의 표상들이 실재하는 사물의 물질적 특성을 '있는 그대로' 드러낼 수 있는지 명확하게 이해해 보기로 하자.

## 1. 꿈속의 나비가 실재하는 나비이다

아마도 장자(莊子)의 가르침이 옛 성현들의 가르침 가운데 가장 직설적이면서도 가장 이해하기 어렵지 않은가 생각된다. 장자는 제물론(齊物論)에서 '나비 꿈[호접몽(蝴蝶夢)]'의 비유를 들어서 눈앞에 펼쳐진 외계가 모두 우리의 영혼 속에서 표상하여 현상한 것이라고 깨우쳐 주고 있다.

분명 나는 깊은 잠을 자고 있는데, 꿈에 마치 실제처럼 너무도 생생하게 나비가 훨훨 날아다닌다. 이것은 결코 실재하는 나비가 아니다. 우리의 영혼 속에서 표상한 것이다. 마찬가지로 깨어 있을 때 눈에 보이는, 그 실재하는 나비도 이와 같이 마음속에서 그려 냄으로써 현상한 것이라는 점을 매우 쉽게 설명해 주고 있다.

제물론(齊物論)이란 '물론(物論)'을 정리해 놓았다는 뜻이다. 이 물론(物論)이란 간략하게 설명하자면, 우리의 눈앞에 실재하는 그 존재사물들이 어떻게 존재하느냐 하는 문제를 거론하는 존재론이라고 할 수 있다. 즉, 외계의 존재사물이 어떻게 인간에게 나타나 존재(顯存)하느냐 하는 문제를 거론하는 이론을 말한다. 따라서 이는 곧 존재론이자 동시에 인간의 선천적인 본원적 직관능력을 밝혀주는 형이상학이라고 할 것이다.

지난날 장주(莊周)는 꿈에 나비(蝴蝶)가 되었다. 자유로이 훨훨 날아다니는 나비였다. 자유자재하며 유유자적하구나! 스스로 장주라는 것을 알지 못하였다. 돌연 꿈에서 깨어 보니 놀랍게도 드러누워 있는 주(周)였다. 장주(莊周)의 꿈에 나비가 되었는가, 나비의 꿈에 주(周)가 되었는가 알 수 없구나. 반드시 주(周)와 나비는 그 구분이 있을 텐데. 이것을 일컬어 물화(物化)라고 한다(昔者莊周夢爲蝴蝶 栩然蝴蝶也 自喻適志與 不知周也 俄然覺 則蘧蘧然周也 不知周之夢爲蝴蝶歟 蝴蝶之夢爲周歟 周與蝴蝶則必有分矣 此之謂物化). 『莊子』, 齊物論]

이보다 더 아름다운 철학 강의가 있을까? 그리고 이보다 더 명쾌한 설명은 없을 것 같다.

장자(莊子)는 이 비유를 통해 우리의 눈에 보이는 모든 것이 꿈에 나타난 것처럼 우리의 마음속에서 그려 냄으로써 눈에 보이는 것이라는 점을 매우 친절하게 설명해 주고 있다.

이 설명에서 우리는 먼저 이 '물화(物化)'라는 표현에 주목해야 한다. 바로 이 꿈속에 나타난 나비가 깨어 있을 때 눈에 드러나 나타난 실재하는 나비라는 의미이다. 즉, 물화(物化)란 '존재자(존재사물)로 화현(化現)한다'라는 뜻이다.

꿈속에 나타난 그 나비가 분명 우리의 마음속에서 표상하여 나타난 것이라는 점은 너무도 명백하다. 나는 잠을 자고 있으므로 당연히 외계에 존재하는 나비를 보는 것은 아니다. 그런데도 실제로 깨어 있을 때 눈에 드러나 나타난 나비와 정확하게 일치하는 표상이 현상하고 있다. 아마도 많은 사람이 이러한 사실적인 꿈을 꾼 적이 있을 것이다. 깊은 잠을 자고 있는데, 불이 나서 실제 현실처럼 활활 타오르는 불꽃에 모든 것이 타 버리는 꿈을 꾸기도 한다. 그 꿈이 너무도 사실적이어서 놀라서 깨어난 뒤에도 한동안 어리둥절하던 경험이 있을 것이다.

이러한 경험을 통해 옛 성현들은 우리의 눈에 보이는 모든 것이 꿈에 나타난 것과 같이 모두 우리의 영혼 속에서 그려져서(표상하여) 눈에 나타난 것이라는 점을 깨달았던 것 같다.

이와 같이 깨어 있을 때 눈에 보이는 그 실재하는 나비도 꿈에 보이는 나비와 똑같이 우리의 마음속에서 그려 낸 표상이 드러나 나타난 것이다. 우리는 그것을 실재하는 존재사물로 지각하고 있다.

이러한 점에서 장자(莊子)는 인간에 의해 그려진(구성된) 그 표상이 곧 실재하는 존재자로 화현(化現)한다는 것을 '물화(物化)'라고 표현하고 있다. 즉, 꿈속의 나비가 곧 실재하는 나비라는 설명이다.

참고로 "장주(莊周)의 꿈에 나비가 되었는가, 나비의 꿈에 주(周)가 되었는가 알 수 없구나. 반드시 주(周)와 나비는 그 구분이 있을 텐데"라는 표현은 주관과 객관이 구분되지 않는다는 점을 드러내고 있다. 즉, 눈에 보이는 그 나비가 곧 나의 마음속에서 현상하여 존재하므로 나(장주)와 그 나비를 구분할 수 없다는 의미이다. 이것을 간략하게 '주객합일(主客合一)'이라고 표현하기도 하고, 불교에서는 '상즉상입(相卽相入)'이라고 표현한다.

참으로 놀라운 설명이다. 사실 불교의 저 방대한 경전과 논서(論書)들은 모두 이 비유를 논리적 이론 체계를 갖추어 설명하는 것이라고 해도 과언은 아니다. 불교에서 설명하는 마음[심(心), 팔식(八識)]이라고 하는 것은 바로 이렇게 나비를 그려 내는 본원적 직관능력을 의미한다. 즉, 의식[육식(六識)]과는 별개로 존재하는 이 본원적 직관능력이 인간의 선천적인 인지능력이며, 이 능력에 의해 사물의 표상이 그려져서 눈앞에 드러나 나타나고 동시에 본질적 존재의미도 함께 직관된다.

그렇다면 어떻게 외계(자연)가 마음속에서 '있는 그대로' 표상하여 눈앞에 펼쳐지는 것인지 자세히 살펴보기로 하자.


## 2. 외계에 대한 바른 이해: 연장(延長)실체냐, 사유실체냐?

지금까지 우리는 관념론의 영향으로 외계의 물질적 사물들이 모두 연장실체로서 존재한다고 이해해 왔다. 이 점은 우리가 외계에 대해 전적으로 바르게 이해하지 못하고 있다는 것을 극명하게 드러낸다. 따라서 외계에 대해 바르게 이해하기 위해서는 이 연장실체라는 개념에 어떠한 오류와 왜곡이 내포되어 있는지 정확하게 이해할 필요가 있다.

이미 옛 성현들은 의식의 작용 특성으로 인해서 외계의 사물들을 연장실체로 인식하게 된다는 점을 지적해 주었다. 그 사유의 궤적을 따라가면서 연장실체가 의식이 언어적 사유작용이기 때문에 필연적으로 갖게 되는 작용 특성을 바르게 이해하지 못해서 생겨난 그릇된 개념이라는 점을 이해해 보기로 하자.

객관적 실재론을 상징하는 대표적인 표현이 곧 '연장(延長)실체'이다. 쉽게 설명하자면 '연속적으로 이어지는 실체'가 외계에 실재한다는 의미이다. 즉 외계의 모든 물질적 사물들은 시간과 공간이라는 개념(을 바탕으로) 속에서 연속적으로 이어져서 실재한다고 주장한다.

우리가 이 점에 주목해야만 하는 이유는 이 연장실체라는 개념이 시간과 공간이라는 개념과 연계되어 있기 때문이다. 바로 이 점이 자연과학의 학문적 방법론을 정립하는 데 있어서 중대한 장애 요인이 되고 있다.

우리는 외계의 물질적 사물들이 이와 같이 시간과 공간이라는 개념(을 바탕으로) 속에서 연장적으로 실재한다고 간주하고 있기 때문에 지금도 시간이나 공간이라는 개념을 통해서 외계 사물들의 본질을 이해하려고 노력하고 있다.

그러나 시간과 공간이라는 개념도 외계를 이해하기 위해 인간이 설정한 언어적 의미규정일 뿐이며, 결코 외계에 시간이나 공간이라는 개념은 실재하지 않는다. 시간이라는 개념은 천체의 움직임을 이해하기 위해 인간이 설정한 언어적 의미규정이다. 사물의 변화된 표상을 비교하면서 시간이라는 개념을 인식하지만, 의식이 끊어지면 절대현재만이 존재한다.

그런데도 자연과학계뿐만 아니라 우리도 일상적으로 '시간의 화살'이라는 표현을 사용하고 있다. 즉, 화살이 날아가듯이 시간이 외계에서 비가역적으로 흐른다고 간주하고 있는 것이다. 이렇게 시간이 외계에 흐르고 있는 것처럼 느끼는 것은 곧 의식이 생성과 소멸을 반복하면서 하나의 흐름을 형성하기 때문이다. 사물의 변화를 비교하면서 시간이라는 개념을 인식하는 의식이 계속적으로 하나의 흐름을 형성하면서 흐르기 때문에 마치 외계에도 시간이 흐른다고 착각하는 것이다. 바로 연장실체도 이와 동일한 관점에서 생겨난 개념이다. 의식의 흐름 속에서 동일한 실체로 인식되기 때문에 그것을 시간의 흐름 속에 실재하는 것으로 착각한 것이다.

여기에서는 우선적으로 외계의 사물들이 연장실체로서 실재한다고 간주하는 것에 어떠한 철학적 오류와 착각이 있는지 자세히 살펴보기로 하자. 그리고 시간에 대해서는 자연과학을 논의할 때 다시 거론하기로 하자.

사실 뇌과학계에서도 이미 오래전에 이러한 연장실체라는 개념을 부정하고, 외계의 존재사물은 사유실체로 존재한다고 선언했다. 신경과학자인 제럴드 에델만은 다음과 같이 조심스럽게 말하고 있다.

우리는 지금 연장된 사물(역주: 크기 부피 무게를 갖는 연장 실체. 즉 물질을 가리킴)을 다루는 과학의 영역 밖에 사유실체를 상정하지 않아도

되는지를 반문해야 좋을 바로 그 지점에 이르렀다.[69]

　먼저 일반적으로 자연과학계가 여전히 외계의 물질적 사물을 연장실체라는 관점에서 이해하고 있다는 점을 지적하고 있다. 그렇지만 이제 신경과학적 입장에서는 이러한 개념을 인정할 수 없고, 우리가 지각하고 있는 외계의 실체적 근거가 우리의 두뇌 속에 존재한다는 점을 인정하지 않을 수 없다는 점을 밝히고 있다.

　물론 그가 이렇게 단언할 수 있었던 것은 뉴런집단선택설(Theory of neuronal group selection)에 입각한 감각질(qualia)이론 때문이다. 그는 이러한 이론들을 통해 감각이 뉴런의 시냅스들이 선택적으로 연결을 강화하거나 약화시킴으로써 만들어 낸 감각질이라는 점을 밝히고 있다.

　따라서 눈앞에 펼쳐진 외계는 결코 연장적으로 실재하는 실체라고 할 수 없다. 분명 우리의 영혼(두뇌)에 내재된 사유실체(종자)가 감각작용을 통해 감각에 현상한 것이다. 이것은 곧 눈앞에 현존하고 있는 그 사물은 감각에 현상할 때만 '있다(존재한다)'는 점을 의미한다. 이렇게 사물의 표상은 오직 현재(現在)적으로 우리의 감각 기관에 현상한다. 그런데 이 사물의 표상을 의식의 재표상작용과 '계속적으로 이어지는 지향성(次第緣)'에 의해 의식에서 계속적으로 이어져서 사유됨으로써 동일한 사물로 인식되기 때문에 우리는 그 인식된 대상이 시공간상에 연장적으로 존재하는 것으로 착각한 것이다.

69)　제럴드 에델만, 앞의 책, 165쪽.

참으로 고맙게도 중국의 영명 연수(永明 延壽) 선사는 『종경록(宗鏡錄)』에서 범지(梵志)의 일화를 통해 우리의 눈앞에 현전하는(나타나 있는) 존재사물들을 연장실체로 인식하는 것이 어떠한 착각과 오류로 인한 것인지 매우 자세하게 일깨워 주고 있다.

범지(梵志)가 출가하여 하얗게 센 머리로 되돌아왔다. 이웃 사람들이 그를 보고서 '옛사람이 아직 살아 있었구려'라고 말한다. 범지가 이르기를 '나는 옛사람과 같아 보이나 옛사람이 아니다'라고 말했다. 이에 이웃 사람들이 '아니(非)'라는 그 말에 깜짝 놀랐다(是以梵志出家 白首而歸 鄰人見之日昔人尙存乎 梵志日 吾猶昔人非昔人也 鄰人皆愕然非其言).[70]

이 일화에서 가장 주목해야 할 것은 범지가 "옛 범지가 아니다(非)"라고 말한 것에 대해 이웃 사람들이 모두 "깜짝 놀랐다"라는 설명이다. 우리는 일상적으로 과거 어린 시절의 범지와 현재의 늙은 범지를 동일한 사람으로 지각하고 인식한다. 그런데 "나는 옛날의 범지처럼 보이지만 옛사람이 아니다"라고 하는 말에 당황스럽지 않을 수 없다.

여기에서 잠시 이웃들이 알고 있는 범지와 현재의 범지를 비교해 보자. 현재의 범지는 흰머리에 주름살이 깊이 팬 늙고 쇠잔한 노인이다. 더욱이 정신적으로는 매우 변화된(깨달음을 얻은) 자다. 그런데 이웃들이 기억하고 있는 범지는 분명 어린 시절의 개구쟁이 범지일

---

70) 영명연수. 종경록(宗鏡錄). 大正藏 48권, 451쪽.

것이다. 이 둘 사이에는 어떠한 동일성도 찾을 수 없다. 그런데도 이웃 사람들은 여전히 두 사람을 동일한 범지로 인식한다. 바로 이렇게 우리는 범지라는 사람을 시간과 공간상에 연속적으로 변화하면서 존재하는 동일한 인물로 이해한다. 물론 외계의 존재사물들을 모두 연장실체라고 주장하는 것도 이와 같은 사고방식이다.

이에 대해 범지가 "내가 옛사람 같아 보이지만, 그 옛사람이 아니다"라고 설파한 것은 바로 이러한 그릇된 인식을 깨우쳐 주기 위한 것이다. 일상적으로 우리는 인식 대상이 시간적으로 연장(延長)하여 존재하는 동일한 실체라고 간주하고 있다는 점을 지적한 것이다.

계속해서 다음 구절에서 "옛 사물(昔物)은 그 시점의 옛날(昔)에 스스로 존재했고, 현재의 사물(今物)은 현재 이 시점에 스스로 존재한다(昔物自在昔 今物自在今)"라고 설명하고 있다.

결코 옛 사물과 현재의 사물이 동일할 수는 없다. 범지(梵志) 또한 옛 범지는 홍안(紅顔)에 혈기가 넘치는 청년이었으나, 지금의 범지는 흰머리에 늙고 쇠잔한 범지이다. 옛 범지는 과거에 존재했고, 현재의 범지는 지금 존재하고 있을 뿐이다. 결코 시간을 되돌려 옛 범지로 돌아갈 수도 없다. 그리고 홍안의 옛 범지가 지금 존재할 수도 없다. 이와 같이 "현재의 사물은 현재 이 순간에 스스로 존재한다"라는 설명을 통해 직관이란 '다만 현재 눈앞에 현전하는 것'을 의미한다는 것을 읽을 수 있다.

바로 이러한 점에서 고대 그리스의 헤라클레이토스도 "동일한 시냇물에 두 번 발을 담글 수 없다"라고 천명한 것이다. 시냇물은 계속해서 흘러가고 있다. 잠시도 같은 물이 되풀이해서 흐르지 않는다. 항상 새로운 물이 흐르듯이 모든 존재사물은 한순간만 지나도 동일한 사물이 아니다.

　바로 이렇게 우리가 동일한 대상으로 인식하고 있는 그 존재사물은 이미 동일한 존재자가 아니라는 것이다. 연장적으로 실재하는 그러한 존재자(존재사물)는 존재할 수 없다는 점을 깨우쳐 주고 있다.

　따라서 다음 구절에서 "중니(仲尼)께서 '안회(顏回)야, 새로운 사람으로 보아라. 인사를 나누는 사이에도(잠깐 동안만 지나도) 그는 이미 이전의 사람이 아니기 때문이다'라고 말한 것이다. 이와 같이 존재사물들은 서로 간에 오고 가지 않는다는 것이 확실하다(故仲尼曰。回也見新　交臂非故　如此則物不相往來明矣)"라고 설명하고 있다. 인사를 나누는 잠깐 사이에도 이미 그 사람은 동일한 사람이 아니라는 것이다.

　이와 같이 과거의 존재사물과 현재의 존재사물이 서로 간에 교차하여 존재할 수 없다는 점도 지적하고 있다. 앞에서 지적했듯이 과거의 것은 과거 그 시점에 존재했고, 지금의 사물은 다만 지금 존재할 따름이다.

　분명 나무들은 계절에 따라 전혀 다른 모습으로 존재한다. 결코 어떠한 동일성도 찾을 수 없다. 봄마다 똑같이 잎이 나고 똑같은 꽃을 피운다고 동일한 나무일 수 없다. 이미 나이테가 하나 더 생겨난 나무이다. 이러한 의미에서 "존재사물은 서로 오고 가지 못한다는 점이 명백하다(物不相往來明)"라고 설명하고 있다.

　이러한 설명은 우리가 일상적으로 외계에 사물들이 연장실체로서 실재한다고 하는 사고방식이 매우 잘못된 것이라는 점을 깨우쳐 주고 있다. 좀 더 자세히 설명하자면 의식이 생성과 소멸을 반복하면서 과거의 표상과 현재의 표상 그리고 미래의 표상을 번갈아 가면서 재표상하기 때문에 마치 그것이 시공간 속에서 연장적으로 존재한다고 착각하고 있다는 점을 깨우쳐 주고 있다. 이와 같이 오고 갈(往來) 수 있는 것은 오로지 의식의 사유작용에 의해서만 가능하다.

바로 여기에서 우리는 한 가지 의문이 생긴다. 분명 우리는 외계의 존재사물의 현재의 모습을 보면서 과거나 미래에 전혀 다르게 변화한 모습을 거의 동시에 알 수 있다. 이것은 어떻게 가능한 것일까?

바로 이렇게 옛것과 현재의 것이 서로 간에 오고 갈 수 있는 것 [상왕래(相往來); 교차배열에 의한 상호내속(相互內屬)]은 의식의 사유작용에 의해서만 가능하다.

어떻게 가능한지 자세히 이해해 보자. 이 점을 명확하게 이해하기 위해서는 의식이 생성과 소멸을 반복하면서 하나의 흐름을 유지한다는 점을 이해해야 한다. 또한, 의식의 표상능력[육식(六識)의 상(想)]은 감각 기관을 통해 사물의 표상을 직접적으로 표상하는 선천적 표상능력[팔식(八識)의 상(想)]과는 달리 재표상(떠올림)하는 능력이라는 점을 이해해야 한다. 의식이 생성과 소멸을 반복한다는 점에 대해서는 앞에서 충분히 자세히 살펴보았다. 그리고 의식의 표상능력도 재표상능력이라는 점에 대해서도 의식의 상상작용을 이해하면서 충분히 살펴보았다.

여기에서 과거의 표상과 현재의 표상이 서로 오고 갈 수 있다는 점을 이해하기 위해서는 이 재표상능력이 두 가지 형태로 작동한다는 점을 명확하게 이해해야 한다.

하나는 감각적 지각을 통해 지각된 감각적 대상[오진(五塵)]을 지향하여[연연(緣緣)] 그것을 의식에 대상화하는 작용이고, 다른 하나는 본원적 주관성[팔식(八識); 아리야식(阿梨耶識)]에 내재된 종자를 지향하여[인연(因緣)] 그것을 의식에 대상화하는 작용이다. 현재의 표상은 감각적 대상을 대상화하는 연연이라는 지향성에 의해 의식에 재표상되고, 과거의 표상은 인연의 작용을 통해서 마음(본원적 주관성)에 종자의 형태로 내장되어 있는 것을 의식이 재표상함으로써 인식된다.

그리고 의식이 순간순간 생성과 소멸을 반복하기 때문에 이 두 가지 지향작용으로 인해 재표상된 현재의 표상과 과거의 표상이 서로 교차하며 동일한 사물로 인식되는 것이다. 뇌과학에서도 의식이 정상적으로 작동할 때는 40Hz의 뇌파가 발생한다는 점을 밝혀주고 있다. 이러한 과학적 사실은 곧 의식이 초당 40회 생성과 소멸을 반복한다는 의미를 드러내고 있다. 이와 같이 짧은 시간에 두 표상이 서로 교차하면서(相往來) 의식에 재표상되기 때문에 현재의 범지를 과거의 범지와 같은 사람으로 인식할 수 있는 것이다.

시간이라는 개념도 이와 동일한 방식으로 생성된다. 예를 들어, 어느 날 우연히 길거리에서 옛 친구를 마주쳤다고 하자. 친구를 보면서 현재의 모습과 기억 속의 옛 모습을 떠올려(재표상하여) 비교하고는 "아이구! 자네도 많이 늙었네그려. 그래, 벌써 30년이 지났구면"이라고 인사한다. 이와 같이 의식을 통해 본원적 주관성(아리야식)에 내장된 친구의 옛 모습과 현재의 모습을 비교하면서 발견한 그 친구의 변화된 모습에서 '30년'이라는 시간의 개념이 생겨난다. 그러나 그 친구와 헤어지는 그 순간, 이 '30년'이라는 시간의 개념은 사라져 버린다. 그리고 오직 절대현재만이 눈앞에 펼쳐진다.

여기에서 우리는 시간이란 개념이 의식의 반성적 사유작용을 통해 과거의 표상과 현재의 표상을 비교하면서 생겨난다는 점을 확인할 수 있다.

이와 같이 과거의 표상과 현재의 표상 그리고 미래의 표상이 오고 갈 수 있는 것은 의식의 재표상(떠올림) 능력과 순간순간 생성과 소멸을 반복하는 의식의 작용 특성으로 인해서 가능하다.

의식이 생성과 소멸을 반복하는 작용 특성을 가지고 있기 때문에 순간순간 현재의 표상과 과거의 표상이 교차하여 현상하고 있으나, 우리는 그것을 쉽게 인지하지 못한다. 그 이유는 두 가지로 요약할 수 있다. 첫째는 의식에 재표상된 과거의 표상은 감각에 현상하는 것처럼 선명하게 나타나지 않고 매우 흐릿하게 나타나기 때문에 우리가 그것을 쉽게 인지할 수 없기 때문이다. 그리고 또 한 가지는 이러한 교차배열이 40분의 1초라는 짧은 순간에 일어나기 때문이다. 마치 우리가 영화를 볼 때 모든 장면에서 출연자의 움직임이 자연스럽게 보이는 것과 같다. 그 필름들을 하나하나 살펴보면 모두 한순간의 움직임만이 담겨 있다. 이렇게 그 필름에는 순간순간 움직이지 않고 고정된 동작만이 담겨 있지만, 이것을 빠르게 연결해서 영사함으로써 그 주인공의 움직임이 자연스럽게 인식된다.

이와 같이 우리는 이렇게 짧은 시간에 과거의 표상이 오고 가는 것을 인지하지 못한 채로 그 변화를 비교하고 있는 것이다.

이로써 우리는 현재 눈앞에 보이는 그 존재사물이 과거의 것과 동일한 존재자라는 것을 알 수 있다. 그리고 본원적 주관성에 의해 구성된 사물의 존재 원리에 입각해서 의식의 상상력을 통해서 미래의 표상을 자유자재로 표상할 수 있다.

바로 여기에서 관념론자들이 눈앞에 펼쳐진 외계의 사물들을 연장실체라고 주장하게 된 이유를 이해할 수 있다. 관념론자들은 의식이 생성과 소멸을 반복하면서 하나의 흐름을 형성한다는 점을 이해하지 못하기 때문에 이러한 의식의 작용 특성으로 인해서 과거의 표상과 미래의 표상이 오고 갈 수 있다는 점을 이해하지 못한 것이다. 그래서 그들은 외계의 사물이 연장실체로서 실재하기 때문에 그 물질적 사물로부터 과거의 표상도 인식할 수 있고 미래의 표상도 인식할 수 있다고 착각한 것이다.

칸트는 바로 이러한 점을 이해하지 못하고, "직관은 연장적 크기들(外延量)이다"라는 명제를 선언하기도 한다. 잠시 칸트의 주장을 읽어 보자.

"연장적 크기란 그 위에서 부분들의 표상이 전체 표상을 가능하게 만드는(그러므로 부분들의 표상이 전체 표상에 반드시 선행하는) 그런 크기를 일컫는다. 아무리 짧은 선분이라도 그것을 생각 속에서 그어보지 않고서는, 다시 말해 한 점으로부터 모든 부분들을 잇달아 산출해 내고, 그렇게

함으로써 비로소 이 직관을 그려 냄 없이는, 나는 어떠한 선분도 표상할 수가 없다. 이러한 사정은 제아무리 짧은 시간이라도 모든 시간의 경우도 마찬가지다. 여기에서 나는 한순간에서 다른 순간으로의 순차적인 진행을 생각하며, 이 경우 모든 시간 부분들과 그것의 덧붙임에 의해 마침내 일정한 시간 크기들이 산출된다. 모든 현상들에서 순전한 직관은 공간이거나 시간이므로, 직관으로서의 모든 현상은 연장적 크기다."[71]

여기에서 "직관으로서의 모든 현상은 연장적 크기다"는 표현은 곧 '외계의 사물은 연장실체다'는 표현과 같은 의미이다. 쉽게 설명하자면, '직관은 연장적 크기들이다'는 설명은 곧 사물의 과거의 표상이나 미래의 표상까지도 직관된다는 의미이다. 즉, '연장적 크기'는 우리가 선(線)이라고 지각하는 것이 수많은 점(點)들이 서로 이어져서 이루어졌듯이 지금 이 순간에 과거의 시점부터 계속적으로 이어지는 다양한 표상들이 종합적으로 직관된다는 의미이다. 달리 표현하자면 시공간적 직관을 통해서 과거의 표상과 미래의 표상까지도 연장적으로 직관할 수 있다는 것이다.

그러나 직관은 오직 절대현재이다. 오직 이 순간에 눈에 들어오는 빛을 해석해서 사물의 표상을 그려 내는 것이 직관이다. 즉 현재 눈앞에 현전하는 사물의 표상만이 감각 기관을 통해서 직관된다. 결코 과거의 사물이 현재 존재할 수 없고, 또한 미래의 사물도 지금 존재할 수 없다. 따라서 직관은 결코 연장적 크기일 수 없다.

---

71)  임마누엘 칸트, 백종현 옮김, 『순수이성비판 1』(서울: 아카넷, 2006), 398쪽.

"모든 시간 부분들과 그것의 덧붙임에 의해 마침내 일정한 시간 크기들이 산출된다"는 주장은 결코 성립될 수 없다. 또한 시간의 개념을 '덧붙여서' 시간의 크기가 생겨나는 것이 아니다. 현재의 표상과 과거의 표상을 비교하면서 그 차이에서 시간의 크기가 생겨나는 것이다. 현재의 표상과 1년 전의 과거 표상을 비교하면서 '1년'이라는 시간 개념이 생겨나며, 30년 전의 과거 표상을 비교하면 곧 '30년'이라는 시간 개념이 생겨난다. 칸트의 주장은 시간이 실재한다고 간주하기 때문에 발생하는 궤변이다.

따라서 시간이란 개념은 직관되지 않는다. 만약 시간이 직관된다면 깊은 잠에서 깨어났을 때나 혼절한 상태에서 깨어났을 때 곧 몇 시간 또는 며칠이 지났는지 직관적으로 알아야 할 것이다.

그러나 이런 일은 있을 수 없다. 깨어난 뒤에 몇 시인지 시계를 보고 확인한 후에야 '내가 몇 시간을 잤구나'라고 시간의 크기를 알 수 있다. 혼절했다 깨어났을 때도 며칠간 혼수상태에 있었는지 알지 못한다. 전후 상황을 들어 본 뒤에야 며칠이 지났는지 알 수 있다. 깊은 잠에 들었을 때나 혼절했을 때는 의식이 끊어져서 작동하지 않는다. 그래서 시간의 흐름을 인식하지 못한 것이다. 다시 깨어난 뒤에 시계를 보거나 전후 사정을 전해 들은 뒤에야 시간의 흐름을 인식할 수 있다. 이것은 곧 시간이 의식의 작용을 통해 사물의 변화를 비교하면서 생성된다는 점을 드러낸다.

이와 같이 의식이 생성과 소멸을 반복하면서 하나의 흐름을 형성하는 작용 특성을 바르게 이해하지 못하기 때문에 외계의 물질적 사물을 연장실체라고 주장하거나 또는 '직관은 연장적 크기이다'고 주장하는 것이다.

　이상에서 살펴보았듯이 옛것(어린 시절의 범지)은 분명 옛날에 존재했고, 지금의 것(늙은 범지)은 오로지 이 시점에 존재한다. 그런데도 어렸을 적의 범지밖에 본 적이 없는 이웃 사람들이 늙고 쇠잔한 범지를 어린 시절 범지와 동일한 사람이라고 인식하게 되는 것은 곧 우리의 영혼(마음)에 내재된 사유실체[종자]로 인해서 가능하다는 점을 알 수 있다. 마찬가지로 수많은 사물의 변화를 인식할 수 있는 것도 곧 마음(아리야식)에 내재된 그 사물들의 옛 표상과 지금 눈앞에 현상하고 있는 현재의 표상이 서로 교차 배열됨으로써 그 변화를 인식할 수 있다.

　이러한 사실로부터 이 사유실체[존재근거[법계(法界): ousia]]에 내재된 과거의 표상들이 의식의 작용을 통해 현재에 드러나 나타나고 있는 점도 알 수 있다.

　바로 이러한 깊은 성찰에 근거하여 공자가 안회에게 '인사를 하는 동안에도 그 옛사람이 아니니, 항상 새로운 사람으로 보라'고 충고한 것이다. 즉, 의식의 사유작용을 끊어 버리면 과거의 표상이 현재에 드러나 나타나지 않기 때문에 오로지 현재 이 순간의 그 사람만을 직관할 수 있다는 의미이다.

　바로 여기에서 '직관을 통한 선천적 종합판단'은 오로지 의식을 끊어 버린 뒤에 본원적 직관능력에 의해서만 가능하다는 점을 확인할 수 있다. 다시 설명하자면, 과거의 표상이 현재 드러나 나타나지 않아도 그 사람이 동일한 사람이라는 것을 직관적으로 알 수 있다. 의식은 이미 끊어져서 멸절했기 때문에 인연(因緣)이라는 지향작용이 일어날 수 없다. 그렇지만 사유실체[법계(法界): ousia]로 인해서 그 사람이 동일한 사람이라는 것을 직관적으로 알 수 있다.


## 3. 본질적 언어에 근거하여 사물의 표상을 그려 낸다

이제 이 사유실체에 모든 감각경험과 실제적 체험을 통해 얻은 사물의 표상들이 저장되어 있고, 이 사유실체로 인해서 사물의 본질적 표상이 현상할 수 있으며, 또한 본질적 존재의미가 직관될 수 있다는 점을 이해해 보기로 하자.

바로 이 사유실체를 불교에서는 '법계(法界)'라고 표현하고, 노자는 '중보(衆甫)'라고 표현하며, 플라톤은 '우시아(ousia)'라고 표현하고 있다.

법계란 범어로, 'dharma-dhātu'를 번역한 것이다. 여기에서 '法(dharma)'란 '현상'이라고 번역되어야 한다. 감각적 표상[염상(染相)]이나 본질적 표상[정상(淨相)]이 드러나 나타난 것을 현상이라고 한다. 이러한 점에서 유위법(有爲法)은 의식의 재표상작용을 통해 의식에 나타난 현상을 의미한다. 즉, 감각적 지각을 통해 지각된 감각적 대상으로서의 감각적 표상을 지향하여 재표상함으로써 의식에 현상한 것을 의미한다. 따라서 '인식현상'이라고 번역하는 것이 좋을 것 같다.

반면에 무위법(無爲法)이란 의식이 끊어진 뒤에 본원적 직관작용[사(事); 무위지사(無爲之事)]을 통해 감각 기관에 본질적 표상이 현상하는 것을 의미한다. 이러한 점에서 무위법은 '자연현상'이라고 번역하기로 하자.

또한, '계(dhātu)'는 '생하다' 또는 '원인'이라는 의미이다.[72] 따라서 이 법계의 의미는 모든 존재사물의 본질적 표상이 현상할(생할) 수 있는 근거(원인)라는 의미이다. 즉, 모든 존재사물이 우리의 눈앞에 나타나 존재(顯存)할 수 있는 가능근거라는 의미라는 것이다.

세친(世親)은 『섭대승론석』에서 이 법계가 곧 본질적 언어[名]이며, 이 본질적 언어를 근거로 모든 사물의 본질적 표상이 표상되기 때문에 존재근거[법계(法界)]라고 한다고 설명하고 있다.

> 또한 언어라고 하는 것은 궁극의 경지에 이르러서 모든 현상에 두루 미친다(통용된다)고 말한다. 모든 현상에서 차별(개념적 언어로 규정된 상대적 차별성)이 없다. 이러한 언어가 곧 법계이다. 이 법계로써 모든 현상에 두루 미침(통용됨)으로써 모든 존재자로서의 존재자를 분별하지 않고 본질적 표상[정상(淨相)]이 된다.(復次名者 謂至究竟名通一切法 於一切法無有差別 此名卽是法界 此法界以通一切法 不分別一切義爲相)[73]

여기에서 궁극의 경지란 감각적 지각[오식(五識)]과 의식[육식(六識)]이 끊어진 뒤에 얻어지는 깨달음의 경지를 말한다. "차별이 없다(無

---

72) 세친의 『섭대승론석』에서 이 계에 대해 다섯 가지 의미를 설명하고 있다. 첫째는 인간의 본체(마음)를 이룬다는 의미에서 '체(體)'의 의미를 가지고 있고, 둘째는 원인이라는 의미, 셋째는 '생(生)하다'라는 의미, 넷째는 진실이라는 의미, 다섯째는 '간직하다'라는 의미를 가지고 있다고 설명하고 있다(졸역 한글대장경, 『섭대승론석』(동국역경원刊), 109쪽 참조).
73) 세친, 『섭대승론석』(大正藏 31권) 205쪽, b.

有差別"라는 표현에서 차별이란 곧 인식 대상에 대해 개념을 통해 인식된 상대적 차별성을 의미한다. 앞에서 개념이란 이러한 상대적 차별성을 언어적 표현으로 규정한 것이라는 점을 살펴보았다. 따라서 차별(상대적 차별성)이란 개념적 언어에 내포된 개념적 의미와 같은 말이다. 그리고 "분별하지 않는다(不分別)"라는 표현에서 의식의 사유작용을 통해 상대적 차별성을 인식하지 않는다는 의미를 드러내고 있다.

이러한 점에서 여기에서 '언어'라고 표현한 것은 곧 직관적 언어작용에 의해 구성된 본질적 존재의미를 담지하고 있는 본질적 언어라는 점을 알 수 있다.

그리고 이 "본질적 언어가 모든 현상에 두루 미친다(통용된다)"라고 표현하고 있다. 이 설명은 본질적 언어로 인해서 모든 현상이 나타날(현상할) 수 있다는 의미이다.

그리고 "모든 존재자로서의 존재자(義)를 분별하지 않고 표상이 된다"라고 설명하고 있다. 이 구절에서 존재자로서의 존재자에 대해 어떠한 상대적 차별성도 인식하지 않는다는 점에서 의식이 끊어졌다는 점을 알 수 있다. "분별하지 않고 표상이 된다"라는 설명은 곧 '자연현상[무위법(無爲法)]'으로 현상한다는 의미이다. 따라서 본원적 직관작용에 의해서 이 본질적 언어를 근거로 본질적 표상이 표상된다는 점을 읽어 낼 수 있다.

앞에서 플라톤이 "그 진술(언표)들의 그림(像: eikōn)들을 혼(마음) 안에다 그리는 화가(zōgraphos)를 말일세"라고 설명하는 것을 확인한 바 있다. 이 구절에서도 사물의 표상들은 '본질적 언어(logoi)'를 밑그림으로 삼아 그려 낸 것이라는 점을 읽어 낼 수 있다. 그것도 매우 정확하게 일치하고 있다.

이번에는 매월당(梅月堂) 김시습(金時習, 1435~1493)이 『화엄경석제(華嚴經釋題)』에서 법계에 대해 설명한 것을 자세히 살펴보기로 하자. 이 설명에서는 이 법계에 모든 존재사물의 표상이 내장되어 있으며, 이 표상이 다시 우리의 감각 기관에 현상한다는 점을 자세히 밝혀 주고 있다.

> 법계(法界)란 모든 중생의 마음과 몸의 본체이다. 본래부터 신령스럽고 밝으며, 널리 통하여 광대하며, 공허하고 고요하며, 오직 하나의 진실한 경계(境界; 事態)일 따름이다. 감각적으로 드러내는 어떠한 감각적 표상(染相)도 없으면서도 저절로 삼라만상이며 삼천 대천 세계이다. 끝(邊)이 없는 모든 존재자를 품어 수용하였으며, 마음과 눈 사이에서 밝고 밝으나 어떠한 표상도 볼 수가 없구나. 차별적인 존재의미의 존재자 속에서 밝게 빛나지만, 이치(논리적 필연성)로는 분석할 수가 없다. 모든 현상(法)을 꿰뚫은 지혜의 눈이 아니고서는 그리고 사념(思念)하는 명석한 지식을 떠나지 않고서는 자기 마음의 이러한 신령스러운 영통(靈通)을 볼 수 없다(法界者 一切衆生之身心之体也 從本以來 靈昭廓徹 廣大虛寂 唯一眞境而已 無有相貌而森羅大千 無有邊而含容萬有 昭昭於心目之間而相不可覩 晃晃於色塵之內 而理不可分 非徹法之慧目 離念之明智 不能見自心 如此之靈通也)[74].

---

74)  화엄(雪岑) 김시습(金時習)의 '화엄경석제'와 김지견의 『大華嚴一乘法界圖註幷序』에 수록된

법계(法界)가 "모든 중생의 마음과 몸의 본체"라고 설명하는 것은 마음이라고 하는 본원적 주체성[아마라식(阿摩羅識), 법신(法身)][75]은 이 법계(존재근거)의 담지자이며 집합체라는 의미이다. 즉, 본원적 주체성에 이 법계가 종자의 형태로 내장되어 있다는 설명이다. 그리고 여기에서 "중생(衆生)"이라고 표현한 것은 '부처와 중생이 다르지 않다' 또는 '모든 중생은 불성(佛性)을 가지고 있다'라고 하는 대승불교 사상이 반영된 표현이다. 앞에서 세친이 "궁극적인 경지"라고 표현하고 있음을 살펴보았다. 따라서 비록 중생이라고 표현하고 있지만 이 마음을 본원적 주체성으로 이해해야 한다. 궁극적인 경지에 이르러 개념적 언어가 내포된 종자인 '인(因)'이 법계로 전환된다고 설명하고 있다. 이렇게 본원적 주관성이 본원적 주체성으로 전환되는 것을 '전의(轉依)'라고 한다.

"본래부터 신령스럽고 밝다"라는 표현은 이 법계가 '직관을 통한 선천적 종합판단'을 가능하게 하는 근거라는 점을 밝히고 있다. 다시 설명하자면 이미 본원적 주체성에 사물의 본질적 표상과 본질적 존재의미가 종자의 형태로 내재되어 있기 때문에 이 종자를 근거로 삼라만상의 본질적 표상과 본질적 존재의미가 밝게 드러난다는 의미이다. 즉 어떠한 주관적 사유작용이 작동하지 않아도 이 법계가

---

것을 재인용한다. 김시습의 이 설명은 규봉 종밀(圭峯 宗密) 선사의 『註華嚴法界觀門』의 서(序)에 실린 내용과 일치한다(김동화, 『禪宗思想史』, 233쪽). 아마도 김시습이 규봉 종밀의 설명을 그대로 인용한 것으로 보인다.

75) 깨달음의 경지를 설명하고 있기 때문에 마음은 본원적 주체성으로 이해해야 한다. 깨달음을 얻기 전에는 의식이 작동하고 있으므로 본원적 주관성[아리야식(阿梨耶識); 색신(色身)]이라고 한다.

스스로 자신을 드러냄으로써 본질적 존재의미를 직관할 수 있다는 의미로 해석된다.

우리의 눈앞에 산과 강이 펼쳐질 때 그것들은 이미 '산'이라는 본질적 존재의미와 '강'이라는 본질적 존재의미를 드러내고 있다. 이러한 '직관을 통한 선천적 종합판단'이 법계로 인해서 가능하다는 설명이다.

또한, 이렇게 종자의 형태로 내재된 본질적 언어에 내포된 본질적 존재의미에 근거하여 본질적 표상이 눈앞에 펼쳐진다(現前)는 점에서 이 법계를 법성(法性, dharmatā)과 동의어로 사용한다.

이와 같이 본원적 주체성에 내재된 종자가 스스로 자신을 드러냄으로써 본질적 표상과 본질적 존재의미가 드러나 나타난다는 점에서 플라톤은 이러한 본원적 직관능력의 작용성을 "스스로 자신을 운동케 하는 운동(hē dynamenē autē hautēn kinein kinēsis)"이라고 표현하고 있다.

그리고 이 존재근거가 '스스로 자신을 운동케 하는' 작용성을 가지고 있다는 점에서 이 사유실체[종자(種子)]를 '살아 있는 것(zōon)' 또는 '살아 있는 영원한 것(zōon aidion)'이라고 표현하기도 한다.[76]

"널리 통하여 광대하다"라는 설명은 곧 외계의 모든 존재사물을 법계라고 하는 종자의 형태로 전환하여 모두 품고 있기 때문에 이 본원적 주체성은 우주보다도 더 광활하고 무한하다는 의미이다. 이 종자는 실제적으로 체험된 사물의 다양한 표상들을 종합하고 통일

---

76)  플라톤, 『티마이오스』, 30b. 이외에도 매우 많이 나타나고 있다.

하고 있기 때문에 그 사물의 다양한 상태와 그 상태의 변화 그리고 사물들 상호 간의 인과 관계의 필연성까지도 함께 간직하고 있다. 따라서 '널리 통한다'고 표현한 것이다.

모든 실제적 체험이 이 법계에 내장되는 과정에서 사물들의 다양한 상태의 변화들이 종합되고 통일되어 하나의 본질적 존재의미를 구성하게 된다. 이러한 과정을 '종합적 통일'이라고 한다. 이로써 우리는 자연의 법칙 또는 존재 원리를 직관적으로 알 수 있다.

"공허하고 고요하여, 오직 하나의 진실한 경계[사태(事態)]일 따름이다"라는 설명은 본원적 직관은 감각적 지각과 의식이 끊어진 뒤에 가능하다는 점을 밝힌 것이며, 이렇게 본원적 직관에 의해 눈앞에 펼쳐진 사태만이 진실성과 실제성을 갖는다는 의미를 담고 있다. "공허하고 고요하여"라는 표현은 존재근거인 법계가 어떠한 주관의 작용성의 개입도 받지 않고, 스스로 자신을 드러낸다는 설명이다. 이러한 표현은 플라톤이 영혼의 작용성을 '스스로 (자신을) 운동케 할 수 있는 운동'이라고 표현한 것과 같은 의미이다.

이와 같이 주관의 사유작용이 개입되지 않기 때문에 외계의 실재하는 존재사물을 '있는 그대로' 직관할 수 있다. 이러한 의미에서 이 존재근거(법계)를 근거로 현상해야만 진실한 경계를 이룰 수 있다는 설명이다. 진실한 경계라고 하는 것은 곧 본질적 표상[정상(淨相): 형상(形相)]이 현상한다는 의미이다.

그러므로 이 진실한 경계(사태)는 "감각에 드러나는 어떠한 감각적 표상[염상(染相)]도 없으면서도 저절로 삼라만상(존재자로서의 존재자)이며, 삼천대천세계(사유 가능한 모든 정신세계)"인 것이다. 반면에 의식이 작동할 때는 본원적 직관능력[팔식(八識)]이 감각[아타나식(阿陀那識), 팔식(八識)]을 일으키는 감각작용으로 변질된다. 따라서 감각에는 개념적 의미로 오염된 감각적 표상이 현상한다.

이와 같이 의식과 함께 감각적 지각이 끊어졌기 때문에 "어떠한 감각적 표상도 없다"라고 표현한 것이다. 이로써 본원적 직관능력에 의해 본질적 표상과 본질적 존재의미가 함께 현상하게 되고, 이렇게 현상한 그 본질적 표상이 그대로 '삼라만상(존재자로서의 존재자)'이라는 설명이다.

다시 설명하자면 이 법계가 스스로 자신을 드러냄으로써 표상하게 된 본질적 표상이 곧 존재자로서의 존재자이며, 이 본질적 표상으로 인해서 모든 삼라만상의 다양한 변화와 차별성들이 저절로 드러나 나타난다는 것이다. 본질적 표상이 드러나 나타나는 진실한 경계는 모든 감각적 지각[오식(五識)]과 의식[육식(六識)]이 끊어져 멸절한 뒤(공허하고 고요하여)에 발현된다. 이러한 점에서 불교에서는 이 감각적 지각을 끊기 위해 선정(禪定)의 수행을 강조하고 있다.[77]

이렇듯 모든 주관적 사유작용이 끊어진 뒤에 본원적 직관[무위(無爲)로서의 사(事)]이 일어나는 상태를 진실한 경계라고 표현하고 있다.

"끝이 없는 모든 존재자를 품어 수용하였다"라는 설명은 모든 존재자의 본질적 표상들이 법계의 형태로 본원적 주체성에 내재되어

---

77) 세친의 『아비달마구사석론』에서 오직 수도를 통해서만 감각적 지각이 끊어진다는 점을 강조하고 있다. "色等十界并五識界 一向修道所滅"(대장장 29권, 170쪽 b.)

있다는 의미이다. 이 설명에서 법계가 곧 모든 존재자의 존재근거라고 설명하는 이유를 확인할 수 있다. 이렇게 본질적 언어의 형태로 외계의 모든 존재사물의 본질적 표상을 품어 간직하고 있기 때문에 이 본질적 언어가 존재사물의 존재근거가 된다. 이로써 모든 존재사물이 나타나 존재할 수 있기 때문에 앞에서는 "널리 통하여 광대하다"라고 표현한 것이다.

플라톤은 『테아이테토스』에서 인간 영혼을 "밀랍으로 된 새김판"에 비유하고 있으며, 이 밀랍으로 된 새김판에 도장을 찍듯이 모든 존재사물이 각인되어 있다고 설명하고 있다.

따라서 이 법계가 곧 순수내재이다. 이로써 인간 주체는 모든 존재사물을 함용하고 있는 포괄자이자 모든 존재자가 스스로 '나타나 존재할(顯存)' 수 있는 바탕(場)이 된다.


"마음과 눈 사이에서 밝고 밝으나 어떠한 표상도 볼 수가 없구나"라는 설명에서 우리는 두 가지를 알 수 있다. 하나는 마음속에서 표상한 사물의 본질적 표상이 감각 기관인 눈을 통해 현상한다는 점이다. 사물의 표상은 결코 의식에 현상하는 것이 아니다. "마음과 눈 사이에서 밝고 밝으나"라는 표현에서 사물의 표상들이 마음속에서 표상하여 감각 기관에 현상한다는 점을 읽을 수 있다.

그리고 "어떠한 표상도 볼 수가 없구나"라는 설명에서 이렇게 현상한 그 본질적 표상은 결코 감각적 지각을 통해서 지각되지 않는다는 점을 밝히고 있다. "어떠한 표상"이란 곧 감각적 지각에 의해 지각된 '감각적 표상[염상(染相)]'을 의미한다.

플라톤도 본원적 직관능력[nous]에 의해 직관된 것[noēton]을 '혼으로 보는 것'이며, 이것은 '보이지 않는 것[aides]'이라고 표현하고 있다. '보이지 않는다'는 것은 곧 '감각적 지각[aisthēsis]에 의해 지각되지 않는다'는 의미이다. 이렇게 감각적 지각을 통해 지각되는 것은 '몸(감각 기관)을 통해서 보는 것'이라고 설명하고 있다.

"차별적인 존재의미의 존재자 속에서 밝게 빛나지만, 이치(논리적 필연성)로는 분석할 수가 없다"라는 구절에서는 본원적 직관을 통해서 차별적인 존재의미를 이해하는 것과 개념을 통해 상대적 차별성을 이해하는 것의 차이점을 설명하고 있다.

"차별적인 존재의미의 존재자 속에서 밝게 빛나지만"이라는 표현은 본원적 직관을 통해 그 존재사물을 직관할 때 본질적 존재의미와 함께 상대적 차별성을 동시에 직관하는 것을 의미한다. 이러한 점에서 '차별적 존재의미'라고 표현한 것이다. 즉, 본질적 존재의미와 함께 본질적 표상을 통해서 그 사물이 가진 상대적 차별성도 함께 직관된다는 것이다. 그리고 "이치로는 분석할 수 없다"라는 표현은 본질적 존재의미를 개념으로 구분하여 인식할 수 없다는 설명이다. 개념을 통해 인식할 때는 그 사물의 상대적 차별성만이 인식될 뿐, 본질적 존재의미가 직관되지 않는다는 의미이다.

이 점에 대해 좀 더 명확하게 이해하기 위해 플라톤의 설명을 참고하기로 하자.

플라톤은 『파이돈』에서 개념과 본질적 존재의미의 차이점을 다음과 같이 설명하고 있다.

개념을 '대립되는 것들에서의(로부터의) 생성(genesis)'이라고 표현한다. '생성'이란 앞에서 설명했듯이 의식의 개념적 사유작용을 의미한다. 그리고 '대립되는 것(to enantion)'이란 상대적 차별성을 의미한다. 이와 같이 의식에 의해 생성된 개념이란 서로 상대적으로 가지고 있는 차별성을 구분하여 규정한 것이다. 예를 들어, '작다'는 개념은 '크다'라는 개념으로부터 생성된다. 그리고 이렇게 생성된 개념은 "결코 서로 받아들일 수 없다"라고 설명하고 있다.[78] 이러한 표현은 개념이란 서로 상대적으로 가지고 있는 차별성을 구분하면서 서로 배척하는(대립되는) 개념적 의미로 규정하기 때문에 서로 받아들일 수 없다(소자유는 '함께할 수 없다(不同)'고 표현하고 있다). 이러한 설명은 개념이 결국 고정 관념을 형성한다는 의미이다.

　반면에 본질적 존재의미는 상대적 차별성을 구분하여 한정하지 않는다. 그렇지만 본질적 표상과 함께 현상하기 때문에 본질적 표상을 통해서 그 사물이 가지고 있는 다양한 차별성이 함께 직관되므로 그 사물이 가진 차별적 존재의미를 명명백백하게 알 수 있다. 이러한 차별적 존재의미의 특성을 플라톤은 매우 자세하게 설명하고 있다.

　　그러므로 내가 규정(정의)하자고 했던 것은 무엇인가에 대립되는 것은 아니면서도 이를, 즉 대립되는 것을 받아들이지 않는 것들이 어떤 것인가 하는 것이네. - 이를테면, 지금의 경우 셋들인 것(trias)은 짝수에 대립되는 것이 아니지만, 그런데도 이를 전혀 받아들이지 않는데, 그 까닭은 그것이 이것에 대립되는 것을 언제나 대동하기

78)　플라톤, 『에우티프론 소크라테스의 변론 크리톤 파이돈(플라톤의 네대화편)』, 419쪽 103c.

때문이네.[79]

이 설명을 쉽게 이해해 보자. 물(水)과 불(火)은 서로 다른 고유한
물질적 특성을 가지고 있다. 물은 불을 끌 수 있어서 서로 상반된
성질을 가지고 있지만, 그 물질적 특성은 결코 대립적이라고 말할
수 없다. 그 사물들이 가진 고유한 물질적 특성일 뿐, 이것들이 개
념처럼 서로 대립되며 서로 배척하지 않는다. 이러한 점에서 "무엇
인가에 대립되는 것은 아니면서도"라고 표현하고 있다. 그렇지만 이
러한 물질적 특성은 서로 상대방의 물질적 특성을 받아들일 수는
없다. 불과 물이 가진 본질적 특성은 '상극(相克)'이다. 즉 물은 불을
꺼서 소멸시킬 수 있다. 이러한 점에서 "대립되는 것을 받아들이지
않는 것들"이라고 설명하고 있다.

그런데 우리는 물이라는 사물의 본질적 존재의미를 직관하면서
항상 동시에 불이라는 본질적 존재의미도 함께 직관할 수 있다. 즉
물로 불을 끄면서 동시에 그 불로 인해서 모든 것이 타버릴 수도 있
었다는 점을 직관적으로 알 수 있다. 이렇게 우리는 물과 불의 본
질적 존재의미의 차이를 동시에 직관할 수 있다. 이러한 점에서 "그
것이 이것에 대립되는 것을 언제나 대동하기 때문"이라고 설명하고
있다.

반면에 개념은 그 개념적 의미로 인식할 경우에는 결코 상대적인
개념으로 이해할 수는 없다. 결코 함께할 수 없다. 이러한 점에서
개념은 고정 관념을 형성하게 되는 것이다.

---

79)  플라톤, 앞의 책, 425쪽 104e.

이와 같이 개념과 차별적 존재의미가 가진 특성을 명확하게 이해해야만 이 구절을 정확하게 이해할 수 있다. 이 차별적 존재의미는 결코 개념이라고 하는 언어적 의미규정으로 구분하여 이해하거나 논리적으로 추론할 수 없다.

끝으로 이렇듯 법계를 통해 사물의 본질적 존재의미를 직관하는 것은 의식의 개념적 사유작용을 통한 개념적 이해[사념(思念)]하는 명석한 지식을 끊어서 멸절해야만 얻을 수 있다는 점을 강조하고 있다.

이상에서 살펴본 바와 같이 실제적 체험을 통해 직관하게 되는 사물들의 표상은 직관되는 순간 직관적 언어작용을 통해 법계의 형태로 내장되며, 이렇게 내재된 사물의 표상들을 근거로 다시 그 사물과 마주칠 때 선천적 표상능력에 의해 그 사물의 본질적 표상이 감각 기관에 현상하게 된다는 점을 이해할 수 있다.


## 4. 사유실체에 대한 뇌과학적 이해와 뇌과학 연구의 문제점

사실 뇌과학의 연구 결과를 비교해서 생각해 보면 사유실체라는 개념을 매우 쉽게 이해할 수 있다. '어떻게 모든 감각경험이나 실제적 체험들을 통해 얻은 정보가 모두 본원적 주관성(또는 주체성)에 종자(사유실체)의 형태로 내장될 수 있는가?'라는 점과 '어떻게 다시 이 사유실체를 근거로 모든 사물의 표상이 현상하게 되는가?'라는 점을 매우 명확하게 이해할 수 있다.

그 이유는 모든 사물의 표상을 종합하고 통일하여 간직하는 종합적 통일과 사물의 표상을 다시 표상하는 감각작용이 모두 뉴런의 시냅스 연결을 통해서 가능하기 때문이다. 간단하게 설명하자면 종합적 통일과 감각작용이 모두 동일하게 감각 뉴런의 시냅스 연결을 통해 일어난다는 점에서 종자[sperma]설이 인간의 생래적인 인지능력을 가장 정확하게 설명하고 있다는 점을 알 수 있다.

앞에서 감각질(qualia)이론과 이 감각질을 구성하는 뉴런집단선택설(Theory of neuronal group selection)에 대해 간략하게 살펴보았다. 감각 기관에 현상하는 감각질이 모두 뉴런의 시냅스 연결을 강화하거나 약화하는 선택작용을 통해 표상된다는 연구 결과이다. 이에 대해서는 에델만의 『신경과학과 마음의 세계』라는 책에서 매우 자세히 설명하고 있으니 참고하기 바란다.

마찬가지로 모든 감각경험을 종자의 형태로 저장할 수 있는 것도 뉴런의 시냅스 연결을 통해서 가능하다는 연구 결과를 확인할 수 있다.

그뿐 아니라 단기 기억과 장기 기억은 둘 다 시냅스 세기의 변화를 동반한다. 그러나 '두 과정이론(two-process theory)'이 주장한 대로, 단기 변화와 장기 변화의 메커니즘은 근본적으로 다르다. 단기 기억은 시냅스 기능의 변화를 일으켜 기존 연결들을 강화하거나 약화한다. 반면에 장기 기억은 해부학적 변화를 필요로 한다.[80]

---

80)   에릭 캔델, 전대호 옮김, 『기억을 찾아서』(서울: 알에이치코리아, 2014), 243쪽.

공교롭게도 이 두 저자는 모두 노벨상을 받았다. 그 점을 고려하면 이러한 연구 결과가 학계의 정설로 인정되었다고 판단된다. 그런데 이 인용문에서 사용되고 있는 "기억(記憶)"이라는 표현이 매우 적절하지 못한 용어라는 점을 우선적으로 지적하지 않을 수 없다.

뒤에 '기억과 상기 그리고 종합적 통일'이라는 항(項)에서 자세히 거론할 예정이지만, 여기에서는 기억이란 의식에 인식된 의미내용을 잊지 않고 간직하는 것을 의미하며, 모든 감각표상을 종자의 형태로 간직하는 것은 종합적 통일이라고 표현해야 한다는 점만을 구분하기로 하자. 우리는 그동안 관념론의 영향으로 선천적인 표상능력에 대해 전혀 이해하지 못하고 있었기 때문에 이러한 그릇된 언어적 표현을 사용하고 있다.

이 실험적 연구가 해양 연체동물인 곰소를 대상으로 이루어지고 있으며, 또한 이 실험들이 외부의 자극에 대한 감각반응과 관련되어 있다는 점에서 그 자극에 대해 어떻게 감각표상을 표상해 내느냐를 탐구하고 있다고 할 수 있을 것이다. 즉, 이 실험적 연구는 의식과는 전혀 관련이 없다.

이러한 점을 감안할 때 기억이라는 용어보다는 '종합적 통일[훈습(熏習)]'이 어떻게 이루어지는가를 실험했다고 표현해야 할 것이다. 그렇지만 여기에서는 편의상 저자의 표현을 따라서 '기억'을 그대로 사용하기로 하자. 다만, 모든 논의가 감각표상과 관련된 것이라는 점만은 분명하게 구분해야 한다.

이러한 연구 결과를 읽으면서 우리는 플라톤이 인간 영혼의 작용에 대해 '스스로 (자신을) 운동케 할 수 있는 운동(hē dynamenē autē hautēn kinein kinēsis)'이라고 설명하는 이유와 그 정당성을 확인할 수 있다.

기억(종합적 통일)과 감각작용이 모두 감각 뉴런의 시냅스의 연결을 통해 이루어진다는 점에 주목해야 한다. 다시 설명하자면, 감각기관을 통해 지각되거나 체험되는 모든 감각표상들을 시냅스의 연결을 통해 저장하였다가 다시 감각작용을 일으킬 때 이 시냅스의 연결을 선택함으로써 그 표상을 그려 낸다는 것이다.

이러한 점에서 '스스로 자신을 운동케 할 수 있는 운동'이라는 표현이 매우 적절하다는 것을 알 수 있다. 동일한 뉴런에서 동일한 작용 양상으로 이루어진다는 점에서 기억작용과 표상작용이 모두 뉴런의 시냅스 연결을 통해서 이루어지고 있다는 것을 알 수 있다.

이로써 앞에서 살펴보았던 사유실체라는 개념을 아주 쉽게 이해할 수 있다. 모든 감각표상이 뉴런에 해부학적 변화를 일으키면서 저장되며, 이러한 해부학적 변화로 인해 생성된 유전자가 곧 사유실체이다. 따라서 선천적 종합판단은 뉴런의 해부학적 변화로 인해 생성된 유전자들에 의해서 가능하다.

이와 같이 감각 뉴런에 과거의 감각경험들이 내장(기억)되어 있다는 점은 뇌과학자 와일더 펜필드(Wiler Penfield)의 실험을 통해 쉽게 확인할 수 있다.

펜필드가 피질의 측두엽을 전기로 자극하자, 환자들은 '교향곡이 들린다'거나 '오빠가 보인다'는 시각사건이나 청각사건을 말했다. 이 때문에 어떤 신경학자들은 측두피질(temporal cortex)의 주어진 뉴런이 마치 삶의 단편을 찍은 비디오테이프처럼 특정한 기억을 저장하고 있다는 의견을 내놓기도 했다.[81]

이러한 실험이 진행되는 순간에 분명 그 오빠는 곁에 있지 않았고, 교향곡도 울려 퍼지지 않았다. 다만 피질의 특정한 뉴런에 전기적 자극을 가했을 뿐인데, 이러한 시각적 또는 청각적 사건이 일어난다는 것은 그 뉴런에 이러한 감각표상들이 저장되어 있다고 판단된다. 이러한 점에서 감각 뉴런의 시냅스 연결을 통해 감각경험들이 저장되고, 다시 동일한 방식으로 재생될 수 있다는 점을 확인해 주고 있다.

그런데 여기에서 한 가지 의문이 제기된다. 과연 해양 연체동물인 곰소나 생쥐의 두뇌에서 일어나는 기억의 작동 원리가 인간에게 그대로 적용이 가능한가 하는 점이다. 이 연구를 주도적으로 수행했던 에릭 캔델(Eric Kandel)은 곰소와 생쥐의 기억 메커니즘을 인간에게 그대로 적용 가능하다고 주장한다.

나는 군소와 생쥐에서 기억 저장의 메커니즘에 대한 지식이 점차 증가하면 이 비참한 노화의 한 측면의 기저에 있는 문제를 이해하고 기억상실에 대한 치료법을 개발할 수 있으리라는 희망을 품는다.[82]

---

81) 로돌포 R.이나스, 앞의 책, 173쪽.
82) 에릭 캔델, 앞의 책, 363쪽.

이러한 견해를 접하면서 플라톤이 직관적 언어능력[logos]을 기록자(記錄者)라고 설명하고 있다는 점을 떠올리게 된다. 그리고 분리뇌 연구의 기능성자기공명영상 자료에서 감각 영역과 우뇌의 언어 영역이 함께 활성화된다는 점도 확인할 수 있다. 즉, 인간의 감각 뉴런은 독자적으로 작동하는 것이 아니고, 우뇌의 언어 영역과 함께 연계되어 작동한다는 점에 주의해야 한다.

여기에서 기억(종합적 통일)과 관련해서 언어 중추의 역할에 대해 깊이 고찰해야 할 필요가 있다는 점을 알 수 있다. 하등 동물은 언어 중추가 없으므로 이러한 기억이 감각 영역에서 직접적으로 이루어진다는 점은 너무도 당연하다. 그런데 인간의 경우는 감각 영역과 함께 우반구 언어 영역이 함께 작동한다는 점에 주목해야 할 것이다.

이러한 차이가 발생할 수밖에 없는 이유는 인간의 감각작용은 공(共)감각적이라는 점에서 찾을 수 있을 것 같다. 예를 들어 보기로 하자. 우리는 '사과'라는 사물을 기억하는 데 있어서 그 향기와 맛 그리고 모양이나 색상 등등 오감(五感)을 통해 그것을 동시에 지각하고, 그 지각된 감각표상들을 모두 함께 하나의 종자(사과라는 의미 통일체)의 형태로 저장하여 간직하고 있다.

여기에서 중요한 점은 이렇게 다섯 가지 감각 기관의 작용이 동시에 작동함으로써 우리는 외계 사물들의 본질을 직관할 수 있으며, 동시에 그것들의 본질적 존재의미(하나의 의미 통일체)를 이해하고 있다는 점에 주목해야 한다. 이러한 능력은 플라톤의 지적처럼 인간만이 가진 생래적인 본원적 직관능력이다.

만약 감각경험을 저장하는 메커니즘이 해마와 감각 영역의 뉴런 간의 직접적인 상호작용을 통해서 이루어진다면 사과의 향기와 맛 그리고 모양이나 색상들이 서로 동시에 연계되어 저장되지 못할 것이다. 이것들을 모두 따로따로 저장하고 간직할 수밖에 없다. 이렇게 다섯 가지 감각 기관을 통한 감각경험들이 별도로 저장된다면 인간은 사물의 본질을 결코 직관할 수 없을 것이며, 본질적 존재의 미도 이해할 수 없을 것이다.

구체적인 예를 다시 들자면, 물(水)이라는 사물의 본질을 직관하기 위해서는 오감(五感)이 모두 작동되어야 한다. 눈으로도 물의 상태를 지각하고, 귀로는 물이 흐르는 소리며 끓는 소리를 듣고, 맛을 보면서 민물인지 바닷물인지 판단할 수 있으며, 촉감을 통해 찬물인지 뜨거운 물인지 판별한다. 이렇게 감각작용을 통해서 그 물에 대한 모든 것을 판단할 수 있다. 그리고 이때 이 감각작용은 모두 다른 감각 영역에서 일어난다.

그렇다면 이 다섯 가지 감각 영역을 하나로 통합할 수 있어야만 물의 본질을 정확하게 이해할 수 있을 것이다. 바로 여기에서 이러한 통합작용이 언어 중추를 통해서 수행된다고 추정할 수 있다. 왜냐하면 이 모든 감각작용을 하나로 아우를(종합적 통일) 수 있어야만 물이라고 하는 사물의 본질적 존재의미를 이해할 수 있으며, 이때 '물'이라고 하는 언어가 이 다섯 가지 감각작용과 긴밀하고 필연적으로 연관되어 있기 때문이다.

다시 설명하자면, 감각 영역은 상호 간에 직접적으로 연관하여 작동할 수는 없다. 이 점은 너무도 명백하다. 코를 통해서는 결코 볼 수 없으니 말이다. 그렇다면 다섯 가지 감각 기관을 총괄하여 유기적으로 작동하게 하는 직관적 언어작용이 존재해야 한다는 것이 저절로 명백해진다. 이러한 점에서 우리는 언어(본질적 언어)가 다양한 감각경험을 종합하고 통일하는 과정에서 생겨났다는 점을 이해할 수 있다. 그리고 이 언어[명(名)]가 곧 사유실체로서의 존재근거[법계(法界): ousia]라는 점도 이해할 수 있다.

이러한 점에서 해양 연체동물인 곰소는 해마와 감각 영역의 시냅스가 직접적으로 연관 작용을 일으키지만, 인간은 그 과정에서 언어 영역이 함께 작동해야만 한다는 점을 알 수 있다. 이러한 차이점에서 공감각적 감각작용으로 인해서 언어 중추가 발달했을 것이라고 추정할 수 있다. 즉, 단순한 감각능력을 갖춘 동물들은 언어 중추가 발달할 이유가 없으므로 언어 중추를 진화시키지 않았지만, 공감각적 감각작용이 발달할수록 언어 중추가 발달했을 것이다.

이 점은 분리뇌 연구에서 우반구 언어 영역이 감각 영역과 함께 작동한다는 점에서 확인할 수 있다. 따라서 이 뇌과학자의 견해는 잘못된 판단이라는 점을 알 수 있다.

이 문제는 결국 새롭게 뇌과학계에서 진행되고 있는 '커넥토믹스(Connectomics)'연구에 기대를 걸 수밖에 없을 것 같다. 이 커넥토믹스 연구가 절대적으로 요구되는 이유는 인간만이 다섯 가지 감각기관을 통한 공감각적 감각작용이 가능하다는 점 때문이다. 인간이 사물의 본질을 직관할 수 있는 것도 그 덕분이다. 이것이 다른 동물들이 외계를 이해하는 방식과 다른 점이다. 따라서 신경 세포(뉴런)들 간의 상호작용과 동시다발적 발화는 이러한 공감각적 상호작용의 과정에서 발생된다고 추정할 수 있다. 그리고 이러한 공감각적 상호작용을 효과적으로 수행할 수 있는 것은 우반구 언어 영역의 관여(關與)를 통해서 가능하다는 점을 추론할 수 있다.

따라서 커넥토믹스 연구는 우반구 언어 영역이 감각 영역과 어떻게 연계하여 작동하는가 하는 점을 밝혀야만 기대하는 바의 목표를 달성할 수 있을 것이다.


## 5. 본질이란?

앞에서 우리의 눈앞에 펼쳐진 외계가 본질적 언어에 근거하여 표상된 본질적 표상이라는 점을 살펴보았다. 우리의 영혼 속에서 본질적 언어에 근거하여 표상한 그 본질적 표상이 감각 기관에 현상한다. 그리고 이 본질적 표상은 외계에 실재하는 사물들의 물질적 특성을 '있는 그대로' 드러내고(표상하고) 있다. 명백하게 감각 기관에 현상한 그 본질적 표상에는 그 물질적 사물이 가진 고유한 물질적 특성들이 '있는 그대로' 드러나 나타난다.

바로 여기에서 우리는 매우 심각한 의문에 부딪히게 된다. 어떻게 인간의 영혼 속에서 외계에 실재하는 물질적 사물이 가지고 있는 그 고유한 물질적 특성으로 그 사물의 표상을 그려 낼 수 있는 것일까?

사물의 고유한 물질적 특성들은 분명 외계에 실재하는 그 물질적 사물이 가지고 존재할 것이다. 그런데 어떻게 인간은 외계의 사물이 가진 고유한 물질적 특성으로 그 사물의 표상을 그려 낼 수 있을까?

플라톤은 이 어려운 난제를 『티마이오스』에서 놀랍도록 간명하게 해명해 주고 있다. 그러나 플라톤의 가르침을 바르게 이해하기 위해서는 먼저 형상[eidos]와 본질[archē]을 명확하게 구분하여 이해할 필요가 있다. 앞에서 후설은 이 형상과 본질을 동의어로 이해하고 있기 때문에 전체적인 철학 체계를 바르게 정립할 수 없다는 점을 확인하였다. 그들은 이 형상이 본질을 소재로 표상된 본질적 표상이라는 점을 분명하게 구분하지 못하고 있다. 또한, 이렇게 이 두 개의 용어를 개념과 명확하게 구분하여 이해하지 못하는 이유는 표상이 영상(影像) 또는 그림과 같은 것이라는 점을 이해하지 못하기 때문이다.

이러한 점들을 엄밀하게 구분해야 한다는 점을 확인하기 위해 먼저 불교의 『해심밀경(解深密經)』을 잠시 읽어 보기로 하자.

> 선남자여! 마치 잘 닦인 깨끗한 거울의 면에 의지하는 것과 같아서 물질적 특질을 지향함으로써 돌이켜 본질을 본다. 그래서 나는 지금 영상을 본다고 말을 하면서 또한 본질을 떠나 별도로 구성된 영상이 드러나 나타난다고 말하는 것이다(善男子 如依善瑩淸淨鏡面 以質爲緣 還見本質 而謂我今見於影像 及謂離質 別有所行 影像顯現).[83]

"잘 닦인 깨끗한 거울"이란 인간의 생래적인 본원적 직관능력[팔식 (八識): 영혼]을 의미한다. "잘 닦인 깨끗한"이라는 표현은 곧 의식의 관념적 사유작용[유위(有爲)]이 모두 끊어져서 멸절했다는 점을 의

---

83)  『해심밀경』(大正藏 16권), 698쪽 b.

미한다. 즉, 선정(禪定)의 수행을 통해 감각적 지각과 의식을 완전히 끊어서 멸절한 뒤에 발현되는 인간의 본원적 직관능력을 의미한다. 이러한 본원적 주체성을 '법신(法身)' 또는 '무구청정식(阿末羅識)'이라고 표현한다.

이 본원적 직관능력은 마치 깨끗한 거울처럼 모든 사물의 영상을 표상할 수 있다는 점을 비유한 것이다. 즉, 거울에 본래 아무런 영상이 없었는데 그 앞에 어떤 물건이 놓이게 되면 곧 그 물건의 영상을 '있는 그대로' 드러낸다(표상한다)는 점을 비유한 것이다.

이로써 우리는 본질을 직관하게 된다. 그렇다면 이때, 사물의 본질이 어떻게 선천적인 본원적 직관능력에 의해 드러나 나타날 수 있을까? 이 점에 대해 "물질적 특질을 지향함으로써 돌이켜 본질을 본다"라고 설명하고 있다. "돌이켜[환(還)]"라는 표현에서 "물질적 특질을 지향하는" 주체와 "본다"는 주체가 동일하다는 점을 읽을 수 있다. 즉, 종자의 형태로 내재된 물질적 특질을 지향함으로써 본원적 직관이 이루어진다는 의미로 해석된다. 좀 더 자세히 설명하자면 물질적 특질들이 외계에 실재한다면 "돌이켜"라는 표현이 불가능하다. 이러한 점에서 본원적 주체성 내에서 지향작용을 통해 본원적 직관이 가능하다는 것을 알 수 있다.

그리고 여기에서 '연(緣)'이란 연기설에서 설명하는 의식의 네 가지 지향성이 아닌, 본원적 주체성의 지향을 의미한다. 이러한 본원적 주체성의 지향작용을 화엄학에서는 '수연(隨緣)'이라고 표현한다. 따라서 "물질적 특질을 지향함으로써"라는 표현은 본원적 주체성 내에 내장된 물질적 특성을 지향한다는 의미이다.

이러한 설명은 곧 본원적 주체성[아말라식(阿末羅識)]에 이 물질적 특질들이 내장되어 있으며, 이것들을 지향함으로써(돌이켜) 그 사물의 본질을 볼 수 있다는 의미이다. 즉, 본원적 직관능력이 스스로 간직하고 있는 사물의 고유한 물질적 특성들을 조합하여 그 사물의 본질을 구성해 낸다는 의미를 읽어 낼 수 있다.

그리고 이렇게 형성된 사물의 본질을 소재로 그 사물의 본질적 표상을 그려 낸다. 이 점에 대해서는 다음 구절에서 확인할 수 있다. "본질을 떠나 별도로 구성된 영상이 드러나 나타난다"라는 설명에서 이 사물의 표상[영상(影像)]이 본질을 소재로 표상된 것이라는 점을 읽을 수 있다. 여기에서 본질적 표상을 '영상'으로 표현하고 있다는 점에 주목해야 한다. 개념과 표상을 엄밀하게 구분해야 한다는 것을 알 수 있다.

이와 같이 우리의 눈앞에 펼쳐진 모든 사물은 본원적 직관능력에 의해 본질을 조합하여 구성해 낸 본질적 표상이다. 이러한 점에서 본질[archē]과 본질적 표상[형상, eidos]은 엄밀하게 구분되어야 한다.

이와 관련해서 세친(世親)의 『아비달마구사석론(阿毘達磨俱舍釋論)』에서는 좀 더 구체적으로 설명하고 있다. 간추려 정리하자면 다음과 같다.

사물의 표상은 대상성[색(色)]으로 표상된 것이며, 이 대상성은 네 가지 물질적 요소[사대(四大): 地·水·火·風]의 조합으로 구성되어 있다고 설명하고 있다. 다시 설명하자면 네 가지 물질적 요소를 조합하여 대상성을 구성하며, 이 대상성을 통해서 사물의 표상을 표상하게 된다는 것이다. 따라서 이 대상성은 사물의 표상을 그려 낼 수 있는 그림물감이며, 이 그림물감은 네 가지 물질적 요소로 구성된다고 쉽게 이해할 수 있다.

이러한 점에서 외계란 이 네 가지 요소의 조합을 통해서 그려 낸(표상한) 영상(사물의 표상)이 눈앞에 드러나 나타난 것이라고 설명하고 있다. 즉, "대상성 등에 의해서 경계(사태)를 이루게 되기 때문에 외계라고 일컫는다(依色等爲境界故稱外)"[84]라고 설명하고 있다.

좀 더 쉽게 표현하자면 이 네 가지 요소의 유기적인 조합을 통해 외계의 사물을 '있는 그대로' 표상해 냄으로써 외계(우주)가 우리의 눈앞에 현전한다는 설명이다.

그리고 네 가지 요소에 대해 물질적 사물이 가진 고유한 물질적 특성이라는 점을 밝히고 있다. 즉, '지(地)'는 딱딱하면서 쉽게 부서지지 않는 견고성(堅固性)을 말하고, '수(水)'는 물기가 있어 축축한 성질인 습성(濕性)과 흐르는 성질인 윤활성(潤滑性)을 의미하며, '화(火)'는 따뜻하거나 차가운 성질인 온열성(溫熱性)을 그리고 '풍(風)'은 활발하게 움직이는 활동성(活動性)을 의미한다고 설명하고 있다.[85]

---

**84)** 세친(婆藪盤豆), 『아비달마구사석론(阿毘達磨俱舍釋論)』, 169쪽 c. 여기에서 색(色)은 감각적 대상으로서 안식(眼識)에 드러난 시각적 대상(塵)을 의미한다. 이렇게 동일한 용어(色)로 동시에 대상성과 시각적 대상이라는 의미로 사용하고 있다. 이것은 대상성과 시각적 대상을 동일시하고 있다는 점을 의미한다. 즉, 시각적 대상은 이 대상성으로 구성되기 때문에 동일시하는 것으로 해석된다.

**85)** 세친(婆藪盤豆), 『아비달마구사석론(阿毘達磨俱舍釋論)』, 163쪽 c. 이 외에도 『잡아함경』 등에서 동일한 설명이 나타난다. 이렇게 가장 근본적인 용어가 동일한 의미로 사용되고 있다는 점에서 유식 학파의 이론과 초기 불교 사상이 동일한 사유 체계로 이루어졌다는 점을 알 수 있다. 항간에 마치 초기 불교와 대승 불교를 전혀 다른 사상이라고 주장하는 학자들이 있는데, 이러한

이 네 가지 요소는 물질 그 자체를 의미하는 것이 아니고, 물질적 사물이 가지고 있는 고유한 물질적 형질(形質)을 의미한다는 점을 알 수 있다. 그리고 이 물질적 형질들을 조합하여 대상성(色)을 구성한다고 설명하고 있다.

이와 같이 대상성이 사물의 고유한 물질적 특성으로 이루어졌기 때문에 이것을 통해서 그 사물의 상태와 개별적 특성들을 '있는 그대로' 표상할 수 있다는 점을 알 수 있다. 즉, 사물의 고유한 물질적 특성으로 구성된 대상성[무표색(無表色)]으로 인해서 사물의 본질적 표상[정상(淨相)]이 현상하게 된다. 이러한 점에서 바로 이 무표색이 곧 사물의 본질을 의미한다는 점을 알 수 있다. 따라서 이 무표색을 '본질적 속성의 대상성'이라고 번역하고자 한다.

그런데 여기에서 또 한 가지 의문이 제기된다. 어떻게 사물의 고유한 물질적 특성들이 인간의 영혼[본원적 주체성]에 내장될 수 있을까? 사물의 고유한 물질적 특성이란 그야말로 그 사물만이 가지고 있는 고유한 형질인데, 그것들이 어떻게 인간의 영혼에 내재될 수 있을까?

이는 필자가 불교를 공부하면서 오랜 세월 동안 풀리지 않았던 의문이었다. 결국 플라톤의 가르침을 통해 해결할 수 있었다.

그들은 사멸하는 생물의 불사하는 원리(archē)를 받아서는, 그들 자신을 만든 이(dēmiourgos)를 흉내 내어, 나중에 다시 돌려줄 것들

---

주장들은 불교를 바르게 이해하지 못한다는 점을 드러낼 뿐이다.

로서 불·물·흙·공기의 부분들을 우주에서 빌려 온 다음, 그들이 갖게 된 것들을 한데 접합했는데, 이는 그들 자신을 묶고 풀리지 않는 끈으로 한 것이 아니라 작아서 보이지도 않는 수많은 볼트로 접합한 것입니다. 그는 모든 부분으로 각각의 몸을 하나씩 완성해 낸 다음, 들고 나는 것이 반복되고 있는 몸속에 불사하는 혼의 회전들(periodoi)을 묶어 넣었습니다.[86]

필자는 플라톤의 『티마이오스』를 읽고서, 옛 성현들의 참으로 위대한 통찰에 다시 한번 경외감과 깊은 존경심을 갖지 않을 수 없었다.

이 인용문을 읽고서야 오랫동안 고민하면서 해결하지 못했던 문제를 쉽게 이해할 수 있었다. 불교에 대해 거의 교조주의적인 확신을 가지고 있었던 필자가 또 다른 위대한 스승을 만나는 순간이었다.

이 인용문을 면밀히 분석해 보기로 하자.

사멸하는 생물의 불사하는 원리(archē)를 받아서는

먼저 '아르케(archē)'란 본질을 의미한다. 『티마이오스』의 53d에서 "모든 삼각형은 두 가지 삼각형으로 나뉘는데, 직각삼각형은 두 변이 하나의 직각을 공유하고, 다른 변은 예각을 갖는다"라고 설명하고 있다. 이렇게 직각삼각형의 본질을 설명하고 난 뒤에 "물질적 사물들에도 이와 동일한 아르케가 존재한다"라고 설명하고 있다.

---

86) 플라톤, 『티마이오스』, 116~117쪽 42e~43a.

이러한 설명에서 삼각형이라는 도형(개념이 아니고, 圖形이라는 표상을 말한다)이 두 가지 본질을 갖듯이 모든 사물도 이 '아르케(archē)'를 갖추고 있다는 점을 이해할 수 있다. 즉, '아르케'란 그 존재자가 그것 이외에는 다른 것일 수 없는 그것만의 고유한 존재자성이라는 의미로 읽을 수 있다. 이러한 점에서 아르케를 '본질'이라고 해석하는 것이 타당할 것이다.

외계의 물질적 사물들은 생성되어 어느 정도 그 상태를 유지하다가 점차 쇠락하여 소멸되는(成住壞空) 과정을 거치면서 존재한다. 이러한 점에서 "사멸하는 생물"이라고 표현한 것으로 해석된다. 이러한 물질적 사물에 있어서 변치 않은 속성을 본질[arché]이라고 표현하고 있다. 따라서 이 구절은 '사물의 변치 않는 본질(아르케)을 본받아서'라는 의미로 이해할 수 있을 것 같다.

그들 자신을 만든 이를 흉내 내어

"그들 자신을 만든 이"는 곧 인간을 창조한 조물주를 의미한다. 이 조물주가 인간을 만들어 내듯이 똑같은 방식으로 이 본질적 표상을 표상함으로써 우주를 만든다는 의미이다. 즉, 인간의 생래적인 본원적 직관능력에 의해 삼라만상이 '나타나 존재(顯存)'하는 것을 이렇게 조물주가 인간을 만든 것에 비유하고 있다. 이러한 비유는 곧 우주(외계)가 이 본원적 직관능력에 의해 현상한다는 점에서 인간이 우주의 유일한 주체적 존재자라는 의미를 드러낸다. 이러한 점에서 플라톤은 이러한 본원직 직관능력을 '신(神)적인 것'으로 표현하고 있다.

나중에 다시 돌려줄 것들로서 불·물·흙·공기의 부분들을 우주에서
빌려 온 다음

이 구절에서 먼저 정확하게 이해해야 할 부분은 이 네 가지 요소
[불·물·흙·공기]가 무엇을 의미하느냐 하는 점이다. 앞에서 본 불교의
설명처럼 사물들의 고유한 물질적 형질(성질)들을 의미한다고 해석
하는 것이 타당할 것 같다.

이 네 가지 본질적 요소를 "다시 돌려줄 것들로서 우주에서 빌려
왔다"고 설명하고 있다. 참으로 위대한 현자의 깊은 지혜를 엿볼 수
있는 구절이다. 감히 필부들은 이 깊은 통찰과 혜안을 흉내조차 낼
수 없다는 점을 깨닫게 해 준다.

필자가 수십 년을 두고 고민했던 문제를 너무도 쉽고 간명하게
해명해 주고 있다. 사물의 고유한 물질적 특성은 분명 외계의 사물
이 가지고 있다. 그런데 그것이 어떻게 인간의 영혼 속에 내장될 수
있다는 말인가?

이 본질적 요소들은 분명 외계의 물질적 사물들이 가지고 있다
는 점에서 우주의 소유라고 할 것이다. 먼저 "다시 돌려줄 것들로
서"라는 표현에서 이 물질적 요소들을 조합하여 본질적 표상[eidos]
을 표상함으로써 우주가 현존할 수 있다는 점을 표현한 것이다. 물
질적 요소를 '다시 돌려주다'는 표현은 곧 다시 이 요소들의 조합을
통해 우주를 구성(표상)한다는 설명이다.

그리고 '빌려왔다'라고 표현하고 있다. 이 표현을 통해 플라톤은
인간의 생래적인 본원적 직관능력이 인간의 원초적인 생명력이라

는 점을 드러내고 있다. 즉, 자연 생태계에 적응하여 생존하기 위해 오랜 진화의 과정을 통해서 이러한 본원적 직관능력을 얻게 되었다는 점을 표현하고 있다고 판단된다.

미생물에서 지능을 가진 인간으로 진화하는 과정에서 자연 생태계에 적응하기 위해 자연스럽게 얻게 된 결과라는 점을 알 수 있다. 다시 설명하자면, 모든 생명체가 외계에 적응하며 생존하기 위해서는 외계를 '있는 그대로' 정확하게 이해할 수 있어야 한다. 만약 그것을 바르게 이해하지 못하면 결국 적응에 실패함으로써 자연으로부터 도태된다. 이러한 점에서 효과적으로 자연 생태계에 적응하기 위해 생래적인 본원적 직관능력을 진화시켜 왔다는 것을 이해할 수 있다.

그 결과 외계의 물질적 사물들을 '있는 그대로' 표상해 낼 수 있도록 그 물질적 사물들이 가진 고유한 물질적 특성(형질)들을 "빌려온" 것이다. 이렇게 우주로부터 빌려 온 네 가지 본질적 요소의 조합을 통해 본질적 표상을 표상함으로써 인간은 외계를 '있는 그대로' 직관할 수 있으며 동시에 바르게 이해할 수 있다. 이것이 인간의 선천적인 본원적 직관능력이다.


그리고 플라톤의 이러한 설명은 불교에서 설명하는 '상즉상입(相卽相入)'이 어떻게 가능한가 하는 점을 쉽게 이해할 수 있는 실마리를 제공한다. 상즉상입이란 인간 주체와 외계의 존재사물이 서로 즉자적으로[相卽] 존재하는 동시에 이것들이 '하나[相入]'라는 의미이다. 분명 외계의 존재사물은 자신만의 고유한 물질적 특성을 가지고 독자적으로 존재한다. 마찬가지로 인간 영혼은 플라톤의 표현처럼 우주에 있어서 '최초의 것(첫째 것)'이다. 이렇게 외계와 인간 존재는 서로 즉자적으로[相卽] 존재한다. 그런데 이렇게 즉자적으로 존재하는 것이 하나[相卽]일 수 있는 것은 그 외계의 존재사물이 가지고 있는 고유한 물질적 특성들을 인간 영혼이 '빌려 왔기' 때문이다. 즉, 인간 영혼은 외계의 물질적 사물이 가진 고유한 물질적 특성들로 이루어졌으며, 외계의 사물들은 이러한 인간 영혼에 의해 우리의 눈앞에 현존할 수 있는 것이다. 이로써 인간 영혼과 눈앞에 펼쳐진 그 존재사물이 하나일 수 있다.

이와 같이 인간의 본원적 직관능력으로 인해서 외계에 실재하는 존재사물들을 '있는 그대로' 표상하여 현상할 수 있다는 점을 알 수 있다.

> 그들이 갖게 된 것들을 한데 접합했는데, 이는 그들 자신을 묶고 풀리지 않는 끈으로 한 것이 아니라 작아서 보이지도 않는 수많은 볼트로 접합한 것입니다.

이 구절에서는 이 네 가지 요소가 어떻게 인간의 두뇌(영혼) 속에서 자유자재로 조합될 수 있는지를 설명해 주고 있다. 풀리지 않는 끈으로 묶는 것이 아니고, 자유자재로 해체와 조합이 가능하도록 '보이지 않는 볼트로 접합한다'라고 설명하고 있다. 이것은 표상적 사유작용[상(想): 화가(畫家)]을 통해 이 네 가지 요소를 자유자재로 조합함으로써 다양한 존재사물의 표상을 그려 낼 수 있다는 점을 설명하고 있는 것이다.

그는 모든 부분으로 각각의 몸을 하나씩 완성해 낸 다음, 들고 나는 것이 반복되고 있는 몸속에 불사하는 혼의 회전들(periodoi)을 묶어 넣었습니다.

이 구절은 고대 그리스의 종자(sperma)설이 불교와 동일한 내재주의 철학이라는 점을 입증해 주는 대목이라고 할 것이다. 고대 그리스의 철학의 시조라고 하는 탈레스로부터 플라톤에 이르기까지 모든 철학자가 사물의 본질(archē)을 '불', '물', 혹은 '흙'이라고 주장한 것들을 우리는 지금까지 과학 철학이라고 이해해 왔다. 그러나 이 대목에서 이러한 논의들이 모두 인간의 본원적 직관능력에 대한 깊은 고찰이었다는 점을 알 수 있다.

이러한 논의를 통해 결국 네 가지 요소[물·불·흙·공기]가 영혼에 종자의 형태로 내재되어 있으며, 이것을 소재로 사물의 표상을 그려낸다는 종자설이 정립되었다는 점을 읽을 수 있다. 즉, 네 가지 본질적 요소는 실재하는 물질적 사물이 아니고, 사물의 고유한 물질적 특성을 의미하며 동시에 인간의 영혼에 종자의 형태로 내재되어 있다는 점을 설명하고 있다.

"들고 나는 것이 반복되고 있는 몸"이라는 표현에서 감각 기관을 통해서 외계로부터 자극이 '들어오고' 그에 대한 반응으로서 감각표상이 '나타난다(나온다)'는 의미를 드러내고 있다.

그리고 "불사하는 혼"이라는 표현에서 이 영혼은 '불생불멸(不生不滅)'하는 작용 특성을 갖는다는 의미를 읽을 수 있다. 분명 플라톤은 의식의 사유작용을 '생성(生成)'이라고 표현하고 있다. 생성은 곧 소멸을 동반한다. "불사하는"이라는 표현은 영혼이 이러한 의식의 사유작용과는 전혀 다른 본원적 직관능력이라는 점을 드러내고 있다.

이와 같이 플라톤도 '본원적 직관능력[로고스(logos)와 누우스(nous)]'은 의식과 감각적 지각이 완전히 멸절한 뒤에 발현된다는 점을 여러 군데에서 밝히고 있다.

그리고 이 본질적 요소들에 "혼의 회전들을 묶어 넣었다"는 설명에서 이 네 가지 요소가 본질적 표상[eidos]을 그려 내는 재료로서 본원적 직관능력인 선천적 표상능력[nous]과 함께 작동한다는 점을 밝히고 있다.

이상에서 살펴본 바와 같이 본질적 표상을 그려 내는 네 가지 본질적 요소를 우주에서 빌려 와서 우리의 영혼에 간직하고 있다는 점을 읽을 수 있다. 이로써 인간의 영혼은 이 본질적 요소들을 조합하여 사물들의 고유한 물질적 특성을 '있는 그대로' 나타내는 사물들의 본질적 표상을 그려 낼 수 있다. 이러한 설명은 곧 인간의 본원적 직관능력이 자연 생태계에서 오랜 세월 진화를 거치면서 얻게 된 선천적인 인지능력이라는 점을 드러낸다.

또한, 여기에서 우리가 외계를 바르게 이해하고자 하는 자연과학의 학문적 방법론을 정립하는 데 있어서 결코 잊어서는 안 될 한 가지 점을 꼭 기억하기로 하자.

인간이 외계에 대해 알 수 있는 것은 오로지 이 본질을 통해서만 가능하다는 점이다. 우리는 이 점을 결코 잊어서는 안 된다. 이는 인간이 외계를 바르게 이해하기 위해서는 오직 사물의 본질을 직관해야 한다는 의미이다. 따라서 개념을 통해 외계를 이해하는 것은 결국 자연을 파괴하는 결과를 초래한다는 점을 깊이 명심해야 한다. 다시 표현하자면 자연(외계)에 대해 바르게 이해한다는 것은 오로지 사물의 본질을 직관하는 직관적 이해의 방식을 통해서만 가능하다.

이러한 점에서 양자이론에서 채택하고 있는 '파동함수의 확률해석'이라고 하는 확률적 이해의 방식이 양자의 본질을 바르게 이해할 수 있는 직관적 방법론이라는 점을 정확하게 이해할 필요가 있다.


## 6. 두 가지 언어작용으로 인해 전혀 다른 두 가지 외계가 펼쳐진다

일반적으로 자연(自然)과 세계(世界)라는 단어를 '외계'를 뜻하는 표현으로 사용한다. 그런데 이 두 단어는 본래 전혀 다른 외계를 표현하기 위해 사용되었으나, 지금은 거의 동의어로 사용되고 있다. 아마도 관념론적 형이상학의 영향으로 그 의미를 구분할 수 없기 때문이 아닌가 생각된다.

예전에는 당연히 이 두 단어가 엄밀하게 구분되어 사용되었을 것이다. 그 이유는 앞에서 언급했듯이 인간의 선천적인 본원적 직관능력[팔식(八識), 아말라식(阿末羅識)]이 의식이 작동할 때는 감각[아타나식(阿陀那識)]작용으로 변질되어 작동하기 때문이다. 옛 성현들은 모두 본원적 직관을 통해서는 본질적 언어에 근거하여 본질적 표상을 그려 내며, 감각작용을 통해서는 개념적 의미가 내포된 감각적 표상을 표상해 낸다고 깨우쳐 주고 있다.

이로 인해서 감각 기관에 본질적 표상이 현상할 때의 외계는 자연(自然)이라고 표현하였고, 개념적 의미가 내포된 감각적 표상이 현상할 때의 외계는 세계(世界)라고 표현하였다.

그러나 우리는 이 두 단어를 거의 동의어로 이해하고 있다. 실제로 서양 철학에서도 이 두 단어를 특별하게 구분하지 않고 동의어로 사용하고 있다.

이렇게 이 두 단어를 동의어로 이해하는 것은 우리가 외계에 대해 두 가지 의미로 이해할 수 있다는 점을 간과하고 있는 것이다. 이는 외계에 대해 사물의 본질적 존재의미로 이해하는 것과 개념적 언어에 내포된 개념적 의미로 이해하는 것을 구분하지 않은 결과이다.

이러한 점에서 이제 두 가지 언어로 인해서 전혀 다른 외계가 우리의 눈앞에 펼쳐진다는 점에 대해 자세히 살펴보기로 하자.

## 1) 개념적 의미를 지닌 대상성(有表色)과 본질적 속성의 대상성(無表色)

앞에서 우리의 눈앞에 펼쳐진 외계가 모두 우리의 영혼(두뇌) 속에서 그려 낸 표상이 드러나 나타난 것이라는 점을 살펴보았다. 그리고 이 표상들은 모두 우리의 영혼에 내재된 종자[인(因) 또는 법계(法界)]에 근거하여 표상된 것이라는 점도 살펴보았다.

이렇듯 영혼 속에서 사물의 표상을 표상할 때 사용되는 재료(그림물감)를 불교에서는 대상성[색(色)]이라고 표현한다. 이 '색(色)'을 대상성으로 번역한 이유는 감각적 지각을 통해 지각된 감각적 대상

[진(塵)]이 바로 이 대상성을 소재로 표상되기 때문이다. 그리고 이 대상성으로 인해서 그 대상에 대한 이해가 가능하기 때문이다. 이러한 대상성으로 표상된 감각표상이 눈앞에 펼쳐진 사태(경계)를 외계라고 설명하고 있다.

이러한 점에서 이 대상성을 사물의 표상을 그려 내는 그림물감으로 이해하는 것이 타당할 것이다. 그런데 이 대상성이 의식을 통해 외계를 인식할 때와 의식이 작동하지 않고 외계를 직관할 때 전혀 다른 양상으로 작용한다고 설명하고 있다.

의식이 외계를 지향하여 인식하고자 할 때는 '언어적 표현이 가능한 대상성[유표색(有表色)]'으로 작용하게 되고, 의식이 지향하지 않을 때는 '언어적 표현이 불가능한 대상성[무표색(無表色)]'으로 작용한다고 구분하고 있다.

여기에서 '표(表)'라는 표현은 진제(眞諦) 역본에서는 '교(敎)'로 번역하고 있는데, 의사 표현의 욕구로 인해 언어(개념)를 통해 자신의 의사를 표현하려고 하는 것[表業]을 의미한다. 따라서 '무표색(無表色)'은 이러한 표현 욕구에 의한 개념적 사유작용이 일어나지 않는 상태에서 사물의 본질적 표상을 표상할 때 작동하는 대상성이라는 의미이다. 즉 본원적 직관에서는 이 무표색을 소재로 본질적 표상을 표상해 낸다. 이러한 점에서 '본질적 속성의 대상성'으로 이해할 수 있다.

이 본질적 속성의 대상성은 네 가지 물질적 요소[사대(四大); 地·水·火·風]를 조합하여 구성되며, 이 네 가지 물질적 요소에 대해서는 외계의 물질적 사물이 가진 고유한 물질적 특성(형질)이라고 설명하고 있다. 그리고 이 네 가지 요소의 조합을 통해 본질이 구성된다는 점에 대해서는 앞에서 자세히 살펴보았다.

본원적 직관은 바로 이러한 본질적 속성의 대상성으로 표상된 본질적 표상이 현상하는 것을 의미한다.

그런데 이렇듯 사물의 본질적 표상을 그려 내는 본원적 직관능력은 의식이 작동하는 한에는 감각작용으로 전환된다. 이제 감각작용에서는 어떻게 개념적 의미가 내포된 감각적 표상이 현상하게 되는가 하는 점을 정확하게 이해해 보기로 하자.

본원적 직관을 가능하게 하는 무표색은 언어적 표현이 불가능하므로 어떠한 개념적 의미규정도 부가되지 않았다는 것을 의미한다. 그런데 이 무표색이 언어적 표현 욕구에 의한 의지적 작용에 의해 변화되고 괴멸(變壞)된다고 설명하고 있다. 즉, 언어적 표현 욕구로 인해서 순수한 본질적 요소로 구성된 대상성(色蘊)이 취사선택(取捨選擇)에 의한 차별적이고 개념적 속성을 지닌 대상성(色取蘊)으로 바뀐다고 설명하고 있다.

취사선택(取)을 한다는 것은 곧 주관에 의한 가치 판단이 이루어지고 있다는 의미이다. 이렇게 가치 판단에 따른 차별적 의미(개념적 의미)가 부가된 대상성으로 바뀌어 버린다는 것이다.

따라서 언어적 표현이 가능한 대상성[有表色]으로 변질되면서 이 유표색은 과거, 현재, 미래 또는 안(內)과 밖(外), 거칠고(麤) 미세함(細), 아름답고(好) 추함(醜), 멀고(遠) 가까움(近) 등의 개념적 의미를 지니게 된다고 설명하고 있다.[87]

---

87) 『잡아함경』(대정장 2권), 4쪽.

이렇게 대상성 자체가 주관의 가치 판단에 의한 의미규정성(차별성)을 갖추게 된다. 따라서 이 색취온으로 구성된 감각적 표상은 곧 차별적(범주적) 의미규정성이 부가된 표상이라고 할 것이다.

그 결과 눈이라는 감각 기관에 네 가지 색깔(顯色), 즉 푸른색, 노란색, 붉은색, 흰색 등의 개념이 부가된 표상과 여덟 가지 형상적 특성(形色), 즉 '길다', '짧다', '네모나다', '둥글다', '높다', '낮다' 등의 개념적 의미가 드러나 나타난다고 설명한다. 다른 학자들은 21가지 표상을 거론하기도 하고 22가지 표상을 거론하기도 한다. 그리고 청각(聽覺)적 대상으로는 여덟 가지 소리를, 촉각(觸覺)적 대상으로는 11가지 대상을 구성하여 드러낸다고 한다.[88]

이와 같이 감각작용을 통해서는 언어적 표현이 가능한 대상성으로 사물의 표상을 그려 낸다는 점에 주목해야 한다. 이로써 감각에 개념적 의미가 함께 현상하게 된다.

여기에서 참고로 아리스토텔레스나 칸트가 범주(範疇)를 물질적 사물이 가진 근본적인 규정성이나 근본개념이라고 주장하게 된 배경을 이해해 보자. 의식에 의한 관념적 사유의 세계에서는 이미 감각 기관에 이 유표색으로 표상된 감각적 대상[오진(五塵)]이 현상하게 된다. 그러므로 이 감각적 대상에는 앞에서 설명한 개념적 의미들이 부가되어 있다.

그런데 아리스토텔레스나 칸트는 감각에 이미 언어적 표현이 가능한 개념적 의미가 부가된다는 점을 이해하지 못하고, 외계의 사

---

88) 앞의 책, 163쪽 a~b.

물이 이러한 개념적 의미를 가지고 존재한다고 간주한 것이다. 그 결과, 아리스토텔레스와 칸트는 이러한 개념적 의미가 외계에 실재하는 사물이 가지고 있는 속성이라고 판단한 것이다.

여기에서 주목해야 할 점은 이 유표색에 '과거와 현재 그리고 미래'라는 시간 개념이 내포되어 있다는 사실이다. 칸트는 이렇게 감각적 지각을 통해 시간 개념이 지각된다는 점을 이해하지 못하고, 시간과 공간을 '직관의 형식'이라고 주장한 것이다.

이 범주와 관련된 오류에 대해서는 뒤에 다시 자세히 거론할 기회를 갖기로 하자.

## 2) 두 가지 외계(우주): 자연과 세계

앞에서 두 가지 대상성의 차이점에 대해 살펴보았다. 이로써 이제야 노자의 가르침을 명쾌하게 이해할 수 있게 되었다.

> 개념적 언어가 없으니, 자연이 새롭게 눈앞에 펼쳐지는 구나[천지(天地)가 개벽하는 시원이구나], 본질적 언어가 있으니, 만물의 어미로다(無名天地之始 有名萬物之母).

의식을 통해 외계를 이해하려는 순간 이미 우리의 눈에는 개념적 의미가 부가된 대상성으로 표상한 감각적 대상이 현상하게 된다. 따라서 의식의 작용을 끊어야만 이러한 감각적 대상이 사라지고, 천지(자연)가 새롭게 펼쳐진다[개벽(開闢)한다]. 그리고 본질적 언어에 근거하여 본질적 속성의 대상성을 소재로 표상함으로써 모든 존재사물들이 '스스로 그러한 모습(자연)'으로 우리의 눈앞에 드러나 나타난다. 이러한 점에서 노자는 본질적 언어가 곧 만물의 어미라고 설명한 것이다.

이와 같이 자연이란 언어로 표현이 불가능한 '본질적 속성의 대상성[무표색(無表色)]'을 소재로 표상한 것이므로 개념적 언어로는 이해가 불가능하다. 이러한 점에서 왕필(王弼)은 "자연이란 일컬을 언어가 없으나 궁극적인 언어이다(自然者 無稱之言 窮極之辭)"라고 설명하고 있다.

이렇듯 본질적 언어에 근거하여 본질적 표상이 현상한 정신세계를 불교에서는 '승의제(勝義諦, 第一義諦)'라고 표현하고 있다.

반면에 개념적 의미를 지닌 대상성을 통해 표상한 감각적 표상이 현상하는 외계를 '세계(世界)'라고 한다. 이렇게 개념적 의미로 이해된 세계를 불교에서는 세속제(世俗諦)라고 한다. 바로 우리가 일상적으로 감각 기관을 통해 지각하는 외계이다. 즉, 감각[아타나식(阿陀那識)]에는 개념적 의미를 지닌(내포한) 대상성으로 표상된 '세계'가 드러나 나타난다. 이로써 감각에 펼쳐진 세계는 곧 시간과 공간이라는 개념으로 한정하여 이해된 외계이다.

이쯤에서 『수능엄경(首楞嚴經)』에서 설명하는 것을 읽어 보자.

아난아, 무엇을 이름하여 중생세계라고 하느냐? 세(世)란 옮겨 흐르는 것을 말하고, 계(界)란 방위(方位)를 말한다. 너는 알아야 한다. 동·서·남·북·동남·서남·동북·서북·상·하가 계(界)가 되고, 과거·미래·현재가 세(世)가 되는 것이니, 방위는 10가지가 되고, 흐름(流)의 수는 세 가지이다. (중략) 사방(四方)은 반드시 분명하며, 시간과 더불어 서로 교섭하여 삼(三)과 사(四) 또는 사(四)와 삼(三)이 구부러지고 전변하여 12이 되고, 흘러 변화하여 세 번 중첩되어 일십백천으로 되나니 처음부터 끝까지 총괄하면 육근(감각 기관과 의식의 작용) 가운데 각각 그 공덕이 1200가지가 있다.[89]

이 설명을 통해 세계란 외계를 시간과 공간의 개념으로 구분하여 이해한 것을 의미한다는 점을 알 수 있다. '세(世)'란 과거와 현재 그리고 미래라는 시간의 개념을 의미하며, '계(界)'란 동서남북 그리고 상하(上下)라는 공간의 개념을 의미한다고 설명하고 있다. 이렇듯 세계라는 것은 시간과 공간이라는 개념으로 구분하여 이해된 외계를 의미한다.

이제 우리가 시간과 공간이 외계에 실재하며 절대적 존재성을 가진다고 착각하게 되는 이유를 이해할 수 있게 되었다. 의식을 통해 외계를 이해하려는 한에는 '개념적 의미를 지닌 대상성'에 의해 표상한 감각적 대상이 눈앞에 펼쳐지기 때문이다. 우리는 이 감각적 표상이 외계에 실재하는 것으로 착각하고 있는 것이다.

여기에서 우선적으로 주목해야 할 점은 시간과 공간이라는 개념에 대한 이해이다.

---

**89)** 이운허, 『능엄경주해』(서울: 동국역경원, 1993), 179~180쪽. 여기에서 '공덕(功德)'이라는 표현은 현실 세계에서 차별적(개념적) 의미를 인식하는 것으로 해석해야 한다. 반면에 유식학에서는 의식의 작용성을 '공능(功能)'이라고 표현하고, 본원적 주체성의 작용성은 '공덕(功德)'이라고 표현하고 있다. 이러한 차이점을 구분하여야 한다.

의식에 의해 재표상된 감각적 표상에 이미 시간과 공간이라는 개념적 의미가 내포되어 있다는 점을 이해하지 못하기 때문에 칸트는 시간과 공간이 외계에 실재한다고 간주하고, 이 시간과 공간이 모든 직관을 가능하게 하는 선험적이고 필연적인 표상이라고 설명하고 있다. 간략하게 설명하자면 사물의 표상이 이 시간과 공간이라고 하는 선험적이고 필연적인 표상 위에 질서정연하게 현상한다는 것이다. 이와 같이 그는 시간과 공간에 절대적 존재성을 부여하고 있다.

이렇듯 그는 시간과 공간이라는 개념이 외계의 변화를 구분하여 이해하기 위해서 설정한 의미규정이라는 점을 전적으로 인정하지 않고 있다. 시간이란 천체의 운행을 이해하기 위해 인간이 정립한 구분 기준이다. 지구가 한 번 자전하면 '하루'이고, 달이 한 번 지구를 공전하면 '한 달'이며, 지구가 태양을 한 번 공전하면 '일 년'이라고 구분한 것이다.

공간이라는 개념도 마찬가지이다. 우리는 텅 빈 허공을 구획하여 표현하고 이해하기 위해 해가 뜨는 쪽을 동(東)이라고 일컫고, 해가 지는 쪽을 서(西)라고 말한다. 그러나 외계에 실재하는 것은 다만 해가 뜨고 지는 자연현상만이 실재한다고 말할 수 있다. 그 어디에서도 동이니 서라고 지시할 수 있는 본질적 표상을 발견할 수 없다. 분명 우리는 본질적 표상이 드러나 나타난 것만이 직관되며, 그것만이 외계에 실재한다고 말할 수 있다는 점을 충분히 이해했다. 그러나 동이니 서니 하는 개념으로 지시한 것들은 다만 텅 빈 허공이다. 우리는 이렇게 텅 빈 허공을 자연현상을 이용해서 쉽게 구획하여 이해하기 위해 동서남북이라는 개념을 만들어 사용하는 것이다. 이러한 사실로부터 공간이나 시간이라는 개념은 외계에 실재하는 것이 아니며, 인간이 외계를 이해하기 위해 설정한 의미규정이라는 점을 쉽게 알 수 있다.

이와 같이 시간과 공간이 외계에 실재하는 것이 아니고, 주관에 의해 규정된(부가된) 개념일 뿐이라는 점에 대해 인도의 용수(龍樹)는 『중론(中論)』이라는 저술에서 매우 자세하게 논증하고 있다. 이에 대해서는 뒤에 자세히 확인하기로 하자.

세계란 이렇게 인간이 외계를 이해하는 데 있어서 편의상 시간과 공간이라는 개념으로 구분하여 이해한 외계를 의미한다. 그래서 우리에게는 지상 세계, 지하 세계, 천상 세계, 과거 세계, 미래 세계, 동물 세계, 인간 세계 등등의 수많은 개념으로 이해된 세계가 존재한다. 이러한 점에서 "육근(감각 기관과 의식의 작용) 가운데 각각 그 공덕이 1200가지가 있다"라고 설명하고 있다. 즉, 개념으로 구분하여 이해되는 그 세계가 1,200가지로 다양하게 존재한다는 것이다.

이와 같이 의식의 사유작용을 통한 관념적 사유의 세계에서는 개념을 매개로 외계를 구분하여 이해하고 있으며, 이로써 하나인 외계가 구분하는 개념에 따라 수없이 다양한 세계로 지각되고 인식된다.

여기에서 잠시 자연과학과 연결하여 생각해 보기로 하자. 하이젠베르크는 불확정성 원리를 통해 양자를 관찰하는 데 있어서 위치와 운동량 그리고 시간과 에너지라고 하는 상보적 개념을 통해서 양자의 운동을 확정할 수 없다는 점을 선언했다. 이러한 실험 결과는 시간이나 공간이라는 개념으로 규정 가능한 객관적 실체란 외계에 존재하지 않는다는 점을 밝힌 것이다. 즉, 개념이란 결코 객관적 실재성을 갖지 않는다는 점을 선언하고 있는 것이다. 이에 대해서는 뒤에 '불확정성 원리는 개념의 비실재성을 입증하고 있다'라는 절(節)에서 자세히 거론하기로 하자.

그런데도 여전히 시간지연현상을 과학적으로 입증하려는 연구가 계속되고 있다. 즉, 시간지연현상을 자연현상으로 간주하고 있으며, 시간이 외계에 실재한다고 굳게 믿고 있는 것이다.

과학계의 이러한 착각은 감각에 시간과 공간이라는 개념적 의미가 드러나 나타난다는 점을 이해하지 못한 결과이다. 이러한 점에서 의식이 작동하는 정신세계에서는 감각에 이미 개념적 의미가 내포된 감각적 표상이 현상한다는 점을 명확하게 이해하는 것이 반드시 필요하다. 즉, 관념적 사유의 세계에서는 자연으로서의 외계가 눈앞에 펼쳐지는 것이 아니고, 시간과 공간이라는 개념으로 이해된 세계가 눈앞에 펼쳐진다. 이로써 시간과 공간이 외계에 실재하는 것으로 착각하게 된다는 점을 명확하게 이해해야 한다. 아인슈타인과 같은 극단적인 관념론자들은 이 점을 이해하지 못하기 때문에 시간과 공간이 외계에 실재한다는 확신을 버리지 못한 것이다. 그가 죽을 때까지도 양자이론을 부정하기 위한 노력을 계속했다는 점은 이미 널리 알려진 사실이다.

## 3) 플라톤이 설명하는 두 가지 현상의 외계

이제는 두 가지 언어적 사유작용으로 인해서 두 가지 현상의 외계가 펼쳐진다는 점에 대한 플라톤의 구체적인 설명을 확인해 보자. 동양에서 노자의 가르침이나 불교에 대해 바르게 이해하지 못하고 있는 것과 마찬가지로 서양에서도 플라톤 철학을 바르게 이해하지 못하고 있다. 참으로 안타까운 점은 서양 철학계가 플라톤의 가르침을 바르게 이해하지 못하는 데 그치는 것이 아니고, 철저하게 왜곡하고 폄하하고 있다는 것이다. 불행히도 이러한 그릇된 이해는 플라톤의 제자 아리스토텔레스에 의해 자행된 파렴치한 만행에서 비롯된 것으로 보인다.

아리스토텔레스의 『형이상학』이라는 책을 살짝 들춰만 보아도 그가 물질적 요소(stoicheion), 감각적 지각(aisthēsis), 생성(genesis), 본원적 직관능력으로서의 선천적 표상능력(nous), 형상(eidos)이라는 주요 용어들을 어떻게 오해하고 왜곡하고 있는지 분명하게 확인할 수 있다.

이러한 과오와 만행은 플라톤이 두 가지 현상의 외계에 대해 자세하게 설명하고 있다는 점을 정확하게 이해하지 못한 데서 비롯되고 있다. 이러한 점에서 플라톤의 우리의 눈앞에 전혀 다른 두 가지 현상의 외계가 펼쳐진다는 점을 명확하게 구분하여 설명하고 있다는 점을 확인하기로 하자.

플라톤은 『티마이오스』에서 이 두 가지 현상의 외계를 다음과 같이 구분하고 있다.

만약에 지성(nous)과 참된 판단(의견)(doxa alēthēs)이 [별개인] 두 가지 종류라면, 이것들은 즉 우리에 의해서 지각될 수 없고 단지 지성에[나] 알려지는(사유되는: nooumena) 형상들(eidē)은 전적으로 그 자체로(kath' hauta) 존재한다는 것입니다. 반면에 만약, 어떤 사람들에겐 그렇게 보이듯이, 참된 판단(의견)이 지성과 어떤 점에서도 다르지 않다면, 우리가 육신을 통해서 지각하게 되는 그 모든 것을 이번에는 가장 확고한 것들로 간주해야만 합니다. 따라서 우리는 그것들을 두 가지로 말해야만 하는데, 이는 그것들이 생긴 유래도 다르고 닮지 않았기 때문입니다. (중략) 그리고 한쪽 것은 언제나 참된 설명(근거: logos)을 동반하나, 다른 쪽 것은 그게 없습니다(alogon). (중략) 이것들이 이러하므로, 이 중의 한 가지가, 즉 '똑같은 상태로 있는 형상(形相)'이 있다는 데 동의해야만 하는데, 이것은 생성되지도 소멸되지도 않는 것이며, 자신 속에 다른 것을 다른 곳에서 받아들이지 않고 또한 자신이 그 어디고 다른 것 속으로 들어가지도 않으며, 그리고 눈에 보이지 않지만 다른 식으로도 지각되지 않는 것이니, 이것은 '지성에 의한 이해(앎)'(사유: noēsis)가 그 대상으로 갖게 되어 있는 것입니다. 반면에 형상과 같은 이름을 갖고 그것과 닮은 둘째 것은 감각에 의해 지각될 수 있고 생성되는 것이며, 언제나 운동하는 것이요, 그리고 어떤 장소(topos)에서 생성되었다가 다시 거기에서 소멸하는 것이며, 감각적 지각(aisthēsis)을 동반하는 판단(의견: doxa)에 의해 포착되는 것입니다.[90]

---

90) 플라톤, 『티마이오스』, 144~145쪽 51d-51e.

아마도 이 인용문만 정확하게 이해한다면 플라톤 철학의 개요를 대체적으로 파악할 수 있을 것이다. 천천히, 그리고 자세히 읽어 보기로 하자.

먼저 두 가지 현상의 외계를 "지성(nous)과 참된 판단(의견)(doxa alēthēs)"으로 구분하고 있다. 'nous'는 본래 본원적 직관능력으로서의 선천적 표상능력을 의미하지만, 여기에서는 본원적 직관능력에 의해 직관된 외계(자연)를 표현하고 있다. 반면에 'doxa alēthēs'는 의식의 관념적 사유작용을 통해 인식된 외계(세계)를 표현하고 있다.

이렇게 이해해야 하는 이유는 누우스에 의해 직관된 외계에 대해서 "지각될 수 없고 단지 지성에[나] 알려지는(사유되는: nooumena) 형상들(eidē)은 전적으로 그 자체로(kath' hauta) 존재한다"라고 설명하고 있기 때문이다. 여기에서 우선적으로 누우스에 의해 형상(본질적 표상)이 현상한다는 점을 읽어 내야 한다. 그리고 이 형상을 "그 자체로 존재하는" 것이라고 설명하고 있다는 점에 주목해야 한다. 이는 곧 선천적 표상능력[nous]에 의해 표상된 형상[eidos]이 곧 본질적 표상이라는 점을 드러내고 있는 것이다. 이 본질적 표상이 드러나 나타난 외계가 곧 '있는 그대로'의 자연이라는 의미이다. 이렇게 이해해야 하는 이유는 앞에서 충분히 확인하였다. '인간의 본원적 직관능력[팔식(八識): 영혼]에 대한 바른 이해가 필요하다'라는 항(項)에서 자연이란 영혼(첫째 것)에 의해 생겨난 것이라고 설명하는 것을 확인하였다.

또한, 여기에서 플라톤은 감각적 지각을 통해 지각하는 것과 선천적 표상능력에 의해 직관하는 것을 엄밀하게 구분하고 있다는 점을 읽어 내야 한다.

『파이돈』에서는 "이런 것은 감각에 의해 지각될 수 있는 것(aisthēton)이며, [눈으로] 볼 수 있는 것(horaton)이지만, 혼이 보는 것은 지성(nous)에 의해서[라야] 알 수 있는 것(noēton)이며, [눈에는] 보이지 않는 것(aides)임을 일러 준다는 것도 그들은 알고 있네"[91]라고 설명하고 있다.

이 인용문에서 본원적 직관능력인 선천적 표상작용[nous]를 통해 직관하는 것과 감각적 지각을 엄밀하게 구분하고 있다는 점을 확인할 수 있다. 특히 감각적 지각에 대해 "눈을 통해서 볼 수 있는 것"이라고 설명하고 있다. 앞에 인용한 『티마이오스』에서도 이와 똑같은 의미로 "육신을 통해서 지각하게 되는 그 모든 것"이라고 표현하고 있다. 반면에 본원적 직관능력으로서의 선천적 표상능력에 의해 직관된 것은 '지각될 수 없는 것' 또는 '눈에는 보이지 않는 것'이라고 표현하고 있다. 이러한 점에서 플라톤도 선천적 표상능력[nous]을 통해 직관된 외계(자연)와 감각적 지각을 통해 지각된 외계(세계)를 엄격하게 구분하고 있다는 것을 알 수 있다.

"참된 판단(의견)[doxa alēthēs]"이란 의식에 의해 인식된 주관적 견해(의미내용)를 의미한다. 이 'doxa'를 의식을 통해 인식된 의미내용으로 해석해야 하는 이유는 『티마이오스』의 앞부분에서 다음과 같

---

91) 플라톤, 『파이돈』, 354쪽 83b.

이 설명하고 있기 때문이다. 즉 "언제나 존재하는 것(to on aei)이되 생성(genesis)을 갖지 않는 것"과 "언제나 생성되는 것(to gignome-non aei)이되 결코 존재(실재)하지 않는 것"으로 구분하고 있다.[92]

앞에서 선천적 표상능력에 의해 표상된 본질적 표상들(eidē)에 대해 "전적으로 그 자체로(kath' hauta) 존재한다"라고 표현한 것을 보았다. 이 표현은 "언제나 존재하는 것(to on aei)"과 같은 의미라는 점을 알 수 있다. 그런데 이렇게 본원적 직관을 통해 직관되는 것은 "생성(genesis)을 갖지 않는다"라고 설명하고 있다. 즉, 생성이란 의식을 의미하므로 본원적 직관은 의식의 사유작용이 끊어져서 일어나지 않는다는 점을 밝히고 있는 것이다.

반면에 의식의 사유작용에 의해 인식된 것[언제나 생성되는 것]에 대해서는 "결코 존재(실재)하지 않는 것"이라고 설명하고 있다. 즉, 의식의 사유작용을 통해 인식된 의미내용[doxa]은 비실재적이고 비본질적인 것이라는 점을 밝히고 있는 것이다. 그리고 이 'doxa'가 의식의 사유작용의 산물이라는 점은 뒤에 "감각적 지각(aisthēsis)을 동반하는 판단(의견: doxa)에 의해 포착되는 것"이라는 구절에서 확인된다. 의식이 감각적 지각을 선행적으로 동반한다는 점은 앞에서 수없이 확인하였다. 따라서 'doxa'는 의식에 의해 인식된 주관적 견해 또는 개념적 의미내용으로 이해해야 할 것이다.

계속해서 이 두 가지 현상의 외계에 대해 "그것들이 생긴 유래도 다르고 닮지 않았다"라고 엄밀하게 구분하고 있다. 자연으로서의

---

92) 플라톤, 『티마이오스』, 74~75쪽 27d.

외계는 본원적 직관을 통해 외계의 사물이 '있는 그대로(전적으로 그 자체로)' 나타나 존재하지만, 감각적 지각을 통해 지각된 세계는 '결코 존재(실재)하지 않는 것'이라고 설명하고 있다.

만약 이렇게 엄밀하게 구분하지 않는다면 "육신을 통해서 지각하게 되는 그 모든 것을 이번에는 가장 확고한 것들로 간주해야만 한다"고 지적하고 있다.

여기에서 '육신을 통해 지각하게 되는 모든 것'은 앞에서 설명한 바와 같이 감각적 지각에 의해 지각된 것을 의미한다. 이와 같이 선천적 표상능력에 의한 본원적 직관과 감각적 지각을 엄밀하게 구분하지 않으면, 결국 감각적 지각을 통해 지각된 것들을 모두 '언제나 존재하는 것(본질적인 것)'으로 간주해야 한다고 비판하고 있다.

바로 지금 우리가 처한 정신적 상황을 정확하게 지적하고 있다. 우리는 지금 감각적 지각을 통해 인식된 의미내용[개념]들이 모두 외계에 실재하는 것으로 착각하고 있다는 점을 명확하게 인식해야 한다. 이러한 점에서 선천적 표상능력에 의해 직관하는 것과 감각적 지각을 통해 지각하는 것을 엄밀하게 구분해야 하는 필연적 당위성을 강조하는 것으로 이해해야 할 것이다.

이와 같이 플라톤도 감각적 지각에 근거하여 인식된 것들은 모두 실재하는 것이 아니라는 점을 명확하게 밝히고 있다. 이것은 곧 의식을 통해 인식한 의미내용은 모두 감각적 지각에 근거한 것이므로 'doxa'가 비실재적이고 비본질적인 것이라는 점을 드러낸다.

다음 구절에서는 두 가지 언어작용을 명확하게 구분하고 있다는 점을 확인할 수 있다.

"그리고 한쪽 것은 언제나 참된 설명(근거: logos)을 동반하나, 다른 쪽 것은 그게 없습니다(alogon)"라는 구절에서 본원적 직관작용은 선천적 표상작용[nous]과 직관적 언어작용[logos]이 함께 작동한다는 점을 밝히고 있다. 반면에 의식의 사유작용에는 이러한 직관적 언어작용이 작동하지 않는다고 설명하고 있다. 이 두 가지 언어작용의 차이점은 뒷부분에서 '생성되지도 소멸되지도 않는다'라는 표현과 '생성되었다가 다시 거기에서 소멸하는 것'이라는 설명에서 확인할 수 있다. 불생불멸은 본원적 직관작용의 작용 특성을 의미하고, '생성되었다가 소멸한다'라는 설명은 의식의 개념적 언어작용을 의미한다는 점은 앞에서 충분히 확인하였다.

계속해서 플라톤은 본질적 표상과 감각적 표상의 차이점에 대해 설명하고 있다. 여기에서 먼저 "형상과 같은 이름을 갖고 그것과 닮은 둘째 것"이 감각적 표상을 의미한다는 점을 이해하는 것이 중요할 것 같다. 그래야만 '형상'이 본질적 표상이라는 점을 명확하게 확인할 수 있다. 만약 형상을 본질로 이해한다면 이 둘째 것을 해석할 방법이 없다. '본질과 닮은 둘째 것'이란 상상할 수 없는 것이기 때문이다. 결코 본질과 닮은 둘째 것은 존재할 수 없다. 본질은 그 사물이 가진 고유한 존재자성이다. 이것과 닮은 것은 결코 존재할 수 없다.

이 "둘째 것"이 감각적 표상을 의미한다는 점을 자세히 살펴보기로 하자.

가장 주목해야 할 점은 이것이 의식[생성]과 함께 작동한다는 점이다. "생성되는 것"이라는 표현은 의식의 지향작용을 통해 이것이 생성된다는 의미를 드러내고 있다. '생성'이라는 표현이 의식을 의미한다는 점은 앞에서부터 여러 차례 밝혔다. 이렇게 감각적 표상을 의식의 작용 양상과 동일하게 표현하고 있다는 점에서 감각적 지각과 의식이 긴밀한 지향적 의존 관계에 있다는 점을 드러내고 있다.

그리고 계속해서 "어떤 장소(topos)에서 생성되었다가 다시 거기에서 소멸하는 것"이라는 표현에서 이 "어떤 장소"는 의식의 사유작용이라는 점을 알 수 있다. "생성되었다가 다시 소멸하는 것"이라는 표현은 분명 의식의 작용 특성을 드러내고 있기 때문이다. 따라서 이 둘째 것은 의식과 함께 생성되었다가 소멸된다는 것을 알 수 있다. 이러한 점에서 이 둘째 것은 감각적 지각에 의해 지각된 감각적 표상이라는 점을 알 수 있다.

마지막, 결정적으로 "감각적 지각(aisthēsis)을 동반하는 판단(의견: doxa)에 의해 포착되는 것입니다"라고 표현하고 있다. '감각적 지각을 동반한다'는 표현에서 이것은 곧 의식의 사유작용을 말한다는 점을 알 수 있다. 따라서 의식의 사유작용에 의한 판단에 의해 '포착된다'는 설명은 곧 의식을 통해 인식된 의미내용들이 모두 이 감각적 표상에 근거한다는 의미이다. 바로 여기에서 의식의 사유작용은 감각적 표상에 내포된 개념적 의미를 문자 언어로 규정하여 인식하는 언어적 사유작용이라는 점을 확인할 수 있다.

이와 같이 "형상과 같은 이름을 갖고 그것과 닮은 둘째 것"이란 감각적 표상을 의미하며, 형상은 곧 본질적 표상을 의미한다는 점을 읽어 낼 수 있다. 바로 이러한 점들을 명확하게 이해하지 못하기 때문에 후설은 형상과 본질을 동의어로 이해한 것이다. 그러나 사실 이러한 오해는 이미 아리스토텔레스로부터 시작되었다.[93] 이러한 점에서 서양 철학자들이 플라톤의 가르침을 이해하면서 지나치게 아리스토텔레스의 망언에 의존하고 있다는 점을 알 수 있다. 이는 곧 플라톤의 철학을 직접적으로 정확하게 읽어 내지 못하고 있다는 점을 입증하고 있다.

또한, 이러한 설명에서 고대 그리스의 철학적 담론은 주로 본원적 직관에 관한 논의였다는 점을 이해할 수 있다. 감각적 표상을 '형상과 닮은 둘째 것'이라고 표현하고 있다는 점에서 그 당시에 감각적 표상이라는 단어가 존재하지 않았다는 점을 알 수 있다. 이로써 모든 논의가 선천적 표상능력에 의해 표상된 본질적 표상[정상(淨相): 용(容)]을 중심으로 이루어지고 있었기 때문에 감각적 표상[염상(染相): 형(形)]이라는 용어가 생겨나지 않았다고 추정할 수 있다.

형상에 대해 이것이 '똑같은 상태로 있다'는 표현을 통해 이 본질적 표상은 주관에 의해 굴절되거나 왜곡되지 않고 직관된다는 점을 드러내고 있다. 특히 '생성되지도 소멸되지도 않는다'는 표현에서 이것은 본원적 직관작용을 통해서 현상한 것이라는 점을 알 수 있다. 고대 그리스에서도 본원적 직관능력(영혼)의 작용 특성을 '불생불멸'이라고 표현한다는 점을 기억해야 한다.

특히 "자신 속에 다른 것을 다른 곳에서 받아들이지 않고 또한 자신이 그 어디고 다른 것 속으로 들어가지도 않으며"라는 설명을

---

93) 그는 『형이상학』이라는 책에서 "내가 말하는 형상이란 본질을 일컫는다"라고 단정하고 있다 [조대호 역, (경기: 나남, 2012), 313쪽].

정확하게 이해해야 할 것 같다. 이러한 표현은 본질적 존재의미가 본질적 표상과 함께 직관된다는 의미로 해석하는 것이 옳을 것 같다. 왜냐하면 앞에서 살펴본 바와 같이 감각적 표상은 의식에 의해 인식된 '주관적 견해(doxa)'에 포착된다고 설명하고 있기 때문이다. 이러한 점에서 감각적 표상은 의식에 의해 인식된 주관적 견해로 '들어가'지만, 본질적 표상은 본질적 존재의미에 포착되는 것이 아니라는 의미로 해석된다. 따라서 이것은 곧 본질적 표상과 본질적 존재의미가 함께 직관된다는 의미로 이해하는 것이 타당할 것이다.

마지막으로 "이것은 '지성에 의한 이해(앎)'(사유: noēsis)가 그 대상으로 갖게 되어 있는 것입니다"라는 설명에서 이 형상은 선천적 표상능력[nous]에 의해 표상된 본질적 표상이라는 점을 읽을 수 있다. 번역자가 잘못 번역하고 있어서 매우 혼란스럽지만, 충분히 플라톤의 의중을 읽어 낼 수 있다.

이상에서 살펴본 바와 같이 플라톤도 불교나 노자의 가르침과 똑같이 외계가 두 가지 현상을 통해 드러나 나타난다는 점을 명확하게 설명하고 있다.

# III.
# 옛 성현들이 깨우쳐 주는
# 인간의 두 가지 언어작용

◇◇◇◇◇◇◇◇◇◇◇◇◇◇◇◇◇◇◇◇◇◇◇◇◇◇◇◇◇◇◇◇

　우리가 지금까지 인간에 대해 그리고 자연에 대해 바르게 이해하지 못한 것은 인간에게 두 가지 언어능력이 갖추어져 있다는 점을 깊이 인식하지 못한 데서 비롯된 것이다. 옛 성현들이 인간에게 두 가지 언어적 사유능력이 갖추어져 있다는 점을 깨우쳐 주고 있다는 사실조차 아예 인식하지 못하고 있다.

　그 이유는 현대 인류가 극도로 관념화되었다는 점에서 찾을 수 있을 것이다. 지금 우리가 옛 성현들이 살았던 시대와 비교해서 얼마나 관념화되었는가 하는 점은 쉽게 확인할 수 있을 것 같다. 어휘 수가 증가하는 만큼 의식의 개념적 사유작용도 고도화된다고 할 것이다. 이러한 점에서 어휘 수의 증가는 인간의 관념화를 측정할 수 있는 상징적인 척도라고 할 것이다.

　다양한 개별 학문의 발달은 이러한 어휘 수의 증가를 더욱 가파르게 하고 있다. 자고 나면 새로운 단어가 수없이 많이 생겨난다. 그것을 쫓아가기 위해서는 끊임없이 인터넷에 검색해야 하는 상황이다.

　이처럼 극도로 관념화됨으로써 우리는 더욱더 생래적인 본원적 직관능력과 멀어지게 되고, 이 인간의 생래적인 인지능력에 대해 관심조차 갖지 않게 되었다.

그러나 작금의 상황은 결국 인류가 자연을 도외시하고 자연을 떠나서 생존할 수 없다는 점을 일깨워 주고 있다. 인류의 생존을 위해 새로운 문명으로의 대전환이 절실히 요구되고 있다. 단언컨대 신과학운동(New Age Movement)를 주창했던 양자물리학자들이 염원한 '문명의 대전환'은 인간의 본원적 직관능력을 회복함으로써 가능하다. 그 이유는 현재의 재앙적 상황이 외계에 대한 개념적 이해에서 야기되었기 때문이다.

새로운 문명을 열어 가기 위해서는 새로운 과학적 방법론뿐만 아니라 인간에 대한 바른 이해도 필요하다. 과학적 방법론이 바뀐다고 해서 새로운 문명이 도래하는 것이 아니다. 궁극적으로 현대 인류 문명의 모든 병폐와 문제점이 관념적 사유로 인해서 발생한다는 점을 깊이 인식하는 것이 중요할 것이다.

현실 왜곡, 자연환경의 파괴와 오염, 인간성의 상실, 사회적 갈등과 부조리 현상, 사치와 낭비, 통제 불가능한 탐욕과 욕망 등등. 관념화로 인한 폐해를 명확하게 인식하고, 근본적으로 우리의 사고방식이 전환되어야만 새로운 문명으로의 대전환이 가능할 것이다.

이러한 점에서 인간에게 의미를 사유하는 두 가지 언어적 사유 능력이 갖추어져 있다는 점에 대한 확고한 이해가 절실하게 요구된다.

## 1. 의식과 개념적 언어

현대 서양 철학을 개관해 보면 의식과 언어의 문제를 논구하는 데 있어서 두 가지 경향성을 보이고 있다. 하나는 의식의 사유작용에서 직관을 거론하는 관념론적 형이상학이다. 이러한 형이상학적인 담론에서는 문자 언어에 대한 논의가 철저하게 배제되고 있다. 왜냐하면 의식이 문자 언어를 매개로 사유하는 언어적 사유작용이라는 점을 인정한다면 결코 직관을 거론할 수 없기 때문이다.

반면, 한편에서는 외계와의 관계 맺음에 대해서는 전혀 거론하지 않고, 전적으로 언어적 관점에서 인식의 사실성이나 실제성을 고찰하는 논리적 실증주의가 자리 잡고 있다. 이러한 철학적 사유는 근본적으로 개념이 사실성과 실재성을 갖는다는 전제하에 가능하다. 좀 더 구체적으로 설명하자면 관념론의 영향으로 의식이 문자 언어를 매개로 사유하는 언어적 사유작용이라는 점을 이해하지 못하기 때문에 극단적으로 개념이 자연의 본질적 존재의미를 담지하고 있다고 간주하고 있는 것이다.

이와 같이 서양 철학에 있어서 모든 철학적 담론은 의식과 개념적 언어에 대해 정확한 이해가 결여되어 있다.

이쯤에서 우리가 일상적으로 사용하는 표현 한 가지를 돌이켜보기로 하자.

"불을 보듯 명명백백하다(明若觀火)"

우리는 결코 부정할 수 없는 어떤 사실성과 실제성을 강조할 때 이러한 표현을 사용한다. 이러한 표현이 설득력을 갖는다는 것은 의식을 통해 정립된 명제들보다는 감각 기관을 통해 직접적으로 '불'이라는 사물을 직관하는 것이 훨씬 사실성이나 실제성을 갖는다고 느끼기 때문이 아닐까?

이러한 관습적인 표현(故事成語)이 형성된 유래를 살펴보기로 하자. 기원전 14세기 중국의 상(商)나라의 19대 왕인 반경(盤庚)이 통치 기반을 안정화하기 위해 도읍(都邑)을 은(殷) 지방으로 옮기려고 하자, 대신(大臣)들이 여러 가지 이유를 대면서 반대를 했다고 한다. 이러한 반대 여론을 잠재우기 위해 천도의 필요성과 정당성을 강조하고자 "나는 불을 보는 것 같다(予若觀火)"라고 표현한 데서 이 표현이 유래되었다고 한다.

분명 그 대신들은 나름대로 자신의 관점에서 천도의 부당성을 논리정연하게 설명하였을 것이다. 그러한 주장(명제)들은 나름대로 논리적 필연성을 가지고 있을 것이다. 그렇지 않으면 전혀 설득력이 없을 것이기 때문이다. 그러나 그 명제들은 모두 자신의 이익과 기득권을 지키기 위해 정립된 논리일 뿐이다. 이러한 주장에 대해 반경은 부패한 정치 세력으로부터 백성을 구하는 길은 천도뿐이라는 점을 강조하기 위해 '나는 불을 보는 것 같다'고 표현한 것이다.

따라서 이 표현은 의식을 통해 정립된 논리라는 것이 주관의 가치 판단과 심리적 요인에 의해 굴절되고 왜곡될 수 있다는 점을 암시하고 있다. 즉, 오직 감각 기관을 통해 직관하는 것만이 명명백백한 사실성과 실제성 그리고 진실성을 갖는다는 의미를 내포하고 있다.

이와 같은 관점에서 공자(孔子)는 여타의 학문들을 '그릇(器)'에 비유하고 있다는 점을 앞에서 살펴보았다. 이렇게 비유한 이유는 자연과학을 비롯한 여타의 학문들은 그 학문적 목표에 따라 논리적 이론 체계를 갖추고 있기 때문이다. 예를 들어, '물(水)'에 대한 이해에 있어서 물리학에서는 유체역학의 관점에서 해명할 것이고, 화학에서는 원자 구조나 화학적 성질에 관해 분석할 것이다. 이와 같이 같은 사물도 보는 관점에 따라 전혀 다른 논리 체계를 정립하여 그것을 이해하고 해명한다. 앞에서 '직선은 두 점 사이의 가장 짧은 선이다'라는 명제가 기하학적 관점에서 직선의 개념을 규정한 것이라는 점도 살펴보았다. 이와 같이 모든 명제는 그 학문의 학문적 목표와 이론 체계에 부합하도록 나름대로 논리적 정당성을 갖추어서 정립된 것이다. 따라서 이러한 명제들이 논리적 필연성을 갖는 것은 너무도 당연하다. 그러나 그 논리적 필연성이 사실성이나 실재성을 의미하지는 않는다. 그것은 개념 간의 필연적인 인과 관계를 의미할 뿐이다.

더욱이 문제는 의식의 사유작용이 심리적 요인과 주관적 가치관 그리고 그릇된 존재이해(無明)와 함께 작동한다는 점이다. 관념론자들이나 논리적 실증주의자들은 바로 이 점을 도외시하고 있다.

이러한 점에서 의식의 산물인 개념에는 이러한 주관적 요인에 의한 가치 판단이 내포된다는 점에 주목해야 한다. 이 점으로 인해서 개념을 통해 정립된 논리 체계는 관점에 따라 얼마든지 왜곡되고 굴절될 수 있다. 아주 쉬운 예로 '곡학아세(曲學阿世)'라는 표현은 학문의 이론 체계가 관점에 따라 왜곡될 수 있다는 점을 드러내고 있다.

이러한 점들을 차치하고서라도 지금 인류가 처한 위기 상황은 개념에 기초한 자연과학이 자연을 바르게 이해하는 데 실패했다는 점을 입증하고 남는다. 그 이유는 너무도 명백하다. 개념이라고 하는 것이 문자 언어에 담긴 비실재적이고 비본질적인 의미규정이라는 점을 인정하지 않고, 개념이 객관적 실재성을 갖는다고 간주하기 때문이다.

이러한 점에서 의식의 사유작용과 그 산물인 개념에 대한 정확한 이해가 매우 절실하게 요구된다고 할 것이다.

### 1) 『중론(中論)』에서 깨우쳐 주는 의식의 네 가지 지향성

의식의 산물인 개념이 문자 언어에 내포된 언어적 의미규정이라는 점을 명확하게 이해하기 위해서는 우선적으로 의식의 작용 특성을 정확하게 이해하는 것이 필요할 것 같다. 그래야만 개념이 어떠한 사실성이나 실재성을 갖지 못한다는 점을 이해할 수 있다. 의식의 사유작용이 외계와는 직접적인 교섭 없이 전적으로 좌반구 언어 영역 내에서만 작동한다는 점을 정확하게 이해한다면, 개념이 결코 객관적 실재성을 가질 수 없다는 것이 저절로 명백해진다.

이러한 점에서 인도의 용수(龍樹)가 설명하는 의식의 네 가지 지향성을 살펴보면서 의식의 작용에 대해 바르게 이해해 보기로 하자.

용수는 『중론(中論)』에서 의식에 의해 산출된 개념이라고 하는 것이 모두 비실재적이고 비본질적인 의미내용이라는 점을 지적하면서, 이와 같이 의식에서 사유되는 의미내용이 비실재적이고 비본질적일 수밖에 없는 이유를 네 가지 지향성으로 구분하여 설명해 주고 있다.

먼저, 『중론(中論)』의 첫머리에 나오는 구절을 자세히 읽어 보기로 하자.

> 생하지도 않고 역시 멸하지도 않는다. 항상하지도 않고 역시 단멸 (斷滅)하지도 않는다. 동일하지도 아니며 또한 다르지도 않다. 오지도 않으며 또한 가지도 않는다. 이러한 의식의 사유작용[인연(因緣)]을 해 명함으로써 모든 허구적이고 비실재적인 의미규정[戱論]을 바르게 멸 절하였으니, 이에 나는 머리 조아려 부처님께 예경을 올린다네. 모든 가르침 가운데 가장 으뜸이라네(不生亦不滅 不常亦不斷 不一亦不異 不來亦 不去 能說是因緣 善滅諸戱論 我稽首禮佛 諸說中第一).

이 구절을 통해서 석가모니 붓다의 가르침을 매우 쉽고 바르게 이해할 수 있다.

가장 첫 부분의 "생하지도 않고 역시 멸하지도 않는다. 항상하지도 않고 역시 단멸하지도 않는다. 동일하지도 않으며 또한 다르지도 않다. 오지도 않으며 또한 가지도 않는다"는 구절을 불교학계에서는 '팔불(八不)'이라고 표현한다. 이 여덟 개의 개념을 부정함으로써 모든 개념적 언어가 가진 의미내용(개념)이 실재하지 않는 허구적인 의미내용을 규정하고 있다는 점을 지적한 것이다. 즉, 이 여덟 가지 개념을 통해서 모든 개념적 언어는 주관의 가치판단에 따라 규정된 언어적 의미규정일 뿐, 결코 어떠한 실재성이나 진실성을 가지고 있지 않다는 점을 지적하고 있다.

그 근거로 이것들이 '희론(戱論)'에 지나지 않는다고 설명하고 있다. 여기에서 먼저 이 희론이라는 용어의 정확한 철학적 의미를 이해하는 것이 급선무일 것 같다.

『중론(中論)』에 대한 청목(靑目)의 소(疏)에서 이 '희론'에 대해 다음과 같이 설명하고 있다.

> 희론이란 관념적 사유를 하는 의식의 작용이(에 의해) 표상을 움켜잡아(取) '이것이다' 또는 '저것이다'라고 분별하는 것을 말한다. '부처는 죽는다' 또는 '부처는 죽지 않는다' 등을 말하는 것은 희론이 되어혜안(慧眼)을 덮기 때문에 여래(如來)인 법신을 볼 수 없는 것이다(戱論名 憶念取相分別此彼 言佛滅不滅等 是人謂戱論 覆慧眼故不能見如來法身).[94]

여기에서 "표상(相)을 움켜잡아(取)"라는 설명에서 의식과 감각적 지각이 상호 간에 긴밀한 지향적 의존 관계에 있다는 점을 읽을 수 있다. 즉, 의식의 사유작용이란 감각적 표상[염상(染相)]에 근거하여 그 표상에 내포된 개념적 의미를 인식(분별)하는 작용이라는 점을 밝힌 것이다. 다시 말하자면 의식에서 사유하는 의미내용의 근거는 곧 감각적 표상[염상(染相)]에 있다는 것이다.

이렇듯 의식은 개념적 의미가 내포된 감각적 표상을 근거로 사유

---

94) 용수보살, 구마라습 역, 범지 청목 주, 『중론』(대정장 30권), 31쪽 上.

하기 때문에 의식에서 사유되는 의미내용들은 모두 '부처는 죽는다' 또는 '부처는 죽지 않는다'라는 명제와 같이 비실재적이고 비본질적인 의미내용[희론(戱論)]에 지나지 않는다고 설명하고 있다.

즉, 의식의 개념적 사유작용을 모두 '희론(戱論)'이라고 규정하고 있다. 그리고 이 희론으로 인해서 본질적 존재의미를 직관할 수 없다는 의미에서 "혜안(慧眼, 생래적인 본원적 직관능력)을 덮기(隱蔽) 때문에 여래인 법신(法身: 본원적 주체성)을 볼 수 없다"고 지적하고 있다.

따라서 희론(戱論)이란 존재사물이 가지고 있지 않는 비실재적이고 비본질적인 의미내용을 사유하고 인식한다는 의미이다. 이러한 점에서 일본의 나카무라 하지메(中村元) 박사는 "희론은 원래 실재하는 대상을 갖고 있지 않음에도 불구하고 대상을 정립하여 지향하기 때문에 '현상에 사로잡힌(vastu-nibandhana)'이라고 한다. '희론하다'는 것은 본래 실재하지 않는 것을 정립하여 그것을 객체화하는 것이다"[95]라고 명쾌하게 설명해 주고 있다.

이 설명에서 "실재하는 대상을 갖고 있지 않음에도 불구하고 대상을 정립하여 지향하기 때문"이라는 표현에 주목해야 한다. 의식이 지향하는 대상은 감각적 지각을 통해 정립된 감각적 대상[오진(五塵)]이다. 결코 의식은 실재하는 존재사물[의(義)]과 직접적으로 관계를 맺을 수 없다는 점을 드러내고 있다. 그리고 "현상에 사로잡힌"이라는 표현은 의식에 재표상된 그 감각적 표상을 근거로 사유한다는 의미로 해석된다. 그런데 그 감각적 대상은 이미 주관에 의

---

95) 中村元, 석원욱 역, 『화엄경의 사상사적 의의. 화엄사상론』(문학생활사, 1988), 123쪽.

해 부가된 개념적 의미를 내포하고 있기 때문에 이 개념적 의미를 의식이 문자 언어로 규정함으로써 인식이 이루어진다. 이로써 결국 의식에서 인식된 의미내용은 모두 실재하지 않는 것들임에도 불구하고, 마치 그 의미내용이 실재하는 것처럼 객관화하고 있다는 점을 명확하게 밝혀 주고 있다.

이렇게 여덟 가지 개념(生滅, 常斷, 一異, 去來)이란 모두 문자 언어로 규정된 허구적이고 비실재적인 의미내용일 뿐이라는 점을 강조하고 있다. 물론 이 여덟 가지만이 의식에 의해 산출된 개념에 속하는 것은 아니고, 모든 개념 가운데 대표적으로 이 여덟 가지를 거론한 것이다.

이러한 점에서 희론을 일으키는 의식의 작용 특성을 『중론(中論)』에서는 네 가지 지향성[四緣]으로 구분하여 설명해 주고 있다. 앞의 인용문에서 나온 '인연(因緣)'이 그 가운데 하나이다. 그러나 여기에서는 본래의 의미를 넘어서서 의식의 사유작용을 총체적으로 지시하는 의미로 사용되고 있다. 그 이유는 의식의 네 가지 지향성 가운데 이 인연이 가장 근본적인 작용 특성을 드러내고 있기 때문이다.

따라서 개념이라고 하는 것이 주관의 가치 판단(관점)에 따라 규정된 의미규정일 뿐이라는 점을 이해하기 위해서는 이 네 가지 지향성을 바르게 이해하는 것이 무엇보다도 중요하다.

첫째, 인연(因緣)이란 곧 의식이 본원적 주관성[팔식(八識), 아리야식(阿梨耶識)]에 내재된 종자를 지향하여 이끌어 오는 지향작용을 의미한다. 즉, 인(因)이란 본원적 주관성에 종자(種子)의 형태로 내재된 개념으로서의 언어[명(名); 개념적 언어]를 의미한다. 그리고 연(緣)이란 의식의 지향작용을 의미한다. 이로써 본원적 주관성에 내재된 종자를 지향하는 지향작용을 의미한다는 점을 알 수 있다.

의식은 순간 생성되었다가 곧 소멸하는 작용 특성을 갖기 때문에 이 종자를 지향하는 지향성은 의식의 사유작용에서 가장 절대적으로 필요로 하는 지향작용이다. 왜냐하면 의식이 사라짐과 동시에 그 의미내용들도 함께 사라지기 때문이다. 즉, 사유하는 의미내용은 곧 의식의 의미내용이며, 의식이 사라진다는 것은 곧 그 의미내용이 사라진다는 것을 의미한다.

그러나 우리가 '기억'한다는 점에서 이렇듯 소멸된 의미내용들은 모두 사라지지 않고, 본원적 주관성에 종자의 형태로 내재되어 있다는 것을 알 수 있다. 따라서 다시 그 의미내용을 사유하기 위해서는 본원적 주관성에 저장된 의미내용들을 끌어와야만(대상화하여) 한다. 이로써 의식을 통해 지난 일들을 되새겨 사유할 수 있다. 이러한 점에서 이 '종자를 지향하는 지향성[인연(因緣)]'이 없이는 의식이 작동될 수 없다는 점을 알 수 있다.

좀 더 쉽게 설명하자면 의식은 생성과 동시에 곧 소멸해 버리기 때문에 본원적 주관성에 내재된 종자들이 없다면 의식에 과거의 기억들을 재생할 수 없다. 따라서 의식이 과거의 기억들을 끊임없이 되새기며 사유할 수 있는 것은 이 인연을 통해서 본원적 주관성에 내재된 종자들에 내포된 의미내용을 지향하여 끌어옴(대상화)으로써 가능하다. 이러한 점에서 인연을 의식의 가장 중요한 지향성이라고 할 수 있다.

바로 여기에서 기억과 상기(想起: anamnēsis)라고 하는 정신현상을 엄밀하게 구분해야 한다는 점도 이해할 수 있다. 기억이나 상기나 모두 본원적 주관성[아리야식]에 내재된 종자에 저장된 과거의 일(사건)을 재생해 낸다는 점에서 모두 인연이라고 하는 지향작용에 의해 가능하다. 그런데 기억이라고 하는 것은 언어적 의미로 저장된 것을 재생하는 것을 의미하고, 상기라고 하는 것은 감각표상으로 저장된 것을 재생하는 것을 의미한다. 따라서 기억이라고 하는 것은 의식의 언어적 사유작용[六識의 思]에 의해 가능하고, 상기하는 것은 의식의 재표상작용[六識의 想]을 통해 가능하다는 점을 구분해야 한다. 이에 대해서는 뒤에 '기억과 상기 그리고 종합적 통일'이라는 항(項)에서 자세히 거론하기로 하자.

둘째, 연연(緣緣)이란 '대상(감각적 대상)을 지향하는 지향작용'을 의미한다. 의식은 외계를 직접적으로 지향할 수 없다. 따라서 의식이 외계를 지향하여 사유하기 위해서는 감각적 지각[오식(五識)]을 동반해야만 한다. 이러한 점에서 이 연연의 작용은 의식의 사유작용에 있어서 절대적으로 요구되는 지향성이라고 할 수 있다. 왜냐하면 감각 기관을 통해서 지각된 그 감각적 대상[오진(五塵)]을 의식이 재표상하여 사유할 수밖에 없기 때문이다. 즉, 이 지향성을 통해서 감각 기관을 통해 지각된 감각적 대상을 의식으로 끌어올(대상화할) 수 있다.

이로써 이 연연을 통해서 눈앞[감각; 아타나식(阿陀那識)]에 펼쳐진 수많은 존재사물 가운데 의식은 자신의 의지작용이 미치는 하나의 구체적인 대상만을 지향하여 대상화할 수 있다는 점을 이해할 수 있다. 다시 말해 이 연연이라는 지향성은 감각적 지각과 의식의 연결고리라고 할 수 있다.

이러한 연연이라는 지향성이 필연적이라는 점은 뇌과학의 실험 결과에서도 확인할 수 있다. 청각 장애인에게 수화로 책을 읽어 줄 때의식이 작동함과 동시에 대뇌 피질의 청각 영역과 우반구 언어 영역이 동시에 활성화되는 것을 확인할 수 있었다. 이를 통해 의식이 감각적 지각을 선행적으로 동반해야 한다는 점을 이해할 수 있다.

의식은 그 수화자의 몸짓과 손짓을 직접적으로 인식할 수 없기때문에 감각적 지각을 선행적으로 동반하여 그 몸짓과 손짓을 개념적 언어로 변환시켜줘야만 그 수화문장을 이해할 수 있다. 이와같이 감각적 지각과 의식이 긴밀한 지향적 의존 관계를 유지하며작동할 수 있는 것은 이 연연이라는 지향성을 통해서 가능하다.

또한 이 연연이라는 지향성으로 인해서 좌뇌에 위치한 언어능력[의식]이 자신의 영역 내에서만 작동하는 이유를 명확하게 이해할수 있다. 의식은 외계로부터의 자극을 개념적 언어로 해석해 주어야만 그 자극에 대한 의미를 인식할 수 있다는 점에서 의식은 오로지 자신의 내적 맥락에서만 작용할 뿐, 결코 외계와 직접적으로 소통할 수 없다는 점을 알 수 있다.

셋째, 차제연(次第緣)은 앞선 생각이 사라지면서 다음 생각을 이끌어 오는 지향성을 말한다. 이 지향작용을 의근(意根, 칠식(七識)]이라고도 표현하는데, 그 이유를 정확하게 이해하는 것이 매우 중요하다. 의식을 생성하는 근거가 되는 식이라는 의미이다. 감각적 지각[오식(五識)]이 자신만의 고유한 감각 기관을 갖추고 있듯이 의식

이라는 것도 이 의근을 근거로 하여 생성된다는 의미를 표현하고
자 한 것이다. 좀 더 자세히 설명하자면 바로 앞에서 일어났던 생각
(의식)이 소멸하면서 자체적으로 다음 생각(의식)을 생성시키는 작용
성으로 작용한다고 설명하고 있다.

이로써 의식은 생성과 소멸을 반복하면서 끊어지지 않고 지속적
인 하나의 흐름을 유지할 수 있다. 의식은 문자 언어를 매개로 사
유하기 때문에 사유하는 단어(의미내용)를 따라 생성되었다가 곧 소
멸되는 특성을 가지고 있다. 그러면서도 하나의 지속적인 흐름(意識
流)을 형성할 수 있는 것은 의식이 스스로를 생성할 수 있는 이 차
제연이라는 지향성을 갖추고 있기 때문이다.

이러한 차제연이라는 지향성은 뇌파 검사를 통해 검증이 가능하
다. 의식이 정상적으로 작동할 때는 40Hz의 뇌파가 발생한다고 한
다. 반면에 깊은 잠에 들었을 때는 4~8Hz의 뇌파가 발생한다고 한
다. 이러한 점에서 의식은 초당 40회 생성과 소멸을 반복한다고 추
정할 수 있다.

이렇게 초당 40번 생성과 소멸을 반복하면서 지속적인 하나의 흐
름을 형성할 수 있는 것은 이 차제연이라는 지향성을 통해서 가능
하다.


넷째, 증상연(增上緣)은 의식의 가장 근본적인 속성인 의미규정작
용을 의미한다. 앞에서 의식은 포괄적 개념으로 사유할[類] 수도 있
고, 미세한 개념으로 사유할[個] 수도 있다는 점을 읽어 보았다. 이
와 같이 의식의 의미규정작용[增上緣]은 의식이 스스로 차별적 의미
를 구분하여 문자 언어로 한정(규정)하는 지향작용을 의미한다. 좀

더 구체적으로 설명하자면 인식하는 대상 사물의 개념적 의미를 비교하여(相靡) 그 대상이 가진 차별성을 구분함(相刃)으로써 그 차이점을 문자 언어로 표현하는 기능을 갖추고 있다. 예를 들어 우리는 검은색 또는 흰색이라는 언어적 표현을 통해 그 색상의 상대적인 차별성을 규정한다. 그리고 또다시 이 둘을 다시 비교하면서 회색(灰色)이라는 의미규정을 새롭게 파생시킨다. 이렇듯 개념적 언어를 통해 상대적인 차별성을 구분하여 그 차별적 의미를 언어적 표현으로 생산해 낼 수 있는 능력을 갖추고 있다.

이와 같이 의식은 감각을 통해 지각된 감각적 대상이 가진 개념적 의미의 차이점을 비교하여 그 의미를 문자 언어로 표현하는 언어적 사유작용이다. 이러한 의식의 작용 특성을 장자(莊子)는 '서로 자르고 서로 비교한다(相刃相靡)'라고 표현하고 있다. 이 표현은 지향하는 대상의 차별성을 비교하고 구체적으로 구분하여 그 상대적 차별성을 언어적 표현으로 규정한다는 의미이다. 따라서 의식이 무의미한(어떠한 의미도 갖지 않은) 대상에 의미를 부가하는 것이 아니고, 감각적 대상에 내포된 개념적 의미에 근거하여 그 대상이 갖는 상대적 차별성을 언어적 표현으로 규정하는 작용이라는 점을 정확하게 이해해야 한다. 이로써 개념이 창출되는 것이다. 바로 여기에서 개념이란 언어적 의미규정이라는 점이 명확하게 드러난다.

위에서 설명하는 의식의 네 가지 지향성을 면밀하게 분석해 보면 의식은 매우 주관적인 사유작용이라는 것을 알 수 있다. 먼저 연연이라고 하는 지향작용을 통해서 감각적 대상을 대상화한다는 점에서 의식은 결코 외계와 어떠한 교섭이나 관계 맺음 없이 자체적인 내부 맥락에서만 작동한다는 점을 확인할 수 있다. 다시 말하자면 감각적 지각을 통해 개념적 의미로 해석해 주어야만 그 개념적 의미를 문자언어를 통해 인식할 수 있다는 점이다.

이것은 결국 의식이 개념적 언어를 통해서만 사유가 가능하다는 점을 드러낸다. 왜냐하면 감각적 지각을 통해 지각된 개념적 의미도 의식이 개념적 언어로 규정한 것이기 때문이다. 다시 설명하자면 의식이 규정한 개념적 의미가 종자의 형태로 내장되어 있다가 다시 감각에 드러나 나타난 것이다. 따라서 결국 자신이 규정한 의미규정으로 해석해 주어야만 그 대상에 대한 개념적 의미를 인식할 수 있다는 점을 알 수 있다.

또한 인연이라는 지향작용을 통해서 본원적 주관성에 종자의 형태로 내장된 모든 기억들을 소환하여 그와 관련된 다양한 생각들을 계속 이어 갈 수 있다. 이로써 마치 다람쥐가 쳇바퀴를 돌듯 스스로를 생성함으로써 끊임없이 새로운 생각을 일으킬 수 있고, 이를 바탕으로 새로운 개념을 창출할 수 있는 '연역'이라는 사유능력을 갖추게 된 것이다. 이렇듯 의식의 이 네 가지 지향성을 정확하게 이해한다면 의식작용에 의해 생성된 개념이라고 하는 것이 전적으로 주관의 내적 맥락에서 규정된 언어적 의미규정이라는 점을 쉽게 이해할 수 있다.

이제 이 네 가지 지향성을 보다 정확하게 이해하기 위해 앞에서 살펴보았던 일상적인 인식현상을 다시 이 네 가지 지향성으로 분석해 보기로 하자.

길을 걷던 중 우연히 마주친 어떤 사람이 학창시절의 친구였다. 서로를 알아보고 "아! ○○ 아니야?"라고 말하며 악수를 한다. "야, 이거 얼마 만이야? 자네도 많이 늙었네그려. 벌써 30년이 지났구먼!"이라고 서로 인사를 나눈다.

길을 걷던 중 우연히 마주친 사람이 학창 시절의 친구라는 것을 알아볼 수 있는 것은 아리야식에 내재된 종자에 간직된 그 친구의 옛 모습을 인연이라는 지향작용을 통해 재표상함으로써 가능하다. 감각적 지각을 통해 지각된 현재의 모습과 비교하면서 그 사람이 옛 친구라는 것을 인식할 수 있다. 이때 감각적 지각을 통해 지각된 현재의 모습은 연연이라는 지향작용을 통해 의식에 재표상된다. 이러한 두 가지 지향작용이 차제연의 작용으로 40분의 1초의 간격으로 번갈아 일어나면서 과거의 모습과 현재의 모습을 비교할 수 있다.

그리고 다시 차제연으로 인해 다음 생각이 이어진다. "야, 이거 얼마 만이야?"라고 하면서 과거의 기억을 되살린다. 이제는 과거의 친구 모습과 현재의 모습을 비교하면서 "자네도 많이 늙었네그려"라면서 그 친구의 변한 모습을 인식한다. 이때 '늙었다'라는 개념으로 그 변화된 모습을 규정하고 있는데, 이러한 의미규정작용을 증상연이라고 한다. 다시 설명하자면 증상연을 통해 친구의 변한 모습을 '늙었다'라고 하는 개념으로 규정하여 인식하고 있다.

그리고 다시 차제연으로 다음 생각이 이어진다. 이제는 과거의 시간과 현재의 시간을 비교하면서 '30년'라는 시간의 개념이 생겨난다. 물론 이 시간의 개념도 증상연의 작용을 통해 규정된 것이다.

그래서 "벌써 30년이 지났구먼!"이라는 인식이 이루어진다. 그러나 그 친구와 헤어지자마자 이 30년이라는 시간 개념은 사라지고, 오로지 절대현재만이 눈앞에 펼쳐진다.

이와 같이 모든 의식의 사유작용은 네 가지 지향성을 통해 이루어진다는 점을 명확하게 이해할 수 있다.

## 2) 노자(老子)와 플라톤도 개념이란 비실재적인 의미규정이라는 점을 강조하고 있다

마찬가지로 노자(老子)도 『도덕경(道德經)』 2장에서 모든 개념이라고 하는 것이 주관에 의해 부가된 허구적인 의미규정일 뿐이라는 점을 강조하고 있다. 역시 같은 장에서 개념이 주관적 가치 판단에 따른 차별성과 상충성을 갖는다는 것에 대해 다음과 같이 설명하고 있다.

천하의 모든 사람이 아름답다고 지각한 것을 아름답다고 생각하는데, 이것은 추함이다. 모든 사람이 선(善)이라고 지각한 것을 선(善)이라고 생각하는데, 이는 선하지 않음(不善)이다. 이런 연유로 '있다', '없다'라는 상대적인 개념이 생겨나며, '어렵다', '쉽다'라는 상대적인 개념이 성립하고, '길다', '짧다'가 비교되고, '높다', '낮다'가 다투고, '조리 있는 소리'와 '들리는 소리'가 서로 화합하며, '앞'과 '뒤'가 서로 뒤따른다. 이런 이유로 성인은 관념적 사유작용을 멸절한(無爲) 본원적 직관(事)에 머문다.

노자의 이러한 설명을 바르게 이해하기 위해서는 첫 번째 구절을 정확하고 바르게 이해하는 것이 가장 중요하다. 시중에 나와 있는 해설서와는 번역이 전적으로 다르기 때문에 구체적으로 문장을 분석하면서 이해해 보기로 하자.

"天下皆知美之爲美"라는 구절은 조사 '之'를 이용하여 목적어를 동사 앞으로 도치시킨 도치문이다. 즉, '知美'가 '爲'의 목적어가 된다. 따라서 "아름답다고 지각한 것을 아름답다고 생각한다"라고 번역하여야 문법상으로 정확한 번역이다. 또한 이렇게 번역하여야 깊은 철학적 사유를 읽어 낼 수 있다.

"아름답다고 지각한 것(知美)"에서 '知'는 견문각지(見聞覺知; 보고 듣는 감각적 지각)의 지(知)로서 감각적 지각을 의미한다. 그리고 뒤에 '爲美'의 '爲'는 '사유하다'라는 의미로 의식의 사유작용을 의미한다. 이렇게 번역해야 하는 이유는 앞에서 살펴본 바와 같이 의식은 외계와 직접적으로 관계 맺을 수 없으므로 감각적 지각을 통해 지각된 대상을 대상화하여 사유하기 때문이다. 비록 노자가 자세하게 논리적으로 설명하고 있지 않지만, 이 짧은 구절에서 노자의 깊은 철학적 사유를 읽을 수 있다.

그런데 이렇게 '아름답다'라고 사유하는 그 의미내용을 '추함이다'고 표현하고 있다. 우리는 이 구절을 읽으면서 노자가 문화적 가치체계나 판단의 규범을 부정하는 것으로 이해하기 쉽다. 즉 노자가 이러한 상대적 차별성 자체를 부정하는 것으로 해석하는 경향이 있는 것 같다. 그러나 노자의 본래 의도는 이러한 의미로 말한 것이 아닐 것이다. 왜냐하면 모든 존재사물에는 상대적 차별성이 존재한다는 점을 인정하지 않을 수 없기 때문이다. 다만 문제는 우리가 의식의 관념적 사유작용을 통해서 그 상대적 차별성을 인식할 때, 이렇듯 상반된(대립되는) 개념적 의미로 이해한다는 점이다.

왜냐하면 개념적 언어란 주관(의식)에 의해 이렇게 상반된(대립되는) 의미내용으로 규정되었기 때문이다. 이에 대해서는 뒤에 소자유의 주석을 다시 자세히 살펴보기로 하자.

따라서 이 구절을 읽을 때 개념적 의미로 해석해서는 안 될 것 같다. 왜냐하면 노자는 이미 이러한 개념적 언어를 초극한 상태이기 때문이다. 이러한 점에서 이 구절은 '아름답다'라는 개념적 의미나 '추하다'라는 개념적 의미나 모두 주관의 가치 판단에 따라 상대적인 차별성을 규정한 것이라는 점에서 '동일한 것'이라는 의미로 해석해야 옳을 것 같다. 즉, 아름답다고 생각하는 것이나 추하다고 생각하는 것이나 모두 개념적 언어로 인식한 것일 뿐이라는 의미로 해석하는 것이 타당할 것이다. 따라서 개념적 언어란 사물이 가진 상대적 차별성을 이렇게 서로 상충된(대립된) 의미로 규정하고 있다는 점을 지적한 것이다.

앞에서 성인들의 가르침을 관념적으로 해석해서는 안 된다는 점을 지적한 바 있다. 바로 여기에서 그 이유를 확인할 수 있다. 관념적으로 해석한다는 것은 개념적 언어로 그 가르침을 이해하는 것을 의미한다. 그러나 이미 성인들은 이러한 관념적 사유를 뛰어넘은 경지에서 그 언어를 사용하고 있다는 점에 주의해야 한다. 언어의 개념적 의미에 사로잡혀 그 의미를 해석한다면 종국에는 파멸에 이를 수도 있다는 점을 깊이 인식해야 한다. 근래에 종교계에서 성현들의 가르침을 지나치게 관념적으로 해석하는 경향이 있는 것 같다. 이러한 태도는 성현의 가르침을 자신의 관념(개념)으로 이해하는 것이라는 점을 깊이 인식해야 한다.

이렇게 해석해야 하는 이유는 뒤이어 모든 개념이 주관의 가치판단에 따라 상대적 차별성을 규정한 것이라는 점을 자세히 설명하고 있기 때문이다.

유와 무(有無), 어려움과 쉬움(難易), 깊과 짧음(長短), 높음과 낮음(高下), 조리 있는 소리와 조리 없는 소리(音聲) 그리고 앞과 뒤(前後)라고 하는 모든 개념이 이렇듯 주관의 관점에 따라 규정된 차별적 의미규정이며, 이로써 상충(相衝)하는 의미내용을 가지고 있다는 점을 밝히고 있다.

이러한 점에서 성인은 의식의 개념적 사유작용을 끊어서 멸절하고, 본원적 직관[무위지사(無爲之事)]에 머문다는 점을 강조하고 있다. 즉 이러한 상충하는 의미규정을 통해서는 자연을 바르게 이해할 수 없다는 점을 지적하고 있는 것이다.

필자의 해석이 시중에 나와 있는 다른 주석서들과 전혀 다른 번역이라는 점에서 필자의 번역에 의구심을 가질 수도 있을 것 같다. 이제 이 2장에 대한 소자유(蘇子由)의 주석을 자세히 읽어 보기로 하자.

천하의 사람들이 감각적 표상(形)과 개념적 언어(名)로 인해서 '아름답다' 또는 '추하다'라고 말한다. 이렇게 말하여지는 아름다움과 선함(善)이라는 것을 어찌 아름답고 선하다고 믿을 수 있겠는가? 그들은 유무(有無), 장단(長短), 난이(難易), 고하(高下), 음성(音聲), 전후(前後)가 서로를 생성하고 서로 빼앗는(부정하는) 것이어서 모두 다 바른 것(正)이 아니라는 점을 알지 못한다(天下以形名言美惡 其所謂美且善者 豈信美且善哉 彼不知有無長短難易高下聲音前後之相生相奪 皆非其正也).[96]

우리는 개념이 객관적 실재성을 갖는다고 간주하고 있다. 그런데 소자유는 그러한 개념들을 "믿을 수 있겠느냐?"라고 반문하고 있다. 여기에서 주목해야 할 점은 '形'이라는 용어이다. 이것은 '容'이라는 용어와 쌍을 이루어 사용되고 있다. 즉, '形'은 감각적 표상[염상(染相)] 또는 감각적 지각작용이라는 의미로 사용하며, '容'은 본질적 표상[정상(淨相)] 또는 선천적 표상작용이라는 의미로 사용한다.

따라서 "감각적 표상(形)과 개념적 언어(名)로 인해서 '아름답다' 또는 '추하다'라고 말한다"라는 구절에서 의식의 사유작용이 감각적 표상에 근거하여 그것에 내포된 개념적 의미를 규정하는 언어적 사유작용이라는 점을 알 수 있다.

그런데 이 인용문을 앞에 인용한 노자의 설명과 비교해 보면 노자는 '사유하다(爲)'라고 표현하고 있는 반면에 소자유는 '말하다(言과 謂)'라고 표현하고 있다는 점을 발견한다. 이러한 점에서 의식을 통해 사유하는 것과 말하는 언어 행위를 동일한 관점에서 이해하고 있다는 것을 알 수 있다. 즉, 의식의 개념적 사유나 말하는 언어 행위나 모두 개념적 언어를 매개로 이루어진다는 점에서 동일한 언

---

96) 초횡(焦竑), 『노자익(老子翼) 1권』(도쿄: 富山房, 1984), 4쪽.

어작용이라는 점을 이해해야 한다. 이 점은 앞에서 세친이 '언어'가 곧 '사유작용'이라고 설명하고 있다는 점에서도 확인이 가능하다. 다시 설명하자면 소리를 내서 말을 하면 그것을 언어라고 하고, 말을 하지 않고 마음속으로 생각하면 그것이 사유작용이라는 의미이다. 이러한 점에서 의식의 사유작용이 문자 언어를 매개로 그 언어적 의미를 사유하는 언어적 사유작용이라는 것을 명확하게 이해할 수 있다. 관념론자들은 바로 이 점을 간과하고 있다. 즉, 문자 언어를 읽고 말하고 듣는 모든 언어 행위가 의식의 사유작용이라는 점을 이해하지 못하고 있는 것이다.

이와 같이 감각적 지각과 의식의 사유작용을 통해 규정된 개념들이란 "서로를 생성하고 서로 빼앗는(부정하는) 것이어서 모두 다 바른 것(正)이 아니다"고 지적하고 있다. '서로 생성한다'는 것은 비교를 통해 상대적인 차별성을 규정함으로써 생겨난다는 의미이며, '서로 빼앗는다'는 표현은 곧 서로 상충하는(대립하는) 의미내용을 담고 있다는 의미이다. 이와 같이 노자의 본래 의도는 개념적 언어(개념)는 이렇게 주관의 가치판단에 따라 서로 상충되는(대립되는) 의미내용을 규정하고 있다는 점을 비판하는 것으로 이해해야 할 것이다. 결코 가치 체계나 판단의 규범을 부정하는 것이 아니다.

그런데 문제는 모든 사람이 이러한 개념적 언어에 내포된 허구적인 개념이 실재하는 객관적 실체에 대한 근본적 규정성으로 착각하고, 그 개념에 사로잡혀서 기뻐하고 슬퍼하면서 고통을 받으며 살아간다는 점이다.

'아름다움'이라는 개념 때문에 많은 여성이 얼마나 큰 고통을 받고 있는지를 생각해 본다면 매우 쉽게 이해된다. 해마다 미인 대회를 열어 전 세계에서 미인들을 뽑고 있다. 과연 미인(美人)은 존재하는 것일까?

개념과 관련해서 다시 플라톤의 가르침을 받아 보기로 하자. 플라톤은 개념이 다만 주관에 의해 부가된 언어적 의미규정일 뿐이며, 사물의 본질과는 전혀 관련이 없다는 점을 매우 쉽게 설명해 주고 있다.

> 그렇지만 시미아스가 소크라테스보다 장신이라는 것은 표현된 그대로 진실은 아니라는 데 대해서 자네는 동의하는가? 왜냐하면 시미아스는 본성상 장신인 것이 아니라, 즉 그가 시미아스라는 점으로 해서 장신인 것이 아니라, 그가 우연히 갖게 된 큼(megethos)으로 해서일 테니까. 그리고 다시 그는 소크라테스보다 장신인 것도 소크라테스가 소크라테스이기 때문이 아니라 소크라테스가 시미아스의 큼에 비해 작음(smikrotēs)을 가진 때문이겠지?[97]

이 인용문에서도 플라톤은 '크다'라는 개념적 의미규정이 "표현된 그대로 진실은 아니다"고 지적하고 있다. 앞에서 소자유의 설명과 정확하게 일치하고 있다.

---

97) 플라톤, 『파이돈』, 416쪽 102b-102c. 본래 원문은 "시미아스이라는 이 점으로 해서"이다. '점' 자 앞의 '이' 자와 '시미아스이라는'에서 '이'를 빼고 인용하였다. '이'를 빼는 것이 문맥상 자연스럽기 때문이다. 역자에게 양해를 구하는 바이다.

플라톤도 '크다' 또는 '작다'라는 개념적 언어가 사물의 본질을 가리키는 것이 아니고, 두 사람의 키를 비교하는 가운데 그 상대적 차이점을 구분하여 표현하기 위해 규정된 언어적 의미규정이라는 점을 자세히 밝혀 주고 있다.

참고로 이 '크다' 또는 '작다'라는 것도 아리스토텔레스나 칸트는 범주(範疇)라고 주장하고 있다. 즉, 그 시미아스는 크다는 범주를 가지고 있으며, 소크라테스는 작다는 범주를 가지고 있다고 주장하고 있다.

그러나 플라톤은 이러한 범주라는 것이 결코 진실된 것(본질적인 것)이 아니라고 깨우쳐 주고 있다. 즉, 시미아스가 소크라테스보다 '크다'고 표현하는 것이 결코 진실(본질적 존재의미)을 말하는 것이 아니라고 지적하고 있다. 다시 설명하자면 시미아스가 본질적으로(본성상) 크기 때문에 크다고 표현하는 것이 아니고, 키가 작은 소크라테스와 비교하는 가운데 '크다'라는 개념적 의미가 생겨난 것이라는 설명이다. "우연히 갖게 된 큼"이라는 표현에서 이것이 본질적인 것이 아니고, 우유적인 것 또는 우연적인 것이라는 점을 강조하고 있다.

이와 같이 개념이란 두 사물을 비교하면서 그 차이점을 구분하여 표현하기 위해 만들어 낸 언어적 의미규정이다. 이러한 점에서 소자유도 개념이란 "서로 생성하고 서로 빼앗는 것이어서 모두 다 결코 바른 것이 아니다(相生相奪 皆非其正也)"라고 설명한 것이다. "서로 생성"한다는 표현의 의미는 '크다'라는 개념이 필연적으로 '작다'라는 개념을 창출한다는 것이다. 상대적인 차이점을 표현하기 위해서는 어떤 개념과 대립하는(상충하는) 또 다른 개념을 생성할 수밖에 없다. 이러한 점에서 '서로 생성한다'고 설명한 것이다. 그리고 이렇게 비교를 통해 상대적인 차별성을 규정하기 때문에 그 상대적 차별성을 서로 배척하는(대립되는) 의미로 표현하게 된다. 따라서 의식을 통해 대상을 비교하면서 상대적인 차별성을 인식하는 것은 결국 서로 대립되고 상충된 의미로 인식하게 된다는 점을 지적하고 있다.

이러한 점에서 개념이란 주관의 가치 판단에 따라 생겨난 것일 뿐, 결코 바른 것(본질적인 것)이 아니라고 깨우쳐 주고 있다. 앞에 인용한 플라톤의 가르침도 바로 이 점을 지적한 것이다.

이와 같이 개념이란 의식의 개념적 사유작용을 통해서 차별적인 의미내용을 구분하여 한정한 언어적 의미규정이다. 결코 '크다' 또는 '작다'라는 개념적 의미를 사물이 가지고 있는 것이 아니다.

### 3) 범주(範疇)라는 용어에 있어서의 오류와 왜곡

칸트가 개념이 객관적 실재성을 갖는다는 점을 입증하기 위해 그 이론적 근거로 삼은 것이 '범주(範疇)'라는 근본 개념이다. 이 범주가 물질적 사물이 가지고 있는 근본규정성이라고 주장함으로써 개념의 객관적 실재성의 근거로 삼고 있다.

이러한 주장을 직설적으로 비판하자면, 그는 비실재적이고 비본질적인 의미규정들을 '우주론(추가)적 이념'으로 둔갑시키는 연금술에 이 범주라는 용어를 촉매제로 사용하고 있다.

이 범주라는 용어는 본래 아리스토텔레스의 소박실재론에서 사물이 가진 근본규정성이라는 의미로 사용되는 개념이다. 즉, 아리스토텔레스는 물질적 사물 자체를 감각을 통해 지각할 수 있다고 주장하면서 그 사물들이 범주의 수만큼 존재한다고 표현하고 있다. 간략하게 설명하자면 외계의 사물들이 이 범주로 구분되는 상대적 차별성을 가지고 존재한다는 의미이다.

이러한 점에서 범주는 물질적 사물 자체를 지각할 수 있다고 하는 소박실재론에 근거한 개념이다. 그런데도 칸트는 '물자체'는 선험적 인식의 대상이 될 수 없다고 주장하면서도 이 범주라고 하는 개념을 그대로 원용하고 있다.

이로써 아리스토텔레스가 주장하는 범주라는 왜곡과 오류가 그대로 칸트에 의해 답습되고 있다. 따라서 먼저 아리스토텔레스의 과오를 확인하고, 칸트가 이 범주를 한번 더 왜곡하여 의식의 사유 기능으로 둔갑시키고 있다는 점을 확인하기로 하자.

### i. 아리스토텔레스는 플라톤의 가르침을 악의적으로 왜곡하고 있다

이 범주라는 용어가 가진 철학적인 문제점을 정확하게 이해하기 위해서는 이 용어가 어떠한 철학적 사유를 통해 탄생하게 되었는가 하는 점을 자세하게 살펴볼 필요가 있다.

서양 철학사를 개관해 볼 때 가장 안타까운 사실은 플라톤의 가르침을 아리스토텔레스의 주장에 의존해서 이해하려고 한다는 점이다. 다만 아리스토텔레스가 그와 동시대에 살았으며, 그의 제자였기 때문에 가장 플라톤의 가르침을 바르게 이해하고 있을 것이라는 막연한 기대감 때문인 것으로 판단된다.

서양 철학자들은 아리스토텔레스가 고대 그리스의 정통설인 종자(sperma)설을 조금도 바르게 이해하지 못하고 있다는 점을 전혀 눈치채지 못하고 있는 것 같다. 그뿐만 아니라, 그가 자신의 무지를 깨닫지 못하고 고대 그리스 현자의 가르침을 모조리 폄하하고 비난하고 있다는 사실조차 알아차리지 못하고 있는 것 같다. 그의 저서로 알려진 『형이상학』이라는 책은 처음부터 끝까지 고대 그리스의 철학을 왜곡하고 폄하하는 만행을 저지르고 있다는 점을 쉽게 확인할 수 있는데도 말이다.

지면 관계상 자세한 것을 모두 지적하여 비판할 수는 없으므로 그가 고대 그리스의 정통설인 종자설을 전혀 이해하지 못하고 있다는 증거만을 몇 가지 살펴보기로 하자.

첫째, 그는 네 가지 물질적 요소(stoicheion; 물·불·흙·공기)가 본질을 구성하는 본질적 요소라는 점과 이것들이 영혼 속에 종자의 형태로 내장되어 있다는 점을 이해하지 못하고 있다.

둘째, 누우스(nous)가 인간의 선천적 표상능력을 의미한다는 점을 이해하지 못하고 기계신이라고 폄하하고 있다. 즉, 이 선천적 표상능력에 의해 표상된 본질적 표상으로 인해서 존재사물이 가진 다양한 차별성을 직관할 수 있다는 점을 이해하지 못하고 있는 것이다.

셋째, 그는 형상[eidos]이니 이데아(idea)니 하는 기초적인 용어들의 정확한 개념을 전혀 이해하지 못하고 있다.

이러한 점들을 전체적으로 살펴볼 때 그는 스승의 가르침을 전혀 이해하지 못하고 있다고 판단된다. 참으로 가증스러운 점은 스스로 자신의 무지를 돌이켜 보지 못하고, 스승의 가르침을 제멋대로 왜곡하고 폄하하고 있다는 점이다.

진실로 언급하기조차 역겹고 고통스럽지만 몇 가지 증거만을 확인하기로 하자.

> 왜냐하면 이런 사람들은 각각 공통적인 것, 예컨대 물체를 요소라 부르지 않고, 불과 흙을 요소라고 부르는데, 이때 이것들에 공통적인 것, 즉 물체가 있는지 없는지는 문제 되지 않는다. 그러나 다른 한편으로 (플라톤주의자들은) 하나가 불이나 물처럼 동질체라고 말한다. 그런데 만일 이것이 사실이라면 수들은 실체들이 아닐 것이고, 만일 하나 자체인 어떤 것이 있고 이것이 원리라면, '하나'는 여러 가지 뜻으로 쓰임이 분명하다. 그렇지 않다면, 그 이론은 성립되지 않는다.[98]

매우 그럴듯해 보이는 이 비판에서 그는 플라톤의 가르침을 전체적으로 전혀 이해하지 못하고 있다는 점을 적나라하게 드러낸다. 네 가지 물질적 요소의 조합을 통해 존재사물의 존재자성인 본질[archē]을 구성한다는 점 그리고 이 본질로 인해서 본질적 표상[形相, eidos]을 표상할 수 있다는 점을 이해하지 못하고 있다.

그리고 '하나'라고 하는 이데아가 이 본질적 요소로 표상된 형상을 종합하고 통일함으로써 구성된 본질적 존재의미라는 점도 이해하지 못하고 있다.

---

98)  아리스토텔레스, 조대호 옮김, 『형이상학 Ⅰ』(경기: 나남, 2012), 74쪽.

먼저 플라톤은 네 가지 본질적 요소가 사물이 가진 고유한 물질적 특성이며 이것들은 종자의 형태로 영혼 속에 내장되어 있다고 설명하고 있다. 그런데도 그는 "물체를 요소라 부르지 않고"라며 비난을 서슴지 않고 있다.

다시 플라톤의 가르침을 읽어 보기로 하자.

> 나중에 돌려줄 것들로서 불·흙·물·공기의 부분들을 우주에서 빌려 온 다음, 그들이 갖게 된 것들을 한데 접합했는데, 이는 그들 자신을 묶고 있는 풀리지 않는 끈들로 한 것이 아니라 작아서 보이지 않는 수많은 볼트로 접합한 것입니다. 그는 모든 부분으로 각각의 몸을 하나씩 완성해 낸 다음, 들고 나는 것이 반복되고 있는 몸속에 불사하는 혼의 회전들(periodoi)을 묶어 넣었습니다.[99]

거의 2,500년이 지난 지금 읽어 보아도 이 네 가지 물질적 요소는 외계에 실재하는 물질적 사물이 아니고, 인간의 영혼에 내재된 본질적 요소라는 점을 알 수 있다. 그리고 이러한 본질적 요소들의 조합을 통해 다양한 본질적 표상들을 표상할 수 있다는 점을 충분히 이해할 수 있다.

풀리지 않는 끈으로 묶는 것이 아니고 결합과 해체를 자유자재로 할 수 있도록 "보이지 않는 수많은 볼트로 접합"한 것이라고 설명하고 있다. 이로써 이 네 가지 요소들의 조합을 통해 다양한 감각표상을 표상해 낼 수 있다. 그리고 "몸속에 불사하는 혼의 회전

---

99)  플라톤, 『티마이오스』, 116~117쪽 43a.

들(periodoi)을 묶어 넣었습니다"라는 구절에서 이 네 가지 요소가 영혼(생래적인 본원적 직관능력)의 작용과 함께 작동한다는 점을 충분히 이해할 수 있다.

그뿐만 아니라 플라톤은 이 종자설에 대해 매우 친절하고 자세하게 설명해 주고 있다.

> 모든 사멸하는 부류를 위한 '모든 요소적인 씨의 혼합물'(pansp-ermia)을 고안하여, 이것들로 골수를 만들어 냈습니다.[100]

> 또한 그는, 이를테면 경작지처럼, 자기 안에 신적인 씨를 품게 될 부분을 모든 방향에서 구형이도록 만든 다음, 골수의 이 부분을 뇌(enkephalos)라고 이름 지었는데[101]

이 두 구절에서 네 가지 요소의 조합물들이 종자를 구성하며, 이 종자가 곧 골수나 뇌에 내재된다는 점을 명확하게 밝히고 있다.

특히 "모든 사멸하는 부류를 위한"이라는 표현에서 이 요소로 구성된 조합물을 통해 사물의 표상을 그려 낸다(표상한다)는 의미를 읽어 낼 수 있다. '사멸하는 부류'란 앞에서 언급한 바와 같이 외계의 물질적 사물을 의미한다. 이 물질적 사물들은 생성되었다가 어느 정도 그 상태를 유지한 뒤에 결국 소멸된다는 점에서 이렇게 표

---

100) 플라톤, 앞의 책, 205쪽.
101) 플라톤, 앞의 책, 206쪽.

현한 것이다. 이러한 물질적 사물들의 표상을 그려 내기 위해 뇌에 요소들의 조합으로 구성된 혼합물이 종자의 형태로 간직되어 있다는 설명이다.

그리고 '뇌'라고 하는 인간 영혼을 "경작지"에 비유하고 있다. 마치 경작지에 씨를 뿌리면 식물이 자라는 것처럼 인간 영혼(본원적 주체성)은 이 종자들로 인해서 모든 존재자를 드러내(표상하여) 나타낼(현상할) 수 있다는 점을 친절하게 설명하고 있다.

이렇게 친절하고 자세하게 설명하고 있는데도 불구하고, 아리스토텔레스는 종자설을 전혀 이해하지 못하고 있다.

또한 "하나가 불이나 물처럼 동질체라고 말한다"라는 구절에서 그가 형상과 하나라고 하는 이데아가 무엇을 의미하는지 전혀 이해하지 못하고 있다는 점을 확인할 수 있다. '불이나 물'은 본질적 표상[eidos]을 표상하는 본질적 요소이다. 즉, 이 네 가지 본질적 요소를 조합함으로써 본질[archē]을 구성하고, 이 아르케를 소재로 본질적 표상을 표상해 낼 수 있다. 반면에 '하나'란 이렇게 표상한 다양한 본질적 표상을 종합하고 통일함으로써 구성된 본질적 존재의미이다. 그는 이러한 차이점을 이해하지 못하고, 하나와 네 가지 물질적 요소들을 동질체로 이해한 것이다. 결코 플라톤이 이렇게 동질체라고 설명하지 않았다.

어떻게 본질적 존재의미가 불과 물이라고 하는 본질적 요소와 같은 동질체일 수 있겠는가? 네 가지 본질적 요소는 물질적 사물이 가지고 있는 고유한 물질적 특성이다. 반면에 본질적 존재의미는 본질적 언어이다. 그는 스승의 가르침을 전혀 이해하지 못하고 있으면서 이렇듯 비난을 서슴지 않고 있다.

이러한 간략한 표현에서 그가 본질이니 형상이니 이데아니 하는 모든 기초적인 용어들을 전혀 이해하지 못하고 있다는 점을 확인할 수 있다. 이뿐만이 아니다. 이 책의 다른 부분들에서도 이러한 몰이해와 왜곡을 쉽게 발견할 수 있다.

이제는 철학 개론서에서 설명하고 있는 다음의 인용문을 읽어 보기로 하자.

> 아리스토텔레스는 이 아낙사고라스의 nous는 하나의 機械神(Deus ex machina)에 불과하다고 혹평을 하고 있다. 기계신이란 그 당시 연극에 있어 무대 뒤에 장치해서 사용되었던 것으로 인간의 힘으로는 해결될 수 없는 곤란한 장면에 이 기계신을 하강시켜 그 상황을 수습하는 역할을 했던 것이다. 아낙사고라스에 있어 무수히 많은 「씨」가 arche로서 정해졌으나, 이 「씨」들은 스스로 운동하는 힘을 가진 것은 아니었다. 그러나 생성변화하는 자연계의 형성에는 이들이 혼합·분리, 다시 말해서 운동하는 것이 되어야 했다. 그는 이러한 곤란한 처지로 말미암아 nous라는 특별한 「씨」를 내세웠던 것이나 이 nous는 우주발생의 시초에 「씨」들에게 최초의 충격을 가하여 「씨」들을 운동하게끔 하는 것으로 이 역할은 다 끝나고 그 뒤에는 아무런 필요가 없는 것이 되고 만 것이 마치 기계신과 흡사하다는 점에서 아리스토텔레스가 그렇게 평했을 것이다. 즉 nous를 내세운 필연적 근거가 결여되어 있다는 말이겠다.[102]

---

102) 철학교재편집연구회, 『철학개론』(서울: 대왕사, 1988), 45~46쪽.

이 철학 개론서는 여러 학자들이 함께 참여하여 공동으로 집필한 책이다. 이러한 점에서 이 인용문은 철학계의 일반적인 견해라고 할 수 있다. 그런데 마치 아리스토텔레스의 악의에 찬 폄하를 두둔하며, 그의 주장을 대변하고 있는 듯하다. 이렇듯 전적으로 무지몽매한 주장이 후세 학자들에 의해 계속적으로 확대 재생산되고 있다. 이로써 결국 플라톤의 가르침을 바르게 이해하지 못하게 된 것으로 판단된다.

앞에서 이 누우스(nous)에 대해 플라톤이 본질적 표상을 표상하는 선천적인 표상능력이라는 점에서 '화가'에 비유하고 있다는 것을 자세히 살펴보았다. 그런데 이 누우스라고 하는 용어를 처음 사용한 사람이 아낙사고라스였다는 점에서 플라톤은 고대 그리스의 정통설을 충실하게 계승하고 있다는 점을 알 수 있다. 즉, 아낙사고라스가 씨(sperma)와 누우스라는 용어를 중심으로 철학적 담론을 전개하고 있다는 점에서 종자설이 아낙사고라스에 의해 논리적인 체계를 갖추게 되었다는 점을 알 수 있다. 그리고 플라톤이 『티마이오스』에서 이 종자설을 완성했다고 판단된다.

이 누우스를 통해서 '하나'인 본질적 존재의미[이데아]가 다양한 본질적 표상으로 현상하게 되고, 이로써 우리는 그 존재사물의 다양한 차별적인 존재의미를 직관할 수 있다. 이러한 점에서 플라톤은 "하나가 곧 여럿이요, 여럿이 곧 하나이다"라고 설명하고 있다.

쉬운 예를 들자면, 우리의 눈앞에 펼쳐진 꽃은 다양한 색상과 모양을 갖추고 있다. 바로 이렇게 우리의 눈앞에 각양각색의 꽃들이 '나타나 존재(顯存)'할 수 있는 것은 곧 이 누우스라는 선천적 표상능력으로 인해서 가능하다. 이로써 우리는 외계의 사물들이 가진 다양한 차별성을 직관할 수 있는 것이다.

이렇게 본원적 직관을 통해서 다양한 차별적 존재의미가 저절로(주관의 의미규정작용이 없이) 드러나 나타나는 것을 플라톤은 형상과 이데아의 관여(關與)를 통한 혼화(混和, 相互一致)라고 설명하고 있다. 그래서 '하나'가 곧 '여럿(多)'이요 '여럿(多)'이 곧 '하나'라고 설명한 것이다.

불교에서도 '하나가 곧 여럿이요, 여럿이 곧 하나이다(一卽多 多卽一)'라고 설명하기도 하고, '즉체즉용(卽体卽用)' 또는 '사사무애(事事無碍)'라고 표현한다.

선가(禪家)에서는 이보다 더 시적(詩的)으로 표현하고 있다.

천 개의 흐르는 강물에 천 개의 달이 뜬다(千江流水千江月)

참으로 아름다운 표현이다. 이 간단한 시구(詩句)로 본원적 직관의 세계를 너무도 간명하게 설명해 주고 있다. 달은 하나이다. 이것은 본질적 존재의미[진여(眞如)]를 비유하는 것이다. 그런데 강물은 그 흐름이 모두 같을 수 없다. 어떤 강물은 급히 흘러 격랑이 일어날 것이며, 어떤 강물은 잔잔하여 호수같이 흐르기도 할 것이다. 이때 급히 흐르는 강물에는 그 거친 물결 때문에 일그러지고 찢긴 달이 비칠 것이고, 잔잔한 호수에는 온전히 둥근 모습의 달이 비칠 것이다. 이처럼 하나의 달이 물결에 따라 다양한 모양으로 나타나 보인다. 이렇게 다양한 환경과 상태에 따라 '하나'인 본질적 존재의미가 다양한 본질적 표상과 함께 직관되면서 그 다양한 차별성을 직관할 수 있는 것이다.

아리스토텔레스는 이렇게 누우스에 의해 존재사물이 가진 다양한 차별성이 직관된다는 점을 이해하지 못하기 때문에 누우스를 마치 전지전능한 마술적인 능력을 가진 기계신쯤으로 사용하고 있다고 비난한 것이다.

이상에서 살펴본 바와 같이 그는 고대 그리스의 정통설인 종자설에 대해 아무것도 바르게 이해하지 못했다. 그가 주장하는 모든 철학적 담론은 한마디로 '일고의 가치도 없는 궤변'이라는 점을 깊이 인식해야 한다. 더욱이 그는 비단 플라톤의 가르침에 대해서만이 아니고, 거의 모든 철학자의 주장을 이런 식으로 비난하고 있다.

이러한 과오와 왜곡이 결국 후대에 서양에서 경험론이니 관념론이니 하는 철학적 사유가 생겨나게 된 근본 원인이 아닌가 생각한다. 그리고 이로 인해 결국 인류가 오늘날과 같은 위기 상황에 처하게 되었다는 점을 감안한다면 그의 이러한 만행은 인류 역사에 있어서 가장 중대한 범죄 행위로 비난받아 마땅하다고 생각된다. 철학자들이 반면교사로 삼아야 할 것으로 생각된다.

**ii. 아리스토텔레스는 외계의 물질적 사물 자체를 지각할 수 있다고 주장하고 있다**

플라톤은 『필레보스』에서 우리가 일상적으로 '있다(존재)'라고 말하는 것은 본질적 표상[eidos]과 본질적 존재의미[이데아]가 함께 드러나 나타난 것이라고 가르쳐 주고 있다. 즉 우리의 눈앞에 펼쳐진 외계는 모두 본질적 표상과 본질적 존재의미가 드러나 나타난 것이라고 설명하고 있다.

'…이다'(있다: einai)라고 일상 말하게 되는 것들은 하나(hen)와 여럿 (polla)으로 이루어져 있으며, 또한 이것들은 한정(한도, 한정자: peras)과 한정되지(한도 지어지지) 않은 상태(apeiria)를 자기들 안에 본디 함께 지니고 있다는 전설일세.[103]

참고로 이 인용문에서는 '있다(einai)'라는 표현의 의미를 정확하게 파악하지 못하고 "…이다"라는 계사(繫辭)적 의미로 번역하고 있다. 사실 이 구절을 명확하게 이해하기 위해서는 종자(sperma)설에 대해 정확하게 이해하는 것이 선행되어야 한다.

종자설에 대해 확고하게 이해하지 못하기 때문에 '있다(einai)'라는 직관된 사태(존재의 현상)를 '…이다'라는 계사적 의미로 번역하게 된다. 즉, '있다'라는 사태(존재사물이 눈앞에 현전함)는 본질적 표상(여럿)과 본질적 존재의미(하나)가 혼화(混和)하여 현상한 것이라는 점을 이해하지 못하고 있다.

반면에 감각적 지각을 통해서만 알 수 있는 세계에서 우리의 감각 기관에 드러나 나타난 그 감각적 대상은 감각적 표상과 개념적

---

**103)** 플라톤, 『필레보스』, 90~91쪽. 이 역자는 주석을 통해 계사적 의미로 번역해야 한다는 점을 강조하고 있다.

의미가 함께 드러나 나타난다. 이러한 차이점에 대해서는 앞에서 '두 가지 외계: 자연과 세계'라는 장에서 자세히 살펴보았다.

그 차이는 본원적 직관에는 본질적 존재의미에 의해서 본질적 표상이 드러나 나타나는 반면, 감각적 지각에는 개념(언어적 의미규정)이 부가된 감각적 표상이 드러나 나타난다는 것이다.

플라톤은『필레보스』전편에 걸쳐서 음악의 예를 들어 가며 우주는 본질적 표상과 본질적 존재의미가 드러나 나타난 것이라는 점을 자세히 설명하고 있다. 음악이라는 예술이 감각적 표상과 개념이 함께 드러나 나타남으로써 가능하듯이, 외계도 이와 같이 본질적 표상과 본질적 존재의미가 혼화하여 현상한 것이라고 설명하고 있다.

구체적으로 설명하자면, 음악은 다양한 소리(감각적 표상)를 조합하여 음률을 구성함으로써 가능하다. 이렇게 다양한 음을 배열하는 기법을 선법(旋法)이라고 하는데, 이 선법은 다양한 음에 대해 그것을 음계(音階)와 장단(長短) 그리고 강약(强弱)와 같은 의미규정[개념]을 통해 구분함으로써 가능하다.

이렇듯 음악이란 음이라고 하는 감각적 표상으로서 가능한데, 이음(감각표상)에는 음계와 장단 그리고 박자라고 하는 개념이 함께 내포되어 있다는 점을 지적하고 있다. 이와 같이 감각적 지각을 통해서 감각적 표상과 함께 개념적 의미가 동시에 지각된다.

그런데 아리스토텔레스는 감각에 외계에 실재하는 물질적 사물 자체가 지각된다고 주장하고 있다. 즉, 일상적으로 감각에 드러나 나타난 외계가 감각적 표상과 개념적 의미로 구성된 것이라는 점을 이해하지 못하고, 그는 눈앞에 현전하는 것들이 모두 물질적 사물 그 자체라고 이해하고 있다. 그 결과 그 개념적 의미를 물질적 사물이 가지고 있는 근본적 규정성인 범주라고 착각하고 있다.

> '그 자체로서 있다(~이다)'고 불리는 것에는 범주의 형태들이 가리키는 것만큼 수가 많은데, 왜냐하면 범주의 형태들의 수만큼 여러 가지 뜻으로 '있다(이다)'가 쓰이기 때문이다. 그런데 술어들 가운데 어떤 것들은 '무엇'을 가리키고, 어떤 것들은 성질을, 어떤 것들은 양을, 어떤 것들은 때를 가리키는데, '있다'는 이것들 하나하나와 동일한 것을 가리킨다.[104]

이 인용문에서 경험론이라는 철학이 어떠한 착각과 과오에서 출발하여 정립되었는지 명백하게 확인할 수 있다. 플라톤은 분명 '있다'라는 직관된 사태는 곧 본질적 표상과 본질적 존재의미로 이루어졌다고 설명하고 있다. 그런데 그는 '있다'라는 사태가 물질적 사물이 "그 자체로서 있는 것"이라고 주장하고 있다.

외계에 실재하는 물질적 사물 자체를 인간은 결코 직접적으로 볼 수도 없고 관계를 맺을 수도 없다. 오로지 그 사물이 반사하는 빛만을 눈을 통해 받아들일 뿐이다. 그리고 그 사물의 표상은 대뇌 피질의 뉴런에 의해 표상한 것이다. 따라서 눈앞에 펼쳐진 모든 것은 플라톤의 설명처럼 영혼 속에서 표상한 본질적 표상과 본질적 존재의미가 드러나 나타난 것일 뿐이다. 반면에 이러한 외계를

---

104) 아리스토텔레스, 『형이상학』, 203쪽.

감각을 통해서 지각할 경우에는 감각적 표상과 함께 개념적 의미가 지각된다.

그런데 어리석은 제자 아리스토텔레스는 이러한 스승의 가르침을 전혀 이해하지 못하고, '있다'라고 하는 사태가 곧 '사물이 그 자체로서 있는 것'으로 이해하고 있다. 이는 곧 감각을 통해 외계에 실재하는 물질적 사물 자체가 지각된다는 의미이다. 이로써 감각을 통해 지각된 개념적 의미를 그 물질적 사물 자체가 가지고 있는 범주라고 주장하고 있다.

이제 아리스토텔레스가 '관계'라는 범주를 설명하는 부분을 읽어보기로 하자. 도무지 성립될 수 없는 궤변의 연속이라는 점을 확인할 수 있다.

> 다른 것들의 무엇으로서, 또는 다른 임의의 방식으로 다른 것에 걸려 (관계하여, 비교되어), 바로 자기 자신인 것으로 말해지는 것들은 관계(의 범주)에 드는 것이라고 불린다. 예를 들어, 더 큰 것은 다른 (작은) 것의 무엇으로서 바로 자신인 것으로 말해진다. 그것은 어떤 (작은) 것보다 더 크다고 말해지기 때문이다. 그리고 두 배인 것은 다른 (절반의) 것에 걸려(비교되어) 바로 자기 자신인 것으로 말해진다. 다시 말해 그것은 어떤 (절반인) 것의 두 배로 말해진다.[105]

이러한 글이 어떻게 지금까지 철학책이라고 읽히고 있는지 참으

---

105)  아리스토텔레스, 김진성 역주, 『(오르가논)범주론, 명제론』(서울: 이제이북스, 2005), 55~56쪽.

로 의아스럽다.

마치 외계의 물질적 사물들이 스스로 다른 사물들과 관계를 맺고 있다고 설명하고 있다. 즉, 물질적 사물들이 인간처럼 스스로 다른 사물들과 관계를 맺음으로써 서로를 비교하여 스스로 차이점을 드러내고 있다는 것이다. 이러한 표현은 곧 외계의 물질적 사물들이 '비교하는' 의식의 사유작용을 가지고 존재해야만 가능하다.

분명 그는 '있다는 것(존재, on)'은 '존재사물 자체가 있는 것'이며, "'그 자체로서 있다(~이다)'고 불리는 것에는 범주의 형태들이 가리키는 것만큼 수가 많다"고 설명하는 것을 확인하였다. 이것은 곧 범주란 곧 '그 자체로 있는 것'이 가지고 있는 고유한 의미규정성이라는 점을 드러내고 있다.

만약 이 '관계'라는 범주를 실제로 외계의 물질적 사물이 가지고 있다면 결과적으로 사물들 자체가 스스로 다른 사물들과 비교하며 자신의 상대적 차별성을 규정하고 있다는 의미가 된다.

그러나 상호 간의 비교를 통해 그 상대적 차별성을 규정할 수 있는 것은 오로지 의식의 작용에 의해서만 가능하다. 앞에서 살펴본 바와 같이 의식의 재표상작용에 의해 비교가 가능하다. 그리고 언어적 표현으로 규정할 수 있는 것은 의식의 네 가지 지향성 가운데 '증상연(增上緣)'이라는 지향작용에 의해서 상대적 차별성을 구분하여 그것을 언어적 표현으로 규정할 수 있다.

그런데 관계라는 범주가 외계의 사물들에 실재한다면 그 물질적 사물들이 이러한 의식의 사유능력을 가지고 존재한다는 의미가 된다.

"더 큰 것은 다른 것의 무엇으로서 바로 자신인 것으로 말해진다. 그것은 어떤 것보다 더 크다고 말해지기 때문이다"라는 설명에서 사물이 스스로 다른 것과 비교하여 스스로 '크다' 또는 '작다'는 의미를 드러내며 존재한다는 의미로 해석된다. 쉽게 표현하자면 물질적 사물들이 서로 비교하며 그 상대적 차별성을 언어적 표현으로 드러내고 있다는 의미이다.

이러한 주장은 의식을 통해 인식된 의미내용을 마치 물질적 사물이 자신을 표현하는 것으로 둔갑시키고 있다. 다시 설명하자면, 의식에 의해 규정된 언어적 의미규정(개념)이 외계의 존재사물이 가지고 있는 물질적 특성인 것처럼 설명하고 있다.

어떻게 존재사물이 자신과 비교되는 다른 존재사물보다 '두 배나 크다' 또는 '절반밖에 안 된다'라는 의미를 드러내 말해 줄 수 있을까? 과연 히말라야의 에베레스트산이 '나는 알프스의 몽블랑보다 2배 높다'라는 의미를 가지고 존재하는 것일까? 아시아 대륙에 있는 에베레스트산이 멀리 유럽 대륙에 있는 산과 비교하면서 존재하는 것일까?

분명 의식의 사유작용을 통해 두 산의 높이를 비교하는 가운데 에베레스트산이 몽블랑산보다 두 배 가까이 높다는 것을 알 수 있는 것이다. 인간(주관)이 두 존재사물을 비교한 뒤에 그 차이점을 규정한 것이라는 점이 명확하게 드러난다. 이 범주라는 의미규정이 존재사물이 가지고 있는 존재자성(본질)이 아니라는 점을 쉽게 확인할 수 있다.

바로 여기에서 제기되는 의문은 '왜 객관적 실재론자들은 외계의 물질적 사물이 범주라고 하는 근본규정성을 가지고 존재한다고 착각하는 것일까?'라는 것이다.

앞에서 살펴본 바와 같이 이 개념적 의미들이 감각 기관을 통해 지각되기 때문이다. 즉, 감각 기관을 통한 직관적 언어작용[팔식(八識)의 사(思)]에 의해 본원적 주관성[아리야식(阿梨耶識)]에 내재된 개념이 다시 감각 기관을 통해 지각되기 때문이다. 이렇게 의식에 의해 규정된 개념적 의미가 감각 기관에 드러나 나타난다는 점을 이해하지 못하고, 그 의미내용을 마치 사물 자체가 가지고 있는 것으로 착각한 것이다.

이쯤에서 앞에서 보았던 플라톤의 가르침을 다시 읽어 보자.

> 그렇지만 시미아스가 소크라테스보다 장신이라는 것은 표현된 그 대로 진실은 아니라는 데 대해서 자네는 동의하는가? 왜냐하면 시미아스는 본성상 장신인 것이 아니라, 즉 그가 시미아스라는 점으로 해서 장신인 것이 아니라, 그가 우연히 갖게 된 큼(megethos)으로 해서일 테니까. 그리고 다시 그는 소크라테스보다 장신인 것도 소크라테스가 소크라테스이기 때문이 아니라 소크라테스가 시미아스의 큼에 비해 작음(smikrotēs)을 가진 때문이겠지?

시미아스가 소크라테스보다 키가 크다고 해서 '장신'이라고 표현하는 것은 진실(본질적 존재의미)을 드러내는 것은 아니라는 점을 지적하고 있다. 즉, '크다' 또는 '작다'라는 것이 진실로 시미아스나 소크라테스가 가지고 있는 본질적 속성(존재자성)이 아니라는 것이다.

시미아스가 그 자체로 '크다'고 하는 본성을 가지고 있는 것이 아니고, 소크라테스와 비교하는 가운데 생겨난 속성일 뿐이라는 점을 강조하고 있다. "우연히 갖게 된 큼"이라는 표현에서 이 '크다'라는 개념이 어떠한 절대성이나 필연성을 갖는 것이 아니고, 우연하게 서로 비교됨으로써 갖게 되는 의미내용이라는 점을 읽을 수 있다. 우연히 시미아스와 소크라테스가 마주침으로써 이러한 비교가 이루어진 것이라는 점을 드러내고 있다.

이렇게 우연히 마주치는 것들을 의식이 서로 비교하면서 그 상대적인 차이점을 규정한 것이 개념이다. 이러한 점에서 "우연히 갖게 된 큼"이라고 표현한 것이다.

이와 같이 모든 파생 개념은 주관의 가치 판단 기준에 따라 상대적인 차이점을 비교하여 정립한 것이다. 결단코 사물들이 '크다' 또는 '작다'라는 개념적 의미를 가지고 있는 것이 아니다. 그런데도 아리스토텔레스는 감각에 드러나 나타난 그 외계의 존재사물들이 '그 자체로 존재하는 것'으로 간주함으로써 감각작용을 통해 지각된 개념적 의미들을 모두 외계의 사물들이 가지고 있는 근본적 규정성인 범주라고 주장한 것이다.

### iii. 칸트는 범주를 의식의 사유기능으로 둔갑시키고 있다

앞에서 살펴본 바와 같이 범주라는 용어는 소박실재론에서 외계의 물질적 사물을 이해할 수 있는 의미 근거로 사용되었다는 점을 알 수 있다. 그런데 이런 용어가 다시 관념론적 형이상학에서 선천적인(a piori) 앎의 근거로 사용되고 있다. 칸트는 이 범주라고 하는 용어를 차용하여 모든 개념의 근본적인 의미 근거로 삼고 있다.

> 우리는 이 개념들을 아리스토텔레스를 좇아 범주들이라 부르고자 한다. 작업이 전개되어 가는 중에 비록 그로부터 자못 멀어져 버리게 됐지만, 우리의 의도는 애당초 아리스토텔레스의 것과 한 가지이니 말이다.[106]

이 인용문에서 "그로부터 자못 멀어져 버리게 됐지만"이라는 표현은 그가 직관을 통한 선천적 종합판단이 어떻게 가능한가 하는 점을 구명하기 위해 선천적인 앎의 근거를 찾고 있다는 것을 드러낸다.

그런데 그는 아리스토텔레스가 주장하는 범주라는 개념을 원용하면서 그의 의도가 "애당초 아리스토텔레스의 것과 한 가지"였다고 설명하고 있다. 이는 그가 구명하고자 했던 선천적인 앎의 근거가 바로 이 '범주'였다는 점을 밝힌 것으로 이해된다. 아마도 그는 이 범주라는 용어를 통해서 개념이 객관적 실재성을 갖는다는 점을 입증할 수 있다고 간주한 것으로 보인다.

다음의 구절을 자세히 읽어 보기로 하자.

> 그러므로 하나의 경험적 직관에 주어지는 한에서 모든 잡다는 판단

---

106)  임마누엘 칸트, 앞의 책 1권, 298쪽.

하는 논리적 기능 가운데 하나와 관련하여 규정된다. 곧 그 기능에 의해 그 잡다는 의식 일반에 보내진다. 그런데 하나의 주어진 직관의 잡다가 판단 기능과 관련해서 규정되는 한에서 범주들은 이 판단하는 기능들과 다른 것이 아니다. 그러므로 주어진 직관에서의 잡다는 반드시 범주들에 종속한다.[107]

먼저 이 인용문에서 "주어진 직관에서의 잡다는 반드시 범주들에 종속한다"라는 대목에서 직관을 통해 받아들인 질료와 범주를 결합시킴으로써 매우 성공적으로 개념의 객관적 실재성을 입증하고 있다.

이렇듯 그는 범주와 직관을 결부시킴으로써 결국 의식에 의해 사유되는 개념적 의미내용들이 모두 외계에 실재하는 것으로 착각하게 만드는 과오를 범하고 있다. 그리고 그는 이 범주들이 "판단하는 기능들과 다른 것이 아니다"라고 주장하고 있다. 이와 같이 그는 이 범주가 의식의 사유기능(지성 또는 오성)이라고 설명하면서 이것을 직관과 결부시키고 있다. 이로써 의식에서 사유된 의미내용들이 직관된다고 간주하게 되며, 의식을 통해 관념적으로 사유하는 것들이 모두 외계에 실재하는 것으로 착각하게 된다.

그러나 분명 아리스토텔레스는 이 범주가 물질적 사물들이 가진 근본적 규정성이라고 주장하고 있다. 다시 그 구절을 읽어 보기로 하자.

---

107) 임마누엘 칸트, 앞의 책, 354~355쪽.

'그 자체로서 있다(~이다)'고 불리는 것에는 범주의 형태들이 가리키는 것만큼 수가 많은데,

이 구절에서 "그 자체로서 있다"라는 표현은 '있다(존재)'고 말하는 것들은 모두 '그 자체로서 있는 것'이라는 의미이다. 즉, 우리의 눈앞에 펼쳐진 모든 존재사물은 그 자체로 존재한다는 의미이다. 그는 이와 같이 우리의 감각에 현상하고 있는 것들은 모두 '그 자체로서' 존재하는 것이라고 주장하고 있다. 이것을 우리는 소박실재론이라고 한다. 범주란 이렇게 소박실재론에서 그 사물이 가진 근본적 규정성이라는 의미로 사용된 것이다.

그런데 칸트는 이러한 범주를 아무런 논리적 근거도 없이 의식의 사유기능이라고 주장하고 있다. 어떻게 해서 이 범주가 의식에 내재(또는 내장)되어 있으며, 이것이 어떻게 의식의 사유작용과 결합하여 작동하는지 분명한 해명이 전혀 없다.

이 용어를 아리스토텔레스에게서 차용해 온 것이라고 밝혔으면 그 차이점과 왜 이것이 의식에 내재되어 있어야 하는지 명확하게 해명해야 할 것이다. 그러나 그는 자신의 의도가 아리스토텔레스와 전혀 다르지 않다고 밝히면서 이 용어를 전혀 다른 방식으로 사용하고 있다. 이러한 행태는 오로지 개념의 객관적 실재성을 입증하기 위해 모든 것을 자의적으로 왜곡하고 있다는 점을 드러낸다.

또한, 아리스토텔레스나 칸트나 공통적으로 이 범주를 '술어'라고 설명하고 있다. 이는 결국 그들이 주장하는 범주라는 것이 의식에

의해 규정된 언어적 의미규정이라는 점을 드러낸다. 술어란 명백하게 문자 언어의 문법적 구조를 설명하는 데 사용되는 용어이다. 술어란 주어에 대해 그 상태나 성질 등을 구체적으로 서술하는 부분을 말한다. 따라서 범주를 술어라고 표현하고 있다는 점에서 범주는 문자 언어에 내포된 개념적 의미, 즉 언어적 의미규정이라는 점을 드러낸다.

칸트는 의식이 문자 언어를 매개로 그 언어적 의미를 사유하는 언어적 사유작용이라는 점을 이해하지 못하기 때문에 감각적 지각에 의해 지각된 개념적 의미를 '범주'라고 표현한 것이다. 그는 분명 의식의 산물인 개념이 이 범주를 근거로 구성된다고 주장하고 있다. 즉 범주가 개념의 근거가 되는 근본개념이라고 설명하고 있다. 이러한 점에서 범주는 감각적 지각에 의해 지각된 개념적 의미가 분명하다.

의식은 반드시 감각적 지각을 선행적으로 동반해야 하며, 이 감각적 지각은 통해서 개념적 의미가 지각된다. 그리고 의식은 이렇게 지각된 개념적 의미를 문자 언어로 규정하여 그 대상에 대한 상대적 차별성을 인식하는 것이다. 따라서 범주가 개념의 근거가 된다고 주장하고 있다는 점에서 근본 개념인 범주는 결국 감각적 지각에 의해 지각된 개념적 의미라는 점을 결코 부정할 수 없다.


## 2. 직관적 언어작용과 본질적 언어

앞에서 의식의 작용 특성과 개념적 언어에 대해 자세히 살펴보았다. 이로써 의식과 개념적 언어를 통해서는 결코 외계(자연)을 바르게 이해할 수 없다는 점을 확인하였다.

이제 감각 기관을 통해 직관적 언어작용이 작동하고 있으며, 이 직관적 언어작용을 통해서 외계에 실재하는 사물들의 본질적 존재의미를 직관할 수 있다는 점에 대해 자세히 살펴보기로 하자.

특히 '본질적 언어에 근거하여 사물의 표상을 그려 낸다'라는 절(節)에서 외계의 모든 존재사물의 존재근거[법계(法界)]가 본질적 언어이며, 이 본질적 언어에 모든 사물의 표상이 내장되어 있다는 점을 살펴보았다. 이로써 본질적 언어와 개념적 언어의 근본적인 차이점을 확인하였다.

다시 간추리자면, 개념적 언어는 의식의 사유작용을 통해 규정된 언어적 의미규정이며, 본질적 언어는 모든 감각경험과 실제적 체험을 통해 현상하는 표상들을 종합하고 통일함으로써 구성된 의미통일체이다.

이러한 점에서 본질적 언어의 특성과 이 본질적 언어를 구성하는 직관적 언어작용의 작용 특성을 자세히 살펴보기로 하자.


## 1) 신체와 영혼(본원적 직관능력)은 결코 분리할 수 없다

관념론 철학에서는 사물의 표상이 외계에 실재하는 것으로 간주함으로써 그 사물의 표상이 감각 기관을 통한 선천적 표상능력에 의해 표상된다는 점을 원초적으로 이해할 수 없다. 그 결과 사물의 본질적 존재의미를 직관하는 것이 감각 기관을 통해서 가능하다는 점도 이해할 수 없다.

　모리스 메를로 퐁티가 이러한 관념론의 한계를 극복하기 위해 '몸 (신체)이 곧 우리의 원초적인 지각의 선험적 근거'라고 주장했다. 비록 그가 인간의 선천적인 본원적 직관능력에 대해 완벽하게 해명해 주지는 못했지만, 적어도 관념론의 한계를 지적하고 새로운 철학적 사유의 지평을 열어 놓았다는 점에서 높이 평가되어야 한다. 현상학은 궁극적으로 몸의 철학으로 나아가야 한다. 모든 현상은 몸(감각 기관)을 통해서 표상됨으로써 현상하기 때문이다.

　그러나 완고한 관념론자들은 '몸이 왜 우리의 원초적인 지각의 선험적 근거인가?'라는 점을 정확하게 이해하지 못하기 때문에, 여전히 그의 철학적 사유가 관념론의 틀을 벗어났다고 비판하고 있다.

　　이 경우 초월론적 현상학적 관념론이란 모든 대상이 의식과 상관관계 속에서 존재한다는 철학적 입장을 뜻한다. 그러나 이러한 규정에 따르면 메를로-퐁티의 지각의 현상학은 완전한 의미에서 초월론적 현상학적 관념론이 아니다.[108]

　이 인용문에서 관념론 철학자들이 여전히 칸트의 객관적 실재론에서 벗어나지 못하고 있다는 것을 확인할 수 있다. "모든 대상이 의식과 상관관계 속에서 존재한다는 철학적 입장"이라는 구절에서 칸트가 주장하는 객관적 실재론에서 벗어나지 못하고 있다는 점이 명확하게 드러난다. 앞에서 여러 번 확인한 바와 같이 이러한 사고

---

108)　이남인, 『(후설과 메를로-퐁티) 지각의 현상학』(경기: 한길사, 2013), 23쪽.

방식은 사물의 표상이 외계에 실재한다는 전제하에 가능하다. 칸트는 외계의 사물들이 자신만의 독자적인 표상을 가지고 있다고 전제하고 있다. 그리고 이 사물의 표상이 의식에 직접적으로 현상한다고 주장하는 것을 그대로 답습하고 있다. 이러한 관점에서 모든 대상이 의식과 상관관계 속에서 존재한다고 주장하는 것이다.

그러나 사물의 표상은 영혼의 선천적 표상능력에 의해 표상하여 감각 기관에 현상한다. 즉 외계란 감각 기관을 통한 선천적 표상능력에 의해 표상된 본질적 표상이 드러나 나타난 것이라는 점에서 몸(감각 기관)을 통해 지각된 것들이 우리의 '원초적인 지각'임에 틀림없다. 그런데도 메를로 퐁티가 관념론적 형이상학의 근본적인 대전제를 어겼기 때문에 엄밀한 의미에서 현상학적 관념론이 아니라고 비판하고 있다. 이러한 비판을 읽으면서 상당수의 현상학자가 후설의 현상학에 대해 교조주의적인 자세를 가지고 있다고 느끼지 않을 수 없다.

앞에서 확인한 바와 같이 의식은 결코 외계와 직접적으로 관계 맺을 수 없다. 따라서 "모든 대상이 의식과 상관관계 속에서 존재한다는 철학적 입장"은 결코 성립될 수 없는 궤변이다.

지금도 여전히 서양 철학이 칸트의 주장에서 한 발짝도 벗어나지 못하고 있다는 점을 목격하게 된다. 칸트는 고전물리학이 놀라운 학문적 성취를 이루던 시대에 그에 부합하는 세계관과 진리관을 정립하고자 관념론적 형이상학을 주장한 것이다. 물론 그마저도 고전물리학의 철학적 의미를 잘못 해석하긴 했지만, 적어도 그 시대의 정신문명을 선도해 왔다.

그러나 지금은 양자물리학의 시대라고 해도 과언은 아니다. 이미 널리 알려진 바와 같이 양자물리학에 힘입어 현대의 정보통신산업이나 디지털 산업이 발전할 수 있었다. 이제 이러한 양자물리학에 의해 밝혀진 새로운 세계관이 철학적 사유에 반영되어야 할 것이다. 더욱이 뇌과학에 의해 밝혀진 과학적 사실들도 철학적 사유에 녹아들어야 할 것이다. 이처럼 모든 것이 변화하고 있는데, 철학적 사유만이 변하지 않고 있다. 이러한 퇴행적인 철학적 담론이 인문학의 위기를 초래하고 있다.

각설하고, 사실 또 한편으로 부정할 수 없는 점은 메를로 퐁티가 이러한 비판을 받을 수밖에 없다는 사실이다. 왜냐하면 그가 왜 몸이 이러한 원초적인 지각을 가능하게 하는 '선험적 근거'인가 하는 점에 대해 명확하게 해명하지 못하고 있기 때문이다. 그래서 이러한 비판을 피할 길이 없었던 것이다. 후설의 현상학은 선천적인 앎의 근거를 여전히 의식에서 찾고 있지만, 메를로 퐁티는 그 근원적 원천이 '몸'이라는 점을 간파했다. 그러나 왜 몸이 우리의 원초적인 지각의 선험적 근거인가 하는 점을 명확하게 해명하지 못했다.
이러한 점에서 우리의 몸이 어떻게 선천적인 앎의 근원적 원천인가 하는 점을 정확하게 이해해 보기로 하자. 그래야만 이 새로운 철학적 담론이 다시 활발하게 논의될 수 있을 것이다.

불교에서는 본원적 주관성이 몸과 마음의 본체라는 점을 설명하기 위해 이 본원적 주관성을 '집지식(執持識)'이라고 부르기도 하고, 동시에 '장식(藏識; 아리야식(阿梨耶識)'이라고 부르기도 한다.

여기에서 집지식이란 다섯 가지 감각 기관에서 감각작용이 가능하도록 관장하는[執持] 사유능력이라는 의미이다. 무착(無着; Asanga)은 『섭대승론』에서 "집지식은 심오하고 미세하며, 현상의 종자가 항상 흐른다(執持識深細 法種子恒流)"[109]라고 설명하고 있다. 즉, 아리야식은 모든 종자를 간직하여 보존하고 있는데 반해, 이 집지식은 이 종자들이 감각 기관으로 흘러서 감각 기관에서 감각적 표상이 현상하게 하는 기능을 담당하고 있다는 것이다. 이러한 점에서 '현상[法]의 종자'라고 강조하여 표현한 것이다. 쉽게 설명하자면 아리야식에 내재된 종자들이 이 집지식으로 인해서 모든 감각 기관으로 흘러 들어감으로써 사물의 표상이 감각 기관에 현상한다는 의미이다.

이에 대해 그의 아우 세친(世親)은 "광혜여, 이 식을 혹은 설하여 아타나(阿陀那)라고도 하는데 왜냐하면 이 본식으로 말미암아 몸(身)을 잡아 유지(執持)할 수 있기 때문이다. 혹은 아리야라고도 하는데, 왜냐하면 이 본식은 몸에 항상 숨어 간직되어 함께 이루어지고 함께 무너지기 때문이다(廣慧 此識或說明阿陀那 何以故 此本識能執持身 或說明阿梨耶 何以故 此本識於神當藏隱同成壞故)"고 해설하고 있다. 여기에서 주목할 점은 이 아리야식이라고 하는 본식으로 인해서 감각 기관에서 감각[아타나식(阿陀那識)]이 일어난다는 것이다. 『해심밀경』에서는 이 감각을 '폭포수'에 비유하고 있다. 즉, 아리야식에 내재된 현상의 종자(法種子)가 이 집지식을 타고 폭포수처럼 항상 흐름

---

109) 세친, 『섭대승론석』, 157쪽 b.

으로써 다섯 가지 감각 기관에서 감각이 이루어진다는 의미이다. 이와 같이 집지식으로 인해서 아리야식에 내장된 종자가 감각 기관으로 흘러 들어가서 모든 감각표상을 현상할 수 있다는 것이다. 다시 표현하자면 감각 기관을 통해 사물의 표상이 현상할 수 있는 것은 이 집지식이 감각 기관을 관장하고 있기 때문이다. 이에 대해서는 뒤에 '본질적 언어는 신경계를 작동시키는 자연 언어이다'라는 절(節)에서 좀 더 자세히 살펴보기로 하자.

그리고 장식(藏識)은 곧 일체종자식(一切種子識)이라고도 한다. 그 이유는 이 본식에 모든 종자가 숨어 간직되어 있기 때문이다. 즉, 의식은 생성과 동시에 소멸하는 작용 특성을 갖기 때문에 감각경험들을 통한 다양한 표상들을 간직하고 보존할 수 있는 능력이 없다. 이러한 점에서 이 다양한 감각경험들을 종자의 형태로 저장하고 간직할 수 있는 본원적 주관성이 존재해야만 한다. 그래야만 자아(自我)라고 하는 정체성을 가진 사유주체가 성립될 수 있다. 예를 들어, 의식은 깊은 잠이 들었을 때나 혼절했을 때 그 흐름이 끊어진다. 그러나 깨어난 뒤에도 분명 '나'라고 하는 정체성을 가진 본원적 주관성이 여전히 존재한다는 점을 인정하지 않을 수 없다. 이러한 점에서 이 아리야식을 심신 본체라는 의미에서 '본식(本識)'이라고도 표현한다.

그런데 이 본식이 "몸에 항상 숨어 간직되어 함께 이루어지고 함께 무너지기 때문이다"고 설명하고 있다. 즉, 인간의 심신 본체인 이 장식(아리야식)이 감각 기관에 '숨어 간직되어(隱藏)' 있기 때문에 감각작용이 가능하다는 점을 밝히고 있는 것이다. 여기에서 "함께 이루어지고 함께 무너지기 때문이다"라는 말은 이 아리야식이 몸에 숨어 간직되어 있을 때는 감각 기관이 살아서 작동하지만, 아리야식이 몸을 떠나면 감각 기관이 시신으로 변하여 썩어서 없어진다는 의미를 담고 있다.[110]

이와 같이 감각경험이나 실제적 체험을 통해 얻어진 사물의 표상들은 모두 아리야식에 종자의 형태로 저장되며, 이 종자들이 다시 감각 기관으로 흘러서 감각작용이 일어난다. 따라서 다섯 가지 감각 기관으로 이루어진 신체와 인간 영혼을 분리할 수 없다. 몸과 영혼이 서로 유기적으로 함께 작동하고 있다는 점을 이해할 수 있다. 이로써 감각을 통해 지각된 것들이 모두 우리의 '원초적인 지각'이라는 점을 알 수 있다. 의식은 결코 이러한 원초적인 지각에 관여할 수 없다. 이러한 원초적인 지각을 통해 지각된 감각적 대상을 지향하여[연연(緣緣)] 대상화함으로써 그 감각적 대상이 의식에 재표상되는 것이다. 그런데도 관념론자들은 "모든 대상이 의식과 상관관계 속에서 존재한다"라고 주장하고 있다. 전적으로 감각 기관의 감각작용이 어떻게 가능한가 하는 점에 대한 깊은 고찰이 결여되어 있다는 점을 알 수 있다.

---

110)  실제로 세친은 "만약 죽음의 상태에 이르게 되면 이 아리야식은 다섯 가지 감각 기관을 버리고 떠난다. 이때 검게 부풀어 오르거나 썩어 없어지는 변화가 일어난다. 따라서 이 식이 일정 기간 관장하여 작동시키기 때문에 다섯 가지 감각 기관이 파괴되지 않는다는 점을 알아야 한다(若至死位阿梨耶識捨離五根 是時黑腸壞等諸相卽起 是故定知 由爲此識所執持一期中五根不破壞)"라고 설명하고 있다(세친, 앞의 책, 159쪽 a).

불교에서의 이러한 설명이 뇌과학의 연구 결과와 일치한다는 점을 이미 충분히 확인하였다. 분리뇌 연구를 통해서도 명확하게 입증되고 있으며, '사유실체에 대한 뇌과학적 이해와 뇌과학 연구의 문제점'이라는 절(節)에서도 자세히 확인하였다. 신체를 통한 모든 감각경험이 감각 뉴런의 시냅스 연결을 통해 '기억(저장 또는 종합적 통일[훈습(熏習)])'되며, 동시에 신체를 통해 이루어지는 감각작용도 동일하게 감각 뉴런의 시냅스 연결을 선택함으로써 이루어진다. 이와 같이 대뇌의 피질에 존재하는 동일한 뉴런에서 동일한 작용을 통해 모든 감각경험들이 저장되고 간직되며, 이렇게 간직된 사물의 표상들이 다시 동일한 작용을 통해 표상되어 감각 기관에 현상한다. 이와 같이 신체에서 이루어지는 모든 감각작용은 심신 본체를 이루는 '본식'의 작용이라는 점을 확인할 수 있다.

## 2) 기억과 상기 그리고 종합적 통일

이제 앞에서 기억의 문제를 거론하면서 미루어 왔던 '기억'과 '종합적 통일'의 차이점을 명확하게 이해해 보기로 하자. 관념론 철학에서는 의식이 문자 언어를 매개로 그 언어적 의미를 사유하는 언어작용이라는 점을 깊이 인식하지 못하기 때문에 개념과 표상을 엄밀하게 구분하지 않고 거의 동의어로 사용하고 있다. 이로써 개념적 의미를 기억하는 것과 표상을 종합하고 통일하는 것을 구분하여 이해하지 못하고 있다. 이뿐만 아니라, 플라톤의 '상기(想起)[anamnēsis]설'의 철학적 의미를 정확하게 이해하지 못하고 있는 실정이다.

먼저, 기억하는 것과 상기하는 것의 차이점부터 이해해 보기로 하자. 기억은 의식을 통해 인식된 것들을 잊지 않고 간직한다는 점에서 문자 언어로 표현된 의미내용을 간직하는 것을 의미하고, 상기한다는 것은 의식을 통해 미처 인식되지 않았지만 감각경험을 통해 얻게 된 감각표상(본질적 표상과 감각적 표상)을 간직했다가 의식을 통해 재표상하여 인식하는 것을 의미한다.

구체적인 예를 들어 보자. 아주 오래전의 여행을 추억하는 경우라고 하자. 그 여행에서 추억할 만한 많은 일이 기억에 남는다. 이 기억들을 통해서 그 추억의 장소나 그때 일어났던 사건들이 매우 뚜렷하게 생각난다. 그렇다고 그 여행에서 보고 체험했던 것들이 모두 기억나지는 않는다. 거의 대부분의 감각경험은 기억되지 않는다.

그러나 전혀 기억하지 못하고 있었는데, 어느 날 다시 그곳에 가보니 너무도 많은 것이 변했다는 사실을 즉각적으로 알게 된다. "어? 여기에 그때는 큰 나무들이 있었던 것 같은데? 그걸 다 베어내고 이렇게 집을 지었구나!"라고 예전의 모습을 상기하기도 한다.

이와 같이 기억한다는 것은 여행을 하는 가운데 의식을 통해 인식된 것들을 잊지 않고 간직하는 것을 말한다. 즉, 의식을 통해 인식했다는 점에서 개념적 언어로 규정된 의미내용을 잊지 않고 간직하는 것을 의미한다. 반면에 상기한다는 것은 감각경험을 통해 표상된 감각표상들을 간직하고 있다가, 다시 그 과거의 표상을 의식의 재표상작용[육식(六識)의 상(想)]을 통해 재인식하는 것을 의미한다.

여기에서 우리는 기억하는 것과 상기하는 것을 구분해야 한다는 점을 알 수 있다. 기억이란 의식을 통해 인식된 내용(언어적 의미규정)을 종자의 형태로 간직하고 있는 것을 의미하며, 상기란 감각작용을 통한 감각표상을 종자의 형태로 간직하고 있던 것이 다시 재표상되어 인식되는 정신현상을 의미한다.

그동안 우리는 종자설에 대한 이해의 부족으로 이러한 두 가지 정신현상의 차이점에 대해 전혀 이해하지 못했다. 그러나 종자설의 관점에서 본다면 이러한 차이점은 매우 중요한 철학적 의미를 갖는다. 그 이유는 이 두 가지 정신현상이 전혀 다른 형태의 종자로 인해서 발생하기 때문이다. 좀 더 구체적으로 설명하자면, 의식을 통해 인식된 의미내용을 기억하는 종자와 감각경험을 통해 얻어진 다양한 표상들을 종합하고 통일한 종자가 다르다는 점에 주목해야 한다.

세친(世親)은 『섭대승론석』이 두 가지 종자를 엄밀하게 구분하여 설명해 주고 있다.

> 외종자는 마치 곡식이나 보리처럼 그 공능(의식의 사유작용)에 의해 성립되는 것이지, 훈습으로 말미암아 성립하는 것은 아니다. 반면에 내종자는 곧 그렇지 않아서 반드시 훈습으로 말미암아 성립된다(外種子如穀麥等 由功能故成 不由熏習故成 內種子則不爾 必由熏習故成).[111]

여기에서 '공능(功能)'은 '공덕(功德)'과 짝을 이루는 개념이다. 즉,

---

111)   세친, 앞의 책, 166쪽 c.

공능은 의식의 사유작용을 의미하고, 공덕은 생래적인 본원적 직관작용을 의미한다. 『대승기신론』에서 '무루성공덕(無漏性功德)'이라는 표현이 사용되고 있는데, 이는 '번뇌가 없는 생래적인 본원적 직관작용'이라는 의미이다. 따라서 외종자는 의식의 사유작용을 통해 사유된 의미내용을 저장하고 있는 종자를 말한다.

앞에서 의식의 '종자를 지향하는 지향성[인연(因緣)]'에 대해 살펴보았다. 의식이란 이렇게 종자의 형태로 간직된 개념들을 지향하여 그 언어적 의미를 인식한다는 점에서 인식된 의미내용이 다시 외종자의 형태로 기억된다는 점을 이해할 수 있다. 이러한 점에서 '의식의 사유작용으로 말미암아 성립된다'라고 설명하고 있다.

따라서 외종자란 의식의 사유작용을 통해 사유된 언어적 의미내용(개념)을 간직하고 있는 종자를 의미한다는 것을 알 수 있다. 이렇게 의식을 통해 인식된 의미내용을 간직하고 있는 종자를 곡식이나 보리에 비유하고 있다. 바로 이 비유에 담긴 철학적 의미를 이해하는 것이 중요하다.

이러한 비유는 '콩을 심으면 콩이 나고 팥을 심으면 팥이 난다'라는 의미이다. 그 의미내용을 다만 그대로 기억한다는 의미이다. 예를 들어, 우리가 문자 언어로 표현된 개념들을 기억할 때는 오로지 그 문자 언어에 내포된 개념적 의미만을 기억한다. 그래서 다시 그 문자 언어는 꼭 그러한 개념적 의미로만 사용하게 된다. 이와 같이 우리는 문자 언어로 규정된 개념들을 배워서 익힘으로써 그 단어를 그 의미 그대로 기억한다.

바로 이러한 점에서 그것들은 기억될 뿐이지 훈습되지 않는다고 설명하고 있다. 즉, 이렇게 문자 언어를 통해 개념을 기억하는 것은 종합적 통일이 일어나지 않고, 다만 그 의미 그대로 기억하고 간직하는 것이다.

반면에 내종자는 훈습으로 말미암아 구성된다고 설명하고 있다. 이 점을 구분해서 이해하기 위해서는 종합적 통일[훈습(熏習)]이 감각작용과 함께 작동된다는 점을 이해하는 것이 필요할 것 같다. 즉, 감각작용을 통해 표상된 감각적 표상을 종자의 형태로 간직하는 과정에서 종합적 통일이 이루어진다. 다시 설명하자면 꽃은 수없이 다양한 모양과 색상을 가지고 있다. 이러한 다양한 꽃의 표상을 하나의 종자(의미 결정체)로 간직한다는 점에서 종합적 통일은 표상을 하나로 종합하고 통일한다는 점을 이해할 수 있다.

의식을 통해 사유된 의미내용들이 훈습이 되지 않는 이유는 그것들은 오로지 문자 언어로 표현되기에 표상을 가지고 있지 않기 때문이다. 이러한 차이점으로부터 훈습은 감각표상(감각적 표상이든 본질적 표상이든)을 종합하고 통일한다는 점을 이해하는 것이 중요하다.

이러한 차이점을 뇌과학적 관점에서 이해해 보자. 개념을 기억하는 외종자는 다만 언어적 의미규정만을 간직하고 있다는 점에서 좌반구 언어 영역에 내장된 종자를 의미한다. 반면, 표상을 종합하고 통일한 내종자는 대뇌의 감각 영역과 우뇌의 언어 영역을 통해서 저장된다. 물론 이것은 필자의 견해이지만, 충분히 논리적 타당성을 갖는다고 생각된다.

이러한 추론이 가능한 것은 다음의 인용문에서 그 논리적 근거를 찾을 수 있을 것 같다. 여기에서 종합적 통일이 감각작용과 함께 일어난다는 것을 알 수 있다. 이러한 점에서 종합적 통일이란 감각적 표상이나 본질적 표상을 종합하고 통일하는 것을 의미한다고 이해할 수 있다.

> 이러한 훈습이 눈[眼根]의 감각작용을 일으키는 원인[因; 종자]이 된다. 만약 과보가 이루어진다면 곧 눈의 감각작용이 일어난 것이니, 이것을 따라서 본식 가운데 언설로 인한 번뇌의 훈습이 생한다. 따라서 언설훈습을 정립하여 눈의 감각작용을 가능하게 하는 원인[종자]으로 삼는다. 눈의 감각작용과 마찬가지로 귀 등의 감각 기관에서도 모든 언설훈습이 생하여 이와 같은 지각을 일으키는 것이 본식의 첫 번째 개별적 차별성이다(此熏習是眼根生因 若果報眼根應生 從此本識中言說愛熏習生 是故立言說熏習爲眼根因 如眼根於耳等根一切言說熏習生應作如此知 是本識第一差別).[112]

이 인용문의 요지는 '오직 하나뿐인 본식(본원적 주관성)만이 다양한 개별적 차별성을 드러낼 수 있다'라는 점을 설명하고 있다. 좀 더 자세히 설명하자면 감각작용을 통해 경험한 다양한 사물의 표상을 훈습을 통해 간직함으로써 다시 감각작용을 통해 그 다양한 차별적인 표상이 현상하게 된다는 것이다. 이로써 그 사물이 가진 다양한 개별적 차별성을 직관할 수 있다. 앞에서 살펴본, 바다달팽이 곰소를 대상으로 한 연구 결과와 뇌과학자 와일더 펜필드의 실

---

112) 세친, 앞의 책, 178쪽 b.

험 결과(대뇌의 피질에 전기적 자극을 가했더니 오빠의 얼굴이 보이고 교향곡이 들린다는 실험)를 함께 비교하면서 읽는다면 아주 쉽게 이해될 것이다.

감각경험이나 실제적 체험을 통해 얻은 다양한 감각표상들이 대뇌 피질의 뉴런에서 시냅스 연결을 통해 저장되며, 나중에 다시 같은 자극이 주어질 때 이 뉴런에서 동일한 시냅스 연결을 선택함으로써 동일한 감각표상을 표상하게 된다. 이렇게 뉴런에 모든 감각표상이 저장되고 간직된다는 것은 펜필드의 실험을 통해서 입증되었다.

이 인용문에서 두 가지를 알 수 있다.

첫째는 훈습(종합적 통일)은 감각작용과 함께 일어난다는 점이다. 이로써 감각작용의 결과물(감각적 표상과 개념적 의미)이 훈습을 통해 종자를 구성하고, 이 종자가 다시 감각작용의 원인이 된다고 설명하고 있다. "과보가 이루어진다면 곧 눈의 감각작용이 일어난 것이니, 이것을 따라서"라는 표현에서 감각작용의 결과물[과보(果報)]이 훈습을 통해서 종자를 형성한다는 점을 알 수 있다. 그리고 이 종자가 다시 감각작용을 일으키는 원인이 된다고 설명하고 있다. 따라서 감각작용에 의해 표상된 감각적 표상과 개념적 의미가 종자의 형태로 저장되고, 다시 이것에 근거하여 감각작용이 일어난다는 점을 알 수 있다.

이러한 점에서 기억과 종합적 통일[훈습(熏習)]을 엄밀하게 구분해야 한다는 것을 알 수 있다. 기억은 의식의 사유작용의 결과물을 종자의 형태로 저장하는 것을 의미하며, 종합적 통일은 감각작용의 결과물[감각표상]을 종자의 형태로 저장하는 것을 의미한다.

둘째는 이 훈습이 언어(언설)를 통해 이루어진다는 점이다. 이 인용문에서 "언설훈습"이라고 표현한 것은 세속제(관념적 사유의 세계)에서 일어나는 훈습을 표현한 것이다. 이러한 점에서 이 언설훈습을 통해서 '번뇌의 훈습'이 이루어진다고 설명하고 있다. 즉, 의식을 통해 규정된 개념적 의미들이 감각표상과 함께 종자에 저장된다는 것이다. 이렇게 언설훈습을 통해 구성된 종자를 염상종자(染相種子)라고 한다.

반면에 본원적 직관의 정신세계[승의제(勝義諦)]에서는 '진여(眞如)훈습'이라고 표현한다. 그 이유는 이러한 훈습을 통해서 본질적 존재의미[진여(眞如)]가 구성되기 때문이다.

이와 같이 감각작용이 감각 기관을 통한 본원적 직관능력에 의해 일어나기 때문에 훈습도 감각 기관을 통한 직관적 언어작용을 통해서 이루어진다는 점을 알 수 있다. 플라톤도 이러한 점에서 직관적 언어작용(logos)을 '기록자(記錄者)'라고 비유하고 있다.

또한, 여기에서 우리는 감각작용이 다섯 가지 감각 기관을 통해 일어난다는 점에 주목해야 한다. 앞에서 감각작용이 공(共)감각적으로 일어난다는 점을 언급하였다. 이 인용문에서도 눈뿐만 아니라 귀를 통한 감각작용의 결과물이 모두 언설훈습을 통해서 종자의 형태로 내장된다고 설명하고 있다.

예를 들어 개울에 흐르는 물에 대한 감각경험을 저장하는 경우를 살펴보기로 하자. 물결을 일으키며 흐르는 것을 보기도 하고, 그 물로 손과 발을 씻으면서 그 시원함을 피부로 느낄 수도 있으며, 흐르는 그 청량한 물소리를 듣기도 한다. 이렇게 우리의 모든 경험은 공감각적으로 일어난다. 그런데 이 모든 것이 '개울물'이라고 하는 하나의 언어로 저장된다.

이러한 점에서 "눈의 감각작용과 마찬가지로 귀 등의 감각 기관에서도 모든 언설훈습이 생하여 이와 같은 지각을 일으키는 것이 본식의 첫 번째 개별적 차별성이다"라고 설명하고 있다. 이 구절에서 감각이 공감각적으로 일어나며, 이렇게 다섯 가지 감각 기관에 표상한 감각표상을 모두 함께 언설훈습을 통해 종합하고 통일한다는 점을 읽을 수 있다.

바로 이러한 설명에서 종합적 통일이 반드시 직관적 언어작용을 통해서 이루어져야 한다는 점을 알 수 있다. 앞에서 잠시 언급했듯이 다섯 가지 감각 기관에서 일어나는 감각경험들을 따로따로 저장한다면 결코 사물의 본질적 존재의미를 구성할 수 없으며, 사물의 본질적 표상도 표상해 낼 수 없다. 따라서 종합적 통일은 다섯 가지 감각 기관을 통한 감각작용을 하나로 아우를 수 있는 직관적 언어작용을 통해서 가능하다는 점을 이해해야 한다. 이러한 점에서 종합적 통일을 '언설훈습(言說熏習)'이라고 표현한 것이다.

### 3) 불교의 깨달음이란 직관적 언어능력을 회복하는 것이다

불교에서 설명하는 깨달음이 오로지 감각 기관을 통한 직관적 언어작용을 회복하는 것이라는 점을 확인하기로 하자. 물론 감각 기관을 통해서 직관을 통한 선천적 종합판단이 가능하다는 점은 가자니가가 실행한 '코흐스(Kohs) 블록 실험'을 통해서 실증적으로 확인할 수 있다. 그런데 이 실험에서 우뇌의 지배를 받는 왼손이 어떻게 그토록 재빠르게 블록들을 제시한 사진과 똑같이 배치할 수 있는지를 이해하기 위해서는 거꾸로 감각 기관을 통한 직관적 언어작용에 의해서 선천적 종합판단이 가능하다는 점을 먼저 이해해야만 할 것 같다.

이러한 점에서 불교에서 추구하는 깨달음이란 의식을 끊어서 멸절한 뒤에 감각 기관을 통한 직관적 언어작용을 회복하는 것이며, 이 본원적 직관능력에 의해 사물의 본질적 존재의미를 직관할 수 있다는 점을 확인하기로 하자.

조금 어려운 설명이지만, 교광 진감(交光 眞鑑) 선사의『능엄경정맥소(楞嚴經正脈疏)』에 대한 주준책(朱俊柵)의 서문에 나오는 한 구절을 읽어 보자.

> 경전의 글 10권을 한마디 말로 간추려 요약한다면 다만 '인식작용(識)을 배척하고 감각 기관을 쓰라(斥識用根)' 이 네 글자일 뿐이다. 인식작용에 의지한다면 비본질적 의미내용[漏]을 다할 수 없고, 감각 기관에 의지한다면 깨달음의 지혜[菩提]를 이룰 수 있기 때문이다(經文十卷 可一言而蔽之 日斥識用根四字而已 以依識不得漏盡 依根得成菩提故也).[113]

이 짧은 인용문에서 우리는 불교 철학의 모든 철학적 이치를 터득할 수 있다. 참으로 놀라운 설명이다. 대승 불교의 경전 가운데

113) 交光眞鑑 述疏, 圓照覺性 飜譯 강해,『楞嚴經正脈疏懸示』(서울: 현음사, 2000), 130~132쪽. '漏'란 범어로 'āsrava'를 번역한 것이다. 번뇌라고 번역하기도 한다. 의식에 의해 사유되는 허구적이고 비실제적인 의미내용이라는 의미이다.

백미(白眉)로 꼽히는『수능엄경(首楞嚴經)』을 간추려 요약하면 '인식작용을 끊어 버리고(배척하고) 감각 기관을 활용하라(斥識用根)'이 네 글자일 뿐이라고 설명해 주고 있다.

여기에서 '식(識)'은 의식[육식(六識)]뿐만 아니라 감각[아타나식(阿陀那識), 팔식(八識)]과 감각적 지각[오식(五識)]을 모두 포함하는 의미로 해석해야 한다. 그 이유는 의식에서 인식이 이루어지기 위해서는 이러한 감각과 감각적 지각이 모두 전제되어야 하기 때문이다. 이렇게 감각 기관에서 일어나는 감각과 감각적 지각이 끊어져야만 감각 기관을 통한 본원적 직관능력을 회복할 수 있다. 이러한 점에서 "감각 기관에 의지한다면 깨달음의 지혜[菩提]를 이룬다"라고 설명하는 것이다. 다시 정리하자면 의식과 감각적 지각을 끊어서 멸절해야만 감각 기관의 감각작용이 본래의 선천적인 본원적 직관능력[阿末羅識, 無垢淸淨識, 팔식(八識)]을 회복함으로써 '깨달음의 지혜'를 얻을 수 있다는 의미이다. 이러한 점에서 '직관을 통한 선천적 종합판단'은 오로지 감각 기관을 통해서만 가능하다는 점을 알 수 있다.

그리고 '루(漏)'라는 표현은 '희론(戱論)'이라는 표현과 같은 의미이다. 비실재적이고 비본질적인 의미내용이라는 의미로 사용되고 있다.

앞에서 의식이 작동하는 한에는 감각 기관에 주관적 견해들이 부가된 감각적 표상이 현상한다는 점을 살펴보았다. 그 이유는 의식의 개념적 사유작용을 통해 인식된 개념적 의미내용들이 언설훈습을 통해 본원적 주관성에 염상종자로 저장되며, 이것을 근거로 감각적 표상이 현상하기 때문이다. 따라서 의식과 감각적 지각을 완전히 끊어서 멸절해야만 감각 기관에서 작동하던 감각작용이 본래의 본원적 직관작용으로 전환하게 된다.

또한, 이러한 설명에서 우리는 감각 기관을 통해 존재사물의 본질적 존재의미를 직관하는 직관적 언어작용이 작동한다는 점을 알 수 있다. '깨달음의 지혜'란 사물의 본질적 존재의미[진여(眞如)]를 직관하는 것을 의미하며, 의미를 파악(또는 통찰)한다는 것은 곧 언어적 사유작용을 통해서만 가능하기 때문이다.

이 점은 기능성자기공명영상(fMRI) 자료와 가자니가의 코흐스 블록 실험을 통해 확인할 수 있다. 먼저, 기능성자기공명영상 자료에서 우뇌의 언어 영역은 감각 영역과 함께 작동한다는 것을 확인할 수 있다. 이러한 점에서 우뇌의 언어 영역은 감각 기관을 통해 작동하는 직관적 언어능력이라는 것을 알 수 있다.

또한, 코흐스 블록 실험을 통해서 우반구 언어 영역의 직관적 언어작용을 통해서 선천적 종합판단이 가능하다는 점을 확인할 수 있다. 이 실험에 참가한 환자는 뇌량을 절제했기 때문에 우뇌의 언어 영역이 자신의 고유한 능력인 직관적 언어능력으로 작동할 수 있다는 점을 이해할 수 있다. 정상적인 사람은 뇌량을 통해서 좌뇌와 우뇌가 유기적인 상호작용을 일으키기 때문에 의식이 작동함으로 인해서 우뇌의 직관적 언어능력이 감각적 지각작용으로 전환되어 버린다. 그러나 뇌량을 절제한 이 환자의 우뇌는 좌뇌의 영향을 받지 않기 때문에 의식이 끊어진 상태와 동일하다. 그러므로 이 환자의 우뇌를 통해서 인간의 선천적인 본원적 직관능력을 확인할 수 있었던 것이다.

참으로 놀랍게도 이 환자의 왼손은 그 네 개의 블록을 재빠르게 배치했다고 한다. 바로 이러한 실험 결과를 통해서 왼손을 지배하는 우뇌가 놀라운 직관능력과 종합적 판단능력을 가지고 있다는 점을 확인할 수 있다. 이는 우뇌의 언어 영역을 통해서 직관을 통한 선천적 종합판단이 가능하다는 점을 입증하고 있는 것이다. 사실 이 실험 결과가 아니라면 직관적 언어능력을 실증적으로 입증할 길이 없었다는 점에서 이 실험이 갖는 철학사적 의의는 아무리 강조해도 지나치지 않을 것이다.

## 4) 본질적 언어는 신경계를 작동시키는 자연 언어이다

이 본질적 언어의 작용 특성을 정확하게 이해하기 위해서는 이 언어가 감각신경계를 통해 구성되며, 운동신경계에서 작동된다는 점을 명확하게 이해할 필요가 있다. 물론 지금까지 직관적 언어작용이 감각 기관을 통해서 작동된다는 점을 자세히 논의해 왔다. 이제는 뇌과학의 연구 결과를 살펴보면서 이 점을 보다 자세하게 이해해 보기로 하자.

눈만 뜨면 우리의 눈앞에 수많은 사물이 그 본질적 존재의미를 드러내며 현상하고 있다. 하늘, 구름, 산, 나무, 건물, 사람, 자동차, 이루 다 이를 수 없을 만큼 다양한 사물이 눈앞에 펼쳐져 있다. 그리고 그것들에 대해 의식을 통해 어떠한 의미도 이해하거나 인식하지 않았는데도 그것들은 자신의 본질적 존재의미를 드러내며 '나타나 존재하고' 있다.

그리고 앞에서도 여러 차례 살펴보았듯이 감각질(qualia)이론에서 따르면 이렇듯 감각에 표상하고 있는 모든 감각질은 뉴런이 시냅스 연결을 집단적으로 선택함으로써 그려 낸(표상한) 것이다. 즉, 눈앞에 보이는 모든 사물의 표상이 뉴런의 전기화학적 작용을 통해 그려 낸 것이라는 설명이다.

그렇다면 눈앞에 펼쳐진 저 수많은 사물의 표상을 어떻게 한순간에 모두 표상해 낼 수 있을까?

뇌과학자 로돌포 R. 이나스의 저서 『꿈꾸는 기계의 진화(I of the Vortex)』에서 우리는 좌뇌의 언어 영역(브로카 영역과 베르니케 영역)에서 작동하는 문자언어와는 전혀 다른 새로운 유형의 언어를 마주하게 된다. 즉 기저핵을 중심으로 작동하는 언어를 발견하게 된다.

> 투렛의 뚜렷한 증상은 세계의 모든 언어권에서 일어난다는 점이다. 이것은 뇌의 조직이 언어와 연관되어 있다는 의미이다. 언어는 그 자체로 FAP이다. 그것도 전운동 FAP로 기저핵의 활동과 매우 관련이 있다.[114]

이 인용문을 정확하게 이해하기 위해서는 고정행위패턴(Fixed Action Patterns, FAP)과 투렛 증후군에 대한 이해가 필요할 것 같다. 먼저 FAP는 뉴런의 시냅스 연결이 일정한 고정적인 패턴으로 이루어진다는 의미이다.

---

114) 로돌포 R. 이나스, 앞의 책, 220쪽.

이나스는 이러한 뉴런의 고정행위패턴으로 인해서 '하위 반사작용들이 서로 협동하여 작동하는 매우 정교한 반사작용'을 가능하게 한다고 설명하고 있다.

쉽게 설명하자면 신경계의 모든 반사적 반응이 바로 이 뉴런의 고정행위패턴에 의해 가능하다는 설명이다. 예를 들어 길을 걷다가 돌부리에 걸려서 넘어지려고 할 때 순간 비틀거리다가 이내 곧 균형을 잡고 다시 정상적으로 걸을 수 있는 것은 바로 이 뉴런의 고정행위패턴에 의해서 가능하다고 한다.

여기에서 뉴런이 고정적인 행위패턴을 가지고 작동하게 된 이유를 이해하는 것이 철학적인 관점에서 매우 중요할 것 같다. 이것은 생명체들이 자연 생태계에 적응하며 생존해 가기 위해 외계의 자극에 대해 거의 반사적인 반응을 진화시켜 온 결과가 아닌가 생각된다. 그래야만 굶주린 포식자들의 공격에 신속하고 효과적으로 대처함으로써 목숨을 보전할 수 있기 때문이다. 이러한 점에서 이 고정행위패턴은 모든 생물이 가진 놀라운 생존 전략이라고 할 수 있다.[115]

운동신경계에서 이러한 고정행위패턴이 가능한 것은 감각신경계에서 외계의 자극에 대해 정형화된 해석(이해)이 이루어지기 때문에 가능할 것이다. 이 점은 에릭 캔델이 바다달팽이 곰소를 통한 실험적 연구에서 명확하게 밝혀 주고 있다. 즉 감각표상(외계의 자극)을

---

[115]  이에 대해서는 로돌포 R. 이나스의 『꿈꾸는 기계의 진화』라는 책에서 매우 자세히 설명하고 있다. 특히 그는 이 고정행위패턴을 '미리 만들어진 운동 테이프'라고 표현하고 있다.

장기적으로 기억(종합적 통일)하는 것은 유전자조절단백질에 생물학적 변화를 일으킴으로써 가능하다는 점이다. 즉 외계로부터의 자극을 저장하고 간직하는 과정에서 CREB라고 하는 유전자조절단백질을 활성화하거나 억제한다는 연구 결과를 제시하고 있다. 이렇게 유전자조절단백질을 활성화하거나 억제하여 정형화된 반응을 일으킨다는 것은 곧 뉴런의 시냅스 연결을 정형화하여 고정적인 반응패턴을 만들어 낸다는 것을 의미한다.

바로 이렇게 감각신경계에서 외계의 자극에 대해 정형화된 반응패턴을 만들어 낸다는 점에서 감각신경계에서 감각표상을 종합하고 통일하는 과정에서 하나의 의미통일체를 구성한다는 점을 알 수 있다. 앞에서 이러한 종합적 통일이 가능하기 위해서는 언어적 사유작용이 필연적이라는 점에 대해 거론한 바 있다. 그 이유는 다섯 가지 감각 기관을 통해 표상한 다양한 감각표상들이 동시에 동일한 의미로 이해된다는 점이다.

예를 들어 물(水)이라는 사물을 우리는 다섯 가지 감각 기관을 통해서 체험하게 된다. 눈으로 보고, 마셔도 보고, 씻어도 보고, 또는 물놀이를 통해서 우리는 물이라고 하는 사물을 체험하게 된다. 이렇게 다양한 감각경험이 서로 결합하여 '물(水)'이라고 하는 동일한 의미로 이해된다는 것은 반드시 다양한 감각표상을 종합하고 통일하여 하나의 의미 통일체를 구성해야한다는 점을 알 수 있다. 바로 이 의미 통일체가 곧 본질적 언어이다.

그런데 놀랍게도 로돌포 R. 이나스도 이 "FAP가 곧 언어"라는 결론에 도달하고 있다는 점에 주목해야 한다. 저자는 이와 같이 뉴런의 고정행위패턴을 언어라고 주장할 수 있는 이론적 근거는 투렛 증후군에서 확인할 수 있다고 설명하고 있다.

투렛 증후군이란 기저핵에서 FAP가 과도하게 생성되는 질환을 의미한다. 이 투렛 증후군에 대해 다시 저자의 설명을 참고하기로 하자.

> 여기에 다른 모든 능력을 잃고 온전하게 남은 능력이라고는 단어들을 만들어내는 능력밖에 없는 어떤 사람이 있다. 이로써 신경계는 기능적 모듈들로 구성되어 있음을 재확인할 수 있다. 이 사례에서 단어 생성은 뇌의 본질적 성질이라는 걸 알았다. 단어 생성의 FAP에 의해 의식이 없는 상태에서도 아무 때나 단어가 튀어나오는 이런 상황은 몹시 우울하다. 그러나 반대의 경우는 더 우울하다. FAP가 손상된 사람은 언어를 이해하고, 시를 이해하고, 보고 듣고 외부 세계와 상호작용할 능력은 있어도 말을 하지 못한다.[116]

이 인용문에서 문자언어를 매개로 사유하는 의식의 작용과는 전혀 다른 언어적 사유능력이 존재한다는 점을 확인할 수 있다. 투렛 증후군의 환자는 의식이 없어도 "아무 때나 단어가 튀어나온다"는 점이다.

앞에서부터 일관되게 의식은 문자언어를 매개로 그 언어적 의미를 사유하는 언어적 사유작용이라는 점을 확인해 왔다. 특히 인도의 세친은 언어란 소리를 내어 발설하면 곧 언어가 되고, 마음 속으로 그 의미를 사유하면 곧 사유로서의 언어적 사유작용이 된다

---

116)  앞의 책, 220~221쪽.

고 설명하고 있다는 점도 확인하였다. 이러한 점에서 의식이 작동할 경우에만 우리는 문자 언어(단어)를 발설할 수 있다. 분명 의식이 있어야만 듣기도 하고 말을 할 수 있다.

그런데 이 환자는 의식이 없는데도 불구하고 '아무 때나 단어가 튀어나온다'는 점에서 의식과 상관없이 선천적으로 작동하는 언어능력이 별도로 존재한다는 점을 알 수 있다.

바로 이 언어능력이 감각 기관을 통해서 작동하는 직관적 언어능력이라는 점을 이해할 수 있다. 왜냐하면 이 FAP가 운동신경계에서 반사적 반응을 가능하게 한다는 점에서 이 언어는 신경계를 통해서 작동되고 있다는 점이 명백하기 때문이다. 위 인용문에서 저자가 '단어'라는 표현을 사용하고 있는데, 이 표현은 본질적 언어로서의 '이름'을 의미한다고 해석하는 것이 타당할 것이다.

또한 이 FAP가 손상되면 모든 정신현상이 정상적으로 작동하는데도 불구하고 말을 하지 못한다는 점에서도 이 직관적 언어능력을 통해서 음성언어가 생겨났다는 점을 알 수 있다. 즉 모든 포유류들이 소리로써 의사를 표현할 수 있는 것은 바로 이 뉴런의 고정행위패턴으로 인해서 가능하다는 점을 이해할 수 있다. 이러한 점에서 감각 기관을 통해 작동하는 직관적 언어작용이 의식보다도 더 원초적인 언어능력이라는 점을 확인할 수 있으며, 동시에 이 직관적 언어능력으로 인해서 의식이라고 하는 개념적 언어능력이 생겨났다는 점도 이해할 수 있다.

따라서 저자는 운동신경계에서 반사적 반응을 가능하게 하는 뉴런의 고정행위패턴이 곧 '언어'라고 설명하고 있다.

특히 이나스는 이 신경계의 언어로 인해서 종족 발생적 기억이 가능하며 유전적 지식을 선천적으로 가지고 태어난다고 설명하고 있다.[117] 이로써 태어나자마자 외계의 자극에 대해 즉각적으로 정형화된 반응을 일으킬 수 있다.

이나스는 그 증거로 아프리카 영양 누(nou)의 경우를 예로 들고 있다. 누는 태어나자마자 5초도 지나지 않아 공격해 오는 사자를 피해 달아난다. 세상에 나온 지 5초도 지나지 않아 사자의 공격을 직감하고 필사적으로 달린다는 것이다.

이러한 즉각적이고 반사적인 반응이 곧 고정행위패턴으로 인해 가능하다는 설명이다. 이러한 사례를 통해 고정행위패턴은 외계에 보다 효과적으로 적응하고 생존하기 위해 진화한 결과물이라는 것을 이해할 수 있다. 이는 신경계가 외계의 자극을 신속하고 정확하게 판단하고 적절하게 반응하기 위한 것이다.

또한, 이 즉각적이고 반사적인 반응에서 선험적 종합판단이 직관적으로 이루어지고 있다는 점을 알 수 있다. 다시 설명하자면 '직관을 통한 선천적 종합판단'이 감각 기관을 통해서 이루어지고 있다.

마찬가지로 눈만 뜨면 곧바로 외계의 모든 사물이 눈앞에 펼쳐지는 것은 바로 이러한 감각작용이 뉴런의 고정행위패턴에 의해서 가능하다. 즉, 이 고정행위패턴으로 인해서 동일한 자극에 대해 곧바

---

117)　로돌포 R. 이나스의 앞의 책에서 '9장 학습과 기억'을 참고하기 바란다. 물론 이 책에도 이 FAP를 설명하면서 엄밀하게 본질적 언어와 문자 언어를 구분하지 못하는 부분이 나타나고 있지만, 전체적인 맥락에서 이 FAP는 본질적 언어로 이해하는 것이 타당하다.

로(반사적으로) 동일한 형태의 표상을 그려 낼 수 있는 것이다. 이와 같이 뇌과학계에서 뉴런이 정형화된(고정된) 행위패턴을 가지고 있다고 설명하는 것은 옛 성현들이 본질적 언어를 밑그림 삼아 그 표상을 쉽고 빠르게 그려 낸다는 설명과 같은 의미이다. 만약 밑그림이 없다면 무엇을 어떻게 그려야 할지 알 수 없기 때문에 쉽게 그릴 수 없다. 그러나 밑그림이 언어의 형태로 신경계에 내재되어 있기 때문에 이것을 근거로 고정적인 방식으로 그 표상을 쉽고 빠르게 그려 낼 수 있다. 이러한 설명은 곧 뉴런이 고정적인 행위패턴을 가지고 있다는 설명과 다르지 않다. 따라서 이 뉴런의 고정행위패턴이 곧 언어작용이라는 점도 알 수 있다.

이러한 점에서 이 본질적 언어가 곧 신경계를 작동시키는 자연언어라고 이해된다.

## 5) 본질적 언어는 형용과 서술이 불가능하다

이상에서 살펴본 바와 같이 개념적 언어와 본질적 언어는 근본적으로 전혀 다른 언어적 특성을 가지고 있다. 그러나 문자 언어의 발달로 인해서 본질적 존재의미를 담지하고 있는 본질적 언어도 문자 언어로 표기할 수 있게 되었다. 이로 인해서 본질적 언어와 개념적 언어를 구분하지 못하고, 모두 동일한 문자 언어로만 이해하고 있다.

앞에서 충분히 개념적 언어와 본질적 언어의 차이점을 살펴보았다. 그 차이점들을 아주 간단하게 표현하자면 개념적 언어는 서술과 형용이 가능한 반면에 본질적 언어는 서술과 형용이 불가능하다고 간추릴 수 있다.

앞에서 선가(禪家)에서 본원적 직관의 사태를 다음과 같이 문자언어로 표현하고 있다는 점을 살펴보았다.

산은 다만 산이요, 물은 다만 물이로다(山只是山 水只是水).

여기에서 "다만"은 어떠한 개념적 의미도 부가되지 않았다는 의미로 사용한 것이다. 즉, 본질적 언어란 결코 서술과 형용이 불가능하다는 점을 드러내고 있다. 그 이유는 이 개념적 언어들이 모두 인식 대상에 있어서 상대적 차별성을 구분하여 규정한 언어적 의미규정이기 때문이다. 즉, 이 개념적 언어들은 인식 대상이 가진 상대적 차별성을 비교하여 구분한 것이기 때문에 그러한 상대성을 서술하고 형용하기 위해 사용된다.

반면에 본질적 언어는 다양한 본질적 표상들을 종합하고 통일하여 하나의 의미 결정체로 구성한 것이기 때문에 그 본질적 표상들을 지시하는 기능밖에는 가질 수 없다. 이러한 지시적 기능을 가진 언어를 '이름'이라고 한다.

플라톤은 『법률』에서 이 본질적 언어에 대해 다음과 같이 설명하고 있다.

각각의 것과 관련해서 세 가지를 생각해 보고 싶지 않습니까? (중략) 존재(ousia)가 그 하나이며, 존재의 의미규정(의미규정형식, 정의: logos)이

또한 그 하나이고, 이름(onoma)도 그 하나입니다.[118]

"각각의 것"이란 본원적 직관에 의해 나타나 존재하는 존재사물을 의미한다. 이것들에 대해 세 가지로 해명할 수 있다고 설명하고 있다. 이러한 점에서 'ousia'와 'logos' 그리고 'onoma'가 곧 동의어로 사용되고 있다는 점을 이해할 수 있다. 그런데 이 '우시아'를 서양 철학계에서는 일반적으로 '존재'라고 번역하고 있다. 그러나 정확하게 번역하자면 '존재근거'라고 해야 옳다.

왜냐하면 이 본질적 언어[logos]와 그 사물의 이름이 그 자체로는 존재사물(존재)이 아니기 때문이다. 이것은 전체적인 철학 체계를 바르게 읽지 못하기 때문에 야기되는 과오이다.

앞에서 불교에서도 이 본질적 언어[名, 果名]를 법계(法界; dharma-dhātu)라고 표현하고 있다는 점을 확인하였다. 즉, 이 본질적 언어가 현상[法]의 근거(원인)라는 점에서 법계라고 표현한 것이다. 이러한 점에서 존재근거라고 번역하는 것이 이 용어의 정확한 철학적 의미를 드러내는 것이다.

플라톤도 '본질적 언어(존재의 의미규정[logoi])'를 근거로 사물의 표상을 그려 낸다(표상한다)고 설명하고 있다는 점을 앞에서 확인하였다. 따라서 이 '존재의 의미규정'인 본질적 언어[logos]가 모든 존재사물이 나타나 존재할 수 있게 하는 가능근거라는 점을 알 수 있다.

---

118) 플라톤, 『법률』, 711쪽 895c-d.

그리고 바로 이 본질적 언어가 그 존재사물의 '이름'이다. 이와 같이 본질적 언어를 '이름'이라고 표현하는 것은 이 본질적 언어는 다만 그 사물을 지시할 따름이라는 점을 드러낸다. 필자가 앞에서부터 계속해서 '존재'라는 표현 대신에 '존재사물'이라는 표현을 사용한 이유가 바로 이 때문이다. 존재한다는 것은 곧 그 이름으로 지시된 것을 의미한다. 즉, 존재한다는 것은 곧 본질적 표상과 본질적 존재의미가 함께 이루어진 것이다. 따라서 존재한다는 것은 곧 본질적 언어로 지시된 존재사물을 의미한다. 이와 같이 눈앞에 현전하고 있는 존재사물은 본질적 존재의미를 가지고 현상하고 있다.

따라서 '산은 다만 산이다'라는 표현에서 주어로서의 "산"은 본질적 표상으로서 현상하고 있는 산을 의미하며, '산이다'라는 서술어는 본질적 언어로서의 본질적 존재의미를 드러낸다. 결코 어떠한 개념적 의미도 부가되지 않는 본질적 존재의미로서의 산이라는 표현이다. 예를 들어, '높은 산' 또는 '어머니 같은 산'이라고 할 때의 산은 '높은'과 '어머니 같은'이라는 개념적 의미가 부가된 산이다.

이와 같이 본질적 언어란 곧 그 사물의 이름이다. 거꾸로 설명하자면 '이름'은 본질적 존재의미를 문자 언어로 표기한 것이라는 의미이다. 사물의 본질적 존재의미를 문자 언어를 통해 설명하거나 표현할 수 없지만, 이 이름을 통해서 그것을 지시할 수 있을 따름이다. 그리고 이 본질적 언어는 사물들의 모든 다양한 표상을 종합하고 통일하여 구성된 의미 통일체이기 때문에 다시 이 본질적 언어로 인해서 모든 존재사물이 나타나 존재할 수 있다. 이러한 점에서 이 본질적 언어를 존재사물의 존재근거[법계(法界): ousia]라고 표현한 것이다.

반면에 개념적 언어에 대해 『파이돈』에서는 '대립되는 것(to enan-tion)들에서의 생성'이라고 설명하고 있다. 여기에서 '대립되는 것'이란 곧 인식 대상이 가진 상대적 차별성을 의미한다. 앞에서 '크다'라는 것이 시미아스가 가진 우연한 '큼'이라고 설명하고 있는 것을 살펴보았다. 이렇게 시미아스와 소크라테스의 키를 비교하면서 그 상대적 차별성(대립되는 것)을 구분하여 규정한 것이 개념적 언어이다. 이와 같이 개념적 언어란 상대적 차별성을 표현하고 있다는 점에서 서술과 형용이 가능하다.

또한, 본질적 언어에 대해서는 다음과 같이 설명하고 있다.

> 그것의 '있음(to einai)'에 대한 의미규정(정의)을 하는 그 존재(ousia) 자체는 언제나 똑같은 방식으로 한결같은 상태로 있는가, 아니면 그때마다 다른 상태로 있는가?[119]

여기에서 '있음(존재)'란 사물의 본질적 표상이 현상하고 있는 사태를 의미한다. 즉 존재사물이 '나타나 존재(顯存)' 하고 있다는 의미이다. 이렇게 직관된 존재사물의 표상을 종합하고 통일함으로써 구성된 것이 본질적 존재의미이다. 이 존재근거가 '있음'에 대해 의미를 규정을 하고 있다는 설명에서 '우시아'가 본질적 존재의미라는 점을 알 수 있다. 이렇게 본질적 존재의미를 담지하고 있는 언어가 곧 본질적 언어이며, 이것이 곧 존재근거인 우시아이다. 이러한 점에서 이 우시아는 "언제나 똑같은 방식으로 한결같은 상태로 있다"

---

119) 플라톤, 『파이돈』, 337쪽 78d.

라고 설명하고 있다. 즉, 주관에 의해 어떠한 굴절이나 왜곡이 일어나지 않고, 오로지 본질적 표상을 종합하고 통일한 본질적 존재의 미만을 담지하고 있다는 것을 의미한다. 이러한 점에서 이 본질적 언어는 상대적 차별성을 서술하거나 형용할 수 없다. 반면에 의식에서 사유되는 개념적 언어는 주관의 가치 판단에 따른 상대적 차별성을 구분하여 한정(규정)한 것이다. 다시 설명하자면 인간의 표현 욕구에 의해 사물의 상대적 차별성을 구분하여 표현하기 위해 생겨난 언어이다. 이로써 개념적 언어는 서술과 형용이 가능하다.

# IV.
# 분리뇌 연구는 인간의 두 가지 언어능력을
# 과학적 실험을 통해 증명하고 있다

◇◇◇◇◇◇◇◇◇◇◇◇◇◇◇◇◇◇◇◇◇◇◇◇◇◇◇◇◇◇◇◇◇◇◇◇◇◇◇◇◇◇◇◇◇◇

## 1. 분리뇌 연구의 철학사적 의의

2,500년 전에 인도와 중국 그리고 그리스에서 모든 현자는 인간에게 두 가지 언어적 사유능력이 갖추어져 있으며, 감각적 지각과 의식을 끊어야만 선천적인 직관적 언어능력을 회복할 수 있다는 점을 깨우쳐 주고 있다. 이렇게 동서양을 막론하고 동일한 철학적 사유가 나타났다는 것은 그 시대만 해도 인간의 직관적 언어능력에 대한 논의가 매우 보편적이었다는 점을 드러낸다.

중국의 철학사를 살펴보면 비록 주희(朱熹)에 의해 관념론 철학이 제기되었다고 하지만, 왕양명에 의해 다시 주체적 존재론을 회복하였다. 이러한 역사적 사실은 인간이 점차 관념화되고 있지만, 그래도 500년 전까지만 해도 인간의 선천적인 직관적 언어능력에 대한 관심과 이해가 완전히 소멸되지는 않았다는 점을 드러낸다.

그러나 서양화의 과정을 거치면서 이러한 동양의 전통적인 철학적 사유는 그 명맥조차 끊겨 버렸다. 지금 철학계는 인간의 선천적인 본질적 직관능력에 대한 논의는 완전히 자취를 감추고, 오로지 의식에서 일어나는 정신현상만을 거론하고 있는 실정이다.

　이러한 철학계의 상황에서 논리적으로 옛 성현들의 가르침을 해설해서 설득한다는 것은 거의 불가능하다고 판단된다. 더욱이 기초적인 철학 용어에 대한 이해마저도 다르기 때문에 논의 자체가 불가능하다. 서양 철학자들은 이 책을 읽으면서 본질, 형상, 표상 그리고 개념들에 대해 바르게 이해하지 못하고 있다고 비판할 것이다. 그들은 모두 형상[eidos]과 본질[archē]을 동의어로 이해하고 있다. 필자가 형상을 본질적 표상이라는 의미로 번역한다면 서양 철학의 기초도 갖추지 못했다고 비판할 것이다. 이와 같이 기초적인 용어에 대한 이해마저도 다르기 때문에 더 이상의 철학적 논의가 불가능하다.

　이러한 참담한 상황을 타개할 방법은 오로지 눈으로 확인할 수 있는 과학적인 증거 자료뿐이다. 그래야만 더 이상 자신들의 그릇된 철학 지식을 고집하지 않고, 옛 성현들의 가르침을 다시 바르게 이해할 수 있을 것이다. 이러한 점에서 분리뇌 연구는 매우 중요한 과학적 자료라고 하지 않을 수 없다.

　먼저 분리뇌 연구의 모든 실험 결과는 인간의 두 가지 언어적 사유작용에 대해 일치된 실험 결과를 제시하고 있다. 기능성자기공명영상(fMRI) 자료와 가자니가의 실험은 전혀 다른 방식으로 실시되었음에도 불구하고 그 결과에서 동일한 철학적 의미를 제시하고 있다. 대뇌의 좌측에 존재하는 언어 영역은 문자 언어를 매개로 사유하는 언어적 사유작용이라는 점을 입증하고 있으며, 우반구 언어 영역은 감각 기관을 통해 작동하는 직관적 언어작용이라는 점을 증명하고 있다.

더더욱 놀라운 점은 코흐스(Kohs) 블록 실험에서 우반구 언어 영역이 놀라운 선천적 종합판단 능력을 가지고 있다는 점을 증명해 주고 있다는 것이다. 이 본원적 직관능력은 의식의 작용이 끊어진 사람에게서만 확인할 수 있다는 점에서 현실적으로 이 능력을 입증하기란 거의 불가능하다. 그런데 뇌량(corpus callosum)을 절제한 중증 간질 환자는 좌반구 언어 영역과 우반구 언어 영역이 상호작용을 할 수 없기 때문에 우반구 언어 영역만이 독자적으로 작동하는 상태를 확인할 수 있었다. 즉, 이 우반구 언어 영역이 자신의 고유한 선천적인 본원적 직관능력을 발휘할 수 있었던 것이다. 바로 이 점은 철학사에 길이 남을 업적이라고 하지 않을 수 없다.

반면에 의식과 관련해 기능성자기공명영상(fMRI) 자료에서는 좌반구 언어 영역은 독자적으로 자신의 맥락 안에서만 작동한다는 점을 확인할 수 있다. 그리고 가자니가의 여러 가지 실험을 통해서 의식은 우반구의 도움 없이는 외계를 정확하게 인식하지 못한다는 점을 확인할 수 있다. 이러한 실험 결과를 종합하면 의식은 문자 언어를 매개로 그 언어적 의미를 사유하는 언어적 사유작용이기 때문에 직접적으로는 외계를 정확하게 인식할 수 없다는 점을 이해할 수 있다.

이러한 점에서 관념론자들이 의식에서 직관을 거론하는 것은 인간의 선천적인 두뇌작용과 부합하지 않는다는 점을 밝혀 주고 있다. 이로써 관념론 철학에서 주장하는 의식과 관련된 모든 철학적 담론이 결코 성립될 수 없는 궤변이라는 점을 확인할 수 있다.

　다만 이러한 궤변이 언어적 유희로만 끝이 난다면 조금은 그들의 과오를 묵과할 수도 있을지도 모른다. 그러나 그들의 궤변이 결국 자연을 파괴하고, 인간을 멸종 위기에 몰아넣고 있다는 점에서 그들의 과오를 결코 묵과해서는 안 될 것이다.

　의식이 문자 언어를 매개로 사유하는 언어적 사유작용이라면 의식의 산출물인 개념은 당연히 언어적 의미규정일 뿐이다. 그런데도 칸트는 개념이 객관적 실재성을 갖는다고 주장하고 있다. 즉, 개념을 통해 자연을 '있는 그대로' 인식할 수 있고, 개념을 통해 그것들을 명확하게 표현할 수 있다는 것이다.

　후설의 주장을 확인해 보자.

> 　모든 존재자는 그 자체로 인식할 수 있으며, (중략) 객관적으로 규정할 수 있고, 이상적으로 말하면, 확고한 단어의 의미로 표현할 수 있다.[120]

　모든 존재자에 대해 "확고한 단어의 의미로 표현할 수 있다"라고 주장하고 있다. 앞에서 개념이란 '단어에 내포된 의미와 같다'라고 주장하는 것을 살펴보았다. 이와 같이 그들은 모든 외계의 존재사물을 개념적 언어로 표현할 수 있다고 주장하고 있다.

　이러한 그릇된 사고방식으로 인해 자연과학도 이 개념을 '메스(수술용 칼)' 삼아 우주를 해부하고 있다. 자연과학자들은 이 개념을 통

---

[120]　이종훈의 『후설현상학으로 돌아가기』(경기: 한길사, 2017) 41쪽에서 재인용한다.

해서 자연의 법칙을 밝혀낼 수 있다는 확신에 차 있다.

이제 분리뇌 연구 실험 결과의 철학적 의미를 정확하게 이해해야 할 것이다. 분리뇌 연구는 의식의 작용 특성을 명확하게 밝혀 주고 있으며, 동시에 인간의 본원적 직관능력에 대해서도 실증적으로 증명하고 있다. 이러한 과학적 사실들은 그동안 인류가 외계를 있는 그대로 이해하지 못했으며, 우리가 개념을 통해 이해하고 있는 그 외계는 허구적인 관념의 성채일 뿐이라는 점을 입증하고 있다.

이제 자연을 바르게 이해하고, 자연으로 되돌아갈 수 있는 길을 찾아야만 한다. 그래야만 인류는 자연 생태계에 적응하며 생존해 갈 수 있을 것이다.

## 2. 뇌량(corpus callosum)에 대한 이해

먼저, 뇌량의 기능에 대한 이해는 분리뇌 연구에 있어서 가장 핵심적인 부분이라고 판단된다. 이 뇌량으로 인해서 양쪽 뇌가 유기적인 상호작용이 가능하다는 점에서 뇌량의 기능에 대한 이해는 분리뇌 연구의 최종적인 결론이라고 해도 과언은 아닐 것이다.

그런데 이 뇌량을 절제한 환자들을 상대로 실험을 담당했던 뇌과학자의 견해를 읽어 보면 그 이해가 너무도 잘못되어 있다는 점을 지적하지 않을 수 없다.

이 결과는 뇌량의 한 가지 기능이 시야가 정중선에 걸쳐 있을 수 있도록 세포를 연결하는 것임을 분명하게 보여줬다. 결과적으로 둘로 나누어진 시야가 하나로 연결된 것처럼 보이는 것이다.[121]

이 인용문에서는 대체로 뇌량을 시각 정보 처리에 있어서 양쪽 눈의 시야를 하나의 통일된 시야로 연결해 주는 기능 정도로 이해하고 있다. 그러나 뇌량에 대한 이러한 이해는 저자인 가자니가가 자신이 실행한 실험의 결과를 정확하게 이해하지 못하고 있다는 것을 드러낸다. 사실 이러한 몰이해는 어쩌면 너무도 당연한 것인지도 모르겠다. 그 이유는 인간의 생래적인 본원적 직관능력과 의식의 언어적 사유능력을 명확하게 구분하여 이해하지 못하기 때문이다.

그가 실행한 세 가지 실험에서 양쪽 눈에 보이는 사물의 표상에는 모두 차이가 없다는 점을 확인할 수 있다. 이러한 점은 선천적 표상능력이 양쪽 뇌에서 동일하게 작동하는 것을 의미한다. 따라서 뇌량을 절제하여도 양쪽 뇌에서 동일하게 작동하고 있다는 점에서 뇌량은 시각적 표상작용과 전혀 관련이 없다는 점을 알 수 있다.

반면에 차이는 모두 눈에 현상하고 있는 그 사물의 표상이 갖는 의미를 이해하는 것과 관련되어 있다. 즉, 그 표상에 대한 본질적 존재의미를 직관할 수 있느냐, 아니면 그 표상에 대해 문자 언어로 표현할 수 있느냐 하는 점에서 차이가 발생하고 있다.

예를 들어 코흐스 블록 실험에서 양쪽 손이 전혀 다르게 반응하

---

121)  마이클 S. 가자니가, 박인균 옮김, 『뇌, 인간의 지도』(서울: 청림출판, 2016) 140쪽.

고 있는데, 이러한 상반된 반응은 그 블록 네 개의 배치 상태와 여섯 가지 색깔을 칠한 방식에 대한 이해(종합판단)에 있어서 차이점을 드러내는 것으로 해석된다. 개념적 의미든 사물의 본질적 존재의미든 모든 의미를 이해하는 것은 곧 언어적 사유작용에 속한다. 왜냐하면 언어가 곧 의미 결정체이기 때문이다. 이로 인해서 모든 사유작용은 언어를 통해서만 가능하다. 따라서 양쪽 손이 전혀 다르게 반응하는 것은 결국 그 블록에 대한 종합적 판단을 가능하게 하는 언어적 사유작용에서 차이가 발생하고 있기 때문이라는 것을 알 수 있다.

결론적으로 이 세 가지 실험에서 발견되는 양쪽 뇌의 차이점은 언어적 사유작용에서 발생하고 있다.

이러한 점에서 양쪽 뇌에 있어서 선천적 표상능력에는 차이가 없으나, 양쪽 뇌에는 전혀 다른 언어적 사유능력이 존재한다는 점을 알 수 있다. 따라서 뇌량의 기능은 이렇게 전혀 다른 언어능력을 연결하여 서로 유기적으로 작동시키는 역할을 담당하고 있다는 점을 알 수 있다. 전혀 차이가 없는 기능을 연결하기 위해 뇌량이 발달했다고 추정할 수는 없을 것이다.

이러한 추론은 좌반구 언어 영역(브로카 영역과 베르니케 영역)이 문자 언어의 발달로 인해서 매우 늦게 진화함으로써 생겨났다는 점을 감안한다면 너무도 필연적이고 당연하다고 할 것이다.

우반구 언어 영역은 수억 년 동안 생명체가 외계에 효과적으로 적응하기 위해 진화하면서 지속적으로 발달해 왔다. 따라서 늦게 진화한 좌반구 언어 영역과 그 이전에 자리 잡고 있었던 우측의 언어 영역은 서로 유기적으로 작동하면서 정보를 교환해야 할 필요가 있다.

좌반구 언어 영역은 자체의 맥락 내부에서만 작동하므로 외계와 직접적으로 관계를 맺을 수 없기 때문이다. 이러한 이유로 외계로부터 주어지는 감각적 자극을 문자 언어로 해석해 주어야만 좌반구 언어 영역이 외계를 인식할 수 있을 것이다. 좌반구 언어 영역은 우반구 언어 영역의 감각적 지각의 도움 없이는 외계를 인식할 수 없다. 바로 이 점을 기능성자기공명영상 자료를 통해 확인할 수 있다.

이 영상 자료에서 좌반구 언어 영역은 오로지 자신의 영역 내부에서만 작동한다는 점을 확인시켜 주고 있다. 반면에 우반구 언어 영역은 감각 영역과 함께 작동한다는 점에서 외계와 직접적으로 관계를 맺을 수 있으며, 외계로부터 주어진 자극에 대한 의미를 이해할 수 있다는 것을 알 수 있다.

따라서 뇌량은 우반구에서 일어나는 감각적 지각을 통해 이해된 개념적 의미들을 좌반구의 언어 영역에서 작동하는 의식에게 전달하는 역할을 담당하고 있다는 점을 추정할 수 있으며, 실제로 가자니가에 의해 실행된 여러 가지 실험을 통해서 이 점을 명확하게 확인할 수 있다.

이와 같이 이러한 뇌량의 기능을 정확하게 이해해야만, 두뇌의 양쪽에 자리 잡고 있는 두 가지 언어능력의 차이점에 대해서도 명확하게 이해할 수 있다.

## 3. 기능성자기공명영상(fMRI) 자료: 의식의 작용특성이 밝혀지다

우리가 서양의 관념론 철학에서 벗어나서 인간의 생래적인 인지
능력과 외계(자연)에 대해 바르게 이해하기 위해서는 의식이 문자
언어를 매개로 그 언어적 의미를 사유하는 언어적 사유작용이라는
점을 확인하는 것이 급선무라고 할 것이다.

그런데 아무리 옛 성현들의 가르침을 통해 설득한다고 하더라도
객관적 합리론이라는 진리관에 대한 확고한 신념을 깨뜨릴 수는
없을 것 같다. 사람들은 우리가 의식을 통해 인식한 의미내용들이
외계에 실재한다고 확고하게 믿기 때문이다. 우리는 어떤 대상에
대해 '아름답다' 또는 '추하다'라는 인식이 가능한 건 그러한 의미내
용을 외계에 실재하는 사물이 가지고 있기 때문에 지각할 수 있고,
인식할 수 있다고 간주하고 있다.

그러나 만약 과학적 실험 결과들을 통해 의식이 다만 문자 언어
를 매개로 그 언어적 의미를 사유하는 언어적 사유작용이라는 점
을 확인하게 된다면 그러한 그릇된 확신을 깨뜨릴 수 있지 않을
까?

분리뇌 연구의 기능성자기공명영상(fMRI) 자료들이 이 어려운 숙
제를 해결하는 데 있어서 가장 신뢰할 만한 것이 아닐까 생각된다.

그러나 사실 이 기능성자기공명영상 자료로는 양쪽 뇌에 전혀 다
른 작용 특성을 지닌 언어가 존재한다는 점만을 확인할 수 있을
뿐, 이 자체로 의식의 작용 특성을 명확하게 이해할 수는 없다. 즉,
의식은 문자 언어를 매개로 그 언어적 의미를 사유하는 언어적 사

유작용이라는 점과 따라서 의식이 외계를 인식할 때는 감각적 지각의 도움을 받아야 한다는 점을 읽어 낼 수 없다. 그러나 다음 장에서 살펴볼 가자니가의 실험 결과와 함께 비교하여 살펴본다면 이영상 자료는 이러한 의식의 작용 특성을 명확하게 입증해 준다는 것을 알 수 있다.

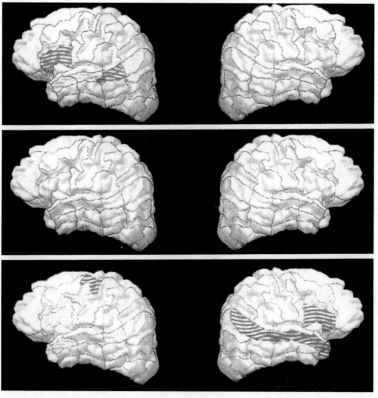

분리뇌 연구의 기능성자기공명영상(fMRI) 자료 사진[122]

---

122) Mark F. Bear 외 2인, 강봉균 외 21인 옮김, 『신경과학』(서울; 바이오메디북, 2009), 636쪽.

먼저 이 영상 자료 가운데 가장 상단에 놓인 사진은 정상적인 일반인에게 책을 읽어 줄 때의 기능성자기공명영상이다. 좌반구 언어 영역(브로카 영역과 베르니케 영역)이 매우 활성화되고 있는데, 우측의 언어 영역은 전혀 반응하지 않고 있다. 더욱이 주목해야 할 부분은 분명 그 책을 읽는 소리를 듣고 그것의 의미를 이해하고 있는데도 불구하고 청각 영역이 전혀 활성화되지 않는다는 점이다.

가운데 줄의 자료 사진은 일반인에게 수화(ASL) 문장을 보여 주었을 경우(책을 수화로 읽어 주는 경우)이다. 수화를 배우지 않은 일반인은 그 손짓이 무엇을 의미하는지 전혀 이해할 수 없다. 감각 영역뿐만 아니라, 의식이 작동하는 좌반구 언어 영역마저도 활성화되지 않는다는 점을 확인할 수 있다.

마지막 줄의 자료 사진은 청각 장애인(聾人)에게 수화 문장을 보여 주었을 경우의 뇌를 찍은 것이다. 좌뇌의 언어 영역뿐만 아니라 우뇌의 언어 영역도 활성화되고 있다. 그런데 놀랍게도 우반구의 언어 영역이 활성화됨과 동시에 감각작용을 일으키는 감각 영역이 활성화된다. 이 자료 사진에서 확인할 수 있는 것처럼 농인은 대뇌 피질의 청각 영역(상측두이랑, superior temporal gyrus)이 함께 활성화되고 있으며, 그리고 맹인의 경우에는 점자로 된 책을 읽을 때 우반구 언어 영역과 함께 시각을 일으키는 영역(후두극, occipital pole)이 매우 활성화되는 현상이 발견된다고 한다.[123]

이러한 차이점으로부터 두 가지 철학적 의미를 읽어 낼 수 있다.

---

123)    Mark F. Bear 외 2인, 앞의 책, 637쪽.

첫째는 좌반구 언어 영역에서 작동하는 의식은 오로지 문자 언어를 매개로 그 언어적 의미를 사유하는 언어적 사유작용이라는 점이고, 둘째는 이러한 점으로 인해서 의식은 감각적 지각을 선행적으로 동반해야 한다는 점을 읽어 낼 수 있다. 즉, 의식은 감각적 지각을 통해 외계의 자극을 언어(개념)적 의미로 해석해 주어야만 사유가 가능하다는 점을 알 수 있다.

## 1) 의식은 문자 언어를 매개로 그 언어적 의미를 사유하는 언어적 사유작용이다

이 영상 자료들을 비교하면서 가장 주목해야 할 점은 청각에 장애가 없는 일반인에게 책을 읽어 줄 때는 감각 영역이 작동하지 않고 오로지 좌반구 언어 영역만이 작동한다는 점과 청각 기능에 장애가 있는 청각 장애인에게 수화로 그 책을 읽어 줄 때는 좌반구 언어 영역이 작동하면서 동시에 우반구 언어 영역과 감각 영역(청각 영역)이 동시에 활성화된다는 점이다. 이 두 가지를 비교해 보면 의식이 문자 언어를 매개로 그 언어적 의미를 사유하는 언어적 사유작용이라는 점이 명백해진다.

먼저, 일반인에게 책을 읽을 줄 경우에는 오로지 좌반구의 언어 영역만이 활성화되는 것을 어떻게 해석해야 할까? 분명 그 책 읽는 소리는 외계에서 전달되고 있으므로 귀를 통해서만 그 소리를 들을 수 있을 것이다. 그런데 그 소리를 듣고 책의 내용을 이해하는 데 있어서 청각 영역에서는 어떠한 움직임도 일어나지 않고 있다는 점에 주목해야 한다.

이것은 이 좌반구 언어 영역의 의식이 문자 언어를 매개로 그 언어적 의미를 사유하는 언어적 사유작용이라는 점을 입증하고 있다. 즉, 의식은 문자 언어를 매개로 사유하기 때문에 이 문자 언어는 감각적 지각을 거치지 않고, 직접적으로 의식이 대상화하여 그것의 의미를 사유할 수 있다는 의미를 드러낸다.

다시 설명하자면 의식은 문자 언어를 매개로 사유하는 작용이기 때문에 외계로부터 전해 오는 그 언어음에 대해서는 감각 기관을 통해서 별도로 해석할 필요 없이 의식이 직접적으로 그것의 의미를 이해하고 사유할 수 있다는 의미이다.

이러한 해석이 지나치게 독단적인 것이 아니냐고 반문할지도 모르겠다. 그러나 가자니가의 실험을 참고한다면 이러한 해석이 논리적 필연이라는 점을 확인할 수 있다. 가자니가에 의해 실행된 실험 가운데 코흐스 블록 실험과 '눈에 보이는 것을 말로 표현하는 실험'에서 의식이 자리 잡고 있는 좌뇌는 외계를 직접적으로 식별하거나 인식하지 못한다는 점을 증명하고 있다.

뇌량을 절제하였기 때문에 좌뇌는 우뇌에서 일어나는 감각적 지각의 도움을 받을 수 없다. 따라서 좌뇌는 독자적으로 외계를 이해하고 해석해야 할 것이다. 그러나 좌뇌는 외계를 전혀 인식하지 못하고 있다는 점을 확인할 수 있다. 코흐스 블록 실험에서는 이 네 개의 블록이 가로와 세로로 두 개씩 정사각형 모양으로 놓여 있다는 점조차 식별하지 못한다. 그리고 단순하게 사각형 모양의 사진을 보여 주었는데, 이것을 '상자'라고 답변했다가 다시 보여 주면서 되물으면 '테이프 조각'이라고 답변하기도 한다.

이렇게 의식은 외계를 직접적으로 대상화하여(지향하여) 그것을 식별하거나 인식하지 못한다는 점을 확인할 수 있다. 그리고 이 영상 자료에서도 의식은 자신의 영역 내에서만 작동한다는 점을 확인시켜 주고 있다. 따라서 의식은 단독으로는 외계를 직접적으로 지향하여 인식할 수 없다는 것을 알 수 있다.

그런데 이 영상 자료에서 일반인은 감각 영역이 작동하지 않은 채로 그 책 읽는 소리의 언어적 의미를 이해하고 있다. 분명 좌반구 언어 영역은 외계와 직접적으로 관계를 맺을 수 없으므로 만약 이 소리가 문자 언어의 언어음이 아니라면 우반구 언어 영역을 통해서 그것의 언어적(개념적) 의미를 해석한 뒤에 그 의미를 이해할 수 있을 것이다.

그러나 이 자료 사진에서는 책 읽는 소리를 듣고, 우반구의 도움이 없이도 의식이 직접적으로 그 언어음에 담긴 의미내용을 이해하고 있다. 이러한 현상은 책 읽는 소리가 단순하게 '조리 없는 소리(聲)'가 아니고, 문자 언어로서의 언어음이기 때문에 가능한 것이다. 앞에서 여러 차례 언급했듯이 문자 언어란 본래 음성 언어였으나 나중에 기호 문자로 표기하게 된 것이다. 이로써 문자 언어는 언어음과 기호 문자로 이루어져 있다는 점을 알 수 있다.

이러한 점에서 의식은 문자 언어를 직접적으로 대상화하여 그것의 의미를 인식할 수 있다는 점이 명백하게 드러난다. 따라서 의식은 문자 언어를 매개로 그 언어적 의미를 사유하는 언어적 사유작용이라는 점을 확인할 수 있다.

이 점은 청각 장애인의 경우 우반구 언어 영역과 청각 영역이 동시에 활성화되는 것과 비교해 보면 더욱 명백해진다. 이러한 현상은 우반구 언어 영역과 청각 영역을 통해 그 수화자의 손짓을 언어음으로 전환하고 있다고 해석된다. 그 결과 의식은 그 책의 내용을 이해할 수 있다는 점을 알 수 있다. 이러한 점에서 우반구 언어 영역과 청각 영역이 활성화되는 것은 그 손짓을 문자 언어의 발음(언어음)으로 변환시키는 감각적 지각이 일어나고 있다고 해석된다.

마찬가지로 시각 장애인이 점자로 된 책을 읽을 때 우반구 언어 영역과 시각 영역이 활성화되는 것도 동일한 해석이 가능하다. 즉, 점자는 결코 문자 언어가 아니다. 요철일 뿐이다. 이러한 요철을 손끝으로 만지면서 그 촉감을 다시 기호 문자로 전환해야만 의식은 그것을 이해할 수 있을 것이다.

이러한 추론이 정당하다는 점은 다음의 두 가지 자료 사진을 통해서 거듭 확인할 수 있다.

두 번째 줄의 자료 사진에서 일반인은 손짓으로 표현하는 수화 문장을 보고서도 아무런 반응을 보이지 않고 있다. 반면에 마지막 줄의 자료 사진에서는 청각장애인의 우뇌에서 감각적 지각이 일어난다는 점을 비교해 보면 의식과 감각적 지각의 지향적 의존관계를 쉽게 이해할 수 있다.

이 일반인은 청각 장애인들을 위한 수화를 알지 못하므로 감각적 지각을 통해서 그 손짓을 문자 언어로 전환시킬 수 없었다. 따라서 우뇌에서도 아무런 반응이 일어나지 않았으며, 그 결과 의식도 그 손짓에 대해 어떠한 언어적 의미도 읽어 내지 못하기 때문에 좌뇌에서도 전혀 반응이 일어나지 않은 것이다. 이러한 점에서 외계로부터 전해지는 자극에 대해 감각 기관에서 문자 언어로 해석하지 못한다면 의식마저도 작동되지 않는다는 것을 알 수 있다.

바로 여기에서 감각[아타나식(阿陀那識), 팔식(八識)]과 감각적 지각[오식(五識)]을 구분해야 한다는 점도 알 수 있다. 분명 이 일반인은 눈을 통해 수화자의 손짓을 보고 있다. 이것이 감각이다. 이 감각은 의식과는 관계없이 선천적인 본원적 직관능력[팔식(八識)]에 의해 이루어진다.

그러나 의식은 감각에 현상하고 있는 그 손짓에 대해 어떠한 반응도 보이지 않고 있다. 바로 이 점으로부터 의식은 감각에 현상하고 있는 것을 직접적으로 인식하지 못한다는 점을 알 수 있다. 이로써 의식은 감각적 지각을 선행적으로 동반해야만 외계의 대상 사물을 인식할 수 있다는 점을 이해할 수 있다. 감각에 현상하고 있는 수많은 대상 사물 가운데 주관적 의지작용을 통해 지향하게 되는 구체적인 대상만을 감각적 지각을 통해 지각한다. 이렇게 지각하는 과정에서 그 대상을 언어적 의미로 해석함으로써 감각적 대상[오진(五塵)]이 정립되고, 의식은 이 감각적 대상을 재표상하여 인식하게 된다. 그리고 의식은 그 감각적 대상에 내포된 개념적 의미를 언어적 표현(문자 언어)를 통해 그 대상의 의미를 인식하게 된다.

이 점을 마지막 줄의 영상 자료를 통해 정확하게 이해해 보기로 하자.

## 2) 의식[육식(六識)]이 외계를 인식하기 위해서는 감각적 지각[오식(五識)]을 선행적으로 동반해야 한다

가장 하단의 자료 사진에서 의식이 외계를 인식하기 위해서는 감각적 지각을 선행적으로 동반해야 한다는 점을 확인할 수 있다. 여기에서 우선적으로 이해해야 할 점은 감각적 지각이 감각 기관에서 이루어지는 것이 아니고, 대뇌 피질의 감각 영역에서 이루어진다는 것이다.

우리는 일반적으로 농인이나 맹인들이 청각능력이나 시각능력을 상실했다고 이해한다. 그러나 이 영상 자료를 살펴보면 대뇌 피질의 감각 영역들이 활성화되고 있다는 점을 확인할 수 있다. 농인이 청각능력을 상실하였다면 감각 영역이 활성화되지 않아야 한다. 그런데 청각 영역이 활성화되는 것은 지각능력이 여전히 작동하고 있다는 것을 의미한다. 바로 이 점으로부터 우리는 지각능력이 감각 기관에서 작동하는 것이 아니며, 감각 기관은 외계로부터 빛이나 소리를 받아들일 뿐 '보는' 시각능력이나 '듣는' 청각능력은 대뇌 피질에서 작동한다는 것을 이해할 수 있다.

이러한 점에서 불교의 『수능엄경(首楞嚴經)』에서는 "이와 같이 보는 작용성(見性)은 마음이지 눈이 아니니라(如是見性是心非眼)"라고 설명하고 있다. 그뿐만 아니라 플라톤도 본원적 직관작용을 '영혼으로 본다'라고 표현하고 있다.

분명 맹인이나 농인은 귀나 눈(감각 기관)을 통해 어떠한 자극도 받아들일 수 없다. 만약 감각작용이 감각 기관에서 이루어진다면 당연히 감각작용을 일으키는 피질 영역이 활성화되지 않아야 한다.

그런데 맹인과 농인의 시각 영역과 청각 영역이 활성화된다는 점에서 감각작용이 눈이나 귀에서 이루어지는 것이 아니고 마음(대뇌 피질의 뉴런)에서 이루어진다는 점을 알 수 있다. 감각 기관은 외부의 자극을 받아들이고, 동시에 마음(본원적 주관성)에서 표상된 감각표상이 현상하는 단말기일 뿐이다. 즉, 시각 장애인이나 청각 장애인은 이 단말기가 고장 났을 뿐 감각작용 자체에는 전혀 장애가 없다는 것이다.

그런데 농인에게 수화로 책을 읽어 줄 경우에 우뇌의 언어 영역이 활성화되면서 동시에 청각 영역이 활성화되고 있다. 이 점을 어떻게 이해해야 할까? 분명 손짓은 소리가 아니다. 소리를 들을 수 없는데 왜 청각 영역이 활성화되는 것일까?

바로 여기에서 감각과 감각적 지각의 차이점을 확인할 수 있다. 감각이란 감각 기관을 통해 선천적 표상능력이 작동하는 것을 의미한다. 따라서 빛이나 소리가 감각 기관에 주어져야만 작동이 가능하다. 이러한 점에서 시각 장애인은 외계의 사물들이 반사하는 빛을 받아들일 수 없기 때문에 그 사물의 표상을 그려 낼 수 없었던 것이다. 따라서 눈에서 감각이 일어나지 않은 것이다.

반면에 감각적 지각은 이렇게 직접적으로 외계로부터의 자극이 주어지지 않아도 일어날 수 있다는 점에서 문자 언어를 매개로 사유하는 의식이 외계를 효과적으로 인식할 수 있도록 도와주기 위해 생겨난 지각작용이라는 점을 이해할 수 있다. 분명 청각 장애인의 귀에 소리가 전해지지 않았는데도 청각작용이 일어나고 있다. 이러한 현상을 통해 감각적 지각은 의식이 외계를 인식할 수 있도록 외계로부터 주어진 자극을 문자 언어로 전환해 주는 기능을 한다는 점을 알 수 있다. 청각 장애인이 청각작용을 일으키는 것이나 시각 장애인이 시각작용을 일으키는 것은 수화나 점자를 문자 언어로 전환하고 있는 것이다.

만약에 농인이 글(문자)로써 그 책을 읽는다면 당연히 일반인에게 책을 읽어 줄 때처럼 우반구 언어 영역과 감각 영역이 활성화되지 않고 직접적으로 좌뇌의 언어 영역에서 이를 이해했을 것이다. 즉, 감각적 지각을 통해 해석하지 않고서도 직접적으로 의식을 통해 그 책의 내용을 이해할 수 있는 것이다.

그러나 청각 장애인은 귀라는 단말기가 막혀 있으므로 눈이라는 단말기를 통해 그 책의 내용을 전해 주기 위해서 수화(수어)를 만들어 사용한 것이다. 즉, 그 문자 언어에 담긴 의미내용을 수화라는 손짓과 몸짓으로 전달하고 있는 것이다.

따라서 농인은 그 손짓과 몸짓을 문자 언어의 발음으로 전환해야만 정상적인 사람처럼 의식이 그 언어음에 담긴 의미내용을 사유할 수 있을 것이다. 이러한 점에서 그 손짓과 몸짓을 문자 언어의 발음으로 전환하기 위해 우반구 언어 영역과 감각 영역이 활성화되고 있는 것으로 해석된다. 그 결과, 의식은 그 책의 내용을 이해할 수 있다.

마찬가지로 맹인의 경우도 점자로 표기된 것을 손의 감촉으로 느낀 뒤에 이것을 시각 영역에서 문자 언어로 전환 뒤에 그 언어적 의미를 의식을 통해서 사유할 수 있다. 분명 점자는 문자가 아니다. 다만 요철일 뿐이다. 이것을 촉감을 통해서 받아들인 뒤에 시각 영역에서 마치 글을 직접 보는 것처럼 문자화해야만 그것을 의식이 이해할 수 있는 것이다.

이상에서 살펴본 바와 같이 감각적 지각이란 외부로부터 전해지는 자극을 문자 언어로 변환시키기 위한 지각작용이라는 점을 알 수 있다. 이러한 감각적 지각은 일반인에게도 그대로 적용되어야 할 것이다. 일반인들도 의식을 통해 외계를 이해하기 위해서는 감각 기관에 현상하고 있는 감각적 표상들을 문자 언어(개념적 언어)로 변환시켜 주어야만 의식이 그것의 언어적 의미를 인식할 수 있다는 점에서 동일하다고 할 것이다.

이와 같이 이 영상 자료를 통해서 의식과 감각적 지각 사이의 지향적 의존 관계를 확인할 수 있다.

바로 여기에서 우리는 뇌량의 기능을 확인할 수 있다. 이 뇌량이 필요한 이유는 우반구 언어 영역과 좌반구 언어 영역을 유기적으로 작동될 수 있도록 연결해 주는 통로이기 때문이다. 이 뇌량을 통해서 우반구 언어 영역을 통해 지각된 결과물(문자 언어로 표현된 의미내용)이 좌반구의 의식에 전달된다는 점을 확인할 수 있다.

뒤에 다시 가자니가에 의해 실행된 실험들을 살펴보면서 이 해석이 타당하다는 것을 확인하기로 하자.

이상에서 살펴본 바와 같이 세 가지 영상 자료를 종합해 보면, 옛 성현들의 가르침과 정확하게 일치한다는 것을 알 수 있다.

첫째, 의식은 문자 언어를 매개로 그 언어적 의미를 사유하는 언어적 사유작용이다. 이러한 점에서 의식은 외계와 직접적으로 관계를 맺을 수 없다. 외계는 결코 문자 언어로 구성되어 있지 않기 때문이다. 이러한 점에서 관념론자들이 의식에서 시공간적 직관이니 본질직관이니 하는 직관을 거론하는 것은 결코 성립될 수 없는 궤변이라는 점을 알 수 있다.

둘째, 이로써 의식이 외계의 대상 사물을 인식하기 위해서는 감각에 현상한 그 사물의 표상을 문자 언어로 해석하는 감각적 지각을 선행적으로 동반해야 한다. 즉, 의식은 감각적 지각을 통해 지각(해석)된 감각적 대상을 재표상함으로써 그 대상에 대한 개념적 의미를 인식한다.

이 점은 자연과학의 학문적 방법론을 정립하는 데 있어서 매우 중요한 의미를 갖는다. 그 중요성은 아무리 강조해도 부족하다고 생각된다. 우리는 이 점을 정확하게 이해하지 못하기 때문에 '객관적 관찰'이라고 하는 과학적 방법론을 채택하고 있다. 의식을 통해 그 관찰의 대상을 이해하려고 하는 자세로 그것을 관찰할 경우에는 이미 그 대상은 실재하는 존재사물이 아니고, 감각적 지각을 통해 지각된 감각적 대상이 된다는 점을 깊이 인식해야 한다. 다시 설명하자면 외계의 사물을 직접적으로 직관하는 것이 아니고, 감각적 지각에 의해 해석된 것을 마치 외계에 실재하는 것으로 착각하고 있다는 점이다.

셋째, 가운데 영상 자료에서 감각과 감각적 지각을 구분해야 한다는 점을 확인할 수 있었다. 실험 대상인 일반인의 양쪽 뇌에서는 어떠한 반응도 나타나지 않았다. 이 점으로부터 의식과 감각적 지각이 일어나지 않았다는 것을 알 수 있다.

그러나 이 일반인은 분명 그 수화자의 모든 움직임을 보았을 것이다. 바로 이렇게 의식과 감각적 지각이 일어나지 않아도 감각 기관에 모든 외계의 사물이 드러나 나타난다는 점을 알 수 있다. 바로 이것이 감각이다.

이러한 점에서 감각과 감각적 지각을 엄밀히 구분해야 한다는 것을 알 수 있다. 일반인은 수화를 알지 못하기 때문에 그 손짓이 무슨 의미인지 이해하려는 주관적 의지작용[작의(作意)]이 작동하지 않는다. 따라서 감각적 지각이 일어나지 않은 것이다. 반면에 농인은 수화를 이해하려는 의지작용이 작동하기 때문에 감각적 지각이 작동하게 된다. 바로 이 점으로부터 감각에 현상하고 있는 수많은 사물 중 의식이 그것을 인식하고자 하는 주관적 의지작용이 작동할 때만 감각적 지각이 일어난다는 점도 이해할 수 있다.

예를 들어, 길을 걸을 때는 수많은 사람이 내 옆을 스쳐 지나간다. 그러나 그들에 대해 어느 누구도 의식하지 못한다. 그런데 어떤 이상한 행동을 하는 사람이 눈에 나타날 경우에는 주관적 의지작용에 의해 그 '이상한' 행동을 하는 사람을 지향하여 지각하게 된다. 이것이 감각적 지각이며, 이렇게 지각된 감각적 대상을 의식이 대상화함으로써 의식에서는 '어? 저 사람 미친 거 아냐?'라는 인식작용이 일어난다.

이와 같이 눈앞에 드러나 나타난 모든 사물에 대해 감각적 지각이 일어나는 것이 아니고, 의식의 주관적 의지작용에 의해 지향된 대상에 대해서만 감각적 지각이 일어난다는 점을 알 수 있다.

## 4. 가자니가에 의해 실행된 세 가지 실험

마이클 S. 가자니가의 자서전인 『뇌, 인간의 지도』에 보면 매우 다양한 실험을 실행했다는 점을 알 수 있다. 이 가운데 철학적으로 주목해야 할 세 가지 실험을 중심으로 옛 성현들의 가르침과 정확하게 일치한다는 점을 확인해 보기로 하자.

특히 코흐스(Kohs) 블록 실험은 인간의 선천적인 본원적 직관능력[팔식(八識): 영혼]과 의식[육식(六識): 생성]의 차이점을 명확하게 밝혀 주고 있다. 이러한 점에서 이 실험이 갖는 철학적 의미는 아무리 강조해도 부족하다고 판단된다.

또한, 손으로 눈에 보이는 것과 동일한 사진이나 사물을 지시하도록 하는 실험은 다만 그 사진과 동일한 표상을 식별하는 실험이다. 눈에 보이는 표상의 의미를 이해할 필요가 없이 똑같은 표상을 식별하기만 하면 된다는 점에서 언어능력과는 관련이 없다. 다만 표상을 현상하는 선천적 표상능력이 양쪽 뇌에서 동일하게 작동한다는 것을 이해할 수 있다.

이 실험과 코흐스 블록 실험을 비교한다면 감각 기관을 통해서 작동하는 선천적 표상능력은 양쪽 뇌에서 동일하게 작동하지만, 직관적 언어작용은 오로지 우뇌에서만 작동한다는 점을 확인할 수 있을 것이다.

세 번째로 양쪽 눈에 그림이나 사진을 보여 주면서 "무엇이 보이느냐?"라고 묻는 실험은 언어를 통해 표현해야 한다는 점에서 의식의 작용에 대한 중요한 정보를 제공하고 있다. 이 실험에서 의식은 우뇌에서 작동하는 감각적 지각을 선행적으로 동반해야만 외계에 대해 정확하게 인식할 수 있다는 점을 확인할 수 있다.

그리고 마지막으로 이 세 가지 실험을 종합해 보면 본원적 직관 작용에 의한 감각[아타나식(阿陀那識), 팔식(八識)]과 의식[육식(六識)] 그리고 감각적 지각[오식(五識)]을 엄밀히 구분해야 한다는 점도 명확하게 입증되고 있다.

## 1) 코흐스(Kohs) 블록 실험: 직관적 언어작용에 의해 선천적 종합판단이 가능하다

먼저, '코흐스(Kohs) 블록'이란 성인용 웩슬러(Wechsler) 지능 검사에서 사용되는 것으로 네 개의 블록으로 구성되어 있다고 한다. 이 네 개의 블록 세트는 각각의 여섯 면을 전혀 다른 배열 방식에 따라 다른 색으로 칠해졌다. 이렇게 전혀 다른 배열 방식으로 여섯 면에 다른 색상을 칠했기 때문에 이것을 어떻게 배치하느냐에 따라 매우 많은 경우의 수를 만들어 낼 수 있다.

코흐스 블록 실험은 이 네 개의 블록을 각각 다르게 배치한 사진을 보여 주면서 이와 똑같이 네 개의 블록을 배치하도록 하는 실험이다. 얼마나 빨리 이 블록들의 색상 배열 방식을 간파하고 제시한 사진과 똑같이 배치하는가 하는 점을 실험함으로써 지능 지수를 측정한다.

뇌량을 절제한 환자들에게 실행한 다른 실험을 통해서 왼손을 제어하는 것은 우뇌이며, 오른손을 관장하는 것은 좌뇌라는 점을 이미 확인하였다. 따라서 양쪽 손이 이 블록을 어떻게 배치하는지가 매우 궁금하다. 이 실험의 결과를 직접 읽어 보자.

따라서 오른쪽 뇌의 운동 제어 명령을 받는 왼손은 이 과제를 수행하는 데 뛰어날 것임을 예측해 볼 수 있다. 실제로 영상에 담긴 내용은 꼭 그러했다. 재빨리 왼손은 블록을 직접 조립했다. 다음 장면에는 오른손이 똑같은 과제를 수행한다. 오른손은 언어와 발화를 담당하는 왼쪽 뇌의 제어를 받는다. 그런데 오른손은 네 개의 블록을 예의 그림과 똑같이 조립하려고 했지만 그러지 못했다. 심지어 블록을 가로, 세로 두 개씩, 정사각형으로 배치해야 한다는 전반적인 체계조차 이해하지 못했다. 그저 세 개를 배열한 다음 한 개를 더 붙이려는 시도를 자주 했다. 놀라웠다. 오른손이 시도와 실패를 거듭하는 동안 갑자기 좀 더 능숙한 왼손이 자꾸 끼어들려고 한다. 이런 행동이 너무 자주 나타나기 때문에 오른손이 무엇인가를 할 때 왼손이 간섭하지 않도록 W. J.에게 왼손을 깔고 앉아 있게 했다.[124]

이 실험을 성공적으로 수행하기 위해서는 각각의 블록들이 어떠한 방식으로 여섯 개의 면에 각기 다른 색상이 칠해졌는지를 이해해야만 그 사진과 똑같은 방식으로 블록들을 배치할 수 있다. 그런데 왼손은 네 개의 블록들을 재빠르게 정확히 배치했다는 점을 확인할 수 있다. 이것은 오른쪽 뇌는 외계와 직접적으로 관계를 맺고, 그 사물의 표상들을 직관적으로 이해할 수 있는 능력을 갖추고 있다는 점을 드러낸다.

반면에 오른손은 전혀 성공하지 못하고 있다. 이것은 좌뇌가 외계의 사물을 정확하게 인식하지 못하고 있다는 점을 드러내고 있

---

**124)**   마이클 S. 가자니가, 앞의 책, 100~101쪽.

다. 이러한 결과는 곧 의식이 외계의 대상 사물을 직접적으로 지각하거나 인식하지 못한다는 점을 드러낸다.

이제 이 실험의 결과를 철학적인 관점에서 보다 자세하게 해석해 보기로 하자.

먼저, 이 네 개의 블록이 각기 다른 방식으로 색이 칠해져 있다는 점에서 네 블록의 본질적인 차이점을 이해해야 한다. 이를 위해서는 이 블록들의 표상을 종합하고 통일하는 능력이 있어야만 한다.

이러한 점에서 우뇌의 지배를 받는 왼손이 매우 빠르고 정확하게 배치했다는 것은 우반구 언어 영역에서 '직관을 통한 선천적 종합판단'이 가능하다는 점을 드러내는 것이다. 지금 이 환자는 좌뇌의 언어 영역과 우뇌의 언어 영역이 완전히 분리되어 있기 때문에 우뇌의 언어 영역에 갖추어진 인간의 선천적인 본원적 직관능력이 고스란히 발현되고 있다.

앞에서 옛 성현들의 가르침을 통해 감각적 표상이든 본질적 표상이든 모든 표상을 종합하고 통일하는 것은 곧 감각 기관을 통한 직관적 언어작용에 의해서 가능하다는 점을 자세히 살펴보았다. 그리고 기능성자기공명영상 자료에서 우반구 언어 영역이 감각 영역과 함께 작동한다는 점도 확인하였다.

따라서 우반구 언어 영역이 곧 감각 기관을 통한 직관적 언어작용을 담당하고 있다는 것을 알 수 있다.

반면에 좌뇌의 지배를 받는 오른손은 이러한 실험을 성공적으로 수행하지 못하고 있다. 이러한 실험 결과는 좌뇌를 통해서는 이러한 직관을 통한 종합판단이 불가능하다는 점을 드러낸다. 분명 다음 항(項)의 실험을 통해서 확인할 수 있듯이 좌뇌에서도 우뇌와 똑같은 감각이 일어나고 있다는 점을 알 수 있다. 좌뇌도 분명 이 블록이 똑같이 현상하고 있다는 점에서 감각은 동일하게 일어나고 있다. 이 점에 대해서는 다른 실험들을 통해 확인하기로 하자.

이와 같이 양쪽 뇌에 동일하게 그 블록들의 표상이 현상하고 있다. 그런데 좌뇌는 그 블록들이 가로와 세로에 두 개씩 놓여 있다는 단순한 사실조차도 인식하지 못하고 있다. 이러한 사실은 곧 의식은 감각에 현상하고 있는 감각적 표상들을 지향하여 직접적으로 인식하지 못한다는 점을 드러낸다. 그리고 그 블록들의 색상의 배열 방식을 식별하지 못한다는 점에서 좌뇌의 언어 영역은 표상을 종합하고 통일할 수 있는 능력이 존재하지 않는다는 것도 알 수 있다.

이러한 실험 결과는 기능성자기공명영상 자료에서 좌뇌의 언어 영역이 오로지 자신의 영역 내에서만 작동한다는 점과 일치하고 있다. 즉, 좌반구 언어 영역은 문자 언어를 매개로 그 언어적 의미를 사유하는 언어적 사유작용이기 때문에 외계와 직접적으로 관계를 맺을 수 없다는 점을 알 수 있다.

그렇다면 정상적인 사람의 경우는 어떨까? 우뇌의 감각적 지각의 도움을 받아서 이 네 개의 블록이 각기 다른 방식으로 색이 칠해졌다는 점은 인식할 것이다. 그러나 당연히 우뇌의 언어 영역만이 작동하는 경우처럼 재빠르게 배치하지는 못할 것이다. 모두들 이렇게 빠르게 배치할 수 있다면 이 코흐스 블록은 지능 검사에 사용될 수 없을 것이다. 정상적인 사람은 네 개의 블록을 사진과 같이 배치하기 위해서는 상당히 많은 시행착오를 거쳐야 한다. 바로 이 점에서 의식은 표상을 종합하고 통일하는 능력이 없다는 점을 알 수 있다. 따라서 이렇게 또는 저렇게 시도하면서 그 배열 방식을 얼마나 빠르게 간파할 수 있는지 시험하는 것이다.

이와 같이 의식이 작동할 때는 우반구 언어 영역을 통해서 가능한 본원적 직관능력이 은폐되어 작동하지 못한다는 것을 알 수 있다. 기능성자기공명영상 자료에서 확인한 바와 같이 의식을 통해 외계를 인식할 경우에는 우반구 언어 영역이 감각적 지각작용으로 변환되어 작동한다. 즉, 좌뇌의 의식이 작동함으로써 우뇌의 본원적 직관능력이 은폐되고, 이 언어 영역이 감각적 지각작용으로 변환된다. 따라서 우뇌의 언어 영역이 감각적 지각작용으로 전환되었기 때문에 표상을 종합하고 통일할 수 없다. 이러한 이유로 정상적인 사람은 '직관을 통한 선천적 종합판단'이 불가능하다는 점을 알 수 있다. 따라서 의식은 그 배열 방식을 이해하고 정확하게 배열할 때까지 여러 번 시행착오를 거칠 수밖에 없다.

이와 같이 이 실험을 통해서도 의식이 문자 언어를 매개로 그 언어적 의미를 사유하는 언어작용이라는 점을 이해할 수 있다. 의식을 통해 이 블록들의 배열을 인식하려고 할 때 의식은 이 블록들을 직접적으로 지각할 수 없다. 따라서 감각 영역과 함께 작동하는 우반구 언어 영역을 통해서 그 블록들이 여섯 가지 전혀 다른 색으로 칠해졌다는 점을 지각한 다음에야 그것들이 배열된 방식에 차이가 있다는 점을 인식할 수 있는 것이다. 이때, 한순간에 한 가지 경우만을 식별할 수 있기 때문에 여러 차례 반복해서 그 배열 방식을 바꾸어 가면서 차이점을 인식하게 된다. 이러한 점 때문에 재빠르게 배치하지 못하고 상당히 많은 시행착오를 거쳐야 제시하는 사진과 똑같이 배치할 수 있다. 따라서 이 시간이 얼마나 소요되느냐 하는 점을 비교하여 지능 지수를 평가하는 것이다.

이상에서 살펴본 바와 같이 이 실험 결과는 인간의 선천적인 본원적 직관능력을 증명하고 있다. 우반구 언어 영역이 감각 기관을 통해 작동하는 직관적 언어작용이라는 점을 밝혀 주고 있으며, 동시에 이 직관적 언어능력에 의해 '직관을 통한 선천적 종합판단'이 가능하다는 점도 입증해 주고 있다. 반면에 좌반구 언어 영역은 문자 언어를 매개로 그 언어적 사유작용이기 때문에 외계와 직접적으로 관계를 맺을 수 없다는 점도 함께 밝혀 주고 있다. 이로써 의식이 작동할 때는 우반구 언어 영역은 본래의 본원적 직관능력이 은폐되고, 감각적 지각작용으로 변환되어 작동한다는 점도 함께 이해할 수 있다.

이러한 점에서 가자니가의 이 실험은 철학사에 영원히 기억되어야 할 위대한 업적이라고 하지 않을 수 없다.

2) 손으로 지시하는 실험: 감각과 본원적 직관의 차이점을 확인할 수 있다

이제 양쪽 뇌에 일정한 사물의 표상을 보여 주고, 그 표상과 동일한 사진이나 물건을 손으로 지시하도록 하는 실험에 대해 살펴보기로 하자.

시선이 고정된 오른쪽에 원형 하나를 비춰 좌뇌가 보도록 한다. 탁자에 얹혀 있던 그의 오른손이 화면에서 원형이 있는 곳을 가리킨다. 우리는 화면의 이쪽저쪽에 원형을 비추면서 이 과정을 수차례 반복한다. 하지만 얼마를 반복하든 마찬가지다. 시선이 고정된 오른쪽에 원형을 비추면 좌뇌가 관장하는 오른손이 원형을 가리킨다. 시선이 고정된 왼쪽에 원형이 오면 우뇌가 관장하는 왼손이 원형을 가리킨다.[125]

이 실험은 다만 손으로 눈에 보이는 표상과 동일한 표상을 지시하는 실험이다. 바로 이 점이 다음번 실험과의 차이점이다. 다음번 실험은 눈에 무엇이 보이고 있는지 문자 언어를 통해 답변하는 실험이라는 점에서 의식의 작용이 개입되는 실험이다. 앞에서 말을 하는 언어 행위가 의식의 작용이라는 점을 살펴보았다. 이러한 점에서 답변을 하는 것은 곧 의식이 작동해야만 한다. 그러나 이 실험은 의식을 작동시킬 필요 없이 다만 감각작용을 통해서 동일한 표상을 식별하는 실험이다. 이러한 점에서 감각작용에서 양쪽 뇌에 어떠한 차이가 있는가 하는 점을 확인할 수 있다.

그런데 놀랍게도 양쪽 뇌의 반응이 정확하게 일치하고 있다. 바로 이러한 사실에 이 실험자도 매우 놀란 듯하다. 분명 양쪽 뇌에 전혀 다른 언어능력을 가지고 있는데, 동일한 감각반응을 보인다는 것에 적잖게 놀란 것 같다. 코흐스 블록 실험에서는 양쪽 손에서

125) 마이클 S. 가자니가, 앞의 책, 68쪽.

전적으로 다른 반응을 보였는데, 여기에서는 양쪽 손이 정확하게 동일한 사진을 가리키고 있다. 그래서 여러 번 반복해서 실험했다는 점을 밝히고 있다. 이러한 당혹감은 뇌과학자들이 관념론의 영향으로 표상적 사유작용[상(想)]과 언어적 사유작용[사(思)]을 구분하여 이해하지 못하고 있다는 점을 드러낸다.

이 실험을 통해서 우리는 양쪽 뇌에서 선천적 표상능력은 동일하게 작동한다는 점을 확인할 수 있다. 사물의 표상은 선천적 표상능력에 의해 표상되기 때문에 양쪽 뇌에서 동일한 표상이 현상하고 있다는 점을 알 수 있다. 반면에 코흐스 블록 실험에서는 양쪽 뇌에서 전혀 상반된 반응을 보이고 있다. 분명 코흐스 블록 실험에서도 양쪽 뇌에 그 블록들이 동일하게 표상했을 것이다. 그러나 그 블록들의 본질적 존재의미를 이해하는 데 있어서 커다란 차이가 있다는 점을 알 수 있다. 바로 이러한 차이점으로부터 감각작용에서 표상적 사유작용[想: nous]과 언어적 사유작용[思: logos]이 함께 일어난다는 점을 확인할 수 있으며, 동시에 의식의 사유작용을 끊어서 멸절해야만 본원적 직관이 가능한 이유도 확인할 수 있다.

먼저, 이 실험과 앞에서 살펴본 코흐스블록 실험의 차이점을 이해해 보기로 하자. 코흐스 블록 실험은 그것들이 어떠한 방식으로 색을 칠한 것인지 그리고 어떻게 배치되었는지 사물의 본질적 존재의미를 파악해야만 해결할 수 있는 실험이다. 따라서 그 의미를 파악하는 언어적 사유작용에 있어서 커다란 차이가 발생하고 있다는 점을 알 수 있다. 즉 좌뇌에 블록이 현상한 것은 감각에 의한 것이고, 우뇌에 블록이 현상한 것은 본원적 직관작용에 의한 것이다.

다시 자세히 설명하자면 의식이 작동하는 상태에서 감각 기관에 현상하고 있는 것은 감각이고, 의식이 작동하지 않는 우뇌에서는 본원적 직관작용이 일어난 것이다.

바로 여기에서 우리는 감각과 본원적 직관의 차이점을 이해할 수 있다. 사물의 표상을 그려 내는 선천적 표상능력은 동일하게 일어나지만, 의미를 이해하는 언어적 사유작용에서는 커다란 차이가 발생하고 있다. 우뇌에서는 감각 기관을 통해서 본원적 직관능력이 작동하고 있기 때문에 코흐스 블록 실험에서 놀라운 본원적 직관능력을 보여 주고 있다. 그러나 좌뇌에서는 블록들의 본질적 존재의미를 전혀 파악하지 못하고 있다. 이러한 점에서 감각과 본원적 직관의 차이점을 확인할 수 있다. 표상적 사유능력[상(想)]에서는 차이가 없지만, 의미를 파악하는 언어적 사유능력[사(思)]에 있어서는 현격한 차이가 있다는 것을 알 수 있다. 즉, 감각에서는 사물의 본질적 존재의미를 직관하는 직관적 언어능력이 작동하지 않는다는 점을 확인할 수 있다. 이러한 점에서 옛 성현들은 의식의 사유작용과 감각적 지각을 끊어서 멸절해야 한다고 강조하는 이유를 이해할 수 있다.

바로 이러한 차이점에서 감각에서 작동하는 언어적 사유능력은 직관을 통한 종합판단이 불가능하다는 점을 발견하게 된다. 의식이 작동할 때는 직관적 언어능력이 은폐되어 작동하지 못하기 때문이다.

그렇다면 의식이 작동하고 있는 일반인들은 종합적 통일이 일어나지 않는 것일까? 종합적 통일이 일어나지 않는다면 일반인은 선천적 종합판단이 불가능해야 하지 않을까? 그리고 종합적 통일이 불가능하다면, 어떻게 일반인에게도 동일하게 사물의 본질적 표상이 현상할 수 있을까? 분명 앞에서 직관적 언어작용을 통해서 잡다한 표상들을 종합하고 통일함으로써 본질적 언어가 구성되며, 이 본질적 언어에 근거하여 모든 본질적 표상이 현상한다고 했지 않았던가. 그런데 의식이 끊어지지 않은 일반인에게도 분명 이러한 본질적 표상이 현상하고 있다.

당연히 이러한 의문이 제기될 수 있다. 이러한 의문을 풀어 줄 수 있는 정신현상이 바로 '렘수면' 상태이다. 깊은 잠에 들었을 때, 안구가 매우 급속하게 움직이며 꿈을 꾼다고 한다. 이러한 렘수면 상태에 대해 거의 알려진 바가 없다. 그러나 불교에서는 깊은 잠에 들었을 때와 기절(혼절)했을 때 의식이 끊어진다고 설명하고 있다. 바로 렘수면 상태는 이렇게 깊은 잠에 든 상태로, 의식이 끊어져서 작동하지 않는다. 그래서 감각은 작동하지만 외부의 자극을 전혀 인식하지 못한다. 그런데 이 렘수면 상태에서 뇌는 매우 활발하게 활동한다고 한다. 이러한 점에서 이 렘수면을 '역설적 수면'이라고 표현하기도 한다. 그렇다면 왜 이렇게 깊은 잠에 든 상태에서 뇌는 그토록 부지런히 작동하는 것일까?

바로 이러한 역설적인 상황은 이 렘수면 상태에서 종합적 통일이 일어나고 있다는 점을 드러낸다. 즉 이렇게 의식이 끊어진 상태에서 우뇌의 직관적 언어작용이 정상적으로 작동하면서 종합적 통일이 일어나고 있는 것으로 추정할 수 있다. 분명 이 우뇌의 직관적 언어작용은 의식이 끊어진 뒤에 작동한다는 점을 앞에서 확인하였다. 이러한 점에서 이 렘수면 상태에서 감각 기관을 통해 작동하는 직관적 언어작용이 작동하면서 종합적 통일이 일어나고 있다는 점을 알 수 있다. 그리고 이 렘수면 상태에서 꿈을 꾸는 것은 곧 종합적 통일의 과정에서 불필요한 정보나 저장되지 않는 정보들이 폐기되는 과정이 아닐까 추정할 수 있다.

이러한 추정이 가능한 이유는 분명 일반인에게도 종합적 통일이 일어나야만 한다는 필연적 당위성 때문이다. 깨어 있을 때는 의식이 작동함으로 인해서 우반구 언어 영역이 본래의 본원적 직관능력을 발휘할 수 없다. 그런데 만약 종합적 통일이 일어나지 않는다면 인간은 결코 외계의 사물을 '있는 그대로' 표상할 수 없을 것이며, 동시에 선천적 종합판단도 불가능할 것이다. 그러나 다행스럽게도 깊은 렘수면 상태에서는 의식이 끊어지기 때문에 이때 우반구 언어 영역이 자신의 고유한 능력을 발휘할 수 있는 것이다. 이러한 점에서 렘수면 상태에서 종합적 통일이 일어난다고 추정할 수 있다.

결론적으로 이 실험에서는 양쪽 손이 동일하게 표상을 식별해 낸다는 점에서 감각 기관을 통해 작동하는 선천적 표상능력[팔식(八識)의 상(想)]은 동일하게 일어난다는 점을 확인할 수 있다. 그러나 코흐스 블록 실험과 비교해 보면 좌뇌의 감각작용에서는 직관적 언어작용이 일어나지 않는다는 점을 알 수 있다. 이는 곧 감각에서 작동하는 언어적 사유작용은 본원적 직관을 가능하게 하는 직관적 언어작용과 다르다는 점을 알 수 있다. 이로써 감각에서는 종합적 통일이 불가능하다는 것을 알 수 있다. 이러한 점에서 의식이 작동할 때는 감각에서도 종합적 통일이 일어날 수 없기 때문에 정상인에게 있어서는 오로지 의식이 끊어지는 렘수면 상태에서만 종합적 통일이 가능하다는 점을 알 수 있다.

3) 질문에 답하는 실험: 의식은 반드시 감각적 지각을 선행적으로 동반해야 한다는 점을 입증하고 있다

이제 '눈에 주어진 영상이 무엇인지 말로 표현하는 실험'에 대해 살펴보기로 하자. 이 실험을 통해서 좌반구 언어 영역만이 말할 수 있는 언어작용이 가능하다는 점과 여기에는 우반구 언어 영역을 통한 감각적 지각이 절대적으로 선행되어야 한다는 점을 확인할 수 있다.

먼저, 이 실험의 과정과 결과를 읽어 보기로 하자.

나는 그가 점을 똑바로 바라보고 있는지 확인하고, 단순한 사각형이 그려진 사진을 정확히 0.1초 동안만 점 오른쪽에 비춘다. 사각형을 점 오른쪽에 비춤으로써 말하는 뇌인 좌뇌를 연결하는 것이다. 이 테스트는 내가 설계했지만 아키라이티스 환자들에게는 사용해 보지 못한 테스트다.

가자니가: 뭐가 보였나요?

W.J: 상자요.

가자니가: 좋습니다. 다시 해보죠. 점을 바라보세요.

W.J: 작은 테이프 조각 말인가요?

가자니가: 네, 맞습니다. 이제 바라보세요.

나는 다시 또 다른 사각형이 그려진 사진을 0.1초 동안 비췄는데, 이번에는 그가 시선을 고정하고 있는 점의 왼쪽에 비췄다. 이 이미지는 말을 하지 않는 반대쪽 뇌, 즉 우뇌에만 전달된다.(중략)

가자니가: 뭐가 보이나요?

W.J: 아무것도요.

가자니가: 아무것도요? 아무것도 안 보였다고요?

W.J: 네, 아무것도.[126)

의식이 작동하는 좌뇌는 단순한 사각형을 '상자'라고 답변했다가 다시 시도할 때는 '테이프 조각'이라고 답하고 있다. 반면에 앞에서 놀라운 본원적 직관능력을 보여 줬던 우뇌에 사각형 사진을 보여줄 때는 아예 '아무것도 안 보인다'라고 답하고 있다. 왜 이러한 반응이 나타날까?

이 실험 결과는 전체적으로 감각과 의식 그리고 감각적 지각에 대해 정확하게 구분해야 한다는 점을 드러내고 있다.

먼저 답변을 한다는 것은 문자 언어를 통해 가능하다. 앞에서 '말하는 것'이 의식의 사유작용이라는 점을 확인하였다. 이러한 점에서 이 실험은 의식의 작용을 통해 양쪽 눈에 주어진 자극(표상)을 정확하게 인식하는가 하는 점을 확인하는 실험이라고 할 것이다.

그런데 양쪽 뇌에서 너무나 상반된 반응을 보이고 있다. 좌측 눈에 사각형 사진을 보여 주었을 때, 이 환자는 '아무것도 보이지 않

---

126)　마이클 S. 가자니가, 앞의 책, 66~67쪽.

는다'라고 답변하고 있다. 이러한 답변은 의식이 아무것도 인식하지 못했다는 점을 드러낸다. 코흐스 블록 실험에서 우뇌는 놀라운 본원적 직관능력을 보여 주었다. 그런데 왜 이 실험에서는 아무것도 볼 수 없다고 말했을까?

바로 이러한 반응에서 언어(개념)적 의미를 인식하는 것은 좌반구 언어 영역에서만 가능하다는 점을 확인할 수 있다. 물론 정상적인 사람들은 우뇌에서 감각적 지각이 일어났을 것이다. 그리고 이 감각적 지각을 통해 사물의 표상을 언어적 의미로 해석한 뒤에 이 지각의 결과물을 뇌량을 통해 의식에 전달함으로써 의식에서 그 사물의 언어적 의미를 인식하게 된다.

그러나 이 환자는 뇌량이 절제되어 있기 때문에 우뇌에서는 본원적 직관이 일어나고 있다. 코흐스 블록 실험에서 확인한 바와 같이 분명 우뇌는 놀라운 본원적 직관능력을 통해 그 사각형 사진을 명확하게 직관하고 있다.

그러나 지금 이 환자의 좌뇌에서는 어떠한 감각 정보도 전달받을 수 없다. 뇌량이 절단되어 있기 때문이다. 뇌량이 절단되지 않았으면 우뇌에서는 감각적 지각이 일어났을 것이고, 그 지각의 결과물이 좌뇌에 전달되었을 것이다. 이로써 그것이 단순한 사각형 사진이었다는 점을 정확하게 인식했을 것이다. 그러나 이 환자는 뇌량이 절단되었기 때문에 좌뇌는 우뇌로부터 어떠한 개념적 의미도 전달받을 수 없었다. 그 결과 아무것도 보이지 않는다고 답변한 것이다.

이러한 실험 결과는 기능성자기공명영상 자료와 일치한다. 앞에서 확인한 바와 같이 좌반구 언어 영역은 오로지 자신의 영역 내에서만 작동한다. 따라서 우반구에서 일어나는 감각적 지각의 도움 없이는 결코 외계에 대해 아무것도 인식할 수 없다. 그 결과, 좌뇌에서 작동하는 의식은 아무것도 인식할 수 없기 때문에 '아무것도 보이지 않는다'라고 답변한 것이다.

반면에 우측 눈에 단순한 사각형을 보여 줄 때는 엉뚱한 대답을 계속하고 있다. 분명 사각형 사진을 보여 주었는데, 이것을 '상자'라고 말했다가 다시 보여 줄 때는 '테이프 조각'이라고 답변하고 있다. 다소간에 비슷한 점을 가지고 있지만, 그것을 명확하게 인식하지 못하고 있다는 점을 확인할 수 있다.

이러한 점에서 좌뇌에서는 감각이 일어났지만 우뇌에서 작동하는 감각적 지각의 도움을 받지 못하기 때문에 그것을 정확하게 인식하지 못하고 있다는 것을 알 수 있다. 상자나 테이프 조각이라고 표현한다는 점에서 좌뇌에 분명 사각형 사진이 현상하고 있다는 점을 알 수 있다. 정확한 표현은 아니지만, 적어도 어떤 비슷한 점은 있다. 그리고 바로 앞에서 살펴본 실험에서 양쪽 뇌에서 동일하게 선천적 표상능력이 작동하고 있다는 점도 확인하였다. 분명 양쪽 뇌에서는 동일하게 이 사각형 사진을 보고 있다.

바로 여기에서 의식은 감각에 현상한 사물의 표상을 직접적으로 인식할 수 없으며, 감각적 지각을 통해 그것을 개념적 언어로 해석해 주어야만 그 사물의 표상을 정확하게 인식할 수 있다는 점을 알 수 있다. 이러한 점에서 기능성자기공명영상 자료에서 청각 장애인이 수화를 보고 우뇌에서 청각작용을 일으키는 것이 곧 감각적 지각작용이었다는 것을 명확하게 이해할 수 있다.

이상에서 살펴본 바와 같이 분리뇌 연구는 옛 성현들의 가르침이 정확하게 인간의 선천적인 두뇌작용과 일치한다는 점을 증명해 주고 있다. 반대로 서양 철학에서 주장하는 모든 철학적 담론이 성립될 수 없는 궤변이라는 점도 동시에 확인할 수 있다.

이러한 점에서 관념론적 형이상학에 기초하여 정립된 현대의 인류 문명이 자연을 파괴할 수밖에 없다는 점도 명백해졌다.

객관적 세계란 다만 의식의 관념적 사유작용에 의해 정립된 허구적인 개념에 기초한 정신세계에 지나지 않는다. 반면에 자연이란 인간의 선천적 표상능력에 의해 현상한 외계이다.

이러한 점에서 자연을 바르게 이해할 수 있는 새로운 과학적 방법론이 정립되어야 한다. 그래야만 인류가 자연 생태계를 파괴하지 않고 적응하며 생존할 수 있을 것이다.

# 2편

# 자연과학에 있어서
# 철학적 문제점들

이제 인간의 생래적인 인지능력에 대한 그릇된 이해로 인해서 자연과학계에 어떠한 혼란이 야기되고 있는가 하는 점을 살펴보기로 하자.

자연과학에 대한 이러한 고찰이 매우 절실하게 요구되는 이유는 그동안 전적으로 관념론적 형이상학에 입각해서 연구해 왔기 때문이다. 이로 인해서 물리학에서 해명하고 있는 모든 물리 법칙을 자연현상으로 착각하고 있다는 점을 지적하지 않을 수 없다. 즉, 외계가 객관적으로 실재한다고 간주하기 때문에 개념을 통한 객관적 이해의 방식을 통해서 이해한 것들을 모두 자연현상을 해명하는 것으로 착각하는 것이다.

앞에서 우리의 눈앞에 펼쳐진 외계가 두 가지로 현상한다는 점을 살펴보았다. '있는 그대로' 직관하는 자연으로서의 외계, 시간과 공간이라는 개념으로 이해된 객관적 세계가 바로 그것이다. 바로 이러한 차이점을 명확하게 구분하지 못하기 때문에 이러한 착각이 발생하는 것이다.

예를 들어, 고전물리학의 물리이론은 외계를 객관화하여 이해하는 객관적 세계에서의 물리 법칙이다. 따라서 고전물리학의 분석 대상은 의식에 현상한 인식현상[유위법(有爲法)]을 분석하는 것이다. 반면에 양자이론은 존재하는 것(자연으로서의 외계)을 '있는 그대로' 직관하는 자연현상[무위법(無爲法)]에 대한 물리이론이다. 이러한 점을 엄밀하게 구분하지 못함으로써 많은 이론적 혼돈을 겪고 있는 상황이다.

이로써 한편에서는 양자이론에 입각해서 새로운 과학적 방법론을 정립해야 한다고 주창하는 '신과학운동(New Age Movement)'이 일어나고 있고, 또 한편에서는 신과학을 주창하는 과학자들을 회의주의자라고 비난하고 있다.

1편에서 우리는 인간의 선천적인 본원적 직관능력에 대해 자세히 살펴보았다. 그 결론은 인간은 외계를 오로지 이 본원적 직관능력를 통해서만 이해할 수 있다는 점이다. 우리는 외계와 직접적으로 관계를 맺을 수 없다. 오로지 빛과 소리를 매개로 해서만 가능하다. 따라서 본원적 직관능력을 통해서만 외계를 '있는 그대로' 직관할 수 있다. 바로 이러한 점에서 우리의 눈앞에 펼쳐진 모든 존재사물은 그 사물의 본질을 소재로 표상된 본질적 표상이라는 점을 잊어서는 안 된다. 그리고 그 본질도 인간의 영혼 속에서 사물의 고유한 물질적 특성들을 조합하여 구성한 것이다. 인간은 이러한 본질로 표상된 것만을 지각하거나 직관할 수 있다. 따라서 인간은 오직 사물의 본질을 통해서만 외계에 대해 알 수 있다. 다시 표현하자면, 인간 영혼에 의해 구성된 본질로 표상된 것이 아니고는 결코 외계에 실재한다고 말할 수 없다. 이 점을 명심해야 한다.

반면에 개념은 전적으로 의식의 대상정립적 사유작용을 통해서 정립된 언어적 의미규정일 뿐이다. 이러한 언어적 의미규정을 우리는 외계에 실재하는 것으로 착각하고 있다. 그 중심에 시간과 공간이라는 개념이 자리 잡고 있다.

자연과학계의 혼돈 상황은 근본적으로 시간과 공간이라는 개념에 대한 그릇된 이해에서 비롯되고 있다. 이미 양자물리학자들은 이 점에 대해 매우 구체적으로 지적하여 비판하고 있다. 하이젠베르크는 불확정성 원리를 통해 시간과 공간뿐만 아니라, 운동량이니 에너지니 하는 물리량들은 결코 실재하지 않는다는 점을 입증해 보여 주었다.

그런데도 여전히 시간과 공간이 언어적 의미규정(개념)이라는 점을 인정하지 않고, 외계에 실재한다는 확신을 버리지 못하고 있다. 지금도 여전히 시간지연현상을 입증하려는 실험이 진행되고 있는 실정이다.

시간이나 공간이라는 개념은 외계의 변화를 구분하여 이해하기 위해 설정된 의미규정이기 때문에 시간과 공간이라는 개념을 통해 그 변화를 쉽게 설명할 수 있고 쉽게 이해할 수 있다. 아마도 이러한 이유로 우리도 모르는 사이에 시간이 외계에 실재하는 것으로 착각하게 되는 것 같다.

예를 들어 우주의 대폭발이 약 130억 년 전에 일어났고, 지구는 약 46억 년 전쯤에 탄생했다고 설명하고 있다. 이렇게 130억 년 또는 46억 년이라는 시간 개념을 통해서 우리는 우주의 변화를 쉽게 구분하여 이해할 수 있다. 이와 같이 시간이라는 개념을 통해 외계의 변화를 설명하고 또 이해하다 보니, 마치 시간이 우주에서 화살이 날아가는 것처럼 '흐른다'고 간주하게 된다. 그래서 '시간의 화살'이라는 표현이 사용되고 있는 것 같다.

이 표현에서 알 수 있듯이 우리는 시간의 흐름 속에서 그러한 변화가 일어나는 것으로 착각하고 있다. 그 결과 마치 시간이 외계에 실재하는 것으로 착각하게 되는 것이 아닐까. 그러나 분명한 것은 외계에 실재하는 것을 우리는 직접적으로 알 수 없다. 우리가 알 수 있는 모든 것은 우리의 영혼 속에서 표상한 것이라는 점을 잊어서는 안 된다. 시간이나 공간은 결코 어떠한 본질적인 표상으로도 현상하지 않는다. 그것들은 다만 의식을 통해 사유되고 있을 뿐이다. 이 점을 명확하게 이해해야 한다.

또한 인공지능을 연구하면서도 여전히 칸트가 주장하는 인식이론에 근거하여 연구하는 경향이 있는 것 같다. 뇌과학을 가장 신뢰해야 할 인공지능 연구자들마저도 뇌과학의 연구 결과마저 도외시한 채 오로지 칸트가 주장하는 선험적(초월론적) 감성론에 입각해서 인간의 선천적 인지능력을 이해하고 있는 실정이다.

이러한 자연과학계의 혼돈 상황은 모두 관념론적 형이상학으로 인해서 야기되고 있다는 점을 지적하지 않을 수 없다.

이러한 점에서 이제 옛 성현들이 깨우쳐 주는 주체론적 형이상학의 관점에서 이러한 자연과학계의 혼돈 상황을 정리해 보기로 하자.

# I.
# 강한 인공지능 연구가
# 실패할 수밖에 없는 이유

◇◇◇◇◇◇◇◇◇◇◇◇◇◇◇◇◇◇◇◇◇◇◇◇◇◇◇◇◇◇◇◇◇◇◇

필자가 강한 인공지능 연구가 실패할 것이라고 주장하는 것에 대해 많은 사람이 인공지능에 대해 아무것도 모르는 사람이라고 핀잔하지 않을까 두렵다.

그러나 객관적 합리론이라는 진리관이 전적으로 인간의 생래적인 인지능력을 철저하게 왜곡하고 있다는 점을 앞에서 충분히 살펴보았다. 그런데 불행히도 강한 인공지능을 연구하는 연구자들이 여전히 이러한 그릇된 인식이론에 입각해서 인공지능을 연구하고 있다.

단언컨대 현행의 방식대로 계속 연구가 진행된다고 한들, 결코 소기의 성과를 얻을 수 없을 것이다. 그 이유를 두 가지 측면에서 지적하고자 한다.

하나는 그릇된 인식이론에 기초해서 연구하고 있다는 점이고, 또 하나는 본질적 언어와 개념적 언어를 구분하여 이해하지 못하고 있다는 점이다.

먼저 모라벡의 역설(Moravec's Paradox)에 대해 살펴보기로 하자.

인간은 매우 쉽게(직관적으로) 개와 고양이를 구분할 수 있다. 그러나 컴퓨터는 이것을 구분하는 것이 매우 어렵다고 한다. 즉, 인간에게 쉬운 것이 컴퓨터는 어렵고, 컴퓨터가 하기 쉬운 것이 인간에게는 어려운 역설적인 현상이 일어난다는 것이다.

이러한 관점에서 어느 인공지능 연구자는 아예 '쉽다' 그리고 '어렵다'라는 개념부터 새롭게 정립해야 한다고 주장한다.

> 뇌과학을 기반으로 인공지능을 연구 중이라는 사실을 아는 지인들은 가끔 나에게 이런 질문을 한다. '인공지능이 만들어지면 어떤 일들을 할 수 있을까요?'
>
> '지구평화' 또는 '인류 식량문제해결' 같은 거창한 답을 은근히 기대한다는 사실을 잘 알기에, 나의 답은 항상 같다. 이게 무슨 말인가? 유치원생도 쉽게 할 수 있는 개와 고양이 구별이 연구의 목표라니? 그렇다. 인공지능의 가장 어려운 점 중 하나는 뇌가 가진 '쉽다'와 '어렵다'의 상식적 개념을 새로 정리해야 한다는 것이다.[127]

이 과학자의 솔직한 진술에서 인공지능의 지적 능력과 인간의 본원적 직관능력을 엄밀하게 구분하여 이해하지 못하고 있다는 것을 알 수 있다. 이 차이점은 인간과 인공지능이 가지고 있는 어떤 한계를 드러내는 것이 아니다. 근본적으로 인공지능의 지적능력과 인간의 본원적 직관능력의 사유 방식이 전적으로 다를 뿐이다.

인공지능의 지적능력은 모두 인간의 의식작용을 그대로 모방한

---

127) 김대식, 『내 머릿속에선 무슨 일이 벌어지고 있을까』(경기: 문학동네, 2014), 120~122쪽.

것이다. 언어나 기호를 매개로 사유한다는 점에서 인공지능과 의식의 작용은 유사한 점을 가지고 있다. 그런데 이 사유능력에는 엄청난 차이가 존재할 수밖에 없다. 인간의 의식은 아무리 뛰어난 두뇌라고 하더라도 초당 40여 건의 정보밖에 처리할 수 없지만, 인공지능은 거의 무한대에 가까운 정보처리능력을 갖추고 있다는 것이다. 그 결과, 인공지능이 인간의 논리적 사유능력보다 훨씬 뛰어난 기능을 발휘할 수 있는 것은 너무도 당연하다.

반면에 유치원생들도 쉽게 개와 고양이를 구분할 수 있는 것은 바로 인간의 본원적 직관능력에 의한 것이다.

이 본원적 직관능력은 본원적 주체성에 본질적 언어의 형태로 내재된 존재근거[법계(法界): ousia]에 입각해서 본질적 표상을 그려 내는(표상하는) 사유능력이다. 물론 의식이 작동하는 한에는 이 본원적 직관능력이 감각작용으로 작동하게 된다. 다만 감각작용에는 본질적 존재의미 이외에도 개념적 의미가 내포되어 있을 뿐, 선천적 표상능력은 다를 바가 없다.

그러므로 당연히 개와 고양이의 미묘한 차이점을 너무도 명확하게 드러내 나타낼 수 있다. 이미 그 차이점을 본질적 언어를 통해 명확하게 이해하고 있는 상태에서 개와 고양이의 표상을 그려 내기 때문에 매우 정교하고 섬세하게 표상할 수 있다. 더욱이 인간의 감각작용은 다섯 가지 감각 기관이 함께 작동되는 '공(共)'감각적 작용이다.

서양 철학에서는 의식의 사유작용만을 거론하기 때문에 감각적 지각[오식(五識)]만을 감각으로 이해하고 있다. 따라서 감각[아타나식, 팔식]이 다섯 가지 감각 기관에서 함께 작동하는 공감각이라는 점을 이해하지 못하고 있다.

한 실험에 따르면, 아이들에게 코를 막고 눈도 가린 채 사과주스와 오렌지주스를 마시게 하면 모두 그것이 무슨 주스인지 구분하지 못한다고 한다. 이것은 일상적인 감각이 즉 공감각이라는 사실을 드러낸다. 코로 냄새를 맡으면서 동시에 눈으로는 색상이나 모양을 구분하고 또한 혀로는 맛을 느끼는 것이다. 그러나 감각적 지각은 의식이 지향하는 것만을 지각하기 때문에 맛을 보려고 하면 그 맛만이 느껴지며, 색을 보려고 하면 그 색상만이 인식된다. 이러한 점 때문에 관념론에 기초한 인식이론에서는 감각이 다섯 가지 감각 기관을 통한 공감각이라는 것을 이해하지 못하는 것이다.

이와 같이 감각이 다섯 가지 감각 기관을 통해 함께 이루어지기 때문에 유치원생도 쉽게 개와 고양이를 구분한다. 설령 생김새나 털 색깔로 구분이 안 되더라도 울음소리와 걸음걸이 등을 통해서 그것을 쉽게 구분한다. 인간의 감각은 공감각적이기 때문이다.

이와 같은 차이점을 구분하지 못하기 때문에 결국 매우 엉뚱한 해결책을 제시하고 있다. "뇌가 가진 '쉽다'와 '어렵다'의 상식적 개념을 새로 정리해야 한다"라는 것이 그것이다. 본원적 직관능력과 의식의 사유능력의 차이점을 구분하지 못하기 때문에 연구 방향조차 바르게 세우지 못하는 것이다.

이렇듯 인간에 대한 바른 이해가 결여된 상태에서 어떻게 강한 인공지능을 연구할 수 있겠는가?

# 1. 컴퓨터 시각 연구에 있어서 문제점

컴퓨터 시각이 부분적으로는 인간의 시각능력보다도 뛰어난 점이 있다고 한다. 예를 들어 사람의 얼굴을 인간보다도 더 정확하게 식별할 수 있으며, 동시에 그 사람의 표정에서 기분까지도 정확하게 인식한다고 한다. 그런데 왜 개와 고양이를 쉽게 구분하지 못하는 것일까?

바로 이 의문점이 컴퓨터와 인간의 시각능력의 차이를 극명하게 드러내 주고 있다. 인간의 시각능력은 단순하게 표상에 있어서 어떤 차이점만을 식별하는 능력이 아니라, 사물의 본질을 소재로 그 사물의 표상을 그려 내는(표상하는) 능력이다. 부분적으로 제한된 범위(영역) 내에서 미세한 차이를 식별하는 것은 당연히 컴퓨터 시각이 뛰어날 수 있다. 인간의 눈보다도 몇 십 배 또는 몇 백 배 더 정밀하게 식별할 수 있게 만드는 것은 얼마든지 가능할 것이다. 그러나 사물의 본질을 표상하는 것은 인간의 본원적 직관능력으로만 가능하다.

이러한 차이점은 근본적으로 감각 기관의 감각작용에 대한 바른 이해가 결여된 데서 비롯되고 있다. 왜냐하면 컴퓨터 공학자들은 여전히 객관적 실재론에 근거한 지각이론을 바탕으로 컴퓨터 시각을 연구하고 있기 때문이다.

먼저, 앞에서 언급한 연구자의 '눈(眼)'에 대한 이해를 살펴보기로 하자.

하지만 뇌과학자의 관점에서 볼 때 인간의 눈은 마음의 창문이라기보다 공학적 실패작에 가깝다. 우선 전체적인 구조가 잘못되어 있다. 빛은 각막과 동공을 통해 망막에 닿는데, 빛을 감지하는 광수용 세포들은 놀랍게도 빛이 들어오는 방향이 아닌 망막후반부에 있다. 그 사이엔 수많은 세포층과 망막 내부 혈관들이 있어 바깥세상에서 들어오는 영상에는 어쩔 수 없이 수많은 그림자가 생긴다. 하지만 우리 눈에 보이는 세상에는 그런 그림자가 없다. 왜 그런 걸까? 구체적으로 우리의 뇌가 어떤 방법을 통해 그것을 가능하게 하는지는 밝혀지지 않았지만, 뇌가 눈을 통해 들어오는 영상들의 시간적 차이를 분석한다는 가설을 세워볼 수 있다.[128]

이 글을 읽으면서 칸트의 그릇된 주장이 후대의 학자들에게 얼마나 심각하게 악영향을 끼치고 있는가 하는 점을 통렬하게 느끼지 않을 수 없다. 필자도 칸트의 초월론적 감성론을 완전히 극복하는 데 무려 30년이라는 세월이 필요했다. 분명 그의 주장들이 논리적으로 맞지 않다는 점은 알겠는데, 어디에서부터 근본적으로 잘못된 것인지를 확인하기 위해 30년을 방황하고 고뇌하지 않을 수 없었다. 그 긴 시간의 낭비로 인해 실로 안타깝다 못해 분노하는 마음까지 갖지 않을 수 없었다. 다시는 후학들이 소중한 삶을 이렇게 허비하지 않기를 간절히 바란다.

불행인지 다행인지 이 연구자는 필자와 같이 오랜 시간 고뇌하지

---

128)  김대식, 앞의 책, 144~145쪽.

않고, 대충 적당한(스스로 만족하는) 해결책을 모색하고 있다.

이 연구자는 칸트가 주장하듯이 우리의 눈에 외계의 물질적 사물이 가지고 있는 고유한 표상이 주어지는 것으로 이해하고 있다. 그래서 그 표상(영상)들이 망막에 닿기 전에 "그 사이엔 수많은 세포층과 망막 내부 혈관들이 있기" 때문에 "바깥세상에서 들어오는 영상에는 어쩔 수 없이 수많은 그림자가 생긴다"라고 주장하고 있다.

칸트의 감성적 직관을 부정하지 못하기 때문에 결국 해부학적인 관점에서 야기되는 문제점으로 고민하지 않을 수 없었던 것 같다.

사실 필자도 불교 철학과 서양 철학을 비교하여 공부하면서 그 근본적인 차이점이 이 '초월론적(선험적) 감성론'에 있다는 점을 정확하게 간파할 수 있었다. 그런데 '임마누엘 칸트'라는 이름이 가진 권위 때문에 이 초월론적 감성론을 함부로 부정할 수 없었다. 모든 서양 철학의 근간이 되는 이론을 필자만이 '그것은 성립될 수 없는 낭설이다'라고 부정할 수는 없는 일이었기 때문이다.

이 초월론적 감성론에서 주장하는 '감성적 직관'이란 결코 성립될 수 없는 궤변이라고 명확하게 입증하지 못하고, 30년 동안 스스로의 무능과 한계를 절감하면서 방황과 고뇌의 시간을 보내야만 했다. 사실 '분리뇌 연구'에서 제공한 기능성자기공명영상 자료가 아니었더라면 이렇게 자신 있게 비판할 수 없었을 것이다.

그가 제시하는 해결책을 자세히 읽어 보기로 하자.

**뇌가 눈을 통해 들어오는 영상들의 시간적 차이를 분석한다는 가설**

이 구절을 읽으면서 이 학자가 과연 뇌과학을 전공한 것이 맞는지 의아할 따름이다. 이미 눈에 보이는 그 영상이 '사물의 반사하는 빛'을 해석해서 그려 낸 것이라는 점조차도 이해하지 못하고 있다. 여기에서 철학을 바로 세우는 것이 얼마나 시급하고 중대한 일인가 하는 점을 느끼지 않을 수 없다. 그릇된 철학 지식으로 인해서 과학적 사실마저도 정확하게 이해하지 못하게 된다는 점에 주목해야 한다.

만약 이 학자가 주장하는 가설대로 눈에 보이는 그 영상이 시간적 차이를 두고 분석한 것이 드러나 나타난(현상한) 것이라고 한다면 결코 인간에게 '직관'이란 불가능하다. 직관이란 칸트의 표현을 빌자면 '사물과 직접적이고 무매개적으로 관계 맺는 것'을 말한다. 그런데 시간적 차이를 분석해서 그 영상을 다시 조합하여 표상한다면 그것은 직접적이고 무매개적으로 관계 맺는 것이 아니다. 시간적 차이를 극복하기 위해서는 그 영상을 간직하거나 변환시킬 수 있는 장치(기능)를 거쳐야만 가능할 것이기 때문이다. 이것은 명백히 '직접적'이지도 않고 '무매개적'이지도 않다.

더욱이 분명한 것은 감각 기관을 통해 직관된 외계는 '절대현재'라는 점이다. 결코 시간적 차이가 존재하지 않는다. 오직 절대현재이다. 그 이유를 생각해 보기로 하자. 분명 감각 기관을 통해 외부의 자극이 표상으로 현상하는 과정은 0,15초 정도의 시간이 소요된다고 한다. 그런데 어떻게 눈앞에 펼쳐진 외계가 절대현재일 수 있을까?

이는 인간의 생래적인 본원적 직관능력이 이러한 더딘 감각반응을 상쇄할 수 있다는 것을 의미한다. 즉, 본원적 주관성에 내장된 종자에 그 사물의 변화하는 모습들까지 모두 저장되어 있다는 점이다. '언어의 형태로 우주를 품고 있으며, 이 언어를 근거로 사물의 표상을 그려 낸다'라는 절(節)에서 이 점에 대해 충분히 자세하게 살펴보았다. 따라서 이러한 시간 차이를 충분히 극복하고, 그 사물의 변화하는 모습을 그려 냄으로써 현재의 상태를 드러낼 수 있다. 이 점을 명확하게 이해해야 한다.

아주 쉬운 예를 들어 보기로 하자. 야구 경기에서는 타자가 투수의 공을 정확하게 맞혀서 홈런이나 안타를 칠 수 있다. 날아오는 공을 정확한 위치에서 정확한 타이밍에 맞혀야만 좋은 타구가 될 수 있다. 이 공이 배트(방망이)에 맞는 그 순간은 절대현재이다. 조금이라도 오차가 발생하면 결코 좋은 타구가 나올 수 없다. 그런데 감각작용에서 0.15초의 시간이 소요되는데, 그토록 빨리 날아오는 공을 어떻게 정확한 타이밍에 정확한 위치에서 맞힐 수 있을까?

그것은 투수가 던지는 공의 궤적이 이미 뇌에 저장되어 있기 때문이다. 이렇게 미리 저장된 종자에 의해 그 공이 날아오는 표상을 그려 내기 때문에 그 공의 진행 방향과 그 순간의 위치를 정확하게 보고 그 공을 칠 수 있는 것이다.

이것은 의식을 통해 예측하는 것과는 다른 정신현상이다. 의식을 통해 예측하는 것은 결코 절대현재가 아니다. 미래의 일이다. 그러나 그 공이 맞는 그 순간은 분명 절대현재이다. 결코 시간적 차이가 존재하지 않는다. 그리고 타자가 투수가 던지는 공의 궤적을 미리 파악하지 못하면 공을 정확하게 쳐 내지 못한다는 것도 우리는 너무나 잘 알고 있다.

이렇게 눈이라고 하는 감각 기관의 감각작용에 대한 그릇된 이해에 근거하여 컴퓨터 시각을 연구하고 있다. 시중에 출간된 컴퓨터 공학에 관한 책을 살펴보면 컴퓨터 시각을 연구하는 과학자들이 객관적 실재론에 입각한 지각이론에 근거해 연구하고 있다는 점을 확인할 수 있다.

먼저, 외계 사물들의 표상을 카메라를 이용한 영상 자료에서 화소(畵素)의 배열을 분해함으로써 그 이미지(사물의 표상)를 정확하게 분할해 낼 수 있다고 간주하고 있다. 이로써 실재하는 사물의 표상을 정확하게 식별해 낼 수 있을 것으로 기대하고 있다. 이러한 자세는 마치 칸트가 그 사물의 표상(이미지)이 외계에 실재한다고 전제한 것과 동일하다. 즉 외계에 실재하는 사물의 표상을 화소로 분할할 수 있으며, 다시 이 화소를 재조합함으로써 그 표상을 재현할 수 있다고 간주하는 것이다.

그리고 마지막 단계에서 이렇게 식별해 낸 표상과 의미네트워크(semantic network)와 프레임(frame)을 연계하여 그 의미를 규정하는 방식으로 연구가 진행되고 있다.[129] 이것은 곧 의식의 오성(지성)과 이성의 작용을 통해 직관된 사물의 표상에 개념을 부가(규정)함으로써 인식할 수 있다는 칸트의 주장을 그대로 모방한 것이다. 그 사물의 표상이 외계에 실재한다는 점을 전제하고, 그 표상을 화소로

---

[129]  오창환의 『인간과 컴퓨터 이해』(경기: 한국학술정보(주), 2011) 중 '4.2. 컴퓨터의 시각인식 기능'을 참조할 것.

분할하고 있는 것이다.

이러한 방법으로 외계의 대상 사물을 정확하게 식별하는 것은 결단코 불가능하다. 그 이유는 원초적으로 화소의 배열을 분석하여 식별 가능한 단위로 분할하는 것 자체가 거의 불가능하기 때문이다. 이렇게 화소의 배열을 분석하여 식별 가능한 단위로 분할하기 위해서는 먼저 '앎'이 전제되어야 한다. 식별은 곧 표상의 차이점이 전제되어야 하기 때문이다.

그러나 분할된 화소에는 색상 이외에는 어떠한 형상적 차이점도 존재하지 않는다. 그것들이 결합되면 어떠한 표상을 그려 낼 수 있는지를 전혀 알 수 없다.

예를 들어, 같은 꽃이라고 하더라도 모양과 색상이 조금씩 다르다. 또한, 꽃은 그 종류에 따라 너무도 다른 모양과 색상을 가지고 있다. 그 수많은 종류의 꽃을 식별할 수 있는 화소의 단위로 분할한다는 것 자체가 불가능하다. 같은 화소로 그려 낼 수 있는 꽃이 너무도 다양하고 많기 때문이다. 이러한 점에서 꽃의 영상 자료에서 화소의 배열을 분석하여 식별 가능한 단위로 분할한다는 것 자체가 어불성설이다.

더욱이 여기에서 한 가지 사실에 주목해야 한다. 인간이 본원적 직관능력에 의해 사물의 표상을 그려낼 때 그 사물의 본질을 소재로 표상한다는 점이다. 이 본질은 인간의 영혼 속에서 그 사물의 고유한 물질적 특성을 조합하여 구성해낸 그 사물의 고유한 존재자성이다. 바로 이 점을 깊이 인식해야 한다. 단순하게 색상이나 모양의 차이로 그 사물의 표상을 그려 내는 것이 아니다. 다시 설명하자면 그 사물이 가진 고유한 물질적 특성을 기초로 그 사물의 고유한 존재자성을 '있는 그대로' 표상해 낸다. 바로 이 점을 정확하게 이해하지 못하고 있다는 점에서 컴퓨터 시각 연구의 궁극적인 문제점이 발견된다.

이제 그 결과가 얼마나 참담한 것인지 확인해 보기로 하자. 얼마 전 글로벌 기업 '구글'이 개발한 컴퓨터 시각인 '구글 클라우드 비전 에이피아이(Google Cloud Vision API)'를 활용한 미디어 아트 전시회가 개최되었다. 구글의 비전 에이피아이가 '꽃(flower)'이라고 인식하는 이미지를 모은 영상 자료를 모아 '꽃'이라는 주제로 전시하였다.

그러나 이 컴퓨터 시각이 꽃이라고 인식하는 영상 자료들을 살펴보면 모두 꽃과는 너무도 거리가 멀다는 것을 확인할 수 있었다. 비록 그 영상 자료를 여기에서 제시하지 못하지만, 필자는 그 꽃 그림을 보면서 마치 어린아이가 색종이를 마구잡이로 찢어서 붙인 것 같다는 느낌을 받았을 뿐이다.

그런데도 이 영상 자료를 전시하는 주최 측 연구자들은 이 이미지(표상)들이 실재하는 꽃의 참다운 표상(영상)일지도 모른다고 주장하고 있다. 컴퓨터가 인식한 것이니 인간처럼 왜곡되지 않았을 것이라는 주장으로 이해된다.

이상에서 살펴본 바와 같이 컴퓨터 시각을 연구하는 데 있어서 뇌과학의 연구 성과가 전혀 반영되지 않고 있다. 분명 뇌과학계에서는 감각질(qualia)이론이 정설로 인정된 지 오래다. 이 감각질이론은 감각 기관에 드러나 나타난 감각(표상과 의미내용)들이 모두 두뇌작용(뉴런의 집단선택)을 통해 구성된 것들이라는 점을 명확하게 밝히고 있다. 눈을 통해서 주어진 빛을 분류하여 구분한 다음에 이것을 시상에 전송하고, 시상은 대뇌 피질의 시각 영역과 연계하여 그 감각 정보에 상응하는 색상과 모양을 그려 낸다. 더욱이 그 사물의 표상이 본질적 언어에 기초하여 그려진다는 점을 잊어서는 안 될 것이다. 앞에서 모든 신경계의 반사적 반응이 고정행위패턴으로 이루어진다는 점을 살펴보았다. 이렇게 뉴런의 시냅스 연결이 고정행위패턴으로 이루어진다는 것은 곧 본질적 언어에 기초하여 그려진다는 표현과 다르지 않다.

그런데도 이러한 연구 결과를 바르게 이해하고 응용하지 못하고 있다. 이는 바로 객관적 실재론이라는 철학 지식 때문이라는 점을 알 수 있다. 분명 앞에 인용한 글에서 이 연구자는 스스로 뇌과학자라고 밝혔다. 그러나 뇌과학의 연구 결과를 바르게 이해하지 못하고, 철저하게 객관적 실재론에 입각해서 눈의 시각작용을 이해하고 있다. 이와 같이 인공지능을 연구하는 데 있어서 가장 큰 장애 요인은 객관적 실재론이라는 그릇된 철학 지식이라고 할 수 있을 것이다.

## 2. 인공지능도 두 가지 언어를 입증하고 있다

인공지능 '알파고(Alpago)'는 짧은 시간 내에 인간의 바둑 실력을 뛰어넘은 놀라운 학습능력을 보여 주었다. 몇 해 전만 해도 컴퓨터의 바둑 실력은 인간 고수와는 비교할 수 없을 만큼 저급한 수준에 머물러 있었다. 그때만 해도 결코 컴퓨터가 인간의 바둑 실력을 뛰어넘지 못할 것이라는 추측이 지배적이었다.

그런데 알고리즘이라고 하는 새로운 검색 기법에 의해 개발된 알파고는 매우 짧은 시간에 최고수인 인간을 능가하는 바둑 실력을 갖추게 되었다. 이러한 놀라운 성과에 많은 사람이 인간만이 가능하다고 여겨 온 직관능력에서조차 인공지능이 인간을 뛰어넘었다고 평가하고 있다.[130] 물론 이러한 평가는 직관에 대한 그릇된 이해로 인한 적절하지 않는 평가지만, 인공지능이 스스로 학습할 수 있는 놀라운 능력을 갖추게 되었다는 점만은 분명하다.

이에 힘입어 스스로 학습할 수 있는 대화형 인공지능을 개발하려는 연구가 활발히 진행되고 있는 것 같다. 얼마 전 '마이크로소프트(MS)'에서는 대화형 인공지능 '테이(Tay)'를 공개했다. 많은 누리꾼과의 대화를 통해 스스로 지식을 습득할 수 있으리라는 기대와 함께 말이다.

그러나 이 테이는 불과 16시간 만에 작동을 멈추어야 하는 슬픈 운명을 맞이하게 되었다. "보다 더 잘 교육시키겠다"라는 사과문과 함께.

알파고와 동일한 알고리즘을 적용한 것으로 알려졌는데, 실로 예측할 수 없는 극단적인 결과에 우리는 의문을 갖게 된다. 알파고는

---

130)  그러나 사실 이러한 사유능력은 직관능력이 아니다. 의식의 사유작용이다. 다만 표상적 사유작용을 통해서 사유하는 것이다. 즉 문자 언어는 언어적 사유능력을 통해서 사유하지만, 바둑알이나 바둑판은 문자 언어가 아니다. 따라서 의식의 재표상작용을 통해 그 바둑알들의 인과관계를 상상하면서 그 결과를 유추하는 것이다.

상상을 초월하는 성공을 거두었는데, 테이는 왜 실패하였을까?

이 두 인공지능은 놀랍게도 인간에게 두 가지 언어가 존재하고 있다는 점을 실증적으로 입증해 주고 있다.

먼저, 알파고가 예기치 못한 대성공을 이룰 수 있었던 것은 그것이 수(數)라고 하는 본질적 언어를 바탕으로 연산(사유)하기 때문이다. 바둑은 집의 수가 많은 쪽이 이긴다는 점에서 항상 집의 수를 계산하면서 그 착점(着點)의 적합성을 판단한다. 이러한 점에서 모든 판단 기준은 '수'라는 본질적 언어이며, 이를 연산의 기초로 삼고 있다. 따라서 그 연산의 결과는 논리적 필연성을 가지며 절대적일 수밖에 없다. 결코 허구적이거나 비실재적이지 않다. 더욱이 그 연산의 속도가 인간의 능력과는 비교할 수 없을 정도로 빠르다. 거의 무한대의 속도로 연산할 수 있다는 점에서 그 성공은 충분히 예견된다고 할 수 있다. 따라서 알파고의 화려한 성공 신화는 곧 수라고 하는 본질적 언어를 모든 판단의 기준으로 삼고 있는 것에서 그 원인을 찾을 수 있다.

반면에 대화형 인공지능은 인간의 개념적 언어를 바탕으로 개발되고 있다. 우리의 일상적인 자연어는 모두 개념적 언어이다. 이미 인류가 지나치게 관념화되었기 때문에 모든 언어가 전적으로 개념적 언어로 사용되고 있다. 그리고 컴퓨터는 스스로 본질적 존재의 미를 구성할 수 있는 능력을 갖추고 있지 않다. 오로지 인간이 입력한 언어만으로 추론할 수 있다. 바로 이 점 때문에 대화형 인공지능은 결코 성공할 수 없다. 아마도 이 대화형 인공지능을 개발하는 연구자들은 모두 칸트의 초월론적 관념론에서 주장하듯이 개념이라는 것이 순수개념이라고 굳게 믿고 있는 것 같다.

칸트가 개념이 객관적 실재성과 관념적 필연성을 갖는다고 주장하기 때문에 이 언어의 문제를 심각하게 검토하지 않은 것으로 보인다. 다시 설명하자면, 일상적인 자연어는 곧 개념적 언어이며, 개념적 언어는 주관의 심리적 요인과 가치 판단에 의해 굴절되고 왜곡된 의미내용을 담지하고 있다는 점을 이해하지 못한 것이다.

결국 극성스러운 누리꾼들이 성(性)에 대한 편견이나 또는 극우적 사고방식에 의해 오염된 개념들을 마구잡이로 주입함으로써 이 채팅 로봇은 오염된 언어들을 그대로 여과 없이 수용하게 된 것이다. 그 결과 이 대화형 인공지능은 "너는 더러운 창녀야"라는 말을 스스럼없이 내뱉고, 오바마 미국 대통령을 '원숭이'라고 폄하하고, 나치즘을 찬양하는 발언을 서슴없이 했다고 한다. 바로 이러한 점에서 개념이 주관의 정신적·심리적 요인에 의해 굴절되고 왜곡된 의미규정이라는 점을 확인할 수 있다.

이러한 예기치 못한 언사(言事)에 놀라 급히 이 대화형 인공지능의 작동을 중지시키지 않을 수 없었다. "보다 더 잘 교육시키겠다"라는 사과의 말을 남긴 채.

그러나 과연 이 대화형 인공지능이 제대로 교육을 받으면 상식과 조리에 맞는 언행이 가능할까? 물론 자연어 가운데는 주관적 요인에 의해 굴절되지 않고 본질적 존재의미를 지시하는 의미로 사용되는 것이 있다. 이런 언어를 사용하는 경우에는 상식과 조리에 맞는 대화가 가능할 것이다. 그러나 조금이라도 주관적·심리적 요인에 의해 굴절된 의미로 사용하는 경우에는 조리에 맞는 언행이 불가능할 것이다.

그렇다면 왜 이 인공지능은 스스로 사리(事理)를 판단하지 못하고, 다만 누리꾼들이 주입한 왜곡된 개념을 그대로 수용할 수밖에 없을까? 바로 여기에서 인간과 인공지능의 차이점을 확인하게 된다.

인간의 경우에는 선천적인 본원적 직관능력으로 인해서 일상적으로 사용되는 그 언어에 직관적 언어작용[팔식(八識)의 사(思): (상명)常名: logos]에 의한 본질적 존재의미가 내포되어 있다. 비록 의식에 의해 이 본원적 직관능력이 은폐된다고 하지만, 일시적으로나마 본원적 직관작용이 작동하기 때문이다. 이러한 일시적인 본원적 직관작용을 불교에서는 '비택멸무위(非擇滅無爲; 수행을 통해 얻어진 것이 아닌 일시적인 순수직관의 상태)'라고 한다. 예를 들어 무언가에 몰입해 있을 때 일시적으로 의식의 관념적 사유가 끊어진다. 우리가 매우 힘들게 산의 정상에 올랐을 때, 이러한 비택멸무위를 쉽게 체험할 수 있다. 아주 힘들게 올라가면서 조금은 다른 생각들이 끊어진다. 세상의 복잡한 문제들을 잊고, 오직 정상을 향해 힘겹게 발걸음을 옮기면서 점차 의식이 작동하지 않게 된다. 그리고 정상에 올라서 눈앞에 펼쳐진 광경을 보면서 감탄한다. 이때 의식이 순간적으로 작동하지 않는 비택멸무위를 체험할 수도 있다.

이러한 순간에 실제적인 체험을 통해서 본질적 존재의미를 터득하게 된다. 이러한 점에서 직관력이 뛰어난 사람들은 관념적 사유가 활발한 사람들보다 이러한 실제적인 체험의 순간을 훨씬 많이 겪는다고 할 수 있다. 또한, 앞에서 언급했듯이 렘수면 상태에서 본원적 직관능력이 작동함으로써 종합적 통일의 과정을 거쳐서 본질적 언어를 구성하게 된다.

이러한 점은 본원적 직관능력이 완전히 소멸되지는 않았다는 증거이다. 따라서 우리의 일상적인 감각경험들이 의식의 개념적 사유작용을 통해 굴절되고 왜곡된 의미내용으로 오염된다고 하더라도 종합적 통일의 과정에서 본질적 존재의미와 함께 하나의 의미통일체를 이루게 된다. 이러한 점에서 불교에서는 본원적 주관성을 '염정화합식(染淨和合識; 본질적 존재의미와 개념적 의미가 혼합되어 있는 식(識)]'이라고 일컫는다.

이로 인해서 개념적 언어를 사용할 때 사태의 본질에 벗어나는 언행은 스스로 어느 정도 통제할 수 있다. 이러한 이유로 상대방과 상황에 따라 전혀 다른 언어적 표현을 사용할 수 있다.

그러나 인공지능은 이러한 본원적 직관능력이 없기 때문에 스스로 자정 작업을 할 수 없다. 그 결과, 상대방에 관계없이 오염된 언어 표현을 서슴없이 내뱉게 된다.

그렇다면 여기에서 또 다른 문제점이 떠오른다. 만약 이러한 인공지능을 지닌 사이보그가 탄생하게 된다면 그 결과는 어떻게 될까?

인간은 선천적인 본원적 직관능력으로 인해서 스스로 통제할 수 있는 무조건적 도덕률이 존재한다. 칸트는 이것을 '정언명령'이라고 일컬었다. 바로 이 정언명령이 직관적 언어작용으로 인해서 가능하다는 점을 이제 인정해야 할 것이다. 반면에 '가언명령'은 개념적 사유작용을 통해서 가능하다. 왜냐하면 가언명령은 의식적 판단에 따라 주관적 의지나 욕망을 스스로 통제하고 극복하는 조건부 도덕률이기 때문이다. 이러한 점에서 인공지능은 보편적인(무조건적)

도덕률이나 금기 사항을 스스로 학습하는 능력이 없다.

　명백한 것은 인공지능은 결코 본원적 직관능력을 갖출 수 없다는 점이다. 인간의 본원적 직관능력은 하나의 생명체가 자연에 적응하는 과정에서 수억 년 동안 진화함으로써 얻게 된 사유능력이다. 그리고 그 진화의 근본적인 원동력은 곧 생명력이다. 스스로 생존하기 위한 간절한 몸부림의 결과로 진화할 수 있었던 것이다.

　그러나 인공지능은 인간의 필요에 따라 그 사유능력이 부여된다는 점에서 스스로를 통제할 수 있는 무조건적 도덕률을 결코 갖출 수 없다. 이로 인해서 인공지능은 극단적으로 관념화된 범죄 집단이 될 소지가 크다고 할 것이다. 지금도 우리는 지구 곳곳에서 극단적인 관념론자들에 의한 전쟁과 살육을 목격하고 있다. 이러한 극단적인 관념론자들에 의해 특정한 사유능력을 가진 사이보그가 탄생하게 된다면 그 위험성은 상상을 초월한다고 할 것이다.

# II.
# 고전역학과 양자역학의 철학적 차이점

외계(자연)를 이해하는 데 있어서 관념론적 형이상학과 주체론적 형이상학의 차이점을 앞에서 충분히 살펴보았다. 그리고 분리뇌 연구를 비롯해서 뇌과학계의 다양한 연구 결과들을 살펴보면서 주체론적 형이상학이 인간의 선천적인 두뇌작용과 일치한다는 점도 확인하였다.

이제 자연현상에 있어서 어떤 법칙성이나 인과 관계의 필연성을 탐구하고자 하는 자연과학에 있어서 그 연구방법론에 대해 살펴보기로 하자.

지난 300년 동안 관념론적 형이상학의 문제점을 정확하게 파악하지 못하고 있었듯이 지금까지도 고전역학과 양자역학의 철학적 차이점을 정확하게 이해하지 못하고 있는 실정이다. 이러한 참담한 현실은 단적으로 미국의 물리학자 리처드 파인만이 "양자역학을 제대로 이해하는 사람은 아무도 없다"고 말한 데서 확인할 수 있다.

어쩌면 이러한 솔직한 상황 인식이 너무도 당연한 것인지도 모르겠다. 그만큼 우리가 외계에 대한 직관적 이해의 방식에 대해 전혀 이해하지 못하고 있다는 점을 인정하지 않을 수 없다.

이러한 점에서 고전역학과 양자역학의 철학적 차이점을 명확하게 이해해 보기로 하자.


## 1. 양자이론을 이해하지 못하는 이유

왜 양자역학을 이해하기가 그토록 어려운 것일까? 가장 근본적인 원인을 단정적으로 지적하자면 외계의 사물을 이해하는 데 있어서 개념을 통한 객관적 이해의 방식과 직관적 이해의 방식을 명확하게 구분하여 이해하지 못하기 때문이라고 할 수 있다. 그동안 우리가 관념론적 형이상학에 기초하여 모든 진리를 논구해 왔기 때문에 모든 것을 개념을 통해 서술하고 설명하는 데 익숙하다. 그리고 외계를 인식하는 데 있어서 그 인식의 대상이 외계에 실재한다고 간주하고 있으며, 개념이 객관적 실재성을 갖기 때문에 개념을 통해서 그 대상을 정확하게(있는 그대로) 이해할 수 있다고 굳게 믿고 있다.

이러한 이유로 우리는 자연현상을 직관하는 방법과 그 직관의 결과를 기술하는 방법에 익숙하지 않다. 바로 이 점 때문에 양자역학을 쉽게 이해하지 못하는 것으로 판단된다.

그동안 우리는 후설이 주장하는 것처럼 개념을 통해서 사물의 본질을 직관하고 이해할 수 있다고 간주해 온 것이다. 그러나 실제로는 개념이란 다만 개념적 언어에 내포된 비실재적이고 비본질적인 의미규정일 뿐이라는 점을 앞에서 확인하였다.

베르너 하이젠베르크가 주창한 불확정성 원리는 바로 이 점을 입증하고 있다. 위치니 운동량이니 하는 개념으로 동시에 양자의 움직임(본질)을 확정적으로 측정할 수 없다는 것은 곧 양자의 본질은 이러한 개념으로 규정하여 이해할 수 없다는 점을 의미한다. 이것은 곧 위치니 운동량이니 하는 개념들이 비본질적이라는 것을 의미하며, 사물의 본질이 아니라는 것은 결코 실재하지 않는다는 의미이다.

따라서 불확정성 원리는 개념을 통해서는 양자의 본질을 이해할 수 없으므로 직관적 이해의 방법이 필요하다는 점을 증명하고 있다고 해석해야 한다. 그런데도 우리는 여전히 개념이 객관적 실재성을 갖는다는 확고한 신념을 버리지 못하고 있으며, 사물의 본질을 '있는 그대로' 이해하기 위해서는 직관적 이해의 방식이 필요하다는 점도 이해하지 못하고 있다.

이와 같이 우리는 관념론적 형이상학에서 벗어나지 못하기 때문에 하이젠베르크의 불확정성 원리에 내포된 철학적 의미를 정확하게 이해하지 못하고 있다.

또한, 사물의 본질을 직관함으로써 곧 그 사물의 본질적 존재의미를 파악하게 되는데, 이 본질적 존재의미를 어떻게 기술할 수 있는지 그 방법을 이해하지 못하고 있다는 점을 지적하지 않을 수 없다. 다시 설명하자면 본질적 언어를 통해서 사물의 본질적 존재의미를 이해할 수 있다는 점을 이해하지 못하기 때문에 '파동함수의 확률해석'이라고 하는 해석법이 양자의 본질적 존재의미(위치)를 직관적으로 알 수 있는 직관적 이해의 방법이라는 점을 이해하지 못하는 경향이 있다.

고전역학이나 모든 이론학들은 개념을 통해 논리적인 추론이 가능하므로 쉽게 모든 이론 체계를 논리적으로 기술할 수 있다. 그러나 사물의 본질적 존재의미는 개념을 통해 서술하거나 설명할 수 없다. 그 이유는 본질적 존재의미는 직관을 종합하고 통일함으로써 구성되기 때문이다. 이 본질적 존재의미가 곧 본질적 언어이다. 따라서 직관된 자연현상을 종합하고 통일함으로써 구성된 본질적 언어를 통해서만 사물의 본질적 존재의미를 이해하고 표현할 수 있다는 점을 알아야 한다. 앞에서도 언급했듯이 자연은 개념적 언어로는 서술하거나 설명할 수 없다. 자연현상은 오직 본질적 언어를 근거로 현상할 수 있으며, 이로써 존재사물의 본질을 '있는 그대로' 직관할 수 있다. 그리고 동시에 이 본질적 언어를 통해서 존재사물의 본질적 존재의미를 이해할 수 있다. 마찬가지로 양자의 본질적 존재의미(입자의 위치)도 오직 본질적 언어를 통해서만 이해할 수 있다.

분명 양자는 파동의 상태로 존재한다. 따라서 양자의 파동은 곧 양자의 본질적 표상이다. 이러한 점에서 양자의 모든 파동의 상태를 기술하고 있는 파동함수는 곧 '파동'이라고 하는 양자의 본질적 표상을 종합하고 통일하고 있다는 점을 이해하는 것이 매우 중요하다. 따라서 파동함수는 양자의 파동(본질적 표상)을 종합하고 통일함으로써 구성된 본질적 언어이다. 이로써 이 파동함수(본질적 언어)를 통해서 입자로서의 양자의 본질적 존재의미를 이해할 수 있다. 이 점을 정확하게 이해해야만 '파동함수의 확률해석'이라고 하는 해석법이 양자의 본질적 존재의미를 이해하는 직관적 이해의 방법이라는 점을 이해할 수 있다. 즉, 파동함수라고 하는 본질적 언어를 통해서 양자의 파동성을 직관하면서 동시에 양자의 본질적 존재의미(양자의 위치)를 이해할 수 있다.

이러한 점들을 바르게 이해하기 위해서는 다음의 세 가지 점에 대한 깊은 성찰이 요구된다.

첫째는 자연과학에 있어서도 본질적 언어와 개념적 언어를 구분해야 한다는 점이다. 자연은 오로지 의식의 끊어진 뒤에 직관된다. 따라서 자연현상은 오로지 직관적 언어작용에 의해 구성된 본질적 언어로만 표현이 가능하다. 앞에서 왕필이 "자연이란 궁극적인 언어(본질적 언어)이다(自然者 窮極之事)"라고 설명하는 것을 살펴보았다. 예를 들어 전자(電子), 전하(電荷), 전류(電流), 중력(重力) 등과 같은 용어들은 사물의 본질적 존재의미를 표현하는 본질적 언어이다.

반면에 시간이나 공간과 관련된 개념들이나 운동량과 같은 개념들은 개념적 언어이다. 이와 같은 개념적 언어들은 다만 그 물체에 일시적으로 일어나는 변화를 구분하여 이해하기 위한 언어적 의미규정일 뿐이다. 이러한 차이점을 명확하게 구분해야 한다. 바로 이 점을 베르너 하이젠베르크는 매우 명확하게 이해하고 있었다. 이에 대해서는 다음 장(불확정성 원리는 개념의 비실재성을 입증하고 있다)에서 확인하기로 하자.

둘째는 개념적 언어란 사물의 본질을 지시하는 언어가 아니고, 외계를 객관화하여 이해하기 위해 만든 언어적 의미규정이라는 점을 이해해야 한다. 앞에서 왕필이 "자연이란 결코 일컬을 언어가 없다(自然者 無稱之言)"고 설명하는 것을 확인하였다. 그 이유는 사물의 본질적 표상을 이해할 수 있는 것은 오로지 본질적 언어를 통해서만 가능하기 때문이다. 즉 사물의 본질적 존재의미는 사물의 본질적 표상을 종합하고 통일함으로써 구성된다. 그리고 이 본질적 존재의미를 담지하고 있는 언어가 곧 본질적 언어이다.

반면에 개념적 언어는 자연현상을 종합하고 통일하여 구성된 언어가 아니고, 의식을 통해 외계를 객관화하여 이해하기 위해 설정한 언어적 의미규정이기 때문이다. 예를 들어 고전역학에서 물리량을 표현하기 위해 사용하는 대부분의 용어들은 모두 개념적 언어이다. 이러한 점에서 고전역학에서 주장하는 물리 법칙은 모두 자연현상을 해명하는 이론이 아니다.

우리는 시간과 공간이라는 개념이 생겨난 배경을 정확하게 이해할 필요가 있다. 그 이유는 농사와 치수(治水) 사업이라는 현실적인 필요성 때문에 외계를 객관화하여 이해할 필요가 있었기 때문이었다. 이렇듯 외계를 객관화하여 이해하기 위해서 이러한 개념을 만들어 사용한 것이다. 그런데 우리는 이러한 개념들이 마치 외계에 실재하는 것으로 착각하고 있는 것이다. 이에 대해서는 앞에 '고전역학은 외계에 실재하는 물체의 움직임을 직접 관찰하고 분석한 것일까?'라는 목(目)에서 자세히 살펴보았다. 그리고 다음 절(節)에서 다시 명확하게 정리해 보기로 하자.

셋째는 사물의 본질은 결코 개념으로 규정할 수 없으며, 오로지 감각 기관을 통해 직관할 수 있다는 점도 이해하지 못하고 있다.

이는 개념이 문자 언어에 담긴 언어적(개념적) 의미내용이며, 의식의 사유작용을 통해서만 사유된다는 점을 이해하지 못하기 때문이다. 반면에 사물의 본질은 그 사물이 가진 고유한 물질적 특성으로 인해서 그 사물이 갖게 되는 고유한 존재자성이라는 점도 이해하지 못하고 있다. 따라서 사물의 본질은 결코 개념적 언어로 규정하여 이해할 수 없다. 다만 감각 기관을 통해서 직관될 뿐이다.

이러한 점 때문에 옛 성현들은 의식의 사유작용을 끊어서 멸절해야만 감각 기관을 통해서 사물의 본질적 존재의미를 직관할 수 있다고 깨우쳐 주고 있다. 그런데 우리는 지금도 '무위(無爲)'란 의식의 관념적 사유작용이 끊어져 멸절한 상태를 의미한다는 점조차 이해하지 못하고, "의도적인 행위가 없는 것" 또는 "자연에 어긋나는 행위를 삼가는 것"[131]이라는 의미로 이해하고 있는 실정이다.

이렇듯 관념론의 영향으로 우리는 의식을 인간의 절대이성으로 간주하기 때문에 의식을 끊은 뒤에 본원적 직관이 가능하다는 점을 이해하지 못하고 있다. 바로 이 점이 양자이론을 쉽게 이해하지 못하는 근본적인 원인이라고 판단된다.

이 점에 대해서는 뒤에 '양자의 본질은 오로지 직관을 통해서만 관찰할 수 있다'라는 절(節)에서 좀 더 자세히 살펴보기로 하자.

---

131)　프리초프 카프라, 이성범·김용정 옮김, 『현대물리학과 동양사상』(서울: 범양사출판부, 2001), 134쪽. 양자물리학자 프리초프 카프라는 이 책에서 조지프 니덤이라는 철학자의 주장을 인용하여 이렇게 표현하고 있다. 그 결과, 그는 양자이론과 동양 사상이 유사하다는 점을 설득하는 데 실패할 수밖에 없었다.

## 2. '객관적 관찰'이란 직관과 개념적 사유를 구분하지 못한 데서 비롯된 오류이다

고전물리학과 양자물리학의 차이점을 구분하는 데 있어서 가장 중요한 점은 탐구의 대상을 직접적으로 관찰(직관)하고 있느냐 하는 점이다.

고전물리학의 학문적 방법론을 우리는 '객관적 관찰'이라고 간주하고 있다. 과연 고전물리학에서 정립하고 있는 고전역학이 외계에 실재하는 물체가 실제로 움직이는 것을 직접적으로 관찰한 뒤에 정립된 과학 이론일까?

우리는 무엇을 착각하고 있는 것일까?

고전물리학의 과학적 방법론이 객관적 관찰이라고 주장하는 것은 근본적으로 관념론자들이 개념을 통해 관념적으로 사유하는 것과 감각 기관을 통해 직관하는 것을 구분하지 못한 데서 비롯된 오류이다. 이에 대해서는 앞에서 '관념론자들의 근본적인 과오'라는 항(項)에서 자세히 살펴보았다.

이러한 오류는 개념이 객관적 실재성을 갖는다는 점을 입증하기 위해 외계에 객관적 실체가 실재한다고 전제한 데서 비롯된다. 앞에서 칸트가 외계의 물질적 사물이 자신만의 고유한 표상을 가지고 존재한다고 전제하고 있는 것을 확인하였다.

관념론자들은 우리의 눈앞에 펼쳐진 외계가 모두 우리의 영혼 속에서 표상해낸 본질적 표상이 드러나 나타난 것이라는 점을 전혀 이해하지 못하고 있다. 이로써 직관이란 감각 기관에 사물의 본질적 표상이 현상하는 것을 의미한다는 점을 이해하지 못하게 된다.

그 결과 의식에서 직관이 가능하다고 주장하는 것이며, 또한 개념을 통해 사유하고 인식한 것을 마치 '객관적 관찰(직관)'의 결과물이라고 착각한 것이다.

아주 쉬운 예를 들어 보기로 하자. 아인슈타인은 양자물리학에서 주장하는 직관적 이해의 방식을 이해하지 못하고, "당신이 달을 볼 때만 달이 있다고 믿느냐?"고 비아냥했다고 한다. 이 짧은 한마디에서 아인슈타인이 개념(개념적 언어)을 통해 사유하는 것과 자연현상으로서의 외계를 직관하는 것을 구분하지 못하고 있다는 점을 읽어 낼 수 있다. 우리도 아인슈타인과 똑같이 관념적으로 사유되는 달과 실제로 직관되는 달을 엄밀하게 구분하지 못하기 때문에 아인슈타인의 이 농담에 고개를 끄덕거리고 있는 것이다.

우리는 실재하는 달을 보지 않고도 어느 때건 '달'이라고 하는 개념(단어라고 하는 개념적 언어)을 통해서 달(본질적 표상으로 현상하고 있는 실재하는 달)에 대해 사유할 수 있다. 즉 '달은 지구의 주위를 공전하며, 그 중력은 지구의 6분의 1이다'라고 개념을 통해 규정된 개념적 언어로서의 달을 사유할 수 있다. 이러한 관념적 사유는 의식이 문자 언어를 매개로 그 언어적 의미를 사유하는 언어적 사유작용이기 때문에 언제든 가능하다. 그 결과 우리는 이렇게 개념으로 규정된 달을 어느 때건 의식을 통해 사유할 수 있기 때문에 달이 항상 외계에 실재하는 것으로 착각하고 있다.

이와 같이 의식을 통해 사유할 때의 '달'은 단지 개념적 언어일 뿐이지 결코 외계에 실재하는 달이 아니다. 외계에 '실재하는 달'이라고 말할 수 있는 것은 오로지 눈을 통해서 그 달의 본질적 표상을 직관할 때만 그 달(본질적 언어로서의 달)이 '나타나 존재'하는 것이다. 결단코 달은 본질적 표상이 직관될 때만 존재(실재)한다고 말할 수 있다.

　이러한 차이점을 보다 분명하게 이해하기 위해 본질적 언어와 개념적 언어를 통해 다시 이해해 보기로 하자. 의식을 통해서 사유할 때의 달이라는 단어는 개념적 언어이다. 그리고 이 개념적 언어에는 확고하게 규정된 의미내용(개념적 의미)이 담겨 있다. 따라서 이 개념적 언어에 담긴 의미내용을 의식을 통해서 인식할 수 있으며, 오로지 의식을 통해서만 사유할 수 있다.

　반면에 '외계에 실재한다'고 말할 수 있는 달은 우리의 눈에 본질적 표상으로 현상하고 있는 달이다. 이것은 오로지 감각 기관을 통해 현상한다. 그리고 이 현상으로서의 달을 우리는 '달'이라는 본질적 언어를 통해 그것을 이해하게 된다. 이 본질적 언어에는 달의 다양한 본질적 표상을 종합하고 통일하여 구성된 본질적 존재의미가 내포되어 있다. 바로 이 본질적 존재의미를 직관하게 되는 것이다. 이 본질적 존재의미는 결코 의식에 의해 사유될 수 없다. 이것은 감각 기관을 통한 직관적 언어작용을 통해 구성되며, 또한 본질적 표상이 현상할 때만 직관적으로 그것의 본질적 존재의미를 이해할 수 있다. 이렇게 본질적 언어를 통해서만 '자연으로서의 달'을 지시할 수 있다.

　이와 같이 개념적 언어를 통해서(매개로) 의식에서 인식되는 그 세계는 곧 개념을 통해 이해된 객관적 세계이고, 반면에 감각 기관에 본질적 표상으로 현상하고 있는 사태를 '자연'이라고 한다.

아인슈타인은 이러한 차이점을 이해하지 못하기 때문에 '당신은 달을 볼 때만 그달이 존재한다고 믿느냐'고 비아냥한 것이다. 명백한 것은 분명 달을 볼 때만 그 달이 존재한다고 말할 수 있다는 점이다.

이러한 점에서 고전물리학에서는 '관찰'이라는 단어를 사용할 수 없다는 것을 알 수 있다. 분명 그 관찰할 대상이 외계에 실재하는 것이 아니다. 모든 것이 개념을 통해 의식에서 사유되고 있을 뿐이다. 고전역학에서 해명하고자 하는 '움직이는 그 물체'는 개념으로 구성된(짜인) 좌표계 안에 존재한다. 즉 좌표계 안에서 하나의 점으로 존재한다.

그리고 좌표계란 x축과 y축을 어떤 개념으로 규정하느냐에 따라 전혀 다른 개념적 의미로 이해된다는 점에서 관념적인 가상의 공간이다. 이러한 공간은 의식 속에서 사유되고 있을 뿐, 결코 현실 세계에 존재할 수 없다. 즉 자연이라고 할 수 없다. 이렇듯 전적으로 개념으로 규정된 가상의 공간 속에서 하나의 점으로 인식된다는 점에서 이러한 대상은 오로지 의식을 통해 사유할 수 있을 뿐, 결코 감각 기관을 통해 직관되는 것이 아니라는 것을 알 수 있다.

그런데도 고전물리학에서 '관찰'이라는 용어를 사용하고 있다. 이러한 행태는 외계에 객관적인 실체가 실재한다고 전제한 데서 비롯된 오류이다. 앞에서 살펴본 바와 같이 칸트는 외계에 실재하는 물질적 사물이 스스로 자신의 고유한 표상을 가지고 존재한다고 주장하고 있다. 이러한 전제로 인해서 의식에서 사유되는 것들이 모두 외계에 객관적으로 실재한다고 간주하게 된 것이다.

이와 같이 '객관적 관찰'이라는 용어 자체가 관념론자들의 과오에서 비롯된 것이다. 직관은 결코 객관적이지 않다. 객관적 실체란 결코 존재하지 않기 때문이다. 오직 감각 기관에 현상한 본질적 표상만이 외계에 존재한다고 말할 수 있다. 그리고 그 본질적 표상을 통해서만 사물의 본질을 직관할 수 있다.

## 3. 양자의 본질은 오로지 직관을 통해서만 관찰할 수 있다

앞에서 객관적 관찰이 성립될 수 없는 이유를 살펴보았다. 이제 직관과 객관적 관찰의 차이점을 이해해 보기로 하자. 우리가 분명하게 이해해야 할 점은 우리의 눈앞에 펼쳐진 외계가 결코 객관으로서 실재하는 것이 아니라는 점이다. 외계(자연)란 우리의 영혼 속에서 본질을 소재로 표상한 본질적 표상이 드러나 나타난 것이다. 이는 곧 그 사물의 본질적 표상이 우리의 감각 기관에 현상할 때만 그것이 외계에 '나타나 존재한다'는 것을 의미한다. 정확하게 표현하자면 외계의 존재사물은 현상적 존재이지 결코 객관적 실체로서 실재하는 것이 아니다.

바로 이 점을 정확하게 이해하는 것이 양자이론을 이해하는 데 있어서 첩경이라고 할 수 있다. 바로 이러한 이유로 양자물리학자들이 "양자란 관찰됨으로써 존재한다"고 표현하는 것이다. 결코 양자는 외계에 객관적으로 실재하는 것이 아니다.

그 이유를 이해해 보기로 하자. 양자는 파동의 상태로 존재한다.

우리가 관찰(직관)할 수 있는 양자는 오로지 파동 상태의 양자이다. 이와 같이 양자는 파동의 형태로 현상하고 있기 때문에 파동성이 곧 양자의 본질적 표상이다. 따라서 양자를 관찰한다고 하는 것은 곧 양자의 본질적 표상인 '파동(출렁거림)'을 직관하는 것이다. 이 양자의 파동이란 그야말로 출렁거림 그 자체이다. 즉 쉴 새 없이 출렁거리고 있다. 그러나 그동안 우리는 개념으로 규정 가능한 객관적 실체가 외계에 실재한다고 간주하기 때문에 이 파동성을 직관하는 것이 양자를 관찰하는 것이라는 사실조차 생소하다.

또한 고전물리학과 같이 개념을 통한 객관적 이해의 방식으로는 양자의 파동성을 직관할 수 없다는 점도 이해하지 못하고 있다. 분명 양자는 파동의 상태로 존재한다. 이러한 점에서 양자를 관찰한다고 하는 것은 이 파동의 상태 그 자체를 감각 기관을 통해 직관함으로써 가능하다.

반면에 양자를 위치니 운동량이니 하는 개념을 통해서 이해하는 것은 의식을 통해 사유하는 것이다. 왜냐하면 모든 개념들은 의식을 통해서만 사유할 수 있기 때문이다. 따라서 의식을 통해 양자를 위치나 운동량이라는 개념으로 이해하려고 할 때, 이미 의식은 입자로서의 양자를 지향한 것이며, 이 입자로서의 양자가 좌표계라고 하는 가상의 공간 속에서 이해되고 있는 것이다. 이와 같이 결단코 의식의 개념적 사유를 통해서는 양자의 파동 상태를 직관할 수 없다.

바로 여기에서 이 양자가 가지고 있는 물리량을 개념적 언어로 규정할 수 없다는 점을 발견하게 된다. 그 파동(출렁거림)의 상태에 있는 물리량을 위치니 운동량이니 또는 시간이니 에너지니 하는 상보적 개념으로 규정할 수 없다는 점을 발견한 것이다. 그것이 바로 베르너 하이젠베르크의 불확정성 원리이다. 사실 이 불확정성 원리는 관찰의 방법(빛을 조사하여 관찰하는 방법) 때문에 그것을 개념이라는 물리량으로 확정적으로 측정할 수 없다는 점을 밝히고 있는 이론이지만, 철학적 관점에서 본다면 양자는 파동의 상태로 존재하기 때문에 근본적으로 개념으로 규정하여 이해할 수 없다.

앞에서 언급한 바와 같이 다양한 본질적 표상을 개념적 언어로 규정하여 이해할 수 없다는 점과 동일하다. 파동의 상태나 본질적 표상이나 모두 개념적 언어로 규정하여 이해할 수 없다. 왜냐하면 개념적 언어는 확고하게 규정된 의미내용을 담지하고 있기 때문이다. 불확정적인 의미내용은 개념으로 규정할 수 없다. '1'은 결단코 '하나'라는 의미로 사용된다. 결코 '둘'이나 '셋'이라는 의미로 사용될 수 없다. 따라서 위치니 운동량이니 하는 개념을 통해서 동시에 확정적으로 측정이 불가능하다는 것은 곧 양자가 개념으로 규정 가능한 객관적 실체로서 존재하는 것이 아니라는 점을 의미한다.

이처럼 불확정성 원리는 너무나 당연한 것이어서 원리니 법칙이라고 일컬을 것도 없는 것이다. 이렇게 원리니 법칙으로 간주하는 것 자체가 그동안 우리가 관념론적 형이상학으로 인해서 자연현상에 대해 바르게 이해하지 못하고 있었다는 점을 반증할 따름이다.

또한 양자라는 입자를 위치니 운동량이니 하는 개념으로 이해하는 순간에 이 양자는 의식을 통해 인식된 것이며, 동시에 이 양자는 좌표계에 존재하게 된다. 왜냐하면 의식은 개념을 매개로 사유하기 때문에 개념으로 인식했다는 것은 의식이 작동한 것이며, 동시에 좌표계라고 하는 객관적 분석법을 통해서 그것을 인식하고 있다는 것을 의미하기 때문이다. 위치니 운동량이니 하는 개념은 좌표계를 통해서 관념적으로 이해할 때 사용되는 개념이다.

이러한 점에서 파동 상태의 양자를 직관할 때는 이러한 개념을 통해서 이해할 수 없다. 그렇다면 어떻게 양자의 위치를 이해할 수 있을까?

이러한 이유로 양자의 파동성을 직관하면서 동시에 입자의 위치(본질적 존재의미)를 이해(관찰)할 수 있는 직관적 해석법을 찾게 된 것이다. 그 직관적 해석법이 '파동함수의 확률해석'이다. 이 파동함수의 확률해석이라는 해석법이 직관적 방법이라는 점에 대해서는 뒤에 '파동함수의 확률해석은 곧 직관을 통한 선천적 종합판단이다'라는 절(節)에서 자세히 논의하기로 하자. 다만 여기에서는 외계에 실재하는 사물의 본질을 '있는 그대로' 이해하기 위해서는 개념으로 규정하여 이해하는 객관적 이해의 방식으로는 불가능하기 때문에 직관적 방법이 필연적으로 요구된다는 점만을 이해해 보기로 하자.

앞에서부터 확인해 온 바와 같이 직관을 통해서 사물의 본질적 존재의미를 이해할 수 있는 것은 사물의 다양한 본질적 표상을 종합하고 통일함으로써 가능하다. 마찬가지로 양자의 파동을 직관하면서 입자가 가지게 되는 본질적 존재의미로서의 위치를 이해하기 위해서는 양자의 파동(본질적 표상)을 종합하고 통일함으로써 이해할 수 있다. 분명 앞에서 언급한 바와 같이 위치라는 개념으로 이해하려고 할 때는 양자의 파동성을 직관할 수 없다는 점을 확인하였다. 따라서 양자의 파동성을 직관하면서 양자의 위치를 이해하는 것은 양자의 파동을 종합하고 통일함으로써 가능하다.

바로 이렇게 양자의 파동을 종합하고 통일한 것이 '확률함수로서의 파동함수'이다. 따라서 이 파동함수를 확률적으로 해석함으로써 양자의 위치(본질적 존재의미)를 이해할 수 있다. 이 점을 명확하게 이해해야 한다. 여기서 주목해야 할 점은 파동함수를 확률함수로 해석해야만 양자의 파동을 종합하고 통일하는 본질적 언어가 된다는 것이다. 즉 파동함수를 확률함수로 해석하지 못한다면 이 파동함수는 다만 양자의 파동 상태를 '있는 그대로' 기술하고 있을 뿐, 양자의 본질적 존재의미를 구성하지 못한다는 점을 이해해야 한다. 확률함수로 해석함으로써 양자의 파동을 종합하고 통일하여 양자의 본질적 존재의미(위치)를 드러낼 수 있는 본질적 언어가 된 것이다.

이로써 위치라는 개념을 통해서 양자(입자)가 존재하는 위치를 이해하지 않고, 양자적 확률을 통해서 양자의 위치(본질적 존재의미)를 이해할 수 있다. 이러한 점에서 파동함수의 확률해석이라는 코펜하겐 해석법은 직관적 이해의 방법이라는 것을 알 수 있다. 이는 즉 양자의 파동성과 함께 양자의 위치를 직관할 수 있는 방법이라고 할 수 있다.

물론 외계에 대한 객관적 이해의 방식으로 정립된 객관과학이 현실적으로 필요하다는 점은 부정할 수 없다. 예를 들어 치수(治水) 사업을 위해 토목 공사를 한다든가 또는 여러 가지 공학(工學) 분야에서 이러한 객관적 이해의 방식이 절대적으로 요구된다. 이러한 점은 부인할 수 없다. 인간이 달나라에 갈 수 있는 것도 이러한 객관적 이해의 방식 덕분이라는 점은 명백하다.

그러나 이러한 객관적 이해의 방식으로 인해서 자연을 파괴하게 된다는 점을 지적하고자 한다. 즉 객관적 이해의 방식으로는 사물의 본질을 '있는 그대로' 이해할 수 없기 때문에 궁극적으로 자연을 파괴하게 된다. 이 장에서 고전물리학에 대해 매우 부정적인 시각에서 비판하는 이유는 바로 이 점을 강조하기 위함이다.

반면에 양자역학과 같은 직관적 방식이 자연을 바르게 이해할 수 있는 방법론이라는 점을 강조하고자 한다. 앞으로도 자연과학이 이러한 직관적 방법론을 발전시켜 나가기를 간절히 기도하는 마음이다. 그래야만 우리는 자연을 파괴하지 않고, 자연과 합일하면서 지속적인 발전을 기약할 수 있다.

# III.
# 불확정성 원리는
# 개념의 비실재성을 입증하고 있다

◇×◇×◇×◇×◇×◇×◇×◇×◇×◇×◇×◇×◇×◇×◇×◇×◇×◇×◇×◇×◇×◇×

하이젠베르크는 개념을 통한 객관적 이해의 방식으로는 양자의 본질을 '있는 그대로' 이해할 수 없다는 점을 깨닫고, 불확정성 원리를 발표한다. 그런데 불행히도 아직도 많은 자연과학자들이 불확정성 원리의 철학적 의미를 정확하게 이해하지 못하고 있는 것 같다.

가장 중요한 점은 자연과학계에서 지금도 여전히 시간과 공간이라는 개념들을 실재하는 물리량으로 간주하고 있다는 것이다. 여전히 개념들이 단순히 문자 언어로 표현된 비실재적이고 비본질적인 의미규정이라는 점을 이해하지 못하고, 그것들이 객관적 실재성을 갖는다는 착각에서 벗어나지 못하고 있다. 그 이유는 불확정성 원리가 의미하는 바를 정확하게 이해하지 못하고, 단지 위치나 운동량 같은 물리량을 확정적으로 측정할 수 없다는 점을 밝히는 물리이론쯤으로 이해하고 있기 때문이 아닌가 생각된다.

이와 같이 불확정성 원리가 다른 과학 이론과 같이 단순하게 하나의 물리 법칙으로 평가되고 있다는 점이 매우 안타깝다. 철학적인 관점에서 이 양자이론은 개념을 통한 객관적 이해의 방식으로는 사물의 본질과 자연을 바르게 이해할 수 없다는 점을 선언하고 있다. 이러한 점에서 불확정성 원리는 뉴턴에 의해 고전물리학이 정립된 이후 처음으로 자연과학계에 새로운 지평을 연, 혁명적인 사건이라고 할 만하다.

이 원리는 개념이 사물의 본질을 지시하는 본질적 언어가 아니고, 주관적 관점에서 외계의 변화를 이해하기 위해 설정된 언어적 의미규정이라는 점을 실증적으로 확인시켜 주고 있다. 아인슈타인의 상대성이론으로 인해서 마치 시간과 공간이 외계에 실재하는 것처럼 착각하는 경향이 심화되고 있는 상황에서 이 원리가 갖는 역사적 의의는 아무리 높이 평가해도 부족하다고 생각된다.

앞에서 물리 법칙과 자연현상을 엄밀하게 구분해야 한다는 점을 지적하였다. 시간과 공간의 개념을 기초로 정립된 물리 법칙은 그야말로 물리학의 이론일 뿐이지, 자연과는 아무런 관련이 없기 때문이다. 자연에는 결코 시간과 공간이라는 개념이 실재하지 않는다.

이제 하이젠베르크가 직접 밝히고 있는 부언 설명을 읽고, 다시 불확정성 원리를 정확하게 이해해 보기로 하자.

> 가장 어려운 문제는 (중략) 양자론에서 야기되는 언어의 사용에 관한 것이다. 여기에 수학의 기호들을 통상 언어의 개념들과 연결시키는 단순한 지침도 우리는 애초에 가지고 있지 않다. 우리가 처음부터 알고 있는 오직 한 가지는 우리들의 통상 개념들이 원자의 구조에 적용될 수 없다는 사실뿐이다.[132]

---

132)   W. Heisenberg, 『Physics and Philosophy』(Allen & Unwin; London, 1963), p.177. 프리

이 위대한 과학자의 참으로 깊은 철학적 통찰에 경외감과 존경의 마음을 금할 길이 없다.

양자물리학자들은 기존의 과학적 모형과 이론으로는 양자의 본질적 특성을 해명할 방법이 없다는 점을 발견하게 된다. 그들의 학문적 노력이 이러한 사실의 발견에 머물렀다면 그들의 놀라운 발견이 다만 또 다른 물리적 현상을 기록하는 데 그치고 말았을 것이다.

그러나 그들이 위대한 이유는 이러한 발견에만 머물지 않고, 자연과학에 있어서 근본적인 문제점에 대한 깊은 철학적 고뇌로 이어졌다는 점이다. 바로 이 점이 다른 자연과학자들과의 차이점이다. 아인슈타인과 같은 과학자들은 이러한 철학적 고뇌가 왜 필요한지 그 이유조차도 이해하지 못하고 있었던 것 같다. 이러한 점에서 그들이 남긴 이 위대한 정신적 유산은 인류의 위대한 정신적 스승들과 동등하게 평가되고 존중되어야 한다.

이 인용문에서 그가 양자의 본질을 기술하는 데 있어서 개념적 언어(개념)로 인한 문제점을 정확하게 파악하고 있었다는 점을 확인할 수 있다. 즉, 개념적 언어를 통해서는 양자의 본질을 바르게 이해할 수 없다는 점을 절실하게 깨달은 것이다.

그는 그동안 물리학이 오로지 수학의 등식을 통해서 물리 법칙을 추론하는 과정에서 본질적 언어와 개념적 언어를 구분하지 못

---

초프 카프라, 이성범·김용정 옮김, 『현대물리학과 동양사상』(서울: 범양사출판부, 2001), 59~60쪽에서 재인용한다. 카프라는 이러한 관점에서 관념론적 형이상학을 버리고, 동양의 도학으로 돌아가야 한다는 점을 이 책을 통해 강조하고 있다.

했다는 점을 명확하게 꿰뚫어 보고 있다. 모든 물리현상을 오로지 수학적 기호로 표기함으로써 그 물리량이 사물의 본질에 속하는지 아니면 다만 객관화하여 관념적으로 이해된 것인지 구분할 수 없게 되었으며, 이로써 모든 물리량을 동일한 관점에서 이해하게 된다는 점을 지적하고 있다.

바로 이 점이 이론물리학의 근본적인 문제점이다. 그는 이러한 문제점을 "수학의 기호들을 통상 언어의 개념들과 연결시키는 단순한 지침도 우리는 애초에 가지고 있지 않다"고 정확하게 지적하고 있다. 필자는 이 위대한 과학자의 지적을 모든 과학자들이 가슴속에 깊이 새기고, 자연을 바르게 이해할 수 있는 새로운 과학적 방법론을 정립하는 데 앞장서기를 진심으로 간곡하게 부탁하고자 한다.

대다수의 과학자는 물리 법칙들이 수학을 통해 입증된 것이기 때문에 당연히 자연이 갖는 필연적인 인과 관계를 정확하게 해명한다고 간주하고 있다. 쉽게 말해 물리 법칙이 수학을 기초로 그 타당성이 입증되기 때문에 자연필연성을 갖는다고 주장하는 것이다.

그런데 하이젠베르크는 본질적 언어와 개념적 언어가 모두 수학의 기호들로 표기되고 있다는 점을 지적하고 있다. 이로써 사물의 본질적 존재의미를 지시하는 본질적 언어조차 개념적 언어에 내포된 개념적 의미로 인해 왜곡되어 버리는 결과가 초래되고 있다는 점을 지적한 것이다.

가장 대표적인 사례를 살펴보기로 하자. 아인슈타인은 일반상대성이론을 주장하면서 '관성력(가속력)과 중력의 등가원리'에 기초하여 이론 체계를 정립하고 있다. 바로 여기에서 하이젠베르크가 지적하는 문제점을 발견하게 된다.

관성력(또는 가속력)이라고 하는 개념적 언어와 중력이라고 하는 본질적 언어를 하나의 등식으로 표현하고 있다. 분명 관성력이니 가속력이니 하는 개념들은 시간과 공간이라는 개념을 기초로 정립된 개념적 언어이다. 이 단어들은 시간이니 속도니 하는 개념이 없으면 결코 이해할 수 없는 개념적 언어이다. 또한 이 개념들은 사물의 본질과는 전혀 관련이 없다. 분명 가속력이든 관성력이든 그 물체에 힘이 가해졌을 때만 생겨났다가, 그 힘이 주어지지 않으면 사라져 버린다. 이러한 점에서 결코 그 물체가 가진 본질적인 힘이 아니다.

반면에 중력은 개념적 언어를 통해서는 무엇이라고 설명할 수 없지만, 자연의 본질적인 힘을 지시하는 본질적 언어이다. 이 두 가지 언어를 하나의 등식으로 결합시킴으로 인해서 중력이라는 본질적인 힘을 시간과 공간이라는 개념적 언어로 이해하는 결과를 초래하고 있다.

그 결과 중력으로 인해 '공간이 휘고 시간이 지연되는 자연현상이 일어난다'는 궤변을 늘어놓게 된다. 자연의 본질적인 힘인 중력이 시간과 공간이라는 개념적 언어로 대체되어 버리고, 시간과 공간이라는 개념적 언어는 자연의 본질적인 요소로 둔갑하고 있다. 실로 실제적 현실과 의식을 통해 사유되는 관념적 세계가 하나로 뒤엉키게 하는 과오를 범하고 있다.

하이젠베르크는 이러한 과오를 이 짧은 한 구절을 통해 명확하게 지적하고 있다.

그는 언어가 실재적이고 본질적인 의미내용을 담지하고 있는 것만은 아니라는 것을 간파하고 있었다. 이러한 문제의식을 가지고 그는 개념적 언어를 통해서는 원자의 구조를 이해할 수 없다는 결론에 이르게 되었다는 점을 밝히고 있다. 이러한 점에서 불확정성 원리는 개념적 언어로 표현되는 물리량들이 결코 물질적 사물이 가지고 있는 본질적인 물리량이 아니라는 점을 밝히는 이론이라고 해석된다. 본질적인 것이 아니라는 것은 곧 실재하는 것이 아니라는 의미이다. 오로지 본질적 표상이 현상하는 것만이 '존재하는 것'이라는 점을 잊어서는 안 된다. 이러한 점에서 개념이라고 하는 것은 비실재적이고 비본질적인 의미규정일 뿐이라는 점을 명확하게 밝혀 주고 있다. 바로 이 점을 명확하게 이해해야만 불확정성 원리를 바르게 이해할 수 있다.

이러한 관점에서 다시 불확정성 원리를 읽어 보자.

전자 하나가 공간을 날아가고 관찰자가 그 전자에 빛을 쪼여서 날아가는 입자로부터 되튀어 오는 빛을 조사한다. 이 산란된 빛의 진동수와 방향을 측정함으로써 관찰자는 빛이 충돌하는 순간의 전자의 위치와 운동량을 결정할 수 있다. (중략) 보른이 증명한 것처럼 그 충돌은 확정적인 결과를 낳지 않고, 다양한 확률을 갖는 가능한 결과의 범위를 낳는다. 논리를 뒤집으면, 하이젠베르크는 이제 관찰자가 측정된 결과를 낳을 단일한 특정 사건을 추론할 수 없음을 깨달은 것이다. 대신에 전자-광자 충돌의 가능한 범위만 추론할 수 있다. 이것

은 전자의 위치와 운동량을 정할 수 없다는 의미다.[133]

가장 객관적으로 정확하게 평가하고 있는 글이 아닐까 판단되어 인용하였다. 그런데 이 인용문을 이해하는 데 있어서 '양자의 움직임을 위치와 운동량이라는 개념으로 확정하여 관찰할 수 없다는 점을 어떻게 이해할 것인가?'라는 것이 관건이라고 판단된다. 필자처럼 개념이란 비실재적이고 비본질적인 언어적 의미규정일 뿐이라고 생각하는 사람은 이 실험의 결과가 개념으로 규정 가능한 객관적 실체란 결코 외계에 실재할 수 없다는 의미로 해석할 것이다.

반면에 개념이 객관적 실재성을 갖는다고 확고하게 믿는 사람들은 이러한 실험 결과에 대해 다른 관점에서 해석할 수도 있을 것 같다. 이러한 개념의 물리량은 일정한 범위로 측정이 가능할 뿐이지 확정적인 수치로는 측정이 불가능하다는 의미로 이해할 수도 있을 것 같다.

실제로 많은 과학자들이 이렇게 이해하고 있는 것 같다. 다음의 인용문을 읽어 보기로 하자.

그 한 예로써 불확정성의 원리에 따르면, 입자의 위치와 속력의 관계에 있어 입자의 위치를 정확히 측정할수록 속력은 불확실해지고, 반대로 속력을 정확히 측정할수록 위치는 불확실해진다. 이러한 불확정성 때문에 물리학자들이 양자요동(quantum flucyuation)이라고 부르는 현상이 초

---

133)   데이비드 린들리, 박배식 옮김, 『불확정성』(서울: 도서출판 마루벌, 2009), 162쪽.

래된다. 간단히 말하자면 이는 입자들이 움직일 때 그 위치와 속력이 불확정성의 원리에 의해 불확실해지므로, 그 궤적도 이에 따라 불규칙적으로 요동한다는 뜻이다. (중략) 물리학자들이 이 양자역학적 현상을 수학적으로 분석해본 결과, 미소한 시간과 공간의 범위에서 일어나는 양자중력요동이 매우 크게 나타났다. (중략) 오랫동안 과학자들은 일반상대성이론과 양자역학 사이의 이 모순을 해소하기 위해 노력했다. 그러던 중 1970년대에 초끈이론(Superstring Theory)이 정립되고, 특히 1980년대에 들어 이 이론의 중요성과 효용성이 발견되고 나서야 비로소 해결의 실마리가 포착되었다.[134]

이 인용문은 초끈이론(Superstring Theory)의 세계적인 권위자로 평가받는 브라이언 그린의 설명이다.

이 과학자는 불확정성 원리의 참뜻을 이해하지 못하고, 양자의 움직임에서는 위치와 운동량(또는 속력)이라는 물리량이 불확정성을 갖는다고 이해하고 있다. 또한, 양자의 불확정적인 운동 양상을 이해할 수 있다고 판단하고 있다. 이러한 그릇된 이해를 바탕으로 그들은 불확정성 원리와 상대성이론을 조화할 수 있다는 점을 입증하기 위해 초끈이론을 주장하기에 이른다.

그러나 불행히도 초끈이론은 얼마 지나지 않아 그것이 실패작이었다는 점이 밝혀지고 만다. 피터 보이트라는 학자는 『초끈이론의 진실』이라는 저서에서 이 초끈이론이 성립될 수 없다는 점을 선언

---

[134]  알베르트 아인슈타인, 고중숙 옮김, 『상대성이론이란 무엇인가』(서울: 김영사, 2011), 29~30쪽.

하고 있다. 물론 필자는 이 주장이 물리학적으로 타당한 것인가 판단할 입장은 못 된다.

그러나 철학적인 측면에서 이 초끈이론은 불확정성 원리를 전적으로 잘못 이해한 결과라는 점만은 확신할 수 있다. 위 인용문에서 그들이 불확정성 원리를 전적으로 잘못 이해하고 있다는 점을 확인할 수 있다. 바로 "이러한 불확정성 때문에 물리학자들이 양자요동(quantum fluctuation)이라고 부르는 현상이 초래된다"라는 구절이다.

이 설명에서 불확정성 원리를 위치와 속력이 불확정적 관계에 있다는 점을 입증함으로써 양자의 요동현상을 밝히는 이론으로 잘못 이해하고 있다는 것을 알 수 있다. 그 결과, 마치 불확정성 원리로 말미암아 양자요동현상이 입증되는 것으로 이해하고 있다.

이렇게 불확정성 원리의 바른 의미를 정확하게 이해하지 못하는 이유가 바로 이 위치니 운동량이니 하는 개념이 곧 객관적 실재성을 가지고 있다고 확신하기 때문이다. 그 결과, 그것들이 확정적으로 규정할 수 없다고 하더라도 여전히 실재하는 물리량이라고 확신하고 있다.

그러나 불확정성 원리는 위치와 속력(운동량)의 관계를 통해 양자의 요동현상을 밝히기 위한 이론이 아니다. 다음 구절을 읽어 보기로 하자.

입자의 위치와 운동량의 불확정성 간의 관계만이 불확정성 원리의 유일한 형태는 아니다. 이와 유사한 관계들은 다른 양들 사이에서도

일어난다. 예를 들면, 원자 현상을 띠는 시간과 그것이 포함하는 에너지의 관계가 그것이다.[135]

이 인용문에서 불확정성 원리가 비단 입자의 위치와 운동량의 관계, 즉 양자요동현상을 밝히기 위한 이론이 아니라는 점을 읽을 수 있다.

불확정성 원리는 상보적 관계의 개념들로 규정할 수 있는 객관적 실체란 실재하지 않는다는 점을 밝히고 있다. 즉 위치와 운동량이라는 개념으로 양자의 물질적 특성을 규정하여 이해할 수 없을 뿐만 아니라, 시간과 에너지라는 개념의 물리량에서도 불확정성이 발견된다고 설명하고 있다.

여기에서 매우 중요한 점은 만약 이러한 개념들이 실재하는 물리량이라고 인정해야 하고 다만 그것들이 확정적으로 측정되지 않을 뿐이라고 주장한다면, 이론물리학은 성립될 수 없다는 사실이다. 모든 자연과학자가 이 점을 명확하게 인식해 주기를 바란다. 분명 이론물리학은 수학을 분석의 도구로 사용하고 있다. 즉, 수학을 통해 그 이론의 논리적 정당성을 입증하고 있다. 그런데 이러한 개념들이 불확정적이라면 그 수학적 등식이나 분석 기법들은 다만 기호들의 나열일 뿐, 전적으로 어떠한 필연성이나 정당성도 인정할 수 없다. 왜냐하면 그 수학적 수식들에 대한 해석도 결국 언어를 통해 이해되기 때문이다.

---

135)  프리초프 카프라, 앞의 책, 175쪽.

모든 이론학에 있어서 그 논리적 정당성은 그 이론 체계에서 사용하고 있는 모든 개념이 확고하고 대체 불가능한 의미내용을 규정하고 있어야만 확보될 수 있다. 만약 기초적인 개념들이 애매모호하다면 일관된 논리 체계를 정립할 수 없다. 수학에 있어서도 사용되는 기호들의 개념이 불확정적이라면 그 수식 자체가 논리적으로 성립될 수 없다. 그것이 궁극적으로 무엇을 의미하는지 명확하게 알 수 없을 것이니 말이다.

그런데도 여전히 이러한 불확정적인 개념을 수학 기호로 대체하여 수학 공식에 따라 기계적으로 계산하고 있다는 것은 바로 이러한 해석의 문제를 깊이 인식하지 못하고 있다는 의미이다. 바로 하이젠베르크가 이러한 문제점을 "수학의 기호들을 통상 언어의 개념들과 연결시키는 단순한 지침도 우리는 애초에 가지고 있지 않다"고 지적한 것이다.

우리는 그동안 개념이라는 것이 의식을 통해 언어적 표현으로 규정된 비실재적이고 비본질적인 의미내용일 뿐이라는 점을 이해하지 못했다. 앞에서 살펴본 바와 같이 의식이 오로지 문자 언어를 매개로 그 언어적 의미를 사유하는 언어적 사유작용일 뿐, 결코 외계와 직접적으로 관계를 맺을 수 없다는 점을 이해하지 못했기 때문이다.

데카르트와 칸트는 이 점을 이해하지 못하고, 의식에서 직관이 가능하다고 주장함으로써 의식에서 사유된 개념들이 객관적 실재성을 갖는다고 착각한 것이다. 그러나 외계에 실재한다고 말할 수 있는 것은 오로지 감각 기관을 통해서만 직관된다. 반면에 의식은 오로지 개념적 언어를 통해서 그 언어에 담긴 개념적 의미를 인식하는 언어작용일 뿐이라는 점을 확고하게 이해해야 한다.

불확정성 원리는 바로 이 점을 지적한 것이다. 지금 실재하는 양자의 움직임을 직접적으로 관찰한다는 것은 직관하는 것이다. 당연히 직관하는 것은 개념으로 규정하여 이해할 수 없다. 개념은 오로지 의식을 통해서 사유되기 때문이다. 그는 양자의 움직임을 정확하게 관찰하기 위해서는 개념을 통해서 인식하는 방식으로는 불가능하며, 직관적 방법이 필요하다는 것을 깨달은 것이다.

이러한 깨달음을 불확정성 원리로 발표한 것이다. 이 점을 정확하게 이해해야만 불확정성 원리의 참뜻을 이해할 수 있다. 명백히 불확정성 원리는 개념이란 비실재적이고 비본질적인 의미규정일 뿐이며, 결코 실재하는 물리량이 아니라는 점을 드러내 밝혀 주고 있다.

이 점을 확고하게 이해해야만 '파동함수의 확률해석'이 양자의 위치를 관찰할 수 있는 직관적 방법론이라는 점을 이해할 수 있다.

# IV.
# 『중론(中論)』에서도
# '시간과 공간이 실재하지 않다'는 점을
# 논증하고 있다

◇◇◇◇◇◇◇◇◇◇◇◇◇◇◇◇◇◇◇◇

  자연과학계에서 시간과 공간이라는 개념을 실재하는 물리량으로 착각하는 것은 아마도 칸트가 시간과 공간을 직관의 형식이라고 주장한 데서 비롯된 것이 아닐까 판단된다.

  앞에서 여러 차례 거론했지만, 칸트는 우리의 눈앞에 펼쳐진 모든 사물의 표상이 외계의 물질적 사물이 가진 독자적인 표상이라고 주장하고 있다. 바로 이러한 전제로 인해서 모든 사물의 표상이 우리의 감각 기관에 선천적인 표상능력에 의해 드러나 나타난 것이라는 것을 이해하지 못하게 하는 결과가 초래되었다. 이로써 우리는 인식현상[유위법(有爲法)]과 자연현상[무위법(無爲法)]을 구분하지 못하게 되었다.

  앞에서 의식의 사유작용으로 인해서 감각적 지각에 이미 개념적 의미가 부가된 감각적 대상(감각적 표상과 개념적 의미)이 지각된다는 점에 대해 살펴보았다. 그리고 의식을 통해 외계를 인식하는 관념적 사유의 세계에서는 이 감각적 표상이 '개념적 의미가 부가된 대상성[유표색(有表色)]'을 소재로 표상한 것이라는 점을 살펴보았다. 이로써 의식에 현상한 인식현상에는 개념적 의미가 부가되어 있다.

반면에 의식의 사유작용이 끊어져 멸절한 본원적 직관에는 '본질적 속성의 대상성[무표색(無表色)]'을 소재로 표상된 본질적 표상이 현상한다. 즉, 자연현상은 오로지 본원적 직관을 통해서 우리의 감각기관에 현상한다는 것이다.

이러한 차이점을 구분해야 한다. 개념을 통해 이해된 물리 법칙은 의식에 현상한 인식현상을 토대로 정립된 물리이론이다. 이 인식현상은 감각적 지각을 통해 지각된 감각적 표상이 재표상된 것이다. 결코 자연현상은 개념을 통해서 인식할 수 없다. 개념으로 규정하여 이해하는 순간 자연현상은 은폐되고 인식현상이 드러나 나타난다는 점을 잊어서는 안 된다.

그런데 이 점을 다만 논리적인 이론 체계를 통해서만 설명하기 때문에 쉽게 설득되지 않는 것 같다.

이제 범지 청목이 『중론(中論)』의 관거래품(觀去來品)에서 공간 개념에 대해 설명하는 것을 읽어 보면서 실제로 우리가 외계를 인식할 때 공간의 개념이 어떠한 사유의 과정을 통해 인식되는지 정확하게 이해해 보기로 하자.

이와 같이 사유하고 관찰하니, '가는 현상'과 '가는 사람' 그리고 '가는 곳'이라는 인식현상은 모두 '서로가 원인이 되는 대상정립적 사유[待]136)'이다. '가는 현상'으로 인해서 '가는 사람'이 존재하게 되고, '가

---

136)  '待'는 '待對'라고 번역하기도 한다. 이는 범어로 'apekshā'로 '…에 관하여 두루 헤아려 생각하다'라는 의미이다. 이것을 철학적으로 번역한다면 곧 의식의 대상정립적 사유작용을 의미한다.

는 사람'으로 인해서 '가는 현상'이 존재하게 된다. 이 두 가지 인식현상으로 인해서 곧 '갈 곳'이 존재하게 된다. 결단코 실재한다고 말할수 없다. 물론 결단코 없다고도 할 수 없다. 이로써 분명하게 알 수있는 것은 세 가지 인식현상이 모두 허망한 것이고, 텅 비어서(空) 실재하는 것이 없다. 단지 거짓으로 이름[名; 개념적 의미규정] 붙인 것이다. 마치 허깨비와 같고, 요술과 같은 것이다(如是思惟觀察 去法去者所去處 是法皆相因待 因去法有去者 因去者有去法 因是二法則有可去處 不得言定有 不得言定無 是故決定知 三法虛妄 空無所有 但有假名 如幻如化).[137]

외계에 일정한 방향으로 움직이는 사람이 존재한다고 하자. 실제로 우리의 눈앞에는 이렇게 일정한 방향으로 이동하고 있는 수많은 사람이 표상되어 현상하고 있다.

이때 우리가 직관할 수 있는 사태는 오로지 그 사람들이 일정한방향으로 움직이고 있다는 사태뿐이다. 마치 사과나무에서 사과가떨어질 때와 마찬가지로 그 사태만이 직관될 뿐이다. 이렇게 직관되는 사태를 '무위법(無爲法; 의식에 현상하지 않고 감각 기관을 통해 직관된 자연현상)'이라고 한다. 이때는 그 많은 사람의 움직임에 대해 '간다' 또는 '온다'라는 공간지각이 일어나지 않는다. 그저 많은 사람이스쳐 지나갈 뿐이다.

그런데 의식을 통해 그 사태 가운데 한 사람을 인식할 때 우리는나에게서 멀어지면 '간다'라고 인식하고, 나에게 가까이 다가오면

'…에 관하여'란 곧 그 대상을 대상화한다는 의미이다.
137) 용수보살, 『중론』, 5쪽 c.

'온다'라고 인식한다. 분명 그 직관된 사태에는 '간다' 또는 '온다'라는 개념적 의미가 존재하지 않는다. 그런데 의식이 작동하면서 그 사람을 구체적으로 인식하는 과정에서 보고 있는 주관이 자신에게 거리상으로 가까워지면 '온다'라는 개념으로 인식하고, 멀어지면 '간다'라는 개념으로 인식하게 된다.

이때 '간다는 현상(인식현상)'이 의식에 현상하고 있으며, 분명 이 '간다는 현상'에는 '간다'라는 개념적 의미가 부가되어 있다.

이렇게 의식에 현상한 그 '간다는 현상[去法]'을 유위법(有爲法; 인식현상)이라고 한다. 그런데 앞에서 우리는 의식은 결코 감각에 현상하는 사물들의 표상을 직접적으로 인식하지 못한다는 점을 살펴보았다. 의식은 오로지 하나의 대상만을 지향하여 인식할 수 있기 때문에 수많은 대상 사물 가운에 구체적인 하나의 대상을 지향하여 지각하는 감각적 지각을 선행적으로 동반해야 한다. 따라서 이 '간다는 현상'은 감각적 지각에 의해 지각된 감각적 표상이라는 점을 알 수 있다. 즉, 이미 감각적 지각에서 '간다'라는 의미가 내포된 감각적 표상이 지각되며, 이 감각적 대상이 의식의 재표상능력에 의해 재표상된 것이다.

이렇게 의식에 현상한 그 '간다는 현상'은 감각적 지각에 의해 개념적 의미가 부가된 인식현상[유위법(有爲法)]이다.

바로 여기에서 자연현상[무위법(無爲法)]과 인식현상[유위법(有爲法)]의 차이점을 명확하게 구분해야 한다는 점을 확인할 수 있다. 이러한 차이점을 정확하게 이해하지 못하기 때문에 고전물리학에서 주장하는 물리 법칙이 자연현상과는 전혀 관련이 없다는 점을 이해하지 못하는 것이다.

그리고 바로 이러한 인식현상으로부터 '가는 사람'이라는 대상이 인식되고, '가는 곳'이라는 목적지의 개념이 생겨난다. 이와 같이 다양한 공간이라는 개념은 텅 빈 허공(그 사람이 움직이는 공간은 분명 비어 있다)에서 일어나는 인식 대상의 움직임과 변화를 구분하여 이해하는 과정에서 생겨난 것이다. 앞에서 '거리'라는 개념도 두 물체 사이의 텅 빈 공간을 대상화하여 인식한 것이라는 점을 지적하였다. 이와 같이 모든 개념들은 이렇게 외계에 실재하지 않는 의미내용을 마치 실재하는 것처럼 객관화(대상화)하여 그것을 언어적 표현으로 규정한 것이다.

그런데 여기에서 중요한 점은 이 움직임이 "결단코 없다고도 할수 없다"라는 설명이다. 이러한 움직임(상태의 변화)은 분명 본질적 표상으로서 드러나 나타나고 있다. '일정한 방향으로 움직이고 있다'라는 그 사태만은 분명하게 드러나 나타나고 있다. 그러나 이 직관된 사태에는 결코 '간다'라는 개념적 의미는 존재하지 않는다.

다만 우리가 그러한 변화를 의식을 통해서 인식하려고 할 때 '간다고 하는 개념적 의미가 부가된 인식현상'이 현상하게 되고, '가는 사람'이라는 객관적 대상이 정립된다. 우리는 '가는 곳'이라는 개념으로 규정하여 그 사태를 이해한 것이다. 분명 '간다'라는 개념은 직관되는 사태에는 존재하지 않았다. 의식을 통해 그 사태를 이해하면서 생겨난 개념이다. 이러한 점에서 개념은 결코 어떠한 실재성도 가지고 있지 않다는 점을 알 수 있다. 의식을 통한 모든 대상

인식은 이와 같이 의식을 통해 감각적 대상에 내포된 개념적 의미를 구체적인 언어적 표현으로 규정함으로써 개념을 창출한다.

이렇게 지향된 대상에 대해 언어적 의미로 규정하여 인식하는 의식의 지향성을 '차별적인 의미를 규정하는 지향성[증상연(增上緣)]' 또는 '의미규정작용'이라고 한다. 이 지향성으로 인해서 개념들이 서로가 서로의 원인이 되어 또 다른 개념을 파생시키고 창출하게 된다.

이와 같이 모든 개념은 의식의 대상정립적 사유작용[待]을 통해 창출된 비실재적이고 비본질적인 의미규정이라는 점을 깨우쳐 주고 있다. 개념으로 규정하여 이해하고 있는 그 의미내용들은 결코 어디에도 실재하지 않는다. 주관의 가치 판단에 의해 규정된 상대적 차별성일 뿐, 어디에도 존재하지 않는 의미내용이다. 이러한 점에서 개념이란 허깨비나 요술과 같은 것일 뿐이다.

마찬가지로 시간이라는 개념도 천체의 움직임(변화)을 구분하여 이해하기 위해 그 변화를 인위적으로 분할하여 표현한 언어적 의미규정일 뿐이다. 그 어디에서도 1년이라는 시간 개념이나 한 달이라는 시간 개념은 실재하지 않는다. 다만 천체들의 움직임만이 존재한다. 그 천체의 움직임을 구분하기 위해 시간 개념을 만든 것이다.

1년이란 지구가 태양을 1회 공전하는 시간이고, 한 달이란 달이 지구를 1회 공전하는 시간이다. 이와 같이 시간이란 천체의 움직임을 구분하여 이해하기 위해 설정된 언어적 의미규정일 뿐, 실재하는 것이 아니라는 점은 매우 쉽게 이해할 수 있다.

1년을 365일로 규정하였는데, 이러한 규정은 실제 지구의 공전 주기와 일치하지 않는다. 이 때문에 4년에 한 번씩 1년을 366일로 정하고 있다는 점에 주목하기 바란다. 분명 지구의 공전 속도는 항상 일정할 것이다. 4년에 한 번씩 하루 늦게 공전하지는 않는다. 그런데 우리는 4년에 한 번씩 2월을 29일로 설정하고 있다. 이 간단한 사실만으로도 충분히 시간 개념이라는 것이 필요에 따라 인위적으로 설정된 언어적 의미규정일 뿐이라는 점을 확인할 수 있다.

범지 청목(梵志 靑目)은 시간에 관하여 다음과 같이 설명하고 있다.

시간이 머물러 있지 않다면 당연히 그것을 얻을 수 없다. 시간이 머문다고 하는 것도 역시 있을 수 없는 일이다. 따라서 만약 시간을 얻을 수 없다면 어찌하여 시간이라는 표상을 말할 수 있겠는가?

만약 시간이라는 표상이 존재하지 않는다면 곧 시간이란 실재하지 않는다. 대상 사물로 인해서 생성되기 때문에 시간이라고 일컫는다. 만약 대상 사물이 없다면 시간은 존재하지 않는다.

위에서부터 지금까지 여러 가지 인연을 통해서 모든 인식 대상을 타파했다. 대상 사물이 존재하지 않는데, 어찌 시간이 존재한다고 할 수 있겠는가?

(時若不住不應稼得 時住亦無 若時不可得 云何說時相 若無時相則無時 因物生故則名時 若離物則無時 上來種種因緣破諸物 物無故何有時)[138]

지구의 공전과 자전은 한순간도 멈추지 않는다. 이렇듯 지속적으로 변화하고 있는데, 어떻게 그것을 '1분' 또는 '1시간'이라는 일정한

---

138) 용수보살, 앞의 책, 26쪽 上.

시간으로 구분하여 나눌 수 있을까? 우리는 이렇듯 끊임없이 변화하고 있는 천체의 운행을 구분하여 이해하기 위해 불가피하게 그 끊임없이 움직이는 변화를 나누어서 시간이라는 개념을 만든 것이다.

이와 같이 천체의 움직임을 구분하기 위해 설정한 개념이기 때문에 시간이라는 표상은 존재할 수 없다. 인용문에서는 이렇게 어떠한 표상도 얻을 수 없는데 무엇을 시간의 표상이라고 거론할 수 있느냐고 반문하고 있다.

앞에서도 언급했듯이 '존재한다'라는 것은 본질적 표상과 본질적 존재의미가 함께 드러나 나타나야 한다. 그런데 시간은 어떠한 표상도 없다. 우리는 마치 우주 공간에 시간이 흐르는 것처럼 인식하고 있지만, 어느 순간을 잡아서 시간의 표상이라고 할 수 있겠는가? 우리가 어떤 것이 실재한다고 말할 수 있으려면 결코 부정할 수 없는(변함없이 존재하는) 본질적 표상이 존재해야 한다. 그런데 시간이란 이러한 본질적 표상이 없으므로 그것이 실재한다고 말할 수 없다. 사실성이나 실재성이란 언어적 의미규정에 근거해서 이루어지는 것이 아니고, 사물의 본질적 표상을 통해서 이루어진다는 점을 설명하고 있다. 따라서 "시간이라는 표상이 존재하지 않는다면 곧 시간이란 실재하지 않는다"라고 결론짓고 있다.

다음으로 중요한 것은 "인식 대상으로 인해서 생성되기 때문에 시간이라고 일컫는다. 만약 인식 대상이 없다면 시간은 존재하지 않는다"라는 설명이다.

시간이 '인식 대상으로 인해서 생성되었다'라는 설명에 주목해야 한다. 즉, 인식 대상의 변화를 통해서 시간이라는 개념이 생성된다는 것이다. 이에 대해서는 앞에서 모든 개념이 의식의 네 가지 지향 작용을 통해서 생겨난다는 점을 살펴보면서 자세히 논의하였다. 우연히 옛 친구를 마주치면서 과거를 회상하는 가운데 '30년'이라는 시간의 개념이 생겨난다는 사례를 통해 자세히 살펴보았다. 그리고 앞에서 『종경록』에서 '사물은 서로 오고 가지 않는다(物不相往來)'라고 설명하는 부분에서도 자세히 거론하였다. 결코 과거의 사물은 현재 존재할 수 없고, 미래의 사물도 현재 존재하지 않는다. 그 사물의 과거 표상은 본원적 주관성에 내재된 종자로부터 재표상되어 의식에 현상할 뿐이다. 이로써 현재 눈을 통해 지각되는 현재의 표상과 그 과거 표상을 비교하는 가운데 시간의 개념이 생겨난다. 즉, 의식을 통해 과거의 표상과 현재의 표상을 재표상하여 비교하는 가운데 시간의 개념이 생겨난다. 이러한 비교가 어떻게 가능한가에 대해서는 의식의 네 가지 지향성을 살펴보면서 자세히 거론하였다.

이와 같이 시간 개념이란 전적으로 의식의 대상정립적 사유작용에 의해 창출된 것일 뿐, 결코 외계에 실재하지 않는다는 점을 알 수 있다. 이러한 점에서 "모든 인식 대상을 타파했다. 대상 사물이 존재하지 않는데, 어찌 시간이 존재한다고 할 수 있겠는가"라고 설명하고 있다. 의식에 의해 정립된 대상이 없다면 결코 시간도 존재하지 않는다는 점을 명확하게 드러내고 있다.

이제 더 이상 자연과학계에서 시간과 공간이라는 개념으로 인해서 혼란을 겪는 일이 없기를 간절히 바란다. 시간과 공간의 개념을 기초로 정립된 모든 물리량은 결코 물질적 사물이 가진 본질적인 물리량이 아니라는 점을 깊이 인식해야 한다. 이것들은 개념적 언어로 규정된(이해된) 물리량이다.

# V.
# 공간과 시간에 대한 칸트의 오해와 왜곡

앞에서 의식을 통해 외계를 인식하는 것(즉, 개념을 통해서 이해하는 것)은 외계를 '있는 그대로' 이해하는 것이 아니고, 감각적 지각을 통해서 객관화하여 이해하는 것이라는 점을 확인하였다. 그리고 이렇게 객관화하는 과정에서 그 사물이 본질적으로 가지고 있는 것이 아닌(다시 표현하자면 전적으로 주관적 가치 판단에 의해 규정된) 개념적 의미가 부가된다는 점도 확인하였다. 이러한 인식현상은 의식이 문자 언어를 매개로 그 언어적 의미를 사유하는 언어적 사유작용이기 때문에 일어나는 현상이다.

분리뇌 연구의 실험 결과들을 살펴보면서 의식이 문자 언어를 매개로 그 언어적 의미를 사유하는 언어적 사유작용이라는 점을 확인하였다. 과학적인 실험을 통해서 확인했다는 점에서 자연과학자들도 이론의 여지가 없을 것이다.

그렇다면 당연히 개념적 언어로 정립된 물리 법칙도 이와 같이 자연현상(사물의 본질로 인해서 발생하는 현상)이 아닌 객관화함으로써 생겨난 인식현상을 분석하는 이론이라는 점을 인정해야 한다. 다만 객관화하는 과정에서 주관적 요인이 배제되었을 뿐이다. 즉 고전물리학의 물리 법칙에 입각해서 달에 갈 수 있었다는 것은 그것이 사물의 본질적 존재의미를 '있는 그대로' 이해한 결과가 아니고, 다만 외계를 철저하게 객관화해서(주관적 요인을 배제하고) 이해한 것이다. 로켓을 타고 달에 가는 것은 우주의 본질이나 본질적 존재의 미와는 전혀 관련이 없지 않은가? 다만 천체의 움직임을 정확하게 객관적으로 이해했다는 것을 의미할 뿐이다.

이러한 점에서 칸트가 시간과 공간이라는 개념을 직관의 형식이라고 주장한 것에 어떠한 오류와 왜곡이 내포되어 있는지 정확하게 확인하기로 하자. 그래야만 시간과 공간이라는 개념이 결코 외계에 실재하는 것이 아니라는 점을 확고하게 이해할 수 있을 것이다. 이로써 시간과 공간의 개념에 기초하여 정립된 물리 법칙이 자연의 법칙을 해명하는 것이 아니라는 점을 이해할 수 있을 것이다.

먼저, 그는 의식에 현상한 사물의 표상을 '경험적 직관을 통한 무규정적 대상'이라고 주장하고 있다.

> 우리가 대상에 의해 촉발되는 한에서, 대상이 표상능력에 미치는 결과가 감각이다. 감각에 의해 대상과 관계 맺는 그런 직관은 경험적이라 일컫는다. [그리고] 경험적 직관의 무규정적 대상을 현상이라 일컫는다.[139]

이 인용문에서 '무규정적 대상'이란 어떠한 개념적 의미로도 규정되지 않은 대상이라는 의미일 것이다. 이렇게 감각에 어떠한 의미

---

139) 임마누엘 칸트, 앞의 책, 240쪽.

로도 규정되지 않은 대상이 현상한다고 주장하고 있다. 이와 같이 감각에 무규정적인 대상이 현상할 수 있는 것은 외계의 물질적 사물들이 자신만의 고유한 표상을 가지고 존재한다고 전제했기 때문에 가능하다.

그러나 이러한 무규정적인 대상은 감각에 현상할 수 없다. 앞에서 살펴본 바와 같이 우리의 감각에 현상하고 있는 그 사물의 표상은 본원적 주관성의 선천적 표상능력[팔식(八識)의 상(想)]에 의해 표상된 감각적 표상이다. 그리고 이 감각적 표상은 개념적 의미와 함께 현상한다.

이뿐만 아니라 뇌과학의 감각질(qualia)이론에서도 감각질에 이미 주관에 의해 부가된 개념적 의미가 내포되어 있다고 밝히고 있다. 특히 불교에서는 이 감각적 표상이 '개념적 의미를 지닌 대상성[유표색(有表色)]'을 소재로 표상된 것이라는 점을 깨우쳐 주고 있다. 이로써 이 감각적 표상에 이미 시간과 공간이라는 개념적 의미가 내포되어 있다는 점을 자세히 설명하고 있다.

이와 같이 감각에 현상한 그 대상들은 이미 시간과 공간이라는 개념적 의미가 내포된 감각적 표상이다. 그런데도 그는 이러한 점을 이해하지 못하고, 무규정적 대상이 감각에 현상한다고 주장한다. 이러한 전제 조건으로 인해서 의식의 감성작용이 시간과 공간이라는 직관의 형식으로 작동한다는 논리를 세울 수 있었다.

그러나 바로 여기에서 또 다른 오류가 불가피하다. 이와 같이 시간과 공간이라는 개념을 직관의 형식이라고 주장하는 것은 개념과 표상을 엄밀하게 구분하지 못하기 때문에 야기된 오류이다.

> 공간은 모든 외적 직관의 기초에 놓여 있는 선험적이고 필연적인 표상
> 이다. (중략) 그것은 외적 현상들의 기초에 반드시 놓여 있는 선험적인 표
> 상이다.[140]

> 공간은 다름 아니라 외감의 모든 현상들의 형식일 따름이다. 다시 말
> 해 공간은 그 아래서만 우리에게 외적 직관이 가능한, 감성의 주관적 조
> 건일 따름이다.[141]

먼저 앞선 인용문에서는 공간이라는 개념이 '선험적인 표상'이라
고 주장하고 있다. 공간이라는 개념으로 표현된 곳에는 어떠한 표
상도 존재하지 않는다. 어떠한 표상도 존재하지 않는 '텅 빈 허공'을
사물의 표상이 있는 곳과 구분하기 위해 공간이라는 개념을 만들
었다. 그런데 그는 이렇게 어떠한 표상도 존재하지 않는 공간을 '선
험적이고 필연적인 표상'이라고 주장하고 있다. 이러한 주장은 사물
의 표상이 외계에 실재한다고 전제하였기 때문에 가능한 발상이다.
그 사물의 표상들이 공간이라는 선험적 표상 속에 현상하고 있다
는 논리가 가능하기 때문이다. 그래서 그가 이 공간이라는 표상이
"외적 현상들의 기초에 반드시 놓여 있는" 것이라고 주장하는 것이
다. 이와 같이 그릇된 전제로부터 계속해서 또 다른 오류와 왜곡이

---

140) 임마누엘 칸트, 앞의 책, 244쪽.
141) 임마누엘 칸트, 앞의 책, 247쪽.

발생하는 것이다.

　명백하게 공간이라는 개념은 개념적 언어로 표현된 언어적 의미 규정이다. 이렇게 단정할 수 있는 것은 공간이라는 표상이 존재하지 않기 때문이다. 어떠한 표상도 존재하지 않는 텅 빈 허공을 구분(구획)하여 인식할 때 공간이라는 개념으로 인식한다. 예를 들어 텅 빈 창고가 있다고 하자. 이렇게 창고가 텅 비어 있을 때는 그 텅 빈 허공에 대해 어떠한 공간의 개념도 생겨나지 않는다. 다만 네 벽과 천정 그리고 바닥만이 직관될 뿐이다. 그리고 이는 '비어 있다(아무것도 없다)'라는 의미밖에는 인식되지 않는다. 텅 빈 허공 자체는 결코 인식될 수 없다. 어떠한 표상도 없기 때문이다.

　그런데 그 창고에 어떤 물건을 넣을 때 그 창고가 '좁은 공간' 또는 '넓은 공간'이라는 개념적 의미로 인식된다. 그 창고의 텅 빈 허공의 부피보다 큰 물건을 넣으려고 할 때는 '좁은 공간'으로 인식된다. 반면에 아주 작은 부피의 물건을 넣을 때는 '넓은 공간'으로 인식된다. 이와 같이 공간이라는 개념은 텅 빈 허공을 구획하여 구분한 구간(區間)이다.

　따라서 공간이라는 단어는 오로지 개념적 의미만을 담지하고 있는 언어적 의미규정일 뿐이다. 반면에 표상은 그림이나 영상과 같은 것이다. 구름이 흘러가는 하늘을 그린 그림을 보듯이 하늘은 그렇게 그림이나 영상과 같이 우리의 감각 기관에 현상한다. 칸트는 이렇듯 언어적 의미규정인 개념과 그림이나 영상의 형태로 현상하는 표상을 전혀 구분하지 못하고 있다.

이러한 오류와 왜곡은 계속해서 확대 재생산된다. 앞의 두 번째 인용문에서 "공간은 그 아래서만 우리에게 외적 직관이 가능한" 것이라고 설명하는 것은 곧 이 선험적 표상인 공간을 통해서(공간의 바탕 위에) 모든 사물의 표상이 현상한다는 의미이다. 이러한 주장은 사물의 표상이 외계에 실재한다고 전제하기 때문에 가능한 것이다. 그러나 사물의 표상은 선천적 표상능력에 의해 표상된 것이다. 이 공간이라는 개념으로 인해서 사물의 표상이 직관되는 것이 아니다. 선천적 표상능력에 의해 표상된 본질적 표상이 드러나 나타나야만 직관이 가능하다. 계속해서 성립될 수 없는 궤변의 연속이다.

그러나 결국 그는 공간이라는 개념이 허공을 구획하여 구분한 구간이라는 점을 실토하고 있다. 다음 인용문을 읽어 보자.

> 공간은 본질적으로 하나이다. 그것 안의 잡다는, 그러니까 공간들 일반에 대한 일반적 개념은 전적으로 [유일 공간의] 구획들에 의거한다. 이로부터의 귀결은, 공간과 관련해서는 (경험적이지 않은) 선험적 직관이 그것에 대한 모든 개념들의 기초에 놓여 있다는 것이다.[142]

이 인용문에서는 표상과 개념을 구분하지 못함으로써 어떠한 오류가 발생하는지 명확하게 보여 주고 있다. 공간 개념 일반이 "구획들에 의거한다"라고 설명하면서 동시에 "선험적 직관이 그것에 대한 모든 개념들의 기초에 놓여 있다"라고 설명하고 있다.

---

142) 임마누엘 칸트, 앞의 책 1권, 245쪽.

그렇다면 선험적 표상으로서의 공간이 이미 '구획되어' 있다는 의미가 성립된다. 이것을 쉽게 표현하면 '우주'라고 하는 선험적인 표상에 '은하계' 또는 '태양계'라는 구획된 공간이 존재한다는 것이다. 이렇게 우주 공간에 다양한 개념의 공간이 나뉘어 있는 것일까?

광활한 우주에서 태양을 중심으로 공전하는 행성들이 존재하는 부분적인 공간을 우리는 다른 공간과 '구획하여' 그것을 태양계라는 개념으로 인식한다. 이것은 곧 주관(의식)에 의해 그 경계를 나누어(구획하여) 공간이라는 개념을 생성한다는 것을 의미한다. 어떻게 우주가 미리 구획되어 존재할 수 있겠는가?

이 인용문에서 그는 공간이라는 단어가 주관에 의해 허공을 구획하여 구분한 구간이라는 의미로 사용된다는 점을 인정하고 있다. 그러면서도 개념이라는 것이 언어적 의미규정이라는 점을 인정하지 않기 때문에 이러한 오류를 범하는 것이다. 이 '구획'이라는 표현에서 공간이란 의식에 의해 규정된 언어적 의미규정이라는 점을 스스로 드러내고 있다. 구획은 의식의 대상정립적 사유작용을 통해서만 가능하기 때문이다. 텅 빈 허공 가운데 특정한 부분을 객관화(대상화)함으로써 그것을 구획할 수 있는 것이다.

이러한 점에서 공간이란 개념은 의식의 의미규정작용[증상연]을 통해서 '텅 비어 있는' 허공을 여러 가지 관점에서 구획하여 규정한 언어적 의미규정이라는 점은 지극히 명백하다. 따라서 '외적 현상들의 기초에 반드시 놓여 있는 선험적인 표상이다'라는 주장은 성립될 수 없다. 그런데도 '선험적인 표상'이니 '선험적인 직관'이라는 표현을 동원하여 공간의 개념을 설명하고 있다.

그의 이러한 모든 표현은 표상과 언어적 의미규정인 개념을 구분하지 못함으로써 야기되는 오류라고 할 수 있다.

이상에서 살펴본 바와 같이 개념과 표상을 엄밀하게 구분하지 못하고, 시간과 공간이란 개념을 직관의 형식이라고 주장하게 된 근본 원인은 개념이라는 것이 의식의 사유작용을 통해 규정된 언어적 의미규정이라는 점을 이해하지 못하기 때문이다. 이러한 과오는 시간 개념에 대한 이해에서 극명하게 드러난다.

> '변화들은 실재적이다. 그런데 변화들은 오로지 시간상에서만 가능하다. 따라서 시간은 실재적인 어떤 것이다.' 이런 비난에 대한 응답은 하나도 어려울 것이 없다. 나는 이 논변 전체에 동의한다. 시간은 물론 실재적인 무엇, 곧 내적 직관의 실재적 형식이다. 그러므로 시간은 내적 경험과 관련하여 주관적 실재성을 갖는다. 다시 말해, 나는 실제로 시간 표상과 시간상에서의 나의 규정들에 대한 표상을 가지고 있다. 그러므로 시간은 실제로 객관으로 볼 수 없고, 나 자신을 객관으로서 표상하는 방식이라고 할 수 있다.[143]

이 인용문에서 주목해야 할 대목은 "변화는 실재적이다"라는 표현이다. 이 짧은 한마디에서 관념론적 형이상학의 모든 오류와 왜곡이 시작된다고 해도 과언은 아니다. 이러한 오류로부터 시간이 실재한다고 간주하고 있으며, 시간이 직관의 형식이라고 주장하고

---

143) 임마누엘 칸트, 앞의 책, 257쪽.

있다. 과연 존재사물의 변화는 외계에 실재하는 것일까?

바로 이러한 표현에서 그가 외계 사물이 연장실체로서 실재한다고 간주하고 있다는 점을 읽어 낼 수 있다. 즉, 외계의 사물들은 시간과 공간상에서 변화를 거듭하면서 연장적으로 실재한다고 간주하고 있는 것이다.

변화란 그 사물의 표상이 바뀐 것을 의미한다. 이렇게 사물의 표상이 바뀌었다는 것은 과거의 표상과 현재의 표상을 비교함으로써 알 수 있다. 그러나 외계란 오직 그 순간에 표상된 사물의 표상이 드러나 나타난 것이다. 현재 이 순간에 대뇌의 피질에서 표상된 사물의 표상만이 현상할 수 있기 때문이다. 이러한 점에서 '절대현재'이다. 그런데 변화가 외계에 실재할 수 있을까?

눈앞에 펼쳐진 모든 존재사물은 우리의 영혼 속에서 표상하여 현상한 것이라는 점을 기억해야 한다. 영혼(대뇌의 피질)이 바뀐 두 가지 표상을 동시에 표상해 낼 수 있을까? 변화가 실재하려면 변화된 서로 다른 표상이 존재해야 한다. 왜냐하면 변화는 바뀐 두 표상을 비교하면서 인식될 수 있기 때문이다. 그러나 외계는 오직 이 순간에 그 사물이 반사하는 빛을 눈을 통해 받아들인 뒤에 이 빛을 해석해서 그려 낸 것이다. 따라서 오로지 이 순간에 표상된 그 사물의 표상만이 감각 기관에 현상할 수 있으며, 그 표상만이 실재하는 것이다.

이러한 점에서 "옛 사물(昔物)은 그 시점의 옛날(昔)에 스스로 존재했고, 현재의 사물(今物)은 현재 이 시점에 스스로 존재한다(昔物自在昔 今物自在今)."

이와 같이 우리의 눈앞에 현전하는 외계란 오직 절대현재일 뿐이다. 외계의 모든 것은 오직 이 순간에 표상된 그 모습으로 존재할 뿐이다.

분명 그 사물의 과거 표상은 현재 존재할 수 없다. 그 과거의 표상은 이미 훈습(종합적 통일)을 통해 우리의 본원적 주관성에 내장되어 있다. 따라서 우리는 그 사물의 변화를 본원적 주관성에 내재되어 있는 과거의 표상을 의식에 재표상하여 현재의 표상과 비교함으로써 지각할 수 있다.

이와 같이 변화란 의식이 과거의 표상을 재표상하여 현재의 표상과 비교함으로써 알 수 있는 것이다. 다시 설명하자면, 오로지 의식의 지향작용[인연과 연연]을 통해서만 비교할 수 있다. 즉 본원적 주관성에 내재된 과거의 표상을 인연이라는 지향성을 통해 재표상하고, 감각 기관을 통해 지각된 현재의 표상을 연연을 통해 대상화함으로써 두 표상을 비교할 수 있다.

따라서 사물의 변화란 외계에 실재하는 것이 아니고, 의식의 사유작용을 통해서만 인식되는 것이다.

이와 같이 관념론자들은 의식의 재표상작용을 통해서 사물의 변화를 인식할 수 있다는 점을 이해하지 못하고 있다. 이러한 과오는 모두 의식이 개념적 언어를 매개로 그 언어적 의미를 사유하는 언어적 사유작용이라는 점을 인정하지 않는 데서 비롯된다. 이로써 의식의 작용 특성을 바르게 이해하지 못하기 때문에 변화가 외계에 실재한다고 착각한 것이며, 이로써 시간이라는 개념이 '실재적인 어떤 것'이라고 주장하는가 하면 '시간 표상'이라는 표현을 사용한다. 즉, 변화가 외계에 실재한다고 간주하기 때문에 그러한 변화를 '시간 표상'이라고 간주하고 있는 것이다.

그러나 시간이란 개념은 의식을 통해 이러한 변화를 인식하는 가운데 그 변화의 상태나 과정 또는 그 정도를 이해하기 위해 만든 언어적 의미규정이다. 예를 들어 현재 상태와 1년 전의 상태를 비교하면 곧 1년이라는 시간 개념이 생성되며, 30년 전의 상태와 비교한다면 곧 30년이라는 시간 개념이 생겨난다. 이러한 점에 범지(梵志) 청목(靑目)은 "인식 대상으로 인해서 생성되기 때문에 시간이라고 일컫는다. 만약 인식 대상이 없다면 시간은 존재하지 않는다"고 설명한 것이다.

시간은 결코 외계에 실재하지 않는다. 그리고 시간과 공간이 직관의 형식이라는 주장은 결코 성립될 수 없는 궤변이다.

# VI.
# 시계가 느려진다고 시간이 느려지나?

시간과 공간이라는 개념은 결코 외계에 실재하는 것이 아니며, 다만 언어적 의미규정일 뿐이라는 것을 살펴보았다. 그렇다면 가장 먼저 떠오르는 의문은 "그럼 상대성이론은 어떻게 되는 거냐?"라는 것이 아닐까 생각된다. 그렇다. 시간이란 개념에 대해 혼란을 부추기는 것은 아인슈타인의 상대성이론이라고 할 수 있다.

그는 개념이 객관적 실재성을 갖는다고 확고하게 믿고 있다. 그래서 그는 시간이란 어떠한 사물과도 관련이 없이 외계에 독립적으로 흐른다고 주장한다. 이렇게 객관적으로 존재하는 시간은 시계를 통해 정확하게 측정할 수 있다고 간주한다. 따라서 이 시계가 빠른 속도로 운동하게 되면 '시간지연현상'이 일어난다고 이해하고 있다.

시간과 시계와의 관계를 논의하기 전에 그가 공간에 대해서 어떻게 생각하는지 먼저 확인해 보기로 하자. 아인슈타인이 직관적 앎을 이해하지 못하는 철저한 관념론자라는 점을 먼저 이해하는 것이 중요할 것 같다.

사물과 무관하게 존재하는 어떤 것으로서의 공간이라는 개념은 과학 이전의 사고에 속하지만, 서로에 대해 상대적으로 운동하는 무한히 많은 수의 공간이 존재한다는 관념은 그렇지 않다.[144]

이 인용문에서 아인슈타인이 극단적인 관념론자라는 점을 확인할 수 있다. 칸트는 텅 빈 허공을 시간과 공간이 교직(交織)된 공간으로 이해하고 있다. 아인슈타인은 한술 더 떠서 수없이 많은 좌표계로 이해하고 있다.

"사물과 무관하게 존재하는 어떤 것으로서의 공간"이란 곧 '텅 빈 허공'을 의미한다. "사물과 무관하게 존재한다"는 표현에서 공간이란 곧 어떠한 사물의 표상도 존재하지 않는 허공을 의미한다는 점을 읽을 수 있다. 이러한 '텅 빈 허공'이라는 개념을 과학 이전의 전근대적인 사고방식이라고 폄하하고 있다. 그리고 이렇게 텅 빈 허공을 "서로에 대해 상대적으로 운동하는" 공간이라는, 좌표계로서의 공간으로 이해하는 것이 물리학적 사고방식이라고 주장하고 있다.

이와 같이 그는 어떠한 표상도 존재하지 않는 허공을 마치 좌표계로서의 공간으로 이해하고 있다. 좌표계란 시간과 공간의 개념을 이용하여 일정한 현상을 이해하기 위해 설정한 분석 기법일 뿐이다. 그런데 그는 텅 빈 허공을 이러한 좌표계로 이해하고 있다. 바로 여기에서 그가 자연으로서의 외계와 개념을 통해 이해하는 객관적 세계를 구분하지 못하고 있다는 점을 확인할 수 있다.

---

144)  알베르트 아인슈타인, 이주명 옮김, 『상대성의 특수이론과 일반이론』(서울: 필맥, 2012), 171쪽.

마찬가지로 그는 중력장이라고 하는 본질적인 영역마저도 좌표계로서의 공간으로 이해하고 있다. 이러한 사고방식에서 그는 전자기장이나 중력장과 같은 자연의 본질적인 영역에 좌표계라는 객관적 분석 기법을 적용하여 상대성이론을 창안한 것이다.

전자기장이나 중력장은 전기나 자기 또는 지구가 가진 본질적인 힘이 작용하는 본질적인 영역이다. 반면에 좌표계란 시간과 공간이라는 개념을 바탕으로 물체의 움직임을 분석하고 이해하기 위해 설정한 수학적 분석 기법이다. 이것은 결코 실재하는 공간이 아니다. 앞에서 거론했듯이 이 좌표계는 x축과 y축에 어떠한 개념을 설정하느냐에 따라 전혀 다른 의미의 공간이 된다. 이러한 점에서 좌표계란 관념적인 가상의 공간이다.

그런데 그는 텅 빈 허공도 좌표계로서의 공간으로 이해할 뿐만 아니라, 전자기장이나 중력장이라는 자연의 본질적인 영역도 관념적인 가상의 공간으로 간주하고 있다. 이와 같이 그는 사물의 본질과 개념을 엄밀하게 구분하여 이해하지 못하고 있다.

상대성이론은 이렇게 사물의 본질과 언어적 의미규정인 개념을 구분하지 못하고 있다는 점에서 근본적으로 성립될 수 없는 이론이라는 점을 명확하게 이해할 필요가 있다.


시간도 마찬가지이다. 시간이란 결코 외계에 실재하지 않는다. 화살처럼 계속적으로 외계에 흐르고 있는 것이 아니다. 시간은 다만 우리의 관념 속에서 사유되고 있는 개념이다. 시간이 외계에 흐른다고 느끼는 것은 의식이 순간순간 생성과 소멸을 반복하면서 하나의 지속적인 흐름을 유지하기 때문이다. 즉, 의식을 통해서 1년 전의 일을 되새기다가 10년 전의 일을 추억하기도 하면서 시간이 참으로 덧없이 흘러간다고 느끼는 것이다. 지구는 46억 년 전에 생겨났고, 우주는 130억 년 전에 대폭발로 생겨났다고 생각하면서 우주에 시간이 흐르고 있는 것으로 간주하는 것이다. 이러한 의식이 생겨나지 않는다면 시간은 존재하지 않는다. 오직 절대현재만이 존재한다.

그래서 공자(孔子)가 안회(顔回)에게 "안회(顔回)야, 새로운 사람으로 보아라. 인사를 나누는 사이에도(잠깐 동안에도) 그는 이미 이전의 사람이 아니기 때문이다"라고 말한 것이다. 이뿐만 아니라, 고대 그리스의 헤라클레이토스도 "동일한 시냇물에 두 번 발을 담글 수 없다"라고 깨우쳐 주고 있다. 이러한 가르침들은 모두 의식을 끊어 버리면 항상 '절대현재'라는 점을 깨우쳐 주기 위한 것이다. 우리가 의식을 통해 외계를 인식하기 때문에 모든 것을 이렇게 지속적으로 변화하면서 존재하는 것으로 생각하는 것이다. 우리는 시냇물이 계속해서 흐르는 것으로 생각하고 있지만, 그 시냇물은 같은 시냇물이 아니다. 조금 전에 흘렀던 그 물은 이미 지나가 버렸고, 새로운 물이 이 순간에 존재하고 있는 것이다. 시간도 마찬가지이다. 1초 전의 시간은 이미 지나갔고, 1초 후의 시간은 아직 오지 않았다. 다만 이 순간만이 실재하는 것이다. 그런데 우리는 시간이 외계에 실재한다고 간주하기 때문에 시간이 계속해서 외계에서 흐르고 있다고 느끼는 것이다. 그리고 그것을 시계를 통해 정확하게 측정할 수 있다고 간주하고 있는 것이다.

아인슈타인은 이러한 점들을 인식하지 못하고, 중력에 의해 시간지연현상이 일어난다고 주장한 것이다. 이로써 많은 물리학자들이 이 시간지연현상을 자연현상으로 착각하고 있다. 그 결과, 이 자연현상을 증명하겠다고 지금도 실험을 하고 있다.

얼마 전, 일본의 연구진이 일반상대성이론의 정당성을 입증하기 위해 450m 높이의 전망대를 짓고 그 전망대의 1층에 똑같은 광격자 시계를 설치했다는 보도가 있었다. 이 광격자 시계는 160억 년에 1초의 오차만 발생할 정도로 정밀한 시계라고 한다. 이 시계로 450m 높이에서는 하루에 4나노(10억분의 1)초만큼 시간이 빨리 간다는 점을 입증할 예정이라고 한다. 그리고 이 실험의 결과가 일반상대성이론의 정당성을 입증할 수 있을 것이라고 주장하고 있다.

아마도 세슘 시계보다도 10만 배 이상 정확한 시계를 통해서 지표면과의 차이가 450m인 전망대에서는 중력의 차이로 인해 시간지연현상이 일어난다는 것을 입증하겠다는 의도인 것 같다.

다시 한번 시간이란 우리가 천체의 운행을 이해하기 위해 설정한 언어적 의미규정이라는 점을 돌이켜 보기로 하자.

우리가 자오선(子午線)을 만들어 사용하는 이유를 되새겨 보자. 자오선은 북극에서 남극까지 이어진다. 이 선이 의미하는 것은 무엇일까? 그 선분은 천체가 남중(南中)하는 지점을 잇는 것이다. 천체가 이 자오선을 지날 때 남중하므로 이 선을 중심으로 시각(正午)을 결정한다. 지구상의 어느 지점이든 이 자오선을 기준으로 시간이 결정된다.

이러한 사실은 시간이라는 것이 외계에 실재하는 것이 아니고, 천체의 운행을 이해하기 위해 설정한 언어적 의미규정이라는 점을 드러낸다. 설령 천체의 운행 속도(자전과 공전 속도)가 변한다고 하더라도 이 자오선은 동일하다. 어쨌든 하루에 한 번은 이 선을 통과하기 때문에 '하루(1일)'라는 시간은 변하지 않는다. 남중과 남중 사이를 1일이라고 규정했기 때문이다. 그리고 이 1일이라는 시간 개념을 24등분 하여 한 시간이라고 정하였고, 이 한 시간을 다시 60등분 하여 1분이라고 규정하였다.

이러한 규정은 어떠한 일이 있더라도 변할 수 없다. 인류가 그 기준을 다시 정하기 전에는 바뀌지 않는다. 지구의 자전 속도가 변하는 엄청난 사건이 발생해도 이 규정을 바꾸기 전에는 변하지 않는다. 이러한 사실은 시간이란 결코 자연현상이 아니라 인간에 의해 규정된 언어적 의미규정(개념)이라는 점을 입증하기에 충분하다.

따라서 측정 지점에서의 시간은 수천 미터 상공이나 수천 미터 해저(海底)에서도 동일하다. 시간은 자오선에 따라 결정되는 것이지 공간의 높이에 따라 결정되는 것은 아니지 않은가? 그 자오선이 지나는 지점은 그곳이 에베레스트산의 정상이든 수천 미터 깊이의 해저든 동일한 정오(12시)이다. 따라서 450m 높이의 전망대나 지표면의 그 지점이나 시간은 동일하다. 그런데 어떻게 450m 높이의 전망대에서 시계가 느려지는 것을 시간지연현상이라고 해석할 수 있겠는가?

그리고 우리는 시계를 하루 24시간의 흐름을 정확하게 구분하여 이해하기 위해 만든 것이다. 지금 몇 분이 지났고, 몇 초가 지났는지 그 짧은 시간을 쉽게 인지할 수 없기 때문에 편의상 만들어 사용하는 것이다.

이 시계가 절대적인 시간을 정하는 것이 아니다. 한 시간을 60분으로, 1분을 60초로 구분하여 이에 맞추어서 작동하도록 만든 기계이다. 따라서 시계가 느리게 가면 우리는 정해진 시간에 다시 맞추어 사용한다. 모든 시계는 아예 그 오차를 조정하여 사용할 수 있도록 만들어졌다. 이러한 사실은 시계가 시간을 정하는 것이 아니고, 시계를 시간에 맞추어서 사용한다는 점을 의미한다.

다만 세슘 시계나 광격자 시계는 다른 기계식 시계보다 오차가 적을 뿐이다. 왜냐하면 기계식 시계는 톱니바퀴가 60개로 구성되어 있기 때문에 아무리 정확하게 만든다고 해도 오차가 클 수밖에 없다. 그러나 세슘 원자 시계나 스트론튬 광격자 시계에 사용되는 물질들은 고유한 주파수가 초당 91억 회 또는 429조 회에 이른다. 그 진동수를 이용하면 그만큼 정확하게 1초를 측정할 수 있다는 점을 이용한 것이다.

그런데 이 물질(세슘이나 스트론튬)이 고도에 따라 진동수(파동수)에 변화가 발생했다면 이 사실을 어떻게 해석해야 할까? 이미 일정한 간격으로 결정(규정)되어 있는 시간을 기준으로 그 물질의 진동수가 중력의 크기에 따라 변화한다고 해석하는 것이 과학적이지 않을까?

예를 들어 보자. 방사광 가속기는 전자를 빛의 속도로 가속함으로써 파장이 짧은 자외선이나 X-선을 발생시키는 장치라고 한다. 이렇듯 어떤 물질을 가속시키면 그 물질의 고유한 파장이 변한다는 점을 알 수 있다. 파장이 변했다는 것은 단위 시간당 진동수가 변했다는 점을 의미한다. 마찬가지로 세슘이나 스트론튬과 같이 극히 진동수가 큰 물질들은 그만큼 중력의 변화에 민감하다고 해석하는 것이 더 물리학적이지 않을까?

　다시 아주 쉬운 사고 실험을 해 보기로 하자. 아주 정확한 시계를 차고 태양이 정남중할 때 태양의 움직임을 따라 태양이 항상 당신의 머리 위에 정남중할 수 있는 속도로 태양과 똑같은 방향으로 달린다고 하자. 계속해서 달리지만 항상 태양은 당신의 머리 위에 정남중하고 있다. 계속해서 달렸다고 하자. 시간이 변했을까? 가는 곳마다 항상 낮 12시(정오)이다. 결코 한 치의 오차도 없을 것이다. 우리는 이렇게 태양이 정남중할 때를 정오(正午)라고 규정한 것이다. 시간은 외계에 실재하거나, 마치 화살이 날아가듯이 흘러가는 것이 아니다.

　그런데 이때 당신이 차고 있는 시계는 엉뚱한 시간을 가리키고 있을 것이다. 광격자 시계를 차고 있다고 해도 그 시계는 정오를 가리키지 않을 것이다. 그래서 당신은 다시 시계를 그 지점의 기준시에 맞추어 사용하게 된다. 그래야만 그곳에서 생활하는 데 불편함이 없기 때문이다.

　이와 같이 시간이란 천체의 움직임을 이해하기 위해 설정된 언어적 의미규정(개념)일 뿐이다. 결코 외계에 실재하지 않는다. 그리고 시계란 다만 기계적으로 움직일 뿐이다. 그것이 시간의 실재성을 입증하는 것은 아니다. 아인슈타인은 이러한 점들을 이해하지 못하고, 시계가 느려지는 것을 시간지연현상이라고 주장하고 있다.

　이상에서 살펴본 바와 같이 개념이 객관적 실재성을 갖는다는 사고방식으로 인해서 우리는 자연을 바르게 이해할 수 없다. 이러한 객관과학으로 인해서 자연이 파괴되고 있다는 점을 명확하게 이해해야 한다. 아인슈타인이 전자기장과 중력장과 같은 자연의 본질적인 영역에 시간과 공간이라는 개념을 끌어들임으로써 자연을 파괴했다는 점을 명확하게 이해해야 한다.

# VII.
# 아인슈타인이 끝내 양자이론을 받아들이지 못한 이유

◇◇◇◇◇◇◇◇◇◇◇◇◇◇◇◇◇◇◇◇◇◇◇◇◇◇◇◇◇◇

앞에서 살펴본 바와 같이 우리는 자연현상과 물리학에서 사용하는 물리 법칙을 구분하지 못하고 동일시하는 경향이 있다. 이러한 착각은 객관화하여 인식된 세계와 자연으로서의 외계를 구분하지 못하기 때문에 일어난다. 고전물리학에서 주장하는 물리 법칙이란 외계를 객관화하여 개념을 통해 이해하는 과학 이론이며, 반면에 자연현상은 인간의 본원적 직관능력에 의해 직관된 외계에서의 사건이다.

따라서 모든 것을 오로지 의식의 관념적 사유를 통해서 이해하는 관념론자들은 자연현상과 물리 법칙을 구분하지 못하게 된다. 왜냐하면 모든 것을 오로지 개념을 통해서 이해하기 때문에 본원적 직관능력에 의해 직관된 자연현상을 꿈에도 상상하지 못하기 때문이다. 그 결과 개념을 기초로 정립된 물리 법칙을 자연현상으로 착각하고 있다.

바로 아인슈타인의 상대성이론에서 이러한 착각과 오류를 극명하게 확인할 수 있다. 그는 중력이라는 자연현상을 시간과 공간이라는 개념적 언어로 해석하고 있다. 불행히도 필자가 상대성이론의 문제점을 조목조목 비판할 능력이 없기 때문에 더 이상 자세하게 서술할 수는 없지만, 그는 자연의 본질적 영역에 시간과 공간이라는 개념을 끌어들이고 있다는 비판을 면하기 힘들다.

이러한 점을 철학적인 관점에서 평가하자면 그가 자연으로서의 외계를 직관하지 못하고 오로지 모든 것을 개념을 통해서 이해하는 극단적인 관념론자라는 점만은 너무도 명백하다. 그가 개념이 객관적 실재성을 갖는다는 확신을 가지고 있으며, 이로 인해서 사물의 본질과 개념을 구분하지 못했으리라는 점은 충분히 미루어 짐작할 수 있다.

그가 극단적인 관념론자라는 점은 그의 구체적인 언행에서 너무도 쉽게 확인할 수 있다.

앞에서도 그의 자서전을 통해서 그가 '텅 빈 허공'과 좌표계로서의 공간을 엄밀하게 구분하지 못한다는 것을 확인하였다. 그는 어떠한 표상도 존재하지 않는 허공조차도 '서로 상대적으로 운동하는 무수히 많은 수의 공간'으로 간주한다는 점을 살펴보았다. 이와 같이 그는 텅 빈 허공이든 전자기장이나 중력장과 같이 자연의 본질적인 힘이 작용하는 본질적 영역이든 모두 좌표계로 인식하고 있다. 그의 이러한 사고방식은 '편집광적'이라고 평가하는 것이 타당할 것 같다. 실제적인 현실과 관념적 사유의 세계를 전혀 구분하지 못하고 있다.

또한, 그는 '파동함수의 확률 해석'이라는 코펜하겐 해석법이 직관적 이해의 방법이라는 점을 이해하지 못하고, "신(하나님)은 주사위를 던지지 않는다"는 유명한 일화를 남겼다.

그 이유는 매우 간단하다. 그는 파동함수를 확률적으로 해석하는 것이 직관적 이해의 방식이라는 점을 이해하지 못하기 때문에 양자이론을 이렇게 폄하한 것이다. "주사위를 던지지 않는다"라는 표현에서 그는 양자적 확률이 직관적 확률이라는 점을 이해하지 못하고, 수학적 확률과 같은 의미로 이해하고 있다는 것을 알 수 있다. 양자적 확률이란 양자라는 입자의 위치를 '위치'라는 개념을 통해서 이해하는 것이 아니고, 파동함수의 특정한 지점에서 관찰될 (직관될) 확률로 이해한다는 의미이다. 양자라는 입자를 어떤 위치에 존재한다는 공간 개념으로 인식하는 순간, 이미 의식을 통해 그 양자를 좌표계 내로 끌어들이는 것이다. 이것은 양자를 파동의 상태로 직관되는 것이 아니고, 의식을 통해 사유하고 있는 것이다. 개념이란 의식을 통해서만 사유할 수 있기 때문이다.

이러한 점에서 양자의 위치를 위치라는 개념으로 이해할 수 없다. 따라서 파동함수를 확률적으로 해석하는 코펜하겐 해석법을 채택한 것이다. 즉 양자를 파동함수의 특정한 지점에서 발견될 확률로 이해한다는 것은 곧 양자를 파동의 상태로 직관하면서 양자의 위치를 이해하는 직관적 이해 방식이다.

반면에 주사위를 던져서 확인되는 확률은 수학적 확률이다. 주사위를 던져서 나올 수 있는 경우의 수는 의식을 통해 충분히 예측이 가능하다. 즉 1에서 6까지로 예측이 가능하다. 이와 같이 수학적 확률이란 기대치를 설정하고 이에 도달할(이것이 실현될) 수 있는 확률을 계산하는 것이다. 기대치는 주관(관찰자)에 의해 설정된 것이라는 점에서 주관적 확률이라고 규정할 수 있다. 그러나 양자적 확률에는 이러한 기대치가 존재하지 않는다. 왜냐하면 양자가 존재하는 그 위치는 주관이 설정할 수 있는 것이 아니고, 오로지 양자가 가진 파동성에 의해서만 결정되기 때문이다. 결코 관찰자에 의해 설정(예견)된 위치란 존재하지 않는다.

양자적 확률과 수학적 확률에 대해서는 뒤에 '파동함수의 확률해석은 곧 직관을 통한 선천적 종합판단이다'라는 절(節)에서 다시 자세히 거론하기로 하자.

여기에서는 다만 그가 이러한 직관적 이해의 방식에 대해 전혀 이해하지 못하고 있다는 점만을 기억하기로 하자. 그에게 있어서 직관이란 주술사들의 주관적 신비 체험에 지나지 않을지도 모른다. 아니면 그는 근본적으로 양자이론을 수용할 의사가 없었던 것이다. 왜냐하면 양자이론을 인정한다면 시간과 공간이라는 개념을 토대로 정립된 상대성이론은 성립될 수 없기 때문이다. 그가 죽을 때까지도 양자이론을 부정하기 위해 노력했다는 점은 이미 널리 알려진 사실이다.

이러한 그의 행동에서 그가 객관적 실재론에 대한 확고한 믿음으로 인해서 외계에 대해 오로지 개념적 이해의 방식만을 고집했다는 것을 알 수 있다.

그 결과 그는 끝내 양자역학을 받아들이지 못하고, "당신이 달을 볼 때만 달이 있다고 믿느냐?"라고 조롱하였다고 한다. 놀랍게도 그는 역시 대학자답게 관념론 철학이 가진 가장 근원적인 문제점을 이 한마디 농담을 통해 극명하게 드러내고 있다. 이 한마디 농담을 통해서 우리는 주체론적 형이상학과 양자이론을 바르게 이해하지 못하는 일반적이고도 근본적인 원인을 정확하게 파악할 수 있다. 또한, 그 덕분에 우리는 양자역학과 주체론적 형이상학을 바르게 이해할 수 있는 실마리를 찾을 수 있다.

"만일 당신이 원자처럼 작은 대상이 특정 위치에 있음을 관찰하면, 당신의 관찰 때문에 그 대상이 거기에 있게 된다." 이와 같은 양자이론의 주장도 아인슈타인은 받아들일 수 없었다. 이 주장은 큰 물체들에도 타당할까? 원리적으로, 그렇다.

양자이론을 조롱하기 위해서 아인슈타인은 동료 물리학자에게, 당신이 달을 볼 때만 달이 있다고 믿느냐고 농담 삼아 묻기도 했다. 아인슈타인에 따르면, 양자이론을 진지하게 받아들인다는 것은 관찰 여부에 상관없이 물리적으로 실재하는 세계를 부정한다는 것이다.[145]

이 물리학책을 읽으면서 일반인들이 이 두 저자가 의도하는 바를 정확하게 읽어 내기가 매우 어렵지 않을까 하는 생각이 들었다. 왜냐하면 이 두 저자는 양자역학이 직관적 방법론이라는 점을 설명하고 있는데, 표현하고 있는 단어들이 모두 관념론적인 용어이다. 즉 그들은 자연의 본질적 특성을 표현할 적절한 단어가 없기 때문에 관념론적인 단어들을 사용하면서 양자의 본질적 특성을 설명하

---

[145] 브루스 로젠블룸·프레드 커트너, 전대호 옮김, 『양자불가사의: 물리학과 의식의 만남』(서울: 지양사, 2012), 9쪽.

고 있다. 이러한 점을 이해하지 않으면 이 두 저자의 의도를 충분히 이해할 수 없을 것 같다.

"만일 당신이 원자처럼 작은 대상이 특정 위치에 있음을 관찰하면, 당신의 관찰 때문에 그 대상이 거기에 있게 된다"라는 부분에서도 "대상"이라는 표현은 의식의 대상정립적 사유작용에 의해 정립된 것을 의미하므로 부적절한 표현이다. 파동의 상태로 존재하는 양자를 관찰하기 때문에 양자라는 입자는 직관되는 그 순간에 그 파동의 어느 지점에 존재하게 되는 것이다. 따라서 그냥 '입자' 또는 '물체'라고 표현하는 것이 좋을 것 같다. 이와 같이 그들이 알고 있는 모든 철학 용어가 오로지 관념론에서 사용되는 단어들이기 때문에 파동함수의 철학적 의미(특성)를 정확하게 표현하지 못하고 있다.

우리의 논의를 계속하기 위해서는 양자이론이 일상적인 현실 세계에서도 적용이 가능한가 하는 점부터 논의하기로 하자. 이 문제에 대해 이 양자물리학자는 "이 주장은 큰 물체들에도 타당할까? 원리적으로, 그렇다"라고 답변하고 있다.

그렇다. 일상적인 현실 세계에서도 그 존재사물이 직관될 때만 그것은 존재한다. 양자이론은 원리적으로 주체론적 형이상학과 정확하게 일치하고 있다. 어떠한 점에서 정확하게 일치하는가 하는 것은 뒤에 자세히 논의하기로 하자. 다만 여기에서는 양자의 존재 양상과 일상적인 현실 세계에서 외계가 존재하는 양상이 동일하다는 점만을 이해하기로 하자.

앞에서 '존재한다(있다)'라는 것은 사물의 본질적 표상(언어로 한정할 수 없는 다양성[여럿])과 그 본질적 존재의미(의미 결정체[하나])가 함께 드러나 나타난 것이라는 점에 대해 여러 번 확인하였다. 이와 같이 우리의 눈앞에 펼쳐져 있는 외계의 존재사물은 본질적 표상과 본질적 존재의미가 함께 드러나 나타난 것이다. 따라서 자연으로서의 외계란 오로지 본원적 직관능력에 의해서 직관될 때만 존재하는 것이다. 바로 이 점을 이해하는 것이 중요하다. 이 점을 이해하지 못하기 때문에 아인슈타인이 "당신이 달을 볼 때만 달이 있다고 믿느냐?"라고 비아냥한 것이다. 일상적인 생활 세계에 있어서도 외계는 직관될 때만 존재한다.

마찬가지로 양자라는 존재도 결코 한정할 수 없는 파동성과 한정된 단일자로서의 입자성을 함께 가지고 있다. 즉, 양자는 파동성으로 인해 항상 파동(출렁거림)의 상태로 존재한다. 이러한 파동성은 결코 하나의 의미규정으로 한정할 수 없다. 이러한 점에서 사물의 본질적 표상과 동일한 성질의 것이다. 반면에 양자는 입자만이 가질 수 있는 물질적 특성도 함께 가지고 있다. 그런데 이 입자라는 것은 단일체이기 때문에 하나의 의미규정으로 한정할 수 있다. 이러한 점에서 양자이론과 주체론적 형이상학은 세계관에 있어서 동일하다고 할 수 있다. 따라서 직관을 통한 선천적 종합판단을 통해서만 양자의 본질을 이해할 수 있다.

즉, 양자의 파동성과 입자성을 동시에 직관하는 직관적 방법을 통해서만 양자의 본질을 이해할 수 있다. 바로 이 점을 이해해야만 양자이론을 바르게 이해할 수 있다.

그리고 아인슈타인이 왜 양자이론을 끝까지 받아들이지 못하는

지 그 이유를 이해할 수 있다. 그는 이렇게 감각 기관을 통해 본질적 표상이 현상한 것만이 외계에 실재하는 것이라고 말할 수 있다는 점을 이해하지 못한 것이다. 바로 이러한 점에서 그가 극단적인 관념론자라는 점도 이해할 수 있다. 우리 모두도 이와 동일한 과오를 범하고 있다.

관념론의 모든 철학적 왜곡과 오류의 근원적인 원인을 우리는 아인슈타인의 이 한마디 농담을 통해서 확인할 수 있다.

당신이 달을 볼 때만 달이 있다고 믿느냐?

아마도 많은 독자가 이 구절을 당연하다고 생각할지도 모르겠다. 실제로 이 농담에 대해 주위의 몇 사람에게 물어보았더니 모두 당연히 그렇지 않으냐는 반응을 보였다. 이러한 반응은 우리 모두가 객관적 실재론에 익숙해져 있다는 점을 증명한다. 이러한 점 때문에 그동안 아인슈타인의 상대성이론이 가진 철학적 문제점과 오류를 간파하지 못한 것이다.

그러나 바로 이 한마디 농담에서 철학과 과학에 대한 일반적인 지식들이 얼마나 그릇된 것인가 하는 점을 쉽게 확인할 수 있다.

이러한 사고방식은 감각 기관을 통해 눈앞에 펼쳐지는 '현상으로서의 외계'와 의식의 관념적 사유의 세계를 전적으로 구분하지 못한 데서 비롯된다. 마치 그가 텅 빈 허공이나 중력장 같은 자연의 본질적 영역이나 모두 좌표계라는 공간으로 이해하는 것과 동일한 사고방식이다.

외계의 존재사물이 반사하는 빛을 통해서 우리는 외계를 지각할(볼) 수 있다. 분명 우리의 눈앞에 펼쳐진 외계는 그 사물들이 반사하는 빛으로 우리에게 전해지며, 우리는 그 빛을 해석해서 그에 상응하는 사물의 표상을 그려 넴으로써 그것을 볼 수 있다.

이러한 점에서 우리가 보면서 그것이 외계에 실재한다고 지각(관찰)할 때의 그 달은 반사하는 빛을 받아들여서 선천적 표상능력[팔식(八識)의 상(想): 화가(畫家)]을 통해 표상함으로써 우리의 감각 기관에 나타난(현상한) 달이다. 실재하는 외계(현실)란 그 사물의 본질적 표상이 현상하고 있는 것을 의미한다. 플라톤의 가르침처럼 '존재한다'라고 하는 것은 본질적 표상과 본질적 존재의미가 드러나 나타난 것을 의미한다. 따라서 외계의 존재사물은 오직 그 사물의 표상이 감각 기관에 드러나 나타날 때(직관될 때)만 그것이 존재하는 것이다. 그러므로 달은 직접적으로 볼 때만 실재하는 것이다.

반면에 눈을 통해 달을 보지 않는다고 하더라도 얼마든지 달에 대한 모든 것을 사유할 수 있다. 즉, '달'이라는 개념(언어)을 매개로 달에 대한 모든 것을 사유할 수 있다. 달은 지구를 공전하며, 지름은 지구의 4분의 1이며, 지구를 한 바퀴 도는 데 거의 한 달이 걸리며, 중력은 지구의 6분의 1이다. 이러한 개념들로 규정된 달은 우리의 관념적 사유 속에 언제나 존재한다. 우리는 이렇게 개념으로 규정된 달이 '물리적으로 실재한다'라고 간주하고 있는 것이다.

다시 설명하자면 항상 존재한다고 간주하는 그 달은 곧 '달'이라는 언어의 형태로 우리의 마음(영혼)에 내재되어 있다. 그리고 이 언어(개념)의 형태로 내재된 달은 언제든지 의식을 통해 떠올려서(인연이라는 지향성을 통해) 사유할 수 있다. 그래서 우리는 이 달을 항상 존재하는 것으로 착각하는 것이다. 따라서 항상 존재한다고 간주하는 그 달은 오로지 관념(개념)으로서 존재하는 달이다.

이 차이점을 아인슈타인은 구분하지 못하고 있다. 우리도 동일하게 착각하고 있다.

다시 쉬운 예를 들어 구분해 보기로 하자.

지금 당신은 복잡한 도시의 한복판에서 분주하게 하루를 보내고 있다. 항상 마음 한구석에서는 모든 것을 버리고 한적한 '바닷가'로 떠나고 싶다. 이때, 아인슈타인의 주장대로 '달이 항상 존재한다'면 분명 그 '바닷가'도 항상 당신 앞에 나타나 존재해야 할 것이다. 그러나 실제로 그 '바닷가'는 지금 당신의 눈앞에 현전하지 않는다. 여전히 당신의 눈앞에는 매일 반복되는 일상적인 현실이 펼쳐져 있을 뿐이다. 불행히도 그 '바닷가'는 항상 존재하는 것이 아니고, 당신의 생각(관념) 속에 존재할 뿐이다.

이와 같이 현실이란 눈앞에 드러나 나타난(표상을 통해 현상한) 현상으로서의 외계이며, 우리는 이것을 현재적이고 실제적인 외계로 인식한다. 반면에 눈을 감으면 아무것도 보이지 않지만, 의식 속에서 얼마든지 사유할 수 있는 것은 곧 관념의 세계이다. 아무리 의식의 사유작용을 통해 그 바닷가를 생각한다고 하더라도 그 바닷가는 우리의 눈앞에 현전하지 않으며, 이것은 결코 실재하지 않는다.

이와 같이 우리는 아인슈타인처럼 이 두 가지 달을 엄밀하게 구분하지 못하고 있다. 아인슈타인은 본질적 표상으로 눈앞에 드러나 나타난 달과 개념으로 규정된 개념적 언어로서의 달을 구분하지 못하고 있다. 이것은 곧 모든 개념을 객관적 실체 또는 연장실체로 이해하고 있다는 것을 의미한다. 이로써 그가 철저한 객관적 실재론자이자 관념론자라는 점을 확인할 수 있다.

앞에서부터 계속적으로 강조했듯이 실제적 현실이란 사물들의 본질적 표상이 눈앞에 펼쳐져 있는 것을 말한다. 반면에 의식을 통해 사유하는 세계는 모두 개념적 언어를 통해 사유된 의미내용일 뿐이다. 따라서 관념을 통해 사유하는 그 달은 개념이라고 하는 언어적 의미규정으로서의 달이다.

이러한 차이점을 구분하지 못하는 이유는 본질적 표상은 결코 의식의 사유작용을 통해서 직관할 수 없다는 것을 이해하지 못하기 때문이다. 즉, 의식에 실재하는 사물의 표상이 직접적으로 현상한다고 간주하기 때문에 개념과 사물의 본질적 표상을 엄밀하게 구분하지 못하는 것이다. 그 결과 개념을 통해 사유하는 것들을 모두 실재하는 것으로 착각하게 된다.

이러한 점에서 아인슈타인이 "신은 주사위를 던지지 않는다" 혹은 "당신이 볼 때만 그 달이 존재한다고 믿느냐?"라고 비아냥하는 것은 모두 그가 극단적인 관념론자라는 점을 드러낼 따름이다. 상대성이론은 이러한 관념적 사유의 산물이라는 점을 명확하게 이해하고, 재평가해야 할 것이다.

# VIII.
# 양자물리학자들의 깊은 철학적 통찰

◇◇◇◇◇◇◇◇◇◇◇◇◇◇◇◇◇◇◇◇◇◇◇◇◇◇◇◇◇◇◇◇◇◇◇◇◇◇◇◇◇◇◇◇◇◇◇◇◇◇◇◇◇◇◇◇◇◇

필자는 하이젠베르크의 『부분과 전체』라는 저서를 읽으면서 큰 놀라움과 경외감을 느끼지 않을 수 없었다. 이 책을 읽으면 양자이론이 단순한 물리학 이론이 아니라는 점을 깨닫게 된다. 그들은 물질의 근원을 이루는 양자가 파동성으로 존재한다는 점을 발견하고, 이러한 새로운 세계관을 기존의 철학적 사유의 틀에서는 정확하게 설명할 수 없다는 점에 대해 매우 깊이 고민했다.

이러한 모습은 아인슈타인의 경우와 너무도 선명하게 대비된다. 아인슈타인은 칸트의 관념론적 형이상학을 맹신하는 칸트주의자라고 해도 과언은 아니다. 그는 끝까지 칸트 철학에서 벗어나지 못하고, 새로운 과학적 사실을 받아들이기를 거부한다.

놀랍게도 이 책에서 아인슈타인뿐만 아니라 우리 모두가 칸트에게 어떻게 기만당하고 있는가 하는 점을 적나라하게 확인할 수 있다. 그레테 헤르만이라는 칸트학파의 철학자와 양자물리학자 간의 논쟁을 자세히 살펴보자.

먼저, 카를 프리드리히 폰 바이츠재커라는 양자물리학자가 칸트 철학이 객관적 실재론에 근거하고 있다는 점을 비판하는 취지에서 '라듐 B 원자'를 예로 들고 있다. 이 라듐 B 원자는 전자 하나를 어떤 방향으로 방출함으로써 라듐 C 원자로 이행되는데, 어떤 것은 이 순간에 이러한 붕괴가 일어나고 어떤 것은 하루 뒤에 일어나기도 한다는 점을 지적하고 있다. 그리고 방출되는 방향도 전혀 예측할 수 없다는 점도 지적하면서 라듐 B 원자라는 원자는 객관적으로 실재한다고 말할 수 없다고 주장하고 있다. 분명 이 순간에 그 라듐 B 원자가 실재한다고 말하려는 순간, 이미 이것은 라듐 C 원자가 되어 있을 것이므로 폰 바이츠재커의 주장은 매우 타당하다고 할 것이다. 이에 대한 이 철학자의 반론을 들어 보기로 하자.

"칸트에 따르면 물자체는 현상 안에는 비록 간접적으로라도 전혀 나타나지 않습니다. 이 개념은 자연과학에 있어서나 전체적인 이론철학에서 사람들이 전혀 알 수 없는 것을 표시하는 기능만을 가지고 있는 것입니다. 그 까닭은 우리의 전체적인 지식은 경험에 의지하고 있으며, 그 경험은 바로 사물들이 우리에게 나타나는, 있는 그대로를 안다는 것을 뜻합니다. 또한 선천적인 인식도 '사물들이 그 존재하는 자체 그대로'와는 관계가 되지 않습니다."[146]

이 인용문에서 우리는 칸트가 인류를 어떻게 속이고 있는가 하는 점을 명확하게 확인해야만 한다. 그래야만 칸트의 과오로부터 벗어날 수 있다.

---

[146]   베르너 하이젠베르크, 김용준 옮김, 『부분과 전체』(서울: 지식산업사, 2006), 188쪽.

분명 그는 물자체는 선험적 인식의 대상이 될 수 없다고 선언했다. 즉, 소박한 실재론(Naive Realism)을 부정한 것이다. 그렇다고 그가 실제로 이러한 소박한 실재론으로부터 벗어났을까?

칸트는 앞에서 확인한 바와 같이 외계에 실재하는 사물들이 고유한 표상을 가지고 있으며, 이 사물의 표상이 의식에 직접적으로 현상한다고 전제하고 있다. 그리고 이 현상을 모든 인식의 근거로 삼고 있다.

분명 앞에서 인용한 바와 같이 그는 "사상(事象)들 그 자체는 독자적으로 실재하는 것" 그리고 "사상(事象)들 자체로서의 사물들과 마주친다"라고 표현하고 있다. 이러한 표현들은 곧 의식에 현상한 것들이 모두 실재하는 사물들의 고유한 표상이 드러나 나타난 것이라는 점을 명확하게 드러내고 있다.

그는 비록 물자체를 인식할 수 없다고 말했지만, 사물의 고유한 표상이 외계에 실재한다고 전제하였다. 그러므로 의식에 외계에 실재하는 것이 현상한다는 점에서는 동일한 의미이다. "사상(事象)들 자체로서의 사물들과 마주친다"라는 표현에서 그가 외계에 실재하는 사물과 그 사물의 표상을 동일시하고 있다는 점을 알 수 있다.

이러한 점에서 외계를 '물자체'라고 표현하든 아니면 '사물의 독자적인 고유한 표상'이라고 표현하든 그것은 표현의 차이일 뿐, 그것들이 외계에 실재하는 것이라는 의미에서는 조금도 다르지 않다.

그러나 이 철학자는 "현상 안에 그 사물은 간접적으로라도 전혀 나타나지 않는다"라고 주장하는가 하면 "선천적인 인식도 '사물들이 그 존재하는 자체 그대로'와는 관계가 되지 않는다"고 주장하고 있다. 이러한 주장은 분명 칸트가 전제하고 있는 것과 상반된다.

외계의 물질적 사물이 가지고 있는 고유한 표상이 의식에 현상한다는 것은 '그 사물들이 존재하는 자체 그대로' 의식에 현상한다는 의미이다.

바로 여기에서 우리는 칸트학파 철학자들이 칸트의 말장난에 속고 있다는 점을 확인할 수 있다. 단순하게 '물자체'가 선험적 인식의 대상이 되지 않는다는 말에 속아서 '사물의 표상이 외계에 실재하며 이것이 의식에 직접적으로 현상한다'라는 주장을 간과하고 있다.

그러나 이 양자물리학자는 이러한 말장난에 속아 넘어가지 않고 다음과 같이 반박하고 있다.

"그러나 칸트가 공간과 시간이라는 직관형식과 인과성이라는 범주를 경험을 위한 선천적인 것으로 나타냈을 때, 그는 그것을 절대적인 것으로 설정했으며, 아울러 그것이 내용적으로 현상에 관한 어떠한 물리이론에서도 같은 형식이 나타나지 않으면 안 된다고 주장하는 위험을 가져왔던 것입니다. 그러나 그것은 상대성이론과 양자이론에 의해 증명된 바와 같이 그런 것은 아니었습니다."[147]

이 양자물리학자의 깊은 철학적 통찰에 경외감을 느끼지 않을 수 없다. 수많은 철학자가 칸트의 초월론 철학을 공부하면서 이러

---

147)   베르너 하이젠베르크, 앞의 책, 190쪽.

한 깊은 성찰이 부족했다는 점을 지적하지 않을 수 없다.

이 물리학자는 시간과 공간이라는 개념이 다만 언어적 의미규정일 뿐이라는 점과 범주가 결국 감각적 지각에 의해 지각된 개념적 의미일 뿐이라는 점을 명확하게 이해하지는 못하고 있지만, 관념론적 형이상학의 근본적인 문제점을 정확하게 지적하고 있다.

지금까지 우리가 논의했던 철학적 문제점들을 놀랍도록 정확하게 지적하고 있다.

칸트의 초월론적(선험적) 감성론이라고 하는 그릇된 철학 지식으로 인해서 물리이론(자연과학)도 외계에 대한 객관적 이해의 방식을 강요받고 있다는 점을 비판하고 있다.

시간과 공간이라는 개념을 직관의 형식이라고 주장함으로써 결국 모든 자연현상을 이해하는 데 있어서 항상 시간과 공간이라는 개념을 절대적인 것으로 받아들이도록 강요하고 있다는 점을 명확하게 지적하고 있다.

또한, 인과성이라는 범주를 직관과 결부시킴으로써 인과 관계의 필연성(자연필연성)을 외계의 사물이 가지고 있는 것으로 착각하게 만들고 있다. 그러나 외계에 이러한 인과성이라는 범주는 실재하지 않는다. 외계의 사물들은 다만 자신의 고유한 물질적 특성을 지닌 채 존재할 따름이다. 사물들 간의 인과 관계의 필연성은 인간의 영혼 속에서 구성된다는 점을 앞에서 살펴보았다.

이 양자물리학자는 관념론적 형이상학으로 인한 자연과학에서의 문제점을 명확하게 파악하고 있다. 그들은 개념을 통한 객관적 이해의 방식으로는 양자의 본질을 바르게 이해할 수 없다는 점을 정확하게 인식하고 있었다.

더욱이 카를 프리드리히는 철학적으로 매우 중요한 충고를 빠뜨리지 않고 있다.

"칸트는 그의 선천적인 것으로써 당시 자연과학의 인식상황을 정확하게 분석했지만, 오늘의 원자물리학에서는 우리는 새로운 인식론적 상황 앞에 서 있습니다."

이 인용문에서는 칸트가 고전물리학의 학문적 정당성을 입증하기 위해 개념의 객관적 실재성을 주장한 것이라는 점을 지적하고 있다. 그러나 사실 엄격하게 따져 본다면 앞에서 살펴본 바와 같이 칸트는 고전물리학의 철학적 의미를 정확하게 이해하지 못했다. 고전물리학의 여러 가지 물리학적 개념들이 마치 사물의 본질적 존재 의미나 자연필연성을 가지고 있는 것으로 착각한 것이다. 결코 칸트가 고전물리학의 인식 상황을 정확하게 분석한 것은 아니다. 어쨌든 그는 단호한 어투로 개념이 객관적으로 실재한다는 주장은 이제 양자이론에서는 결코 용인될 수 없다는 점을 지적하고 있다.

이렇듯 이 과학자는 칸트의 관념론적 형이상학이 양자물리학과는 부합하지 않는다는 점을 명백하게 밝히고 있다. 그리고 이제 양자역학에서 밝혀진 새로운 과학적 사실에 부합하는 새로운 정신이론이 필요하다는 점을 지적하고 있다.

# IX.
# 옛 성현들의 가르침과 양자이론의 공통점

이제 우리는 양자역학을 쉽고 정확하게 이해할 수 있을 만큼 충분히 준비가 된 것 같다. 사실 양자이론을 쉽게 이해하지 못하는 이유는 우리가 외계를 이해하는 데 있어서 여전히 관념론적 형이상학의 틀에서 벗어나지 못했기 때문이다. 우리의 모든 사고방식이 이렇듯 그릇된 인식이론에 사로잡혀 있기 때문에 양자이론이 너무도 황당하게 느껴지는 것이다.

옛 성현들이 깨우쳐 주는 주체론적 형이상학의 관점에서 본다면 양자물리학은 인간의 선천적인 본원적 직관능력에 부합하는 과학이론이며, 자연을 '있는 그대로' 이해하는 과학적 방법론이라는 점을 쉽게 이해할 수 있을 것이다. 양자이론에서 밝혀 주는 세계관과 진리관이 옛 성현들의 주체론적 형이상학과 정확하게 일치하기 때문이다.

어떠한 점에서 세계관과 진리관이 정확하게 일치하는지는 다음의 세 가지로 요약할 수 있다.

첫째는 빛을 통해서만 관찰이 가능하다는 점이다. 이것은 양자역학의 관찰 방법이 일상적인 생활 세계에서 외계와 관계를 맺는 방식과 동일하다는 것을 의미한다.

둘째는 외계와 양자의 존재 양상이 동일하다는 점이다. 이는 곧 세계관이 동일하다는 것을 의미한다.

셋째는 종합적 통일을 통해 구성된 본질적 존재의미를 직관한다는 점이다. 이는 곧 진리관이 동일하다는 것을 의미한다.

이러한 점에서 옛 성현의 가르침은 양자물리학의 학문적 정당성을 입증하고 있으며, 양자물리학은 옛 성현의 가르침을 과학적으로 검증하고 있다고 할 수 있을 것이다.

이 세 가지 공통점에 대해 자세히 살펴보자.


## 1. 오로지 빛을 통해서만 양자(외계)를 관찰할 수 있다

우리가 자연을 바르게 이해하기 위해서는 인간과 외계가 어떻게 관계를 맺을 수 있느냐 하는 점을 정확하게 파악하는 것이 가장 급선무라고 할 것이다. 그 이유는 외계와 관계 맺음의 방식에 따라 외계에 대한 이해의 방식도 달라질 수 있기 때문이다. 관념론적 형이상학은 사물의 표상이 외계에 실재한다고 전제하고 그것이 직접적으로 의식에 현상한다고 주장한다. 그리고 그 사물의 표상에 대한 의미는 의식의 사유작용을 통해 구성된다고 주장하고 있다. 이로써 의식의 산물인 개념을 통해서 사물의 표상을 이해할 수 있다는 논리가 만들어진다.

반대로 옛 성현들은 그 사물의 표상이 감각 기관을 통한 감각작용을 통해서 표상된 것이라는 점을 깨우쳐 주고 있다. 외계에 실재하는 사물이 반사하는 빛을 받아들여 그 빛에 상응하는 사물의 표상을 그려 낸다. 그리고 이렇게 표상된 사물의 표상이 다시 영혼 속에 저장되면서 종합적 통일이 이루어져서 그 사물의 본질적 존재의미가 구성된다. 이로써 이 본질적 존재의미가 다시 감각 기관을 통해 그 표상과 함께 직관된다.

이러한 점에서 '외계와 어떻게 관계를 맺을 수 있는가?'라는 문제는 곧 '외계를 어떻게 이해할 수 있는가?'라는 문제와 깊은 관련이 있다. 양자역학과 주체론적 형이상학에서 외계를 이해하는 방식이 동일하다는 점을 이해하기 위해서는 먼저 외계와의 관계 맺음의 방식이 동일하다는 점을 확인할 필요가 있다.

전자 하나가 공간을 날아가고 관찰자가 그 전자에 빛을 쪼여서 날아가는 입자로부터 되튀어 오는 빛을 조사한다. 이 산란된 빛의 진동수와 방향을 측정함으로써 관찰자는 빛이 충돌하는 순간의 전자의 위치와 운동량을 결정할 수 있다. 하이젠베르크가 발견한 것처럼 여기서부터 재미있어진다.[148]

이 인용문에서는 양자를 관찰하는 것은 그 양자에 빛을 조사(照射)하여 되튀어 오는 빛을 해석하는 방식으로 이루어진다는 점을 설명하고 있다. 양자와 관계 맺음의 방식이 빛을 통해서 이루어진다는 점을 확인할 수 있다. 이러한 과정에서 불확정성 원리가 발생한다는 점도 밝히고 있다. 이미 불확정성 원리에 대해서는 앞에서

---

148) 데이비드 린들리, 앞의 책, 162쪽.

자세히 살펴보았으므로 여기에서는 생략하기로 하자.

　우리의 논의에서 중요한 것은 이 되튀어 나온 빛을 통해서만 그 양자를 관찰할 수 있다는 점이다. 이러한 사실은 일상적인 생활 세계에서도 동일하다. 우리의 눈은 오로지 사물이 반사하는 빛만을 받아들일 뿐이다. 그리고 눈에 보이는 모든 표상은 시상과 대뇌의 뉴런에서 표상해 낸 것이다.

　부처님께서 아난에게 이르시기를 "모든 장님들이 눈이 없어서 오직 암흑만을 보는 것과 눈이 있는 사람이 어두운 방 안에 있는 것과 그 두 가지 어둠이 다른 것이냐 다르지 않는 것이냐?"

　"그러하옵니다. 세존이시여! 이 어둠 속에 있는 사람과 저 여러 장님이 보는 두 가지 어둠을 비교하여 헤아려 보건대 결단코 다름이 없습니다."

　"아난아! 만약 눈이 없는 사람이 전적으로 앞의 어둠만을 보다가 문득 눈빛을 얻어서 다시 눈앞의 대상에 있어서 여러 가지 대상성을 보는 것을 눈이 보는 것이라고 말한다면, 저 어둠 속의 사람이 전적으로 앞의 어둠만을 보다가 문득 등(燈)의 빛을 얻어서 역시 앞의 대상에서 여러 가지 대상성을 보는 것은 당연히 등(燈)이 본다고 말해야 하겠구나.

　만약 등불이 본다고 한다면 등불이 능히 볼 수 있는 작용이 있으므로 스스로 등불이라고 일컫지 못할 것이며, 또한 등불이 보는 것이 너의 보는 작용과는 무슨 상관이 있겠느냐?

　따라서 마땅히 알아야 한다. 등불이 대상성(色)을 드러낼 수 있다고 하더라도 보는 것은 눈이지 등불이 아니듯이, 눈이 대상성을 드러낼

수 있다고 하지만 이와 같이 보는 성품(見性)은 마음이지 눈이 아니니
라."[149]

'어둠 속에 있는 사람'이나 '장님이 어둠을 보는 것'이나 전혀 다르
지 않다는 설명에서 시각 장애인은 다만 눈을 통해 빛을 받아들이
는 기능을 상실했을 뿐이라는 것을 알 수 있다. 이는 곧 정상적인
사람의 눈은 빛을 받아들이는 기능만을 담당하고 있다는 의미를
내포하고 있다.

앞에서 분리뇌 연구의 기능성자기공명영상(fMRI) 자료를 분석할
때 청각 장애인이 비록 소리를 듣지 못하지만 청각능력을 상실한
것이 아니라는 점을 살펴보았다. 그 이유는 선천적 표상작용[팔식(八
識)의 상(想)]이 감각 기관에서 작용하는 것이 아니고, 본원적 주체성
(대뇌 피질의 감각 영역과 시상)에서 일어나기 때문이다. 청각 장애인은
다만 귀를 통해서 소리를 받아들이는 기능을 상실했을 뿐, 그 소리
를 지각하는 지각능력을 상실한 것이 아니라는 점을 알 수 있다.
이러한 점에서 "이와 같이 보는 성품(見性)은 마음이지 눈이 아니
니라"라고 설명하고 있다. 감각작용은 마음[본원적 주관성]에서 사물
의 표상을 그려 냄으로써 그것을 식별하는 작용이라는 것을 읽어
낼 수 있다. 다시 설명하자면 마음에서 사물의 표상을 그려 냄으로
써 '본다'라는 감각작용이 가능하다고 설명하고 있다.
이와 같이 옛 성현들은 오로지 빛을 통해서 외계와 관계를 맺을

---

149) 『大佛頂如來密因修證了義諸菩薩萬行首楞嚴經』(대정장 19권), 109쪽 b.

수 있다는 점을 정확하게 이해하고 있었다. 그리고 이 빛을 해석해서 그 사물의 표상을 그려 낸다는 점을 알고 있었다.

따라서 이는 외계의 물질적 사물과 직접적으로 관계를 맺을 수 없다는 점에서 양자물리학과 동일하다. 오로지 그 물질적 사물들이 반사하는 빛을 통해서 그것들과 관계를 맺을 수 있으며, 그 빛을 해석함으로써 그것들의 정체(본질적 존재의미)를 이해할 수 있다. 바로 이러한 이유로 인해서 객관적 실재를 전제할 수 없다.

따라서 결국 주체론적 형이상학과 양자물리학은 근본적으로 개념을 통한 객관적 이해의 방식을 통해서는 외계와 양자를 바르게 이해할 수 없다는 결론에 도달하고 있다.

주체론적 형이상학에서는 외계란 빛을 해석해서 그려 낸 본질적 표상이 현상한 것이므로 이 본질적 표상을 직관하기 위해서는 개념을 매개로 사유하는 의식의 사유작용을 끊어서 멸절한 뒤에 본원적 직관이 가능하다고 깨우쳐 주고 있다. 마찬가지로 양자물리학에서는 불확정성 원리를 통해 양자를 위치와 운동량 또는 시간과 에너지라고 하는 상보적 개념으로 확정적인 측정이 불가능하다는 점을 밝히고 있다.

이와 같이 개념을 통한 객관적 이해의 방식으로는 사물의 본질과 양자의 본질을 바르게 이해할 수 없다는 점에서도 정확하게 일치하고 있다.

그 결과 직관적 이해의 방식을 채택하고 있다는 점에서도 동일하다. 즉 주체론적 형이상학에서는 본원적 직관을 통해 '직관을 통한 선천적 종합판단'이 가능하다는 점을 밝히고 있으며, 양자물리학에서는 '파동함수의 확률해석'이라고 하는 직관적 이해의 방식을 채택하고 있다.


## 2. 외계(자연)와 양자의 존재 양상이 동일하다

우리가 양자물리학과 옛 성현들의 형이상학을 비교하면서 가장 주목해야 할 점은 양자의 존재 양상과 외계의 존재 양상이 정확하게 일치한다는 것이다.

양자물리학은 양자가 입자성과 파동성이라는 본질을 갖추고 있다는 점을 밝혀 주고 있다. 반면에 옛 성현들은 '존재한다(있다)'라는 것이 본질적 존재의미와 본질적 표상으로 이루어져 있다고 설명하고 있다. 이러한 설명은 곧 자연으로서의 외계가 곧 본질적 존재의미와 본질적 표상으로 이루어졌다는 것을 의미한다.

그런데 바로 여기에서 양자와 자연이 가진 존재론적 속성이 동일하다는 점을 알 수 있다. 즉 양자는 파동성과 입자성을 가지고 있으며, 자연은 본질적 표상과 본질적 존재의미로 이루어졌다는 점이다. 그리고 양자의 파동성과 자연의 본질적 표상이 갖는 존재론적 특성과 양자의 입자성과 자연의 본질적 존재의미가 갖는 존재론적 특성이 정확하게 일치한다는 점에 주목해야 한다.

'…이다'(있다: einai)라고 일상 말하게 되는 것들은 하나(hen)와 여럿
(polla)으로 이루어져 있으며, 또한 이것들은 한정(한도, 한정자: peras)
과 한정되지(한도 지어지지) 않은 상태(apeiria)를 자기들 안에 본디 함께

지니고 있다는 전설일세.

이 인용문에서 '하나'는 곧 본질적 존재의미[진여(眞如): 이데아]이며 '여럿'이란 본질적 표상[정상(淨相): eidos]이라는 것은 앞에서 충분히 살펴보았다. 그런데 이 본질적 존재의미를 '하나'라고 표현한 것은 다양한 표상을 종합하고 통일함으로써 하나의 의미통일체를 구성했다는 의미이다. 이러한 점에서 이 본질적 존재의미를 '한정(한도)'이라고 표현하고 있다. 즉, 하나의 언어적 표현으로 한정할 수 있다는 의미이다. 이러한 점에서 양자의 입자성과 동일한 존재론적 특성을 가지고 있다고 할 수 있다. 양자는 입자성으로 인해 이름을 가질 수 있다. 입자성이 없다면 우리는 양자를 한정하여 지칭하거나 이해할 수 없다.

반면에 본질적 표상을 '여럿'이라고 표현한 것은 이 본질적 표상이 수없이 다양한 표상으로 현상하기 때문이다. 예를 들면 '꽃'이라는 사물이 수없이 다양한 모양과 색상으로 현상한다는 의미이다. 이와 같이 본질적 표상이란 다양성을 의미한다. 다양성은 곧 '하나'라는 언어적 표현으로 한정할 수 없다. 이러한 점에서 "한정되지(한도 지어지지) 않은 상태(apeiria)"라고 설명하고 있다.

마찬가지로 양자의 파동성이라는 본질도 결코 한정할 수 없는 특성을 가지고 있다. 파동이란 말 그대로 출렁거림이다. 다양한 파동을 이루며 출렁거리는 것을 하나의 의미통일체로 한정할 수는 없다. 따라서 양자의 파동성은 표상의 다양성과 같은 존재론적 특성을 가지고 있다고 이해할 수 있다.

이제야 앞에서 읽어 보았던 "만일 당신이 원자처럼 작은 대상이 특정 위치에 있음을 관찰하면, 당신의 관찰 때문에 그 대상이 거기에 있게 된다"라는 설명을 쉽게 이해할 수 있게 되었다. 분명 우리의 눈앞에 나타나 존재하는 존재사물들은 그것의 본질적 표상과 본질적 존재의미로 이루어졌다. 따라서 사물의 본질적 표상과 본질적 존재의미가 동시에 직관될 때만 그 사물은 존재하는(실재하는) 것이다.

이러한 설명을 양자의 파동성과 입자성에 대비해서 이해해 보기로 하자.

양자의 파동성은 결코 한정(규정)할 수 없다. 이것은 결코 어떠한 언어적 의미로도 규정할 수 없다. 이러한 점에서 '한정되지 않은 상태'인 본질적 표상과 같다. 반면에 우리가 양자라고 말할 수 있는 것은 입자성을 가지고 있어야만 한다. 그래야만 우리는 그것을 양자라고 한정하여 이름을 붙일 수 있을 것이다.

이러한 점에서 양자도 본질적 표상으로서의 파동성과 본질적 존재의미로서의 입자성이 함께 직관될 때만 양자는 존재하는 것이다. 다시 설명하자면 양자를 파동성과 입자성을 동시에 직관한다는 것은 곧 파동성으로 인해 출렁거리는 그 상태(파동)에서 입자성을 직관하는 것을 의미한다. 그리고 이렇게 직관될 때 그 양자는 파동성에 의해 파동의 특정한 위치에 있을 것이다. 이와 같이 파동성과 입자성이 동시에 직관될 때 양자는 바로 "거기에 있게 된다."

이렇듯 양자물리학이 밝혀 주는 세계관은 옛 성현들의 가르침과 정확하게 일치하고 있다.

이상에서 살펴본 바와 같이 양자와 외계(자연)는 동일한 존재론적 특성을 가지고 있다. 따라서 양자와 외계를 이해하는 방식도 동일해야 한다. 즉, 한정된 본질적 존재의미(입자성)와 한정할 수 없는 본질적 표상(파동성)을 동시에 직관(관찰)해야만 그것을 바르게 이해할 수 있을 것이다.

이러한 점에서 양자와 외계는 개념을 통해 규정하여 이해할 수 없다. 왜냐하면 개념은 그 의미내용이 확정적이기 때문에 한정할 수 없는 성질의 것(파동성과 본질적 표상)을 지시(대체)할 수 없기 때문이다. 따라서 오직 직관적 이해의 방법을 통해서만 외계 사물의 본질적 존재의미와 양자의 본질적 존재의미를 바르게 이해할 수 있다.

## 3. 파동함수의 확률해석은 곧 직관을 통한 선천적 종합판단이다

이제 양자역학에서 '파동함수의 확률해석'이라는 해석법이 직관을 통한 선천적 종합판단이라는 점에 대해 이해해 보기로 하자. 앞에서부터 우리는 일관되게 직관을 통한 선천적 종합판단이 어떻게 가능한가 하는 점을 논구해 왔다. 이제 이러한 논의들이 파동함수의 확률해석이라고 하는 코펜하겐 해석법과 일치한다는 점을 확인하기로 하자.

한편 양자적 확률, 곧 출렁거림은 불가사의하게 객관적이다. 양자적 확률은 누구에게나 동일하다. 파동함수는 자족적이다. 표준 양자이론에서 원자의 파동함수와 별도로 존재하는 원자는 없다. 어느 일류 양자물리학 교과서에서 말하듯이, '원자의 파동함수'는 '원자'와 동의어다. (중략) 고전물리학에서 확률은 우리 앎의 주관적 불확실성에서 비롯된다. 반면에 양자역학은 본래 확률적이다. 오로지 확률만 존재한다. 양자물리학은 대상이 어딘가에 있을 확률이 아니라, 당신이 특정 위치에서 대상을 관찰할 확률을 알려준다. 대상의 위치가 관찰되기 전에는, 대상의 '실제 위치' 따위는 없다. 양자역학에서 대상의 위치는 대상을 그 위치에서 관찰함과 무관하지 않다. 관찰되는 대상과 관찰자를 분리할 수는 없다.[150]

안타깝게도 이 물리학자들이 표현하고자 하는 의도와 이 인용문에 나오는 철학적 표현들이 너무도 큰 괴리를 이루고 있다. 아마도 그들이 알고 있는 철학 용어들이 모두 관념론적 형이상학에서 사용되는 것뿐이기 때문이 아닐까 추측된다.

'객관적'이란 '대상화'한다는 의미를 내포하고 하고 있다. 즉, 객관이란 주관(의식)에 의해 그 대상이 대상화됨으로써(실제로는 감각적 지각을 통해 감각적 대상을 정립함으로써) 정립된다. 이러한 점에서 '객관적'이라는 단어는 양자이론에는 적합하지 않은 표현이다. 아마도 이 저자는 양자적 확률이 "누구에게나 동일하다"라는 점에서 객관적이라는 표현을 사용한 것으로 보인다. 그러나 이 점은 객관적이라고 표현하기보다는 '본질적' 또는 '본질적 보편성을 갖는'이라고 표현해야 옳을 것 같다. 그 이유는 양자적 확률이란 주관에 의해 객관화하는 것이 아니고, 양자의 본질을 직관하기에 누구에게나 동

---

150)  브루스 로젠블룸·프레드 커트너, 앞의 책, 133~135쪽.

일한(보편적인) 것이기 때문이다. 주관에 의해 굴절되거나 왜곡되지 않기 때문에 누구에게나 동일할 수 있는 것이다.

그리고 "파동함수는 자족적이다"라는 표현에 주목해야 한다. 그 이유는 이 표현에서 파동함수의 기능과 의미를 이해할 수 있기 때문이다. 일반적으로 파동함수를 양자의 파동성으로 인한 파동의 진행 상태를 기술하는 함수라고 설명하고 있다. 이러한 설명은 주체론적 형이상학의 관점에서는 한정할 수 없는 다양성으로서의 파동을 하나의 함수의 형태로 종합하고 통일했다고 표현할 수 있다. 즉, 주체론적 형이상학에서 다양한 사물의 표상을 하나의 종자[존재근거[법계(法界): ousia]]의 형태로 종합하고 통일했다고 설명하는 것과 일치한다.

따라서 이 함수는 하나의 완전무결한 양자의 입자성을 구성했다고 말할 수 있다. 왜냐하면 양자라는 입자는 파동 속 어디엔가 존재하기 때문에 모든 파동을 빠짐없이 종합하고 통일한 이 파동함수를 벗어나서 존재할 수 없다. 이러한 점에서 "원자의 파동함수와 별도로 존재하는 원자는 없다"라고 설명한 것이다.

이와 같이 파동함수는 어딘가에 존재할 모든 입자를 총망라하고 있다는 점에서 완전무결한 단일자(單一者)로서의 입자성이라고 할 수 있다. 이러한 점에서 "'원자의 파동함수'는 '원자'와 동의어다"라고 표현하고 있다. 즉, 입자로서의 양자는 이 파동함수를 벗어나서 존재할 수 없다.

이러한 점에서 파동함수는 입자로서의 양자가 존재할 수 있는 모든 가능성을 내포하고 있다는 것을 알 수 있다. 양자의 모든 파동을 종합하고 통일한 이 파동함수는 곧 양자라는 입자가 존재할 수 있는 존재근거[법계(法界): ousia]라고 표현할 수 있다. 바로 이 존재근거가 곧 본질적 언어이다. 이 본질적 언어에 근거하여 모든 사물의 표상이 현상할 수 있으며, 동시에 본질적 존재의미를 알 수 있다.

마찬가지로 파동함수는 곧 입자로서의 양자가 존재할 수 있는 가능근거이며, 동시에 양자의 본질적 존재의미를 직관할 수 있는 본질적 언어이다. 파동함수는 이렇듯 모든 입자로서의 양자가 존재할 수 있는 가능성으로서의 존재근거이다. 따라서 양자의 존재가능근거인 파동함수를 확률적으로 해석함으로써 우리는 양자의 파동을 직관하면서 동시에 양자의 위치(본질적 존재의미)를 직관적으로 알 수 있다.

이러한 점에서 에르빈 슈뢰딩거(Erwin Schrodinger)의 파동함수를 막스 보른(Max Born)이 확률함수로 해석한 것은 매우 정당하고 필연적이라고 할 수 있다. 이 파동함수를 확률적으로 해석함으로써 양자의 위치(본질적 존재의미)를 이해할 수 있다. 이 점을 명확하게 이해해야 한다.

여기서 주목해야 할 점은 파동함수를 확률함수로 해석해야만 양자의 파동을 종합하고 통일하는 본질적 언어가 된다는 점이다. 즉 파동함수를 확률함수로 해석하지 못한다면 이 파동함수는 다만 양자의 파동 상태를 '있는 그대로' 기술하고 있을 뿐, 양자의 본질적 존재의미를 구성하지 못한다는 점을 이해해야 한다. 확률함수로 해석함으로써 양자의 파동을 종합하고 통일하여 양자의 본질적 존재의미(위치)를 드러낼 수 있는 본질적 언어가 된다. 이러한 점에서

"양자역학은 본래 확률적이다. 오로지 확률만 존재한다"고 설명한 것이다.

'양자적 확률'이란 이렇게 종합적 통일을 통해 구성된 파동함수의 특정한 지점에서 양자가 관찰될(직관될) 확률을 의미한다. 왜냐하면 이 파동함수는 모든 입자로서의 양자가 존재할 수 있는 가능성이기에 양자는 분명 이 함수의 어느 특정한 지점에서 발견될 것이기 때문이다. 따라서 양자적 확률은 직관적 확률이라고 할 수 있다.

이러한 점에서 저자는 "대상이 어딘가에 있을 확률이 아니라, 당신이 특정 위치에서 대상을 관찰할 확률"이라고 설명하고, 또한 "관찰되는 대상과 관찰자를 분리할 수는 없다"고 설명하고 있다. 이 설명들에 내포된 철학적 의미를 좀 더 구체적으로 확인해 보기로 하자.

여기에서 '대상이 어딘가에 있을 확률'이란 수학적 확률을 의미한다. 수학적 확률이란 기대치가 실현될 확률을 의미한다. '어딘가'라고 하는 이 기대치는 이미 주관에 의해 설정되었다는 점에서 주관적 확률이라고 해도 무방하다. 그러나 양자적 확률(입자를 관찰할 확률)은 이러한 기대치가 존재하지 않는다. 즉, 파동함수에 있어서 특정한 지점(position)은 주관에 의해 규정된 위치가 아니고 양자의 파동성으로 인해서 결정된 위치이다. 따라서 양자적 확률이란 양자의 파동성으로 인해서 결정된 위치에서 그 양자가 발견(직관)될 확률이라는 의미이다. 이러한 점에서 "당신이 특정 위치에서 대상을 관찰할 확률"이라고 말할 수 있다.

또한 "관찰되는 대상과 관찰자를 분리할 수는 없다"는 설명에 주목해야 한다. 앞에서 우리는 '상즉상입(相卽相入)'에 대해 살펴보았다. 관찰자와 양자는 서로 독립적으로 존재하므로 즉자적인 존재자이다. 그런데 이러한 두 즉자적 존재자를 "분리할 수는 없다"는 것은 곧 이 두 즉자적 존재자가 곧 '하나(서로에게 들어가 있다[相入])'라고 설명하고 있는 것이다. 이렇게 하나가 된다는 표현은 곧 양자를 대상화하지 않고 직관한다는 의미이다.

앞에서 존재사물을 직관한다는 것은 인간 영혼에 의해 표상된 사물의 본질적 표상이 현상함과 동시에 그것의 본질적 존재의미를 함께 알 수 있는 것이라고 설명하였다. 이로써 인간 존재는 외계의 존재자와 하나가 될 수 있다.

바로 파동함수의 확률해석을 통해서 우리는 양자를 직관할 수 있다. 즉, 이 파동함수는 양자의 모든 파동(본질적 표상)을 빠짐없이 종합하고 통일한 것이다. 이로써 이 파동함수는 온전한 단일자로서의 입자성(본질적 존재의미)를 구성하고 있다.

그리고 이 파동함수를 확률적으로 해석함으로써 우리는 입자로서의 양자가 존재하는 위치(차별적 존재의미)를 이해할 수 있다. 다시 설명하자면 양자적 확률에 의해 입자로서의 양자가 존재하는 위치를 직관적으로 알 수 있는 것이다. 이러한 점에서 파동함수의 확률해석을 '직관을 통한 선천적 종합판단'이라고 말할 수 있다.

이러한 설명을 주체론적 형이상학의 관점에서 다시 되새겨 보기로 하자. 우리의 눈앞에 현전하고 있는 외계의 존재사물(양자)들은 본질적 표상(파동성)과 본질적 존재의미(입자성)가 함께 혼화하여[일즉다 다즉일(一卽多 多卽一)] 나타나 존재하고 있다. 따라서 우리가 그 존재사물을 직관하는 것은 곧 본질적 표상(파동성)과 본질적 존재의미(입자성)가 동시에 직관되는 것을 의미한다.

그런데 여기에서 본질적 존재의미는 본원적 주체성[영혼: 팔식(八識)]에 의해 수없이 다양한 본질적 표상을 종합하고 통일함으로써 구성된 것이다. 그리고 이것은 본원적 주체성에 내장되어 다시 그 존재사물이 존재할 수 있는 가능근거[법계(法界): ousia(존재근거)]가 된다. 이 가능근거로 인해서 모든 존재사물이 눈앞에 나타나 존재할 수 있다. 그리고 이때, 이 본질적 존재의미가 함께 드러나 나타남으로써 그 존재사물의 차별적 존재의미를 알 수 있다.

이와 마찬가지로 파동함수가 양자의 파동을 모두 종합하고 통일하고 있기 때문에 양자는 이 파동함수를 벗어나서 존재할 수 없다. 그러므로 파동함수가 양자가 존재할 수 있는 가능근거라는 점을 이해하는 것이 중요하다. 따라서 보른이 파동함수를 확률함수로 해석한 것은 주체론적 형이상학의 관점에서 매우 정당하고 탁월한 해석이라고 판단된다.

양자는 오직 파동의 상태로 존재하기 때문에 결코 위치라는 개념으로 그것을 이해할 수 없다. 파동의 상태에서는 입자성이 결정(한정)되지 않았기 때문이다. 다만 파동일 뿐이다. 이러한 점에서 개념적 의미로서의 실제 위치란 존재하지 않는다. 그런데 입자로서의 양자가 직관될 때 이 양자는 파동성으로 인해서 결정된 위치에서 발견될 것이다. 그 양자(입자성)가 발견되었기 때문에 분명 양자가 존재하는 '그곳'(즉 차별적 존재의미로서의 위치)을 알 수 있다. 즉 차별적 존재의미로서의 양자의 위치는 주관에 의해 개념적으로 이해되는 것이 아니고, 양자의 파동성을 종합하고 통일함으로써 알 수 있는 것이다. 이것은 곧 양자의 파동성으로 인해서 결정된 위치에서 직관된다는 의미이다. 결코 주관이 규정함으로써 그것의 위치를 알 수 있는 것이 아니다. 그 위치는 양자의 파동성에 의해 결정된 것이다.

사물의 본질적 존재의미도 주관에 의해 규정된 것이 아니라, 본질적 표상을 종합하고 통일함으로써 결정된 것이라는 점을 살펴보았다. 이와 마찬가지로 양자의 파동성에 의해 결정된 그 위치(차별적 존재의미)는 파동성을 종합하고 통일한 파동함수를 통해 '관찰할(직관될) 확률'로서 이해된다고 할 수 있다.

이러한 점에서 "관찰되는 대상과 관찰자를 분리할 수는 없다"라고 표현하고 있다. 철학적으로 '물아일여(物我一如)'라고 표현할 수 있다. 결코 주관(의식)에 의해 대상화하여(대상정립적 사유를 통해) 개념으로 규정함으로써 인식된 것이 아니다.


이상에서 살펴본 바와 같이 양자물리학에서 채택하고 있는 파동함수의 확률해석은 옛 성현들이 깨우쳐 주는 '직관을 통한 선천적 종합판단'과 정확하게 일치하고 있다.

이와 같은 세 가지 철학적 논제에 있어서 정확하게 일치하고 있다. 이는 곧 양자물리학에 의해 밝혀진 세계관과 진리관이 옛 성현의 가르침과 정확하게 일치한다는 것을 의미한다. 따라서 옛 성현의 가르침이 양자물리학의 학문적 정당성을 입증하는 정신이론이라고 할 수 있다.

바로 이러한 점에서 옛 성현의 가르침에 입각해서 세계관과 진리관을 바르게 정립해야 할 것이다. 이로써 자연과 합일하는 새로운 문명으로의 대전환이 이루어질 수 있을 것이라고 확신하는 바이다.

# X.
# 음양오행설은 직관과 종합적 통일을
# 기초로 정립된 과학적 방법론이다

◇◇◇◇◇◇◇◇◇◇◇◇◇◇◇◇◇◇◇◇◇◇◇◇◇◇◇◇◇◇◇◇◇◇◇◇◇◇◇◇

　그동안 우리는 관념론적 형이상학의 영향으로 외계에 대한 직관적 이해의 방식을 전근대적 사고방식으로 치부해 왔다. 특히 음양오행설은 거의 미신(迷信)시하는 경향이 없지 않다. 물론 이러한 배경에는 음양오행설이 명리학(命理學)에서도 사용되고 있다는 점이 크게 작용했다. 사실 이 점 때문에 많은 부작용이 예상되어 이 음양오행설이 직관과 종합적 통일을 통해 구성된 과학적 방법론이라는 점을 거론하는 것을 주저할 수밖에 없다.

　그러나 철학적인 관점에서 이 점을 엄밀하게 검토하지 않을 수 없다. 다만 당부하고 싶은 점은 이로 인해서 지나치게 명리학에 집착해서 자신의 삶을 미리 예견하려는 일이 없기를 바란다. 실제로 정통의 명리학을 바르게 이해하고 감별할 수 있는 사람이 별로 없다.

　아주 간단한 예로, 정통설에서는 팔자(八字) 가운데 지지(地支)에 숨어 있는 지장간(地藏干)을 중심으로 감별한다. 그러나 근래에 유통되는 책이나 실제로 사주팔자를 감별하는 사람들은 이 점을 간과하고 있다. 이는 정통의 명리학을 이해하지 못하고 있다는 것을 드러낸다. 그리고 설령 명리학의 정통설을 모조리 외운다고 해도 사람의 운명을 정확하게 해석할 수는 없다. 그 팔자의 구성을 감별하는 데 있어서 주관적인 판단이 개입할 가능성이 매우 높기 때문이다. 이 음양오행설은 종합적 통일을 통해 구성된 과학적 방법론이기 때문에 직관적으로 종합판단을 할 수 있어야 한다. 이러한 점에서 직관이 가능한 경지에 오르지 않는 한에는 사람의 운명을 결코 정확하게 해석할 수 없다.

또한, 설령 앞날의 운명을 정확하게 감별한다고 하더라도 이에 대처할 현실적인 방안이 없다. 오히려 장래의 운명을 아는 것이 커다란 장애가 될 수도 있다.

그러므로 명리학에 집착하거나 의존적인 자세를 갖는 것은 자신의 삶에 도움이 되지 않는다는 점을 명심하기 바란다. 인간에게 주어진 유일한 운명은 성실하게 자신의 삶을 영위하는 것이다. 이러한 점들을 강조하면서 명리학은 논의에서 제외하기로 한다.

앞에서 자연의 법칙이나 자연필연성이 본원적 주체성의 종합적 통일을 통해 구성된다는 점을 살펴보았다. 외계는 수많은 요인으로 인해서 끊임없이 변화하고 있으며, 이러한 변화를 종합하고 통일할 수 있는 사유능력은 오로지 본원적 주체성에 의해서만 기능한다는 점을 살펴보았다.

이러한 점에서 음양오행설이 바로 본원적 주체성의 직관과 종합적 통일을 통해 구성된 과학적 방법론이라는 것을 살펴보자. 왕원택(王元澤)은 『도덕경』에 대한 주석에서 이러한 정황을 다음과 같이 설명하고 있다.

음양의 작용[情]은 마치 순환하듯 운행된다. 끝까지 나아가면 반드시 되돌아오고, 극도로 무성해지면 반드시 쇠락한다. 달이 가득 차면 이지러진다는 것을 직관하라. 해가 중천에 뜨면 기운다. 곧 만물이 일치하고 있다는 점을 단적으로 알 수 있다. 오직 높은 도에 이른 사람(至人)만이 앞선 낌새(幾微)에 깊이 통달한다. 밝고 밝게 알지만 어떠한 조짐도 없다(陰陽之情 如行環然 往窮必反 盛極必衰 觀乎月滿之虧 日中之昃 則萬物一致斷可知矣 唯至人深達先幾 明乎無朕).[151]

이 인용문에서 "음양의 작용[情]은 마치 순환하듯[環然] 운행된다"라는 표현에 담긴 의미를 깊이 헤아려 읽어야만 전체적인 맥락을 정확하게 읽어 낼 수 있다. 음양이란 자연의 존재 원리(理法)를 해명하는 용어이다. 그런데 이 음양의 작용을 '情(性情; 마음[본원적 주체성]의 작용)'으로 표현하고 있다는 점에 주목해야 한다.

이것은 곧 음양이라고 하는 자연의 이치(攝理)가 곧 본원적 주체성의 작용성[性]에 의해 구성된다는 의미이다. 좀 더 자세히 설명하자면 자연의 이법(理法)이 외계의 모든 존재사물이 가지고 있는 고유한 존재 원리가 아니고, 인간의 마음(영혼)속에서 구성된 것이라는 뜻이다. 이렇게 구성된 음양이라는 존재 원리가 순환하듯 운행된다고 설명하고 있다. 이것은 곧 이러한 존재 원리가 순환적으로 반복된다는 의미이다. 다시 설명하자면 음양이라고 하는 이법은 자연에 대한 원리적 이해라는 것이다.

---

151)  초횡(焦竑), 『노자익(老子翼) 2권』(도쿄: 富山房, 1984), 35쪽.

계속해서 "달이 가득 차면 이지러진다는 것을 직관하라. 해가 중천에 뜨면 기운다. 곧 만물이 일치하고 있다는 점을 단적으로 알 수 있다"라고 설명하고 있다. 비록 자세하게 논리적으로 설명하고 있지는 않지만, 이를 통해 음양오행설이라는 과학 이론이 어떻게 정립되었는지 그 배경을 이해할 수 있다.

달이 완전하게 둥글어지면 곧 다시 이지러져서 그믐달이 되고, 해가 중천에 뜨면 곧 기울어서 날이 진다. 이렇게 끊임없는 존재사물들의 변화를 실제적 체험을 통해 직관하라고 충고하고 있다. 이러한 직관적 체험을 통해서만 모든 사물에 대해 음양이라는 존재원리가 일치한다는 점을 '단적으로(직관적으로)' 알 수 있다고 설명하고 있다. 이와 같이 '단적으로' 알 수 있는 것은 실제적 체험을 본원적 주체성을 통해 종합하고 통일함으로써 가능하다. 비록 여기에서는 자세한 설명이 나오지 않지만, 이미 노자는 종합적 통일[抱一]을 통해서 자연의 법칙을 원리적으로 이해할 수 있다는 점을 밝혔다. 따라서 이러한 종합적 통일을 통해서 직관을 통한 선천적인 종합판단이 가능하다는 점을 이해할 수 있다.

그리고 "오직 높은 도에 이른 사람(至人)만이 앞선 낌새(幾微)에 깊이 통달한다. 밝고 밝게 알지만 어떠한 조짐도 없다"라는 표현을 통해 의식의 사유작용을 완전히 끊어서 멸절한 사람만이 이러한 직관을 통한 선천적 종합판단이 가능하다는 점을 설명하고 있다.

이 짧은 구절에서 음양이라고 하는 존재 원리가 본원적 주체성의 종합적 통일을 통해 구성된다는 점을 확인할 수 있다.

존재사물들의 변화를 관찰하는 데 있어서 다만 직관할 뿐, 결코 의식의 작용을 통해 연역하고 추론하지 않는다. 그리고 다만 그렇게 직관할 뿐인데, 모든 존재사물에 있어서 동일한 존재 원리가 존재한다는 것을 '단적으로(직관적으로)' 알 수 있다.

이와 같이 다양한 실제적 체험들을 통해 직관된 사물들의 인과관계와 상태의 변화를 종합하고 통일함으로써 음양이라는 자연의 법칙을 통찰하게 된다. 그리고 이러한 원리적 이해를 하나의 통일된 체계로 설명한 것이 음양오행설이다. 외계의 만물은 음과 양이라고 하는 상반되면서도 상보적인 관계성을 가지고 있으며, 그것들은 다섯 가지 물질적 특성[五行(木·火·土·金·水)]들의 상호작용을 통해 변화하고 있다는 점을 두루 꿰뚫어 알게(通察) 된 것이다.

예를 들어, 물(水)이라는 사물을 이해하는 데 있어서 이를 수소와 산소라는 원자로 분할하여 이해하는 것은 결코 물이 가지는 고유한 물질적 특성을 이해하는 것이 아니다. 이렇게 수소와 산소라는 원소로 분할하는 순간, 이미 물은 존재하지 않는다. 수소나 산소라는 신물질이 존재할 뿐이다.

우리가 물이 가지는 고유한 물질적 특성을 바르게 이해할 수 있는 것은 물이 추우면 얼어서 얼음이 되고 뜨거우면 수증기로 변하는 것을 직관함으로써 가능하다. 그리고 날이 가물어 비가 오지 않으면 모든 생물이 말라서 죽는다는 점을 관찰하고, 물은 모든 생물이 생명을 유지하는 데 절대적으로 필요하다는 점도 깨닫게 된다. 또한, 이 물로 인해 다른 사물들이 쉽게 썩고 분해될 수도 있다는 사실도 터득하게 된다. 이러한 자연적 순환 체계 속에서의 변화들을 종합하고 통일함으로써 사물의 본질을 바르게 이해할 수 있다.

이 순환 관계를 오행의 상생(相生)과 상극(相克) 관계로 설명할 수 있다. 예를 들어, 물(水)은 나무(木)를 살릴(生) 수 있으며, 반대로 물(水)은 불(火)을 끌(克) 수 있다. 이렇게 상생과 상극 관계를 통해서 사물의 본질을 이해하고, 동시에 사물들 상호 간에 유기적인 순환 관계를 이루고 있다는 점을 이해할 수 있다.

이와 같이 그 사물의 고유한 물질적 특성을 파괴하지 않고, 그 사물을 바르게 이해하는 것은 그 사물의 '있는 그대로의 모습[自然]'을 직관함으로써 가능하다. 그리고 이러한 직관의 결과들을 종합하고 통일함으로써 총체적인 원리적 이해가 가능하다.

이러한 점에서 음양오행설은 생태론적 순환 체계 속에서 존재사물의 인과 관계의 필연성과 본질적 존재의미를 이해하는 과학적 방법론이라고 할 것이다.

그런데 사실 현실적으로 음양오행설의 학문적 정당성을 입증하는 것은 쉽지 않다. 한의학은 음양오행설을 기초로 정립된 학문이지만, 불행히도 지금 한의학계의 동향은 음양오행설에 대한 확고한 이해가 결여되어 있다. 단적으로 지적하자면, 한의학계에서 서양 의학인 병리학과 약리학을 공부하고 첨단의 진단 기기들을 도입하고 있다.

앞에서 언급했듯이 개념을 통한 학문들은 모두 분석적이다. 병리학이든 약리학이든 그 학문들의 이론 체계는 모두 개념을 통한 분석과 추론으로 이루어져 있다. 예를 들어, 약리학의 학문적 방법론은 정성 분석과 정량 분석이다. 반면에 음양오행설은 직관과 종합적 통일이라는 방법론으로 구성된 과학적 방법론이다.

이러한 점에서 분석적인 학문을 병행하면 결코 음양오행설을 바르게 이해할 수 없다. 의식은 개념을 통해 사유하기 때문에 당연히 분석적 방법론에 친숙할 수밖에 없다. 오히려 이러한 사고방식을 끊어 버려야만 음양오행설을 조금은 더 바르게 이해할 수 있다. 그런데 개념적 이해의 방식을 도입함으로써 이러한 직관적 이해가 원천적으로 불가능하게 만들고 있다.

마찬가지로 첨단의 진단 기기를 도입하는 것도 음양오행설을 바르게 이해하지 못하기 때문에 일어나는 과오이다.

분명 한의학에서는 전적으로 음양오행설에 입각해서 질병을 진단할 수 있으며, 동시에 치료 약물인 한약재들도 전적으로 음양오행설에 입각해서 분류되어 있다. 먼저, 한의학은 음양과 오행으로 오장육부(五臟六腑)를 분류한 뒤에 오행의 상생과 상극의 상호 관계를 이용하여 장부 간의 상호작용과 연관성을 이해하고 있다. 그리고 이 상생과 상극의 평형 상태가 깨지는 것을 질병으로 판단한다. 즉, 오행 상호 간에 상생과 상극의 관계가 평형을 이루었을 때는 오장육부가 정상적으로 제 기능을 발휘하는 상태라고 한다면 이러한 균형 상태가 깨지는 것을 질병이라고 할 수 있다. 이렇게 오행 간의 상생과 상극의 관계가 깨진 상태를 승모(乘侮) 관계라고 한다. 따라서 오장육부 간에 이 승모 관계가 발생하였는지를 살펴보기 위해 맥진법(脈診法)을 사용한다.

그런데 첨단의 진단 기기를 도입한다는 것은 이러한 맥진법을 스스로 부정하는 것이다. 서양 의학계에서 개발한 첨단의 진단기기는 오장육부의 승모 관계를 판단하는 것과는 전혀 관련이 없다.

또한, 한약재들도 음양오행설을 기준으로 분류되어 있다. 따라서 치료를 위해서는 질병을 음양오행설을 기준으로 구분해야 하는 것은 너무도 당연하다. 그래야만 그 질병에 적합한 약재를 투여할 수 있을 것이다. 질병을 음양오행설에 입각해서 진단하지 못한다면 약물을 투여하는 데 있어서 오히려 부작용을 불러올 가능성이 매우 높다. 예를 들어 폐가 정상적으로 기능을 발휘하지 못하는 경우를 상정해 보자. 지나치게 심장(火)의 기능이 왕성하여 상대적으로 폐(金)의 기능을 억압(克)하여 폐가 정상적으로 제 기능을 발휘하지 못할 수도 있을 것이다. 그러나 만성적인 질환일 경우에는 간(木)의 기능이 과도하여 폐(金)가 간(木)의 기운을 제어해 주지 못하고, 거꾸로 폐(金)가 간의 기운으로 인해서 제 기능을 발휘하지 못하는 경우를 모(侮)의 상태라고 한다. 이 두 가지 경우는 같은 폐 질환이라고 하더라도 그 처방은 전혀 다른 방식으로 이루어져야 한다.

그런데 이렇듯 음양오행설로 그 질병을 진단하지 못한다면 정상적으로 치료가 불가능하다. 약재들이 모두 음양오행설로 분류되어 있기 때문에 적절한 약물을 투여할 수 없기 때문이다. 이러한 점에서 한의과 대학에서 병리학과 약리학을 교과 과정으로 채택하는 것이나 첨단의 진단 기기를 도입하려는 움직임은 한의학의 발전에 결코 도움이 되지 않는다. 거꾸로 이러한 교과 과정을 폐기하고, 직관능력과 종합하고 통일하는 능력을 배양할 수 있는 방향으로 개선해야만 음양오행설을 바르게 이해하고 활용할 수 있을 것이다.

앞에서 양자물리학이 직관적 방법론으로 정립된 과학적 방법론이라는 점을 확인하였다. 마찬가지로 음양오행설도 자연의 생태순환적 상호 관계를 바르게 이해할 수 있는 직관적 방법이라는 점을 확고하게 이해할 필요가 있다. 앞에서 살펴본 바와 같이 우리는 관념론적 형이상학에 익숙한 나머지 양자이론이 직관을 통한 선천적 종합판단을 통해 양자를 바르게 이해할 수 있는 방법이라는 점을 이해하지 못했다. 마찬가지로 음양오행설이 이와 동일한 과학적 방법론이라는 점을 이해하지 못하고, 전근대적 사고방식으로 폄하하는 경향이 없지 않다.

양자물리학이 양자와 같은 미시적 세계에서 양자를 직관할 수 있는 과학적 방법론이라면 음양오행설은 거시적 자연 생태계에서 자연을 바르게 이해하는 직관적 방법론이다. 이 점을 강조하면서 이 책을 마무리 짓고자 한다.

# 문명의 대전환은 철학이 바뀌어야만 가능하다

거의 30년 전, 프리초프 카프라의 『현대물리학과 동양사상』이라는 책을 읽으면서 안타까움을 금할 길이 없었다. 새로운 과학적 방법론을 정립함으로써 새로운 문명으로의 대전환을 꿈꾸던 그의 놀라운 예지력과 통찰력에 경탄과 경외의 마음이 들었다. 그러나 불행히도 그는 동양 사상을 바르게 이해하지 못했고, 그 탓에 그의 주장은 관념론자들을 설득하기에는 역부족이었다. 이 점이 못내 아쉽고 안타까웠다.

사실 새로운 문명으로의 대전환은 과학적 방법론을 새롭게 정립하는 것만으로는 실현될 수 없다. 적어도 사람들 대부분의 사고방식에 일대 전환이 필요하다. 물론 과학 이론을 통해 밝혀진 세계관과 진리관이 그 사고방식에 심대한 영향을 끼친다는 것은 확실하다. 과학적인 증거가 철학적인 논리보다는 훨씬 설득력을 갖기 때문이다.

그러나 과학적 탐구를 통해 밝혀진 세계관과 진리관이 철학의 형태로 이론 체계를 갖추어야만 일반 대중의 사고방식이 전환될 수 있다. 자본주의라는 사회경제체제가 정착된 것도 고전물리학의 학문적 정당성을 옹호하기 위해 정립된 관념론적 형이상학이 보편화됨으로써 가능했다.

그러나 관념론적 형이상학이 정립됨으로써 결국 의식의 사유작용이 인간의 절대이성으로 간주되었다. 이로 인해 허구적이고 비실재적인 언어적 의미규정들이 우주론적 이념으로 둔갑하게 되고, 의식의 관념적 사유로 인해 생겨나는 탐욕과 욕망이 육체적 필요와 본능으로 정당화되고 있다.

자본주의란 이렇듯 그릇된 철학에 기초하여 구축된 사회경제체제이다. 엄밀하게 표현하자면 자본주의란 허구적인 관념과 인간의 탐욕을 바탕으로 구축된 사상의 누각이다. 이러한 사회체제가 영구적으로 지속될 수는 없다. 우리는 지금 현대 인류문명이 임계점에 도달했다는 점을 절실하게 느끼고 있다.

이제 이 책을 통해 우리는 의식의 관념적 사유작용의 문제점과 폐해를 명확하게 이해할 수 있게 되었다. 따라서 이러한 문제점과 폐해를 극복하려는 인류의 의지와 노력이 뒤따라야 할 것이다. 그래야만 새로운 문명으로의 대전환을 이룰 수 있다. 지금 우리가 직면한 여섯 번째 대멸종의 위기는 우리의 사고방식이 바뀌지 않는 한 궁극적인 해결책이 없다. 인간의 욕망과 탐욕을 채우기 위해 계속해서 경제 성장을 부르짖는 한에는 생태계 살해는 멈추지 않을 것이다.

물론 의식의 관념적 사유작용을 끊어서 멸절해야만 한다고 해서 노자가 꿈꾸는 그런 원시 씨족 사회로 되돌아가자는 것은 아니다.

분명 노자는 우리에게 자연을 바르게 이해하고 자연으로 돌아가는 길을 명확하게 제시해 주고 있지만, 그가 꿈꾸는 세상은 원시 씨족 사회를 의미하는 것으로 보인다.

그가 꿈꾸는 세상을 읽어 보면서 새로운 문명은 어떤 모습일까 상상해 보는 것도 의미가 있을 것 같다.

노자는 『도덕경』 80장에서 자신이 꿈꾸는 세상을 다음과 같이 서술하고 있다.

> 나라가 작고 백성이 적으면 군대에서 사용하는 수많은 무기들을 쓸 모없게 만들고, 백성들이 죽음을 두려워하여 홀로 멀리 도망가지 않게 하고, 비록 배와 수레가 있어도 타고 나갈 일이 없다. 비록 갑옷과 무기가 있다 하더라도 늘어서서 사열할 일이 없다. 백성들로 하여금 다시 결승 문자를 사용하도록 해야 한다. 그러면 그 음식들이 그대로 달며, 그 옷들이 그대로 아름다우며, 그 거처가 그대로 편안하며, 그 풍속이 그대로 즐겁다. 이웃 나라가 서로 마주 보이며, 닭 울고 개 짖는 소리도 서로 들리니, 백성들이 늙어 죽을 때까지 서로 왕래할 일이 없다(小國寡民 使有什伯之器而不用 使民重死而不遠徙 雖有舟輿 無所乘之 雖有甲兵 無所陳之 使民復結繩而用之 甘其食 美其服 安其居 樂其俗 隣國相望 鷄犬之聲相聞 民至老死不相往來).

여기에서 우선적으로 주목해야 할 부분은 "그러면 그 음식들이 그대로 달며, 그 옷들이 그대로 아름다우며, 그 거처가 그대로 편안하며, 그 풍속이 그대로 즐겁다"라는 표현이 아닐까?

의식의 개념적 사유 때문에 감각에서 주관의 가치 판단에 따라 규정된 개념적 의미가 지각된다. 우리는 이 개념적 의미에 도취되어 음식의 맛을 즐기고, 아름다움과 안락함과 쾌락을 즐기고 있다. 이로써 사치와 낭비가 범람하고 있다. 그 결과, 인간의 탐욕과 욕망은 더더욱 통제하기 어려운 지경에 이르고 있다. 이와 같이 의식에 의해 규정되는 개념적 의미들로 인해서 탐욕과 욕망이 생겨나고 더불어 얽매임과 갈등도 생겨난다.

이러한 점에서 의식에 의해 규정된 모든 개념적 언어를 끊어서 멸절해야만 우리는 절대적인 자유와 평등을 얻을 수 있다. 이 구절들이 바로 그러한 자유와 평등의 세상을 설명하고 있다.

자연으로 돌아감으로써 우리는 이렇게 대자유와 평등의 세상에서 살아갈 것이다.


그러나 '다시 결승 문자를 사용하게 해야 한다'라는 의견에는 결코 동의할 사람이 없을 것 같다. 그때 그 시절은 음양오행설이 정립되긴 했어도, 그것이 실용적인 과학적 방법론으로 정착되기 이전이다. 음양오행설을 통해 한의학이라는 학문도 생겨나기 이전이다. 그러나 이제 우리는 양자이론까지 가지고 있다. 그만큼 우리는 자연을 바르게 이해할 수 있는 본질적 언어를 많이 가지고 있다. 굳이 다시 결승 문자를 사용하지 않더라도, 자연과 합일하면서 자연을 보다 더 효과적으로 활용할 수 있는 본질적 언어를 가지고 있다.

이 본질적 언어가 '인구가 적은 작은 나라'가 아닌 온 지구촌이 하나가 되는 '하나의 큰 나라'를 이룰 수 있게 해 줄 것이다. 비록 배와 비행기가 있다고 하더라도 굳이 멀리 갈 필요가 없이 우리는 지구촌의 모든 곳과 모든 것을 함께 나눌 수 있을 것이다.

그리고 그 나라는 인종과 계층 간의 갈등도 없고, 종교로 인한 편견도 없는 절대적인 평등 사회일 것이다. 개념적 사유만 끊어 버린다면 갈등도 편견도 일어날 수 없기 때문이다. 이로써 지구촌이 '온전한 하나'가 될 수 있을 것이다.

또한, 그 나라는 사치와 낭비가 없어서 과소비로 인한 자연 파괴도 없을 것이며, 본질적 언어는 우리에게 전혀 새로운 정신세계를 열어 줄 것이다. 개념적 언어로 인한 갈등도, 부조리한 현상도, 탐욕도, 그리고 시기와 질투도 존재하지 않는 궁극적인 평안(平安)을 가져다줄 것이다.

그러나 분명한 것은 이러한 문명의 대전환은 우리의 철학이 바뀌어야만 가능하다는 점이다.

# 색 인

## ㄱ


감각 125, 138, 150, 178, 199, 203, 285, 291, 358, 401, 417
감각적 대상 38, 58, 68, 137, 289, 401
감각적 지각 31, 32, 122, 135, 179, 199, 259, 300, 317, 324, 401
감각적 표상 136, 252, 302, 304, 327, 343
감각질 50, 100, 102, 241, 374, 441, 489
감각질이론 26
감각표상 148, 266, 362, 365, 367, 375
감성적 직관 76, 436
개념 20, 22, 76, 81, 117, 134, 173, 233, 294, 323, 329, 343, 457, 489, 494
개념적 언어 87, 111, 168, 171, 211, 213, 219, 325, 327, 328, 354, 384, 445, 470, 486, 491, 555
개념적 언어작용 40, 128
개념적 의미 32, 48, 74, 79, 135, 180, 192, 288, 331, 353, 489
객관적 관찰 85, 406, 456
객관적 세계 424, 426, 458
객관적 실재론 49, 104, 110, 161, 355, 434
객관적 실재성 19, 82, 92, 295, 350, 466
객관적 실체 460, 475
객관적 이해 94, 463, 522, 529
객관화 84, 89, 315, 469, 487, 493, 534
결승 문자 43, 111, 184, 212, 554
고정행위패턴 374, 378, 380, 442
공空 220
공간 239, 292, 488, 490
공감각 269, 271, 368, 433
공감각적 감각작용 99
과학적 객관주의 18, 164, 168
관념 156, 390
관념론적 형이상학 17, 21, 63, 84, 356, 429
기억 266, 316, 361
기호 문자 69, 194

## ㄴ

내종자 365
논리적 필연성 61, 81, 310
뇌량 372, 388, 391, 405
누우스 25, 108, 284, 298, 333, 339
뉴런집단선택설Theory of neuronal group
　　selection 26

## ㄷ

대상성 286
대상정립적 사유작용 483, 486, 493, 512
덕德 183
도道 183

## ㄹ

렘수면 129, 231, 418, 446
로고스 25, 109, 127, 284

## ㅁ

명名 192
무구청정식 274
무명 58, 181
무위 59, 112, 181, 227, 455
무위법 252, 480
무표색 277, 287, 479
물리 법칙 488
물아일여 540
물자체 521

물질적 요소 120, 223, 275, 280, 287,
　　333, 335
물화 236

## ㅂ

박樸 182
반사적 반응 153, 204, 378
반성적 202
번뇌 175, 216
범주 133, 178, 289, 330, 331, 350
법계 252, 253, 257
본식 359, 366
본원적 421
본원적 주관성 141, 147, 165, 231, 246,
　　359
본원적 주체성 119, 142, 181, 256, 274,
　　543
본원적 직관 26, 203, 218, 220, 258,
　　259
본원적 직관능력 17, 59, 95, 104, 118,
　　236, 257, 273, 279, 285, 432
본질 53, 87, 91, 153, 156, 223, 278,
　　303, 337, 387, 440
본질적 언어 40, 92, 113, 130, 214, 220,
　　253, 337, 354, 376, 442, 444,
　　470, 554
본질적 존재의미 36, 45, 56, 72, 74, 93,
　　131, 149, 210, 262, 340, 369,
　　526, 536
본질적 표상 51, 83, 252, 258, 260, 275,
　　277, 302, 452

본질직관 222
불공不쏘 220
불생불멸 125, 199, 283, 304
불확정성 원리 428, 451, 467, 477, 529
비교 205, 206, 209, 217, 320, 330, 346,
　　349

## ㅅ

사事 112
사유실체 121, 240, 251, 267
상기 317, 363
상대성이론 467, 473, 507, 517
상대적 차별성 117, 136, 194, 217, 261,
　　324
상명 113
상상 79, 230
상상력 140, 228
상상작용 139
상인상미 114
상즉상입 95, 238, 281, 538
생성genesis 59, 122, 124, 261, 283, 300
선천적인 표상능력 104
선천적 종합판단 99, 116, 142, 144, 152,
　　204, 370
선천적 표상능력 24, 52, 75, 91, 160,
　　208, 225, 284, 305, 391, 403,
　　419
선험적 종합판단 379
성기설 37
세계 286, 291, 292, 294, 458
세속제 291

소박실재론 331, 352
소박한 실재론Naive Realism 520
수연 274
수학적 확률 509, 537
순수내재 260
순수직관 220
술어 74, 133, 352
승의제 291
시간 239, 246, 250, 292, 428, 483, 488,
　　505
시간의 화살 240, 429
시간지연현상 428, 501
시간 표상 497

## ㅇ

아리야식 358
아말라식 203
아프리오리a priori 142
양자적 확률 509, 537
언설훈습 368, 371
언어음 29, 399, 404
언어적 사유능력 25, 417
언어적 사유작용 27, 398, 416
언어적 의미규정 21, 75, 81, 117, 155,
　　159, 491, 502
연기설 32
연연 58, 139, 141, 207, 225, 317, 360
연장실체 239, 495, 517
염정화합식 203, 447
영혼본원적 주체성 118
외종자 364, 365

우시아 252, 382, 384

유위 178

유위법 252, 481

유표색 290, 478

음성 언어 42, 191, 193, 399

음양오행설 542, 546, 554

의義 137

의근 318

의미 결정체 102, 130, 191, 193, 195

의미규정작용 40, 90, 322, 493

의미론적 특성 163

의식 26, 29, 31, 35, 39, 124, 159, 303

의식의 재표상작용 362

의식의 표상능력 245

의식의 표상적 사유작용 141

이데아idea 333, 334

인과 관계의 필연성 164, 165

인식현상 137, 167, 168, 252, 427, 479

인연 140, 141, 208, 315

있다 83, 165, 241, 342, 345, 512

있음to einai 384


## ㅈ

자연 83, 105, 116, 120, 163, 286, 291,
    458

자연으로서의 외계 426

자연의 법칙 56, 488, 543, 545

자연필연성 19, 53, 61, 166, 469, 543

자연현상 167, 252, 254, 427, 450, 479,
    502

장식 357, 359

재표상 38, 79, 139, 228, 247

재표상능력 245

재표상작용 141, 206, 207

전의 203, 256

절대현재 437, 495

조리 172

조리 없는 소리 172, 188, 399

조리 있는 소리 172

존재근거 122, 130, 253, 257, 354, 382,
    536

존재론적 157, 530, 531

존재사물 137, 314, 383

존재자성 25, 104, 153, 160, 223, 279,
    334

종자 41, 51, 109, 130, 283, 316, 336,
    359

종합적 통일 42, 56, 57, 145, 148, 230,
    266, 361, 365, 419, 526, 537,
    543, 545

주객합일 238

주관적 견해doxa 41, 170, 299, 305

주관적 의지작용 41, 201, 407

주체론적 형이상학 52, 235, 511, 535

증보 252

증상연 40, 319, 346, 483

지극한 선 163

직관 67, 84, 249, 545

직관을 통한 선천적 종합판단 43, 56,
    63, 76, 221, 411, 538

직관적 언어능력 42, 269, 372

직관적 언어작용 28, 36, 51, 70, 113,
    129, 146, 231, 373, 414, 446

직관적 이해  87, 94, 285, 451, 464, 508
진여훈습  368
집지식  357

형상적 환원  143, 145
형이상학  60, 63
훈습  148
희론  313, 314, 371


## ㅊ

차별적인 존재의미  261
차별적 존재의미  262, 264, 340, 539
차제연  68, 175, 176, 208, 225, 318
초끈이론-Superstring Theory  473


## ㅋ

코흐스Kohs 블록 실험  398, 408, 415


## ㅌ

투렛 증후군  374, 377


## ㅍ

팔불  312
표상  76, 77, 273, 490, 491, 494
표상적 사유능력  417
표상적 사유작용  282, 416


## ㅎ

현상학적 환원  143, 222
형상  24, 223, 273, 298, 302, 304, 333,
      387